智听版口才感悟选读

口才三绝
KOUCAI SANJUE

李灿明 编著

华龄出版社
HUALING PRESS

责任编辑：李梦娇

责任印制：李未圻

图书在版编目（CIP）数据

口才三绝/李灿明编著 . —北京：华龄出版社，2020.6

（智听版《口才成功必读》）

ISBN 978 - 7 - 5169 - 1673 - 5

Ⅰ.①口… Ⅱ.①李… Ⅲ.①口才学 - 通俗读物

Ⅳ.①H019 - 49

中国版本图书馆 CIP 数据核字（2020）第 075725 号

书　　名：	口才三绝	
作　　者：	李灿明	
出 版 人：	胡福君	
出版发行	华龄出版社	
地　　址：	北京市东城区安定门外大街甲 57 号	邮　编：100011
电　　话：	010 - 58122246	传　真：010 - 58122264
网　　址：	http：//www.hualingpress.com	
印　　刷：	三河市燕春印务有限公司	
版　　次：	2020 年 6 月第 1 版　2020 年 10 月第 2 次印刷	
开　　本：	880mm×1230mm　1/32　印 张：15	
字　　数：	360 千字	
定　　价：	60.00 元（全 3 册）	

前　言

谁是口才最好的人——

是那个天花乱坠，能把一堆稻草说成一座黄灿灿的金山的人吗？

是那个出口成章，把语言包装得像情人节的礼品般漂亮的人吗？

是那个言辞凌厉，把别人说得节节败退无任何反击之力的人吗？

是那个摇舌鼓唇，天文地理前五百年后三百年无所不谈的人吗？

经过我们的细心观察，专心分析，用心比对，我们发现口才最好的人有如下特点：

其一，懂得赞美。美国前总统柯立芝，发现自己的女秘书在工作上经常出现差错，便决心帮助其改正。一天早晨，柯立芝看见女秘书走进办公室，对她说："今天你穿的这身衣服很得体，很漂亮。"女秘书受宠若惊，柯立芝接着又说："要是你能把公文处理得也和你的衣服一样漂亮，那就更完美了。"从那天起，女秘书在工作上很少再出差错了。看看，即使是一句批评的话，因为有了赞美的糖衣也显得那么令人受用。赞美之言，犹如阳光普照万物，让身处其中的人熠熠生辉；赞美之言，犹如一张甜蜜的罗网，让身处网中的人心甘情愿被俘虏。

其二，懂得幽默。在人际交往中，常常会有互动齿轮干涩的时候出现。这时，幽默可说是最理想的润滑剂，它能使僵滞的人际关系活跃起来。幽默还是缓冲装置，可使一触即发的紧张局势顷刻间化为祥和；幽默又是一枚被包裹在棉花团里的针，带着温柔的嘲讽，却不伤人。总之，幽默是营造良好人际关系的利器。那些具有幽默性格的人，所到之处皆是一片愉悦和融洽的气氛，谁都愿意和他们交往，他们和大家的关系会在不知不觉中变得和谐。

其三，懂得拒绝。拒绝是一种生存本领，在某些情况下，说"不"既是尊重自己，也是尊重别人。对于那些你办不到或让你感到不愉快的事，如果你不拒绝，你会感到不快乐，同时你没把事情办好，别人也不快乐。与其都不快乐，不如礼貌地拒绝别人，让自己活得轻松一些。

如果说语言是思想的衣裳，那么会说话则是语言这件衣裳的裁缝。现今人与人之间彼此的依存度越来越高，作为沟通与协调的重要武器——口才，愈发显得重要起来。愿你早日掌握说话技巧，成为人生赢家！

人际沟通测评

扫码测评

注：测评结果非专业结论，仅供读者参考。

Contents 目 录

第一章　学会拒绝，找回自我

第二章　巧妙拒绝，不伤和气

第三章　对症下药，轻松说不

第四章　幽默风趣，人人喜欢

第五章　冲突尴尬，巧妙化解

第六章　人际互动中的使用技巧与原则

第七章　幽默风趣，后天可学

第八章　幽默谈吐，常用十法

第一章　学会拒绝，找回自我

做人不必百依百顺

　　有些人性格如绵羊般温顺，为人处世百依百顺。他们不敢或不善于说"不"，因此给自己带来许多麻烦。

　　李小强这几天明显有些睡眠不足，他有很多的事情需要做。可是，当邻居小张请他过去帮忙弄一下电脑时，他说："好！"

　　小林要他为自己的小店做张海报时，他说："没问题！"

　　早上，彭阿姨打电话来，问李小强能不能陪她一起去超市。明知新型冠状病毒肺炎的疫情尚未解除，李小强说："要的！"

　　李小强的特点是几乎从不说"不"；而赵谦的处理则不同。

　　中午小区打电话问他能不能参加足球队训练。赵谦说："不！"

　　下午大学的学生打电话来，问他能不能参加周末的餐会。他说："不！"

　　晚上，同事请他帮忙选购家具。他说："不！"

　　你或许认为赵谦不近人情，可当事人并没有这种感觉，因为他很讲究方式和技巧。当赵谦说第一个"不"时，他说："我已经是篮球队的中锋，没有精力再去参加足球队了。"

当他说第二个"不"时，他说："周末要去朝阳公园，我已经答应女儿带她去了，还是以后再找机会吧。"

当他说第三个"不"时，他用微信给对方推送了几个网店："听说在网上买要便宜一半，这是几个厂家的网店，你可以仔细了解一下。"

赵谦说了"不"，但是说得委婉。他确实拒绝了，但拒绝得有理，因此能够取得对方的谅解，自己也落得清闲，而不像李小强那样使自己睡眠不足。

可以肯定，不少人不说"不"，要么是不好意思，要么是不敢拒绝。殊不知，你愈是想对得起每一个人时，愈可能对不起人，因为精神、时间、财力有限，不可能处处顾及，结果服务的水准下降，还是对不起人。而不敢说"不"的人，是担心不顺着对方的意，自己就要吃亏。岂知愈是想讨好每个人，最后谁也不能"服务"好。

2019 年国庆节，Mia 的姑妈来北京旅游，顺便来看她。Mia 陪着姑妈到处逛，不知不觉就到了吃饭的时候。

可 Mia 刚大学毕业，又支付了一笔不小的房租，身上只有几百元钱，这是她所能拿出来招待姑妈的全部积蓄了。她很想找个小餐馆随便吃点，可姑妈却相中了一家很体面的餐厅。没办法，Mia 只好硬着头皮进来了。

俩人坐下后，姑妈开始点餐，Mia 却心里七上八下的，心想卡里的几百块肯定不够，支付宝的"花呗"也用得没有余额了，接下来该怎么办？

可姑妈似乎丝毫没有察觉到她的不安，只是津津有味地吃着饭菜，Mia 却急着用微信找要好的同学借钱，这顿饭根本就没吃出什么味道。

终于到了结账的时候，服务员彬彬有礼地拿出账单，径直走向 Mia。没有借到钱的 Mia 试着张开嘴，却什么都没说出来。

姑妈温和地笑了，她拿过账单，把钱给了服务员。然后对着 Mia 说："Mia，我知道你的感受，我一直在等你说'不'，可你为什么不说呢？要知道有些时候一定要勇敢坚定地把这个字说出来，这是最好的选择。我选择这家餐厅，就是想让你明白这个道理。"

每一个人都应该认识到：只有在你表现说"不"的实力时，对方才会感激你说的"是"；也只有在你知道说"不"的情况下，才能积蓄足够的实力说"是"。只有充满自信与原则的人知道说"不"，也只有别人知道你有说"不"的原则之后，才会信任你所说的"不"！

委婉地道出你的苦衷、说出你的原则，必能获得朋友的谅解，赢得对方尊重！

该说"不"时就说"不"

外甥女是个"00后"，有一次她问我："别人太自私怎么办？"我问她："别人怎么自私了？"

她回答说：舍友常常向她提出一些不合理要求，例如在她正读书时，强邀她去打羽毛球，总让她帮忙打开水等等。她希望舍友能"自觉"些，但是这个希望很难实现。

我问她："当时你是怎么做的呢？"

她回答："我只好按她的想法做，但是心里却很不痛快。"

不好意思拒绝别人，这是社交中常见的一种现象。这种特点明显的人被称为"老好人"。虽然老好人为别人做了许多事，但是别人却并不会感激他。因为别人对此视作理所当然，在心里还隐隐地对老好人有几分轻视。

不善于拒绝别人的要求，心不甘情不愿而勉强去做事，往往会引发消极抵抗心理：你让我冲咖啡，我要么在咖啡里放太多的糖，要么不小心把它打翻。

不会拒绝别人，就不会有好的社交。

人在社会，要想混得好，很多时候要敢于说"不"，善于说"不"。比如，若别人有求于你，而你出于各种原因却无法予以满足，又不好直说"不行""办不到"，生怕因此伤害对方的自尊心；或对方提出一些看法，而你不同意，既不想讲违心之言，又不愿直接反驳对方；或你看不惯对方的言行，既想透露内心的真情，又不愿表达得太直露，以免刺激对方。这时候，就要学会巧妙委婉地拒绝，根据不同的情况说"不"。

> 过去有一个男孩爱上了一个女生。某天，这个女孩下班后，男孩在单位外等她。男孩心里盘算着请女孩吃一顿最好的火锅。可是正当他约这个女孩的时候，女孩的妈妈突然出现了。于是便三个人一起去吃饭。女孩的妈妈选择了最贵的餐馆，点了很贵也很多的菜。吃不完还打电话让她们家的亲戚都来吃。可怜的这个男生，就一直在一旁数着他的钱，盘算着够不够。不过万幸的是，这个餐厅可以刷卡，他刷尽了他所有的钱。
>
> 后来，女孩的妈妈还是不允许女孩和这个男孩来往。

在这个故事中，这个男孩子为什么要硬着头皮去请她们吃那么昂贵的一顿饭呢？后来这个女孩的妈妈为什么不允许他们交往呢？可见，有些时候死要面子，不会拒绝，不一定就能办成事情。

我们都曾经历过这类事件，因为我们都希望自己能够拥有良好的人际关系。其实并不是接受所有人的所有要求，就能够拥有很好的人际关系，学会拒绝，也是我们处理好人际关系的一种重要技能，也就是说，我们要学会说"不"。

当然，我们必须努力去做一个绝不说"不"的人，可是，当遇到别人不合理的请求时，我们是否也要委曲求全答应对方呢？这个时候，你千万不要因为不能说"不"而轻易地答应任何事情，应该视自己能力所及的范围，不要明明做不到，却不说，结果既造成了自己的困扰，又失去了别人对你的信任。

> 30岁出头就当上了二十世纪福斯电影公司董事长的雪莉·茜，是好莱坞第一位主持一家大制片公司的女士。为什么她有如此能耐呢？主要原因是，她言出必践，办事果断，经常是在握手言谈之间就拍板定案了。
>
> 好莱坞经理人欧文·保罗·拉札谈到雪莉时，认为与她一起工作过的人，都非常地敬佩她。欧文表示，每当她请雪莉看一个电影脚本时，她总是马上就看，很快就给答复。不过好莱坞有很多人，其他人若不喜欢的话，根本就不回话，而让你傻等。但是雪莉看了给她送去的脚本，都会有一个明确的回答，即使在她说"不"之后，也还是把你当成朋友来对待。

由此看来，拒绝别人不是一件什么罪大恶极的事情，也不要把说"不"当成是要与人决裂。是否把"不"说出口，应该是在衡量了自己的能力之后，做出的明确的回应。虽然说"不"难免会让对方生气，但与其答应了对方却做不到，还不如表明自己拒绝的原因，相信对方也会体谅你的立场。

不过，当你拒绝对方的请求时，切记不要咬牙切齿、绷着一张脸，而应该带着友善的表情来说"不"，才不会伤了彼此的和气。

在这个社会上混，该说"不"时就要说"不"，不要做不讲话的鹦鹉。一味地沉默只会让他人忽视你的努力，甚至忽视你的存在。做一个有声音的人，让他人感受到你的存在价值。不会说"不"的人，只会让他人觉得你是一个逆来顺受的人。

你是不是五次三番地被人利用和欺侮？你是否觉得别人总是占你的便宜或者不尊重你的人格？人们在制订计划时是否不征求你的意见，而会觉得你千依百顺？你是否发现自己常常在扮演违心的角色，而仅仅因为在你的生活中人人都希望你如此。如果这样的话，你的生活和工作就需要进行改进了，就需要拒绝和说"不"。

当然真正鼓足勇气说"不"的时候，当你认识到自己的需要并表达出来时，你会发现你原来所顾虑的事情一件都没有发生，而你的生活却发生了变化，同事们和朋友们都开始尊重你，开始意识到你的存在。

据某报载，某办公室有6位职员，水房离办公室较远。开始时大家谁也不愿意去打水，因为打完后也许自己只能喝到一杯水，剩下的水都被分光了。为了保证大家都喝到水，制定了规章制度，每三个人为一小组，每天早晨、中午打水。

甲组中的三个人，只有向云比较老实勤劳，每次其他两个人躲得远远的，只有向云打水。这一天，大家中午没见到开水，其中乙组的一位同事对向云说："向云，开水呢？打开水去呀。"向云当即反驳道："我们三个人呢，你指使我干吗？"那位同事当时有些脸红，此时甲组的另外两位连忙说："唉哟，不好意思，忘了，我马上去！"

从此，大家打水自觉多了。向云并没有觉得自己以前帮得太多了而不去做了，他仍然和同事一起去打水。

向云利用其他同事的愤怒维护了自己的权益和平等地位，大家在一个办公室，具有同样的义务，不好去指使另外的人，只好采用拒绝的方式而仍然去打水，说明他不计前嫌，利用宽容获得了别人的好感。

有人说，如果你想真正了解一个人，就请注意他拒绝别人时的样子。"不"不仅体现了一个人的性情，也诠释了一个人做人的标准，在该说"不"的时大胆地把"不"说出口，是一种境界。

事可以拒，情要留下

生活中，有这样一类人：处处为别人着想，宁愿委屈自己，也从不主动拒绝；即便偶尔想说"不"，也会因为内疚而妥协……

你身边一定有这样的人，又或许你就是其中一个。

一家公司招聘了一个实习生。有段时间常加班到很晚，主管每次离开公司的时候，办公室总会看到这个实习生的身影。

照道理，实习生不应该有那么多工作啊。

有一天晚上，主管看见她孤零零地坐在角落里加班。下班前便走去和她聊天，拍拍她的肩膀问她："你在忙什么呀？"她怯生生地说："我在忙项目的PPT。"

主管一看："这个项目的PPT怎么会让你写呢，你不负责这一块呀。"她支支吾吾地说："我帮大家的忙。"

主管怕耽误她工作的时间，就没再追问下去。

过了几个月这个实习生提出了辞职。后来才了解到，她觉得工作量太大，而且别人总是把不应该她做的工作交给她做，她一方面觉得很委屈，一方面又不知道如何拒绝，所以工作得特别不开心。

她本来就是娇娇女，回家泪眼汪汪地向父母哭诉，家里人干脆就让她辞职算了。

她辞职后半年，主管和她在一个餐厅偶遇。主管笑着对她说："当初你遇到这样的问题，怎么不去征求下别人的意见呀？"

她不好意思地说："我问了，但别人都告诉我不能拒绝，只能埋头苦干，否则会发生矛盾冲突。"

她的这番话让主管陷入沉思。难道对不合理的要求说"不"，真的就这么难吗？

也许在外人看来，这种人很热心、值得信任；但真正的痛苦，恐怕只有他们自己知道。

"拒绝"一词，词典上注释极简单，就是"不接受"的意思。如果从社会人生的角度上挖掘，这个词又有较丰富的内涵。君子可以拒绝小人的险恶，小人也可以拒绝君子的美德。

拒绝，生活中并不鲜见。作为正直的男子，你可以拒绝歪风邪气的侵蚀；作为貌美的女郎，你可以拒绝来自社会的种种盲目追求；作为一方百姓，你可以拒绝贫穷与愚昧的蔓延，从而挺身走出苦难的误区。你要有充分的自由和热情关怀尽善尽美的事物，不要糟蹋了自己的高雅趣味。

拒绝不等同于六亲不认式的无情无义，也不等同于失去理智后的一意孤行。在特定条件下，拒绝是人格与个性的完美结合，它既是人类个性的一种体现，又是人格精神锻造下所产生出来的一种意志力量。

明确直言的拒绝，有时会令自己感到过意不去，也会令对方感到尴尬。这就需要采用一种巧妙委婉的拒绝方式，既能表达自己的愿望，又能将对方失望与不快的情绪控制在最小范围内，不影响彼此之间的人际关系。

唐宪宗元和年间，大将李光颜屡立战功，有个叫韩弘的将领非常嫉妒他。为了争名夺功，韩弘设一计，他不惜花费数百万钱财，派人物色了一些美貌女子，并教会她们歌舞演奏等多种技艺。他将这些美女特地送给李光颜，希望李光颜从此沉湎于女色而懈怠军务。李光颜当众对送美女的使者说："您的主公怜惜光颜离家很久，赠送美妓给我，实在是大恩大德，然而光颜受国家恩深，与逆贼不共戴天，更何况数万将士，皆远离妻子儿女，为国尽力死战，我怎么能独自以女色为乐呢？"一席拒绝之辞攻破了韩弘的诡计，既令使者叹服，又使部属拥戴。

有人说：平生最怕拒绝别人。这似乎让我们看到人性的温柔与纯善。但在现实生活中，不拒绝未必为善事，学会拒绝也未必不是好事。

人生最大的教训之一是要懂得如何拒绝。有些活动并不太重要，参加只是徒耗宝贵的时间。而更坏的事情是只忙于一些鸡毛蒜皮的事，这比什么都不干还要糟糕。要真正做到小心谨慎，只是莫管他人闲事还不够，你还得防止别人来管你的闲事。不要对别人有太强的归属感，否则会弄得你自己都认不清你自己了。

有时，我们不得不狠下心来拒绝别人，正如我们所遇到的别人拒绝我们一样，因为在是与否之间，我们不能优柔寡断，我们更不能左右逢源。其实，能平和地接受拒绝是一种洒脱、一种大度、一种成熟与豁达。它更需要勇气与磨砺，它也许是一段痛彻心扉的难忘经历，更是一种丰富多彩的人生成长。

我们应该勇敢地说不。不能因为害怕拒绝而忘记去叩门，生活就是这样，往往一念之差就会抱憾终身！如果对方是非分的请求，请不要迁就，你要拿出勇气来拒绝——轻轻地说声"对不起"，我们无意去伤害一颗渴望的心灵，但也不能因此而失去自我。

学会拒绝也是一门学问，拒绝该拒绝的，珍惜不该拒绝的！当别人有求于你而你又无能为力时，不要急于把"不"说出口，不要使对方感到你丝毫没有帮助他解决困难的诚意。

"身在曹营心在汉"这一俗语家喻户晓。凡是长篇历史小说

《三国演义》的读者，无不为关公的"义"而啧啧赞叹。曹操爱才心切，栖身曹营的关公，要官爵不下于侯，要银两不下于万，要美女应有尽有。而他的非凡之处便在于拒绝，并且是毫不犹豫地挂印封金，护送皇嫂，过五关斩六将，千里走单骑，完成他流芳百世的人格与精神的塑造。

拒绝，可以包括正反两个方面，一是拒绝苦心，一是拒绝诱惑。并不是所有的拒绝都能得到别人的理解。当别人向你提出不合理的要求时，不要简单地拒绝他，而应该让他明白他的要求是多么荒唐，从而自愿放弃要求。一位业绩卓著的家装设计师声称，对于用户的不合实际的设想，他从不直截了当地说"不行"，而是竭力引导他们同意他希望他们做的事情。

生活中，不可能不拒绝别人，如果每次拒绝都带来隔阂，带来仇视敌意，那最后必将成为孤家寡人，所以，学会婉转拒绝是人生的必修课。学会拒绝，也许会让你的人生会锦上添花；学会拒绝，也许会让你的事业能无往不利。

含混不清的拒绝要不得

很多人在拒绝别人的时候怕得罪别人而影响彼此的感情，总是喜欢含糊其词。听得懂的人自然还好，能够明白这是对方拒绝的说辞；没听懂的人自然就会会错意，然后默默地等待着你的帮助。等到某天，见交代你这么久的事还未办妥，便又说起："你上次帮我办的事，怎么这么久都还没办好呢"，这时你才错愕地回答他："我什么时候说过帮你的忙？"这时把话说开，对方才领悟过来，你觉得自己很无辜，对方更多的却是埋怨，从此，两人关系便开始越走越远。

虽然拒绝别人真的很为难，但是你要记住，滥用你的委婉，不明确地拒绝别人，只会给大家造成不必要的误会，让双方都受到损害。

记得曾看过一期《奇葩说》，主题是讨论结婚是否应该有仪式。

　　节目方邀请了蔡康永来做嘉宾，发表意见的时候，蔡康永可谓语出惊人，他说："我自己可以有婚礼，但我是不参加别人的婚礼的，自从离开'康熙'之后，我就不参加任何婚礼了。"

　　我着实被这番话惊掉了下巴。实在是厉害了，难道他不怕朋友们因此跟他绝交？

　　蔡康永接着说："我主持'康熙'时，每年都会接到上百个婚礼邀请，每次都被要求上台发言。"

　　而蔡康永每次在婚礼上发言，基本上都是重复一样的脚本，做得久了，连他自己都觉得虚伪、没意思，这么无聊又不真诚的事儿，为什么要一直循环往复？从此，他果断拒绝参加任何人的婚礼。

　　听到这里，想由衷地为蔡康永的果断点赞。

　　对于内心坚定的人而言，他们通常都非常知道自己想要的是什么，不想要的是什么。更令人钦佩的是，他们敢于服从自己的内心，从来不被任何人左右和绑架。

　　就像有句格言说的：真正的自由，不是你想做什么就做什么，而是你不想做什么，就可以不做什么。

　　在人际交往中，很多时候，别人有求于我们，我们又不忍直接拒绝，于是含糊其词，模棱两可，殊不知，这样做既是对别人的敷衍，又是对自己精力的消耗。

　　对不愿做、不能做的事，干脆利落地拒绝，才是对自己对别人最大的尊重。因此就需要我们在拒绝的时候，不要因为过于照顾对方的颜面，而把话说得模棱两可。大多数人都不好意思说出拒绝别人的话。然而很多时候对方提出的某些要求很过分，不是我们自己力所能及的。这就出现了如何拒绝他人的问题，因为硬撑着答应导致的结果更糟。

拒绝的时候态度一定要坚决。何谓坚决？就是明明白白地告诉对方，这件事自己无法做到，让他另请高明。

"对不起，我真的帮不上忙"和"这问题恐怕很难解决"相比，后者显然会给被拒绝者带来更大的想象空间。当我们试图用一种很婉转的态度拒绝别人时，通常不会收到太好的效果。因为模棱两可、暧昧不清的拒绝，并不会让对方丧失希望，正所谓希望越大，失望越大。与其让对方抱着不切实际的幻想空等，不如在最初便狠心拒绝，或许会帮助他找到更好的解决方法。

我们心里要明白，无论是坚决说"不"，还是委婉说"不"，最终要达到的目的都是相同的，即让对方知道自己的表态是决定性的，没有妥协余地。这种表态方法的差别仅限于语气上的软硬，而在话语的指向上需要准确无误。

总之，你的言语必须确实明白地表示出你自己的想法。很多事情虽一时能敷衍过去，但总有一天，当对方明白你以前所有的话都是托词时，就会对你产生很坏的印象。所以，与其如此，不如干脆一点儿，坦白一点儿，毫不含糊地讲"不"。

不要等被逼无奈再说"不"

生活中的你，是不是常常有这样的经历：明明想对别人说"不"，却硬生生地把这个"不"字吞到肚子里去了，而违心地从嘴里蹦出来个"是"字？可是后来又越想越不对劲，心里说着"我其实当时应该拒绝他的""这个忙我根本就帮不了""我自己的事情都没有做完，怎么办"……于是你开始自责不已、悔不当初，最后一边为应承下来的事儿忙得焦头烂额，一边为自己的不懂得拒绝而深深懊恼。

不懂得拒绝的人，无论是面对上司的命令、顾客的要求、同事的请托以及工作中的任何突发状况，似乎都只能默默承受。因为他们觉得，如果自己说"不"，可能会面临一连串的麻烦：上司的不满、顾客的投诉、同事的怀恨在心……于是，为了维护自己的人脉，为了提升自己在同事间的口碑，为了让自己在工作上少一些阻碍，许多人在面对各式各样的请托和要求时，选择了接受，让自己陷入了难堪的局面。

只是，这样做正确吗？不妨看看以下案例再做判断。

张涛和李辉大学毕业后同时进入一家通信公司实习。这家公司可以说是全球无线通信行业的霸主，几乎在世界各地都有它的制造厂。能够进入这家公司，是莘莘学子的梦想，因此张涛和李辉两人都十分重视这次的实习机会。因为按照惯例，这家公司会从每一批实习的人员之中选择最优秀的一位留下来。

在进入这家公司之前，张涛便做足了准备。他觉得想要留在这家公司，上司的推荐和同事的口碑应该十分重要。因此，在进入这家公司之后，他为了笼络人心，对于所有同事都有求必应，诸如帮同事跑腿、帮经理助理打印……虽然常常因此把自己的工作做得不够好，但是当他每次得到同事的赞美时都觉得这样也值了。大家见这小伙子那么热心，便也逐渐不客气了：甲让他帮自己带早餐、乙请他帮忙接孩子……哪怕这些是与工作毫不相干的事情，张涛全都接受，毫无怨言。

而李辉却截然相反，有人请他帮忙的时候，他似乎总以自己的事情还没做完为借口推托，渐渐地，请他帮忙的人越来越少。因此，大家对李辉的评价并不怎么高。

三个月的实习时间很快结束了，转眼就到了宣布最终结果的时候。看着被叫进经理办公室的李辉，张涛暗自欣喜："谁教你不注意人际关系，只顾着埋头做事。能留下来的人一定是我。"

半个小时后，李辉从经理办公室走出来，带着平静的表情开始收拾自己桌上的东西。张涛正准备上前安慰他一下，却猛然发现情况似乎有些不对劲。原来，李辉在收拾完自己的东西之后，并没有离开，而是把这些东西放在另一张配有电脑的办公桌上，而那张桌子正是为留下来的那个人所准备的。

就在张涛愣神的时候，有人拍了拍他的肩膀，示意他到经理办公室去一趟。怀着惴惴不安的心情，他来到经理办公室。

"张涛，这三个月来，你的表现大家都看在眼里。你很热心，同事们对你的评价很好。说实话，站在朋友的立场，我很想留你下来。可是，站在公司的角度考虑，我们需要的是能在工作上做出成绩的人。在这段时间里，我很遗憾地看到你的主要精力并没有放在本职工作上。所以，我只能祝福你在新的公司一切顺利……"

笼络人心对职场人士来说固然重要，但这并不代表我们在任何时候都不能拒绝。其实，根据实际情况，适当地对周遭的人说"不"，将更有助于自己顺利地完成本职工作，正如李辉那样，善于分辨什么是自己应该做的，拒绝那些对自己不利的干扰，这才是真正懂得工作的人所应具备的正确态度！喜剧大师卓别林曾经说过这样一句话："学会说'不'吧！那样，你的生活将会美好得多。"

生活中的你，是否也有过这样的经历：对于他人的要求，有时出于面子，有时为了不得罪人，不好意思拒绝，而只好勉强自己，违背自己的意愿，做了不是自己分内的事，还因此耽搁了自己应该做的事。

其实，很多人都会有过这样的经历。实际上，拒绝别人并不代表你对他不友善，也不代表你冷酷无情，没有人情味。不管对谁，只要你不想做或者事情本身违反原则，就有权力说"不"。否则，你的生活和工作会因此压力重重，这样会累坏自己。

20世纪的著名画家齐白石先生在刚刚出名的时候，许多三教九流的朋友、熟人都上门来向他求画。

这些人与齐白石都曾经多多少少有过交情，齐白石不好意思拒绝，于是就都答应下来。结果求画的越来越多，齐白石根本画不过来，人家不满意，齐白石自己还累得生了一场病。

病好之后，齐白石才终于想明白了，自己本不必做如此违心的事。于是他在客厅贴出"告之"："卖画不论交情，君子有耻，请照润格出钱。花卉加虫鸟，每一只加十元，藤萝加蜜蜂，每只二十元。已出门之画，回头补虫，不应。已出门之画，回头加题，不应。"

这"告之"一出，朋友们再也不好意思论交情讨画了，白石先生才终于清闲下来。

对不愿做的事，就该这样果断干脆地拒绝对方，既节省自己的时间和心力，也不会空吊着别人，浪费别人的时间。

就像三毛说的：不要害怕拒绝他人，如果自己的理由出于正当。当一个人开口提出要求的时候，他的心里就预备好了两种答案。所以，给他任何一个其中的答案，都是他意料中的。

总之，要懂得在适当的时候说"不"，拒绝别人不一定是件坏事。如果你没有时间，没有能力帮助别人，那么拒绝别人的请求是你正确的选择。否则，问题拖下去只会越来越难解决。很多时候，正是因为你不懂得说"不"，才让自己陷入"被逼无奈"的窘境当中。更重要的是，这种草率的决定还会打乱自己的计划和安排，使自己的工作与生活陷入被动。长此以往，你将无法享受给予和付出所带来的真正快乐，正常的人际交往与互动都会沦为一种负累。

第二章　巧妙拒绝，不伤和气

学会巧妙地岔开话题

狡猾地逃避记者的刁难，或者是不想回答的问题，甚至是自己的丑闻，也许是政客们惯用的把戏。

哈佛大学肯尼迪政治学院的托兹·罗杰斯（Todds Rogers）和商学院的迈克尔·诺顿（Michael Norton）认为两种情况下比较适合使用"转移话题策略"：一种是演讲者回答相似的问题，使观众难以回忆起刚才的问题；另一种是当观众们的注意力集中在社会性的目标或是没有明确目标时，更难发现演讲者避开了问题。

对此，有研究者做出了这样一个实验。在实验过程中，研究者让参与者看4分钟的政治辩论视频。视频有两种：一种视频中回答者直接回答问题，而另一种视频中，回答者避开原有问题，自己回答了一个相似的问题。每个参与者随机看两种视频中的一种。然后，再将所有的参与者随机分成三组，分别是三种不同的情境。

第一组是"没有目标"组。参与者只需要认真地看视频。之后，研究者才开始提问"刚才的问题是什么"，以及"视频中的人回答得对吗"。结果令人十分意外，看"回答相似问题"视频的参与者当中能回忆起刚才问题的人不到40%，而看"直接回答问题"视频的人却有将近90%的人记得。换句话说，听你讲话的人其实在听了4分钟之后已经是云里雾里了，谁还记得当初是什么问题，即使答非所问，别人也不会意识到。

然而，在平时生活中，交流不仅仅是几句对话或者听一个演讲这么简单，还会对与你交谈或者正在演讲的人作出评价，比如："这个人看上去很成熟稳重""这个人绝对是个学术专家"等等。

于是，研究者把这种情境叫作"社会性的目标"组。这组的参与者就要比前一组多一个任务，不仅要看视频，还要思考"演讲者是个怎么样的人""你喜不喜欢这个人"。

看完视频后，当研究者问"还记得刚才的问题吗""视频中人物回答的对吗"，这组的结果会怎么样呢？他们比比上一组的表现更糟。参与者一部分的注意力分配到评价演讲者上去了。结果看"回答相似问题"视频的参与者当中能回忆起刚才问题的人连25%都不到了，而看"直接回答问题"视频的人也只有80%的人还记得原问题。其实仔细想一下，这第二种情境更加接近日常生活，也就是说，真正能发现你"答非所问"的人少之又少。

那么会不会是因为这些参与者比较健忘或者问题太难了，所以很难被记住呢？研究者设计了第三种情境，叫作"监测"组。这次参与者需要带着问题看视频，直接判断视频中有没有"转移话题"的现象。

这时大多数参与者都发现了视频中没有直接回答提问者的问题。但是现实生活中，我们其实很难提前假定别人会转移问题。所以你可以巧妙地通过这个方法躲过别人的问题。在说服他人的时候，如果某个话题或是观点对自己的说服不利，这时我们想到想岔开话题，但对方兴致正浓，我们该怎么办？

拒绝了，不礼貌；勉强谈下去，又感到很为难。在这种情况下，最好的方法是在不知不觉中巧妙地把话题岔开，重新开始一个话题。这样既不会伤害到对方，又可以将自己从困窘中解脱出来。

常用的岔开话题的方法有如下几种：

1. 一词多义

日常交谈用语中绝大多数的词是多义的，换一种词义可以避开不快的话题。

2. 同音异义

在现代汉语中，同音异义字很多，音同义不同或音相近而义不同，这在书面语言里不易混淆。但由于交谈是以声传义，不见字的形体，这就有了相当的含混性。利用这种含混性，就可以巧妙地把话题岔开。

3. 相近概念

日常用语中很多词所表达的概念没有明确的界限，常常带有一定的模糊性。利用这种模糊性，就可以把话题中某些概念转换为与它相近的另一个概念，从而岔开原来的话题。

4. 眼前景物

交谈是在特定的环境中进行的，凡能进入视觉、听觉范围内的一切，都能吸引谈话者的注意力，随时成为交谈的话题。特别是当这些事物发生急剧变化时，人们常常会下意识地中断谈话而去关注正在发生的激变，这就为改变原来的话题提供了可以利用的机会和可供转换的新话题。

5. 好奇心理

求新好奇是人们普遍的心理要求。对于交谈中的话题至少有一方是感兴趣的，如果能再提出一个更新更有趣的话题，利用好奇心理，就可以把对方的谈兴吸引过来，自然地抛开原来的话题。一旦对方的注意力被吸引过来了，话题也就如你所愿地改变了。

岔开话题的方式还有很多，无论哪种都是利用注意指向、注意中心的转移。因此，在岔开话题时，应注意下述几点：

首先，要隐蔽一点。

交谈中岔开话题，有如魔术师的魔术表演，总得借助一点遮掩的东西才好。一词多义、同音异义、相近概念、眼前景物、好奇心理等，都包含着隐蔽的因素，能模糊对方的注意力指向，分散对方的注意力，使其自然而然地、不知不觉地离开原话题，进入新的注意中心。

其次，要找相邻的话题。

岔开话题以邻近为好，有一定范围限制。在同一时间内，人的注意范围有三个区域：注意中心、注意边缘和注意以外。在这三个区域里，大脑皮层兴奋程度依次减弱，抑制程度依次增强。注意中心与注意边缘是经常变化的，处于注意边缘的事物随时可能成为注意中心，而处于注意中心的事物则随之退到注意边缘。

至于注意中心以外的事物，在没有外界强烈的刺激作用下，要成为新的注意中心是比较困难的。所以在邻近范围内选择新话题，使之成为注意中心的可能性很大，更容易被对方接受。

再次，岔开话题要抓准时机。

一般最好在一个话题刚刚提出且尚未展开时，就机敏地选择岔开话题。这是因为刚刚提出的话题，虽然成为注意中心，但对方相应区域的大脑皮层刚刚兴奋起来，未被强化，稳定性差，易被新的话题置换。

反之，话题一旦展开，注意中心已被强化，大脑皮质的兴奋区域处于优势状态，稳定性强，不易发生偏移，用新话题去置换原来的话题就困难了。在交谈过程中，一个转移话题的机会出现，如不能及时抓住，往往稍纵即逝。

最后，让新话题超越原来的话题。

用以岔开话题的新话题，在自身的新奇性和对方需求性方面，都要大大地超过原来的话题，才能收到良好的效果。新话题刺激强度愈大，对原来话题的注意淡化愈快，转移话题愈容易成功。

我们这里所讲的转移话题的艺术，是在交谈中正确运用心理活动的规律，巧妙地避开一切不利因素，促使交谈在和谐热烈的气氛中顺利进行的方法。这与谈风不正的"乱打岔"是有本质区别的。

借别人的嘴说自己的"不"

很多时候，拒绝的话总是让人难以启齿，甚至还要绞尽脑汁去想一些拐弯抹角的拒绝方式，既能把"不"字直接说出口，还能切断所有后路，让对方无法采取别的方式再来麻烦自己。有时候，拒绝别人可以不用这么费神，关键是要懂得借用"别人的意思"。

> 某造纸厂的一个销售员去一所大学销售纸张，销售员找到这所大学他认识的总务处长，恳求他订货。总务处长彬彬有礼地说："实在对不起，我们学校已同一家国营造纸厂签订了长期购买合同，学校规定再不向其他任何单位购买纸张了，我也是按照规定办事。"

这就是借"别人的意思"来拒绝。这个事件中，虽然是由总务处长的口拒绝，但是这拒绝却不是总务处长的意思，而是"学校"，学校的规定谁也无法违反，事情就这么简单。所以，借"别人的意思"来拒绝就是这么容易。

以别人的身份表示拒绝，这种方法看似推卸责任，却很容易被人理解：既然爱莫能助，也就不便勉强。

一位和善的主妇说，巧妙拒绝的艺术使他一次又一次免受了推销人员的打扰。每当销售人员找上门来，她便彬彬有礼但态度坚决地说："我丈夫不让我在家门口买任何东西。"这样，推销人员会因为被拒绝的并不仅仅是自己一个人而心理上得到了一点平衡，减少了被拒绝的不快。

人处在一个大的社会环境中，互相制约的因素很多，为什么不选择一个盾牌来挡一挡呢？比如说：有人求你办事，假如你是领导成员之一，你可以说，这些事情是由我们单位集体决定的，像刚才的事，就需要大家讨论才能决定。不过，这件事恐怕很难通过，最好还是别抱什么希望，如果你实在要坚持的话，待大家讨论后再说，我个人说了不算数。比如，某单位一位职工找到车间主任要求调换工种，车间主任心里明白调不了，但他没有直接回答，而是说："这个问题涉及好几个人，我个人决定不了。我把你的要求反映上去，让厂部讨论一下，过几天再答复你，好吗？"这就是巧借他人来表达你的拒绝，而且完全不会得罪于人。并不是我不帮你的忙，而是我决定不了。对方听到这样的说服，自然也就只有知难而退了。

借"别人的意思"来表示拒绝的好处有：

1. 容易被人理解和接受；

2. 让对方觉得你很诚恳，自然不会再刁难你；

3. 表现出一种对决策的无权控制，从而全身而退。

我们在生活或者工作中，有时候会遇到朋友向我们提出一些我们无法做到的要求，但又不能直接拒绝，这时，我们就可以借别人的话来回绝朋友的要求。

张林在一家商场的电器部工作。一天，他的好朋友来买空调。把店里陈放的样品全部看完后，还觉得不满意，要求张林领他到仓库里去看看。张林面对好朋友，一时不知道该如何说"不"。忽然他灵机一动，笑着说："前几天经理刚宣布过，不准任何顾客进仓库，我要带你进去了，我就可能被责罚。"

张林借他人之口拒绝了朋友的要求，尽管朋友心中不大高兴，但毕竟比直接听到"不行"的回答要舒服些，也减少了几分不快。

向对方挑明利害关系

做事十分重要的一点就是分清利害，凡国事、家事、个人发展之事，无不如此。

2020年春节，没有往年的热闹，每天早上睁开眼睛，第一件事就是拿出手机查疫情情况，和亲朋好友的聊天内容也多是互相嘱咐做好防护，交流疫情有关的话题。

有位朋友说，为预防疾病，她告诉儿子今年将不去外婆家拜年，儿子就一脸的不高兴，委屈得哭了出来。

孩子的心情其实可以理解。他们也许并不明白举国面对的是怎样的敌人，只是听到延期开学的消息就开心，不能出去玩就难过。

事实上，在这个特殊的时候，他们还不明白其中的利害关系。我们要让他们明白人的生命是脆弱的，是宝贵的。晓之以利害，让孩子明白新冠肺炎的危害，向孩子传递"生老病死是正常的""人的生命是有限的"等思想。也要告诉孩子正因为人的生命是有限的，我们更要让有限的生命健康、精彩、有意义。

下面还有一个故事是关于世界球王贝利的。

贝利，自幼酷爱足球运动，并很早就显示出他超人的才华。

贝利在少年时，参加了一场激烈的足球赛，累得喘不过气来。中场休息的时候，贝利向小伙伴要了一支烟，以解除疲劳。贝利得意地吸着烟，淡淡的烟雾不时地从他的嘴中吐出来。但这一举动被父亲看到了，父亲的眉头瞬间皱得像两座小山。

晚上，父亲坐在椅子上问贝利："你今天抽烟了？""抽了。"贝利红着脸，低下了头，准备接受父亲的训斥。

但是，父亲并没有这样做，他从椅子上站起来，在屋子里来回地走了好半天，才对贝利说："孩子，你踢球有几分天资，也许将来会有些出息。可惜，你现在要抽烟了。抽烟会损坏身体，使你在比赛时发挥不出应有的水平。作为父亲，我有责任引导你向好的方面努力，也有责任制止你的不良行为。但是，向好的方向努力，还是向坏的方向滑去，主要还取决于你自己。因此，我要问问你，你是愿意抽烟呢，还是愿意做个有出息的运动员呢？你懂事了，自己选择吧！"说着，父亲还从口袋里掏出一沓钞票，递给贝利，并说道："如果你不愿意做个有出息的运动员，执意要抽烟的话，这就作为你抽烟的经费吧！"说完父亲走了出去。

小贝利望着父亲远去的背影，仔细地回想着父亲那深沉而又恳切的话语，不由地哭出声来。过了好一阵，他止住哭，拿起桌上的钞票还给了父亲，并对他说："爸爸，我再也不抽烟了，我一定要当一个有出息的运动员！"从此，贝利刻苦训练，球艺飞速提高，15岁参加桑托斯职业足球队，16岁被选入巴西国家队，并为巴西队永久占有"女神杯"立下奇功。如今，贝利已成为拥有众多企业的亿万富翁，但他仍然不抽烟。

　　贝利十多岁时少不更事，不懂得抽烟对运动员的危害极大。他的父亲耐心地向他指出抽烟会妨碍他实现当一名出色运动员的理想，使他懂得了利害关系，并让他自己权衡利害，作出抉择，更使他从此同抽烟永远绝了缘。可见，晓以利害是说服的重要方法。

学会幽默地说"不"

　　我们都知道，幽默可以化解尴尬的场面，幽默可以赢得陌生人的好感，幽默可以拉近陌生人之间的距离……幽默的语言总是有着神奇的作用。而在拒绝别人的时候，幽默也可以获得良好的效果。

　　在拍摄电影《我的特工爷爷》时，有记者问刘德华为什么不参加当时大火的综艺节目《爸爸去哪儿》。刘德华的回答很有趣："那我要问我爸爸肯不肯参加。"他还打趣地反问："如果我爸爸带我去，不知道他们节目组会不会让我们去参加呢？"

　　或许是节目组没有邀请刘德华，或许是刘德华不想带女儿抛头露面，无论是哪个原因，都有可能成为被记者"爆炒"的新闻而引发不必要的麻烦。刘德华这么幽默以对，皆大欢喜。

　　现实生活中拒绝是一件令人遗憾的事，但却又是无法回避的事。

你的至亲好友从不开口求人，偶尔万不得已求你一次，不幸遭到拒绝，轻则失望，重则大发雷霆；有的患难之友曾经在你困难时鼎力相助，如今有求于你，你心有余而力不足，但他不相信，指责你忘恩负义；有的恳求虽然合理，但你迫于客观条件的限制，对他的恳求一拖再拖，问题始终无法得到解决。无论哪一种情况，拒绝别人都是一件难于启齿的事。一来怕生硬地语言伤害打击到对方的心灵，二来又怕不恰当的拒绝破坏两人原本的关系。那么是否有一种两全其美的方法，既不会伤害别人的面子，还可以巧妙地拒绝呢？回答是肯定的。纵观中外历史，许多名人、伟人都善于使用特别的"语言武器"，很机智地拒绝对方，这种特别的"语言武器"就是"幽默"。

美国有一位女士读过《围城》后，便给钱钟书先生打电话说希望能够见一见他。但钱钟书先生向来淡泊名利，不爱慕虚荣，于是他就在电话中这样说道："假如你吃了一个鸡蛋觉得不错的话，那你又何必要见那个下蛋的母鸡呢！"在此，钱先生以其特有的幽默和机智，运用新颖别致而又生动形象的比喻，拒绝了那位美国女士的请求。钱钟书先生的这番话不仅维护了美国女士的自尊，还使自己避免了不必要的麻烦。

用幽默的语言拒绝对方提出自己难以接受的要求，不仅坚持了自己的原则，还能够保全别人的面子。同时还可以营造一种轻松愉快的气氛，并且还可以显示出自己豁达大度的处世风格。

生活中，拒绝一个人是需要勇气的。因为拒绝就意味着将对方拒之门外，拒绝了对方的一片"好意"，有时会让对方很难堪。这时，我们要根据不同的场合和对象进行考虑，选择恰当的方法婉转地拒绝，不能因为自己的拒绝而伤害对方的情感。

拒绝不仅是一门艺术，更是一门学问，还可以很好地体现一个人的综合素养。当别人对你有所希求而你办不到，不得已要拒绝的时候，要学会幽默地婉言拒绝他人。所谓婉言拒绝就是用温和曲折的语言，把拒绝的本意表达出来。同直接拒绝相比而言，幽默的拒绝更容易被接受。因为幽默的拒绝方式在很大程度上顾全了被拒绝者的颜面。

俄国著名化学家门捷列夫最大贡献就是发现了化学元素的周期表。

门捷列夫时间观念相当强，差不多把每天的时间都安排得满满的。一天，一个熟人到门捷列夫家里做客，他一坐下来就喋喋不休地讲着。

直到说得累了，才意识到可能自己的话太多，就问道："我是不是使你感到厌烦了？"

门捷列夫过了好一会儿才回过神来，回答说："对不起，你刚才说到哪儿了？你继续说吧，我正在想自己的事呢。"

那人一听，有些吃惊，原来自己讲了半天，对方却一句话也没听进去，终于知趣地告辞离开。面对别人无理的要求，你想拒绝，但又不能用明确的语言来拒绝，这样会令人难堪。这时，你可以运用幽默委婉的语言拒绝，不仅可以表达自己的拒绝意图，还会使对方乐于接受。

幽默地拒绝别人是一种艺术。在拒绝别人的时候，我们可以引用一些名人名言、俗语或谚语的方式来作答，来表明自己的意思，或佐证自己的观点。这种拒绝的方式好处是很明显的，既增加了说话的权威性与可信度，还省去了许多解释和说明，更能增强口语的生动性与感染力。

幽默的拒绝技巧体现了一个人灵活交际的能力，它有助于处理好人与人之间的关系，运用得好，可以达到文雅得体，幽然含蓄，弦外有音，余味无穷的奇妙境地。所以，在拒绝别人的时候，我们不妨试着用些诙谐、幽默的语言委婉地拒绝对方，更容易被人接受和理解，还能帮助自己免去很多麻烦。

拒绝有礼，才不失面子

有位朋友说有人在回复她的微信邀约时，只回了一个"笑脸"，她便以为对方是接受邀请了。结果到了约会那天，对方并没出现，她才明白原来那个"笑脸"是"抱歉"的意思。

接到邀约，无论自己是否能应邀，明确及时回复对方是基本的礼貌。

在实际生活、工作中，人们时常会遇到别人向自己提出要求，有的提要求的人是你不喜欢的，有些人又恰恰提出了你难以接受的要求，处于这种尴尬的情况之中，你将如何处理。我认为，遇到以上情况，我们没必要"有求必应"，而必须"拒绝"。

拒绝也是一门艺术，所以我们不但要学会拒绝，而且还要学会掌握这门艺术。因为，在人们生活交往中过于生硬的回绝显得不近人情，婉言谢绝则会显得彬彬有礼且不失面子。总之，从总体上讲，拒绝并没有什么固定的模式或套路，至于如何拒绝才能得到最佳效果，那只能因事、因人、因地、因时而异了。

2020年，一场疫情，似乎正改变人们的行为习惯，如打招呼的方式。很多人抛弃了传统的拥抱、亲吻等问候方式，"开发"了许多极具创意的问候法。这些看似玩闹的创意问候法看起来有趣又不失礼貌。

面对迅速蔓延的疫情，很多国家都开始向民众普及防范疫情的日常措施。非常时期，除了戴口罩、勤洗手、别摸脸外，尽量拒绝与他人的肢体接触也是十分关键的一项。

为此，法国政府敦促人们尽量不要采用彼此亲吻脸颊的传统问候方式。"建议大家减少身体上的接触，包括亲吻脸颊。"卫生部部长韦兰说道。礼仪专家则认为注视对方的眼睛就够了。

而世界卫生组织的西尔维·布莱恩德博士则在社交媒体上转发"认可"了一系列问候方式，比如彼此挥挥手说声"你好"，或是像泰国人那样双手合十、放在胸前说一句"萨瓦迪卡"。要是觉得不够得劲，男士们还可以彼此行碰肘礼。

礼仪专家威廉·汉森认为，不握手但热情洋溢的别样问候方式依然可以给人留下礼貌的印象。他建议人们尽量采取手掌张开的姿势，尤其是在和很多人打招呼时，另外"眼神交流也是优先项"。

疫情期间，改变的不只是打招呼的方式，许多公共文明秩序得到更多人的认同和践行。如"北欧风"排队，"无接触"配送等，这种改变既为健康，也是礼仪，为了他人，也为了自己。

19世纪，狄斯雷利出任英国首相。当时，有个野心勃勃的军官一再请求狄斯雷利加封他为男爵。狄斯雷利知道此人才能超群，也很想跟他搞好关系，无奈此人不够加封条件，狄斯雷利无法满足他的请求。

一天，狄斯雷利把军官请到办公室里，与他单独谈话："亲爱的朋友，很抱歉我不能给你男爵的封号，但我可以给你一件更好的东西。"说到这里，狄斯雷利压低了声音："我会告诉所有人，我曾多次请你接受男爵的封号，但都被你拒绝了。"

狄斯雷利说话算数，他真的将这个消息散布了出去。众人都称赞军官谦虚无私、淡泊名利，对他的礼遇和尊敬远超过任何一位男爵。军官由衷感激狄斯雷利，后来成了他最忠实的伙伴和军事后盾。

狄斯雷利没有给对方一个冷冰冰的回答——"不"，更没有讥笑和嘲讽对方，他传递给对方的是"友情"：让对方明白，自己的要求虽未被满足，但长远利益（声誉）得到了首相的维护——这是比升职更好的东西。狄斯雷利善于使用特别的"语言武器"，他在拒绝对方不当要求的同时，给足对方面子，这就是狄斯雷利的巧言说"不"的高明之处。

美国总统富兰克林·罗斯福在就任总统之前，曾在海军担任部长助理的要职。有一次，他的好友向他打听美国海军在加勒比海某岛建潜艇基地的计划。

当时，这是不能公开的军事秘密。面对好友的提问，罗斯福怎么拒绝才好呢？罗斯福想了想，故意靠近好友，神秘地向四周看了看，压低嗓门问道："你能对不宜外传的事情保密吗？"

好友以为罗斯福准备"泄密"了，马上点点头保证说："当然能。"

罗斯福坐正了身子笑道："我也一样！"

好友这才发现自己上了罗斯福的"当"，但他随即明白了罗斯福的意思，开怀大笑起来，不再打听了。

罗斯福能忠于自己的职责，严守国家的机密——因为他知道，人都有一个共性，好打听隐秘的事情，打听到了之后，又不可能守口如瓶，总是想方设法去告诉别人，以显示自己的能耐。罗斯福深谙其中之奥妙，所以，他对任何人都"保密"。罗斯福采用的是委婉含蓄的拒绝，其语言具有轻松幽默的情趣，表现了罗斯福的高超艺术：在朋友面前既坚持不能泄露的原则立场，又没有使朋友陷入难堪，取得了极好的语言交际效果。

拒绝是一门学问，应该体现出个人品德和修养，使别人在你的拒绝中，一样能感觉到你是真诚的、善意的、可信的。在拒绝的过程中，如果还想和对方保持的良好关系，就要采取换位的思想、同情的语调来处理。

第三章　对症下药，轻松说不

如何对固执的人说"不"

新型冠状病毒来势汹汹，全国人民都进入紧张的疫情防控状态。其中老年人由于其身体抵抗力差、防护意识差，且患病后危重症较多等原因，在疫情防控工作中是重点关注的对象。

但一些老年人在疫情防控中会表现出一些固执的心态。给疫情防治工作形成了阻碍和困扰。

他们不愿意采取防护措施，比如出门不愿意戴口罩，回家也不愿意消毒。

他们觉得限制聚集性活动会影响生活质量与习惯，疫情期间依然参与广场舞、打牌等聚集性活动。

他们坚持自己的不科学防护方式。不听劝阻，如自制口罩、捡丢弃口罩等。

他们出现了疑似症状也不以为意，觉得只是小问题，不愿意去医院检查。

因此，处理和调适好老年人在疫情防控中存在的固执心态，对打赢疫情战役具有不可估量的价值和作用。许多社区采取了如下几种方法，效果可观。

1. 群体压力转变

全家人一起劝导老人，迫使老人在全家人的压力下不得不从众，相信老人会为了家庭的利益改变自己的固执观念。但是需要注意的是劝导时要耐心，不能强制，以免激起老人的逆反心理。

2. 重要人物让其转变

有时候重要人物的劝说会起到事半功倍的效果，比如一些老人对子女的直接劝导和说教有阻抗心理，反而更愿意听孙子的话。此外，重要朋友、原单位领导等人的话有时也更有说服力，且不会让老人觉得没面子。

3. 反面例子促其转变

可以采用一些反面事例、反面视频等手段劝导老人。比如一些由于不积极防疫导致感染甚至家庭聚集性疫情的情况，让老人意识到不积极防护的严重性，破除其认识误区与"否认"的心理防御机制，从而转变其观念。

4. 居家生活丰富化

突然限制老年人外出社交活动可能会让其觉得很不适应，从而产生孤独、无聊、烦躁等情绪。因此可以多与老人一起聊聊天、看电影或者做一些室内运动丰富居家生活，以替代之前的户外聚集性活动，帮助老年人顺利转换生活方式。

5. 借助社区的力量促其转变

如果家庭成员无法改变老年人的观念，也可以借助社区的力量。社区宣传、社会工作人员的劝导、社区形成的心理氛围等都是很好的方法。

不可否认，这世上有些人喜欢自以为是，坚持自己的意见，总以为只有自己的想法是最高明的。当你想要对这类人说"不"时，一定要先好好考虑一番。

首先，你必须自始至终很有耐心地把对方的话仔细地听一遍。一个人在说话的时候，心里一定也留有一个空间来容纳对方所讲的话，当你完全听完对方的话后，心里就会有了说服对方、拒绝对方而又不给对方难堪的方法。

1. 给对方留一个退路

举例来说：张三的心目中已经有了一个可供健身的理想的保龄球馆，这时有一位朋友很热心地向张三推荐另一个保龄球馆，并极力邀请张三一同前往。此时，善良的张三会感到非常为难。

这种情形之下，张三应该想出一个巧妙的方法来解决。

张三可以告诉朋友说："我已经找了一个适合自己的保龄球馆。不过，我认为你推荐的那个保龄球馆也不错，有空的话，我会到那里去尝试的。"

在此张三必须注意的是：即便自己心目中已经有了理想的保龄球馆，也不可任意批评其他球馆。

他只能客观地建议："我们两人各自喜欢不同风格的保龄球馆，到时我们再来交换心得享受一下不同的乐趣，如何？"

这样客观而含蓄的推荐，对方一定能够心平气和地接受，而且也有助于彼此建立更深厚的友谊。

2. 要预先做好准备工作

巧妙的拒绝方法，就是要让对方先充分了解情况，然后再加以拒绝。换句话说，你必须具备充分的理由才行。

临到拒绝的时候，也不要采取低姿态以求得对方原谅，毕竟这种方法并不是最好的。你除了要考虑人际关系，还要留意自己的言行举止。现举例如下：

请求者问："我当时就和你说过，此举很难得到公司的支持，情况并不乐观。当然，我还是会尽力去做，不过你不必怀抱太大希望。"

加重点的地方是上次交往的"布局"，加下划线的地方则是这次的结果。你可以清楚看出"布局"的重要性了吧！这就像写小说，必须事先埋下"伏笔"，如此才会吸引读者的注意力，这不就是极高明的拒绝手腕吗？

如何对上司说"不"

你已经忙得焦头烂额了，上司又给你分配了新的任务；明知道是不能完成的任务，上司还非要你完成；三天内不可能完成的计划书，上司却偏偏只给你三天时间……在工作中，你是否也会遇到一些上司不合理的要求？

离下班还有20分钟的时候，公司经理指着一摞至少有四五百页的文件对刚到公司不久的秘书小刘说："小刘，请你下班之前把这一摞文件全部给我打一份出来。"小刘听到这话，再看看文件，面露难色说："这么多，能打得完吗？""打不完吗？那就请你另觅轻松的去处吧！"恰巧经理正在气头上，于是小刘就被"炒了鱿鱼"。

与小刘相同的是，小赵也曾遇到过上司这样的要求，但是小赵的拒绝方式不同，却得到和小刘不同的结果。

"小赵，你今晚务必把这一叠报告整理好。"主任指着厚厚一摞报告对秘书小赵说。

小赵看着厚厚一摞报告，心里非常为难。于是，他用充满内疚的眼神走到主任面前说：

"主任，对不起。恐怕没有时间，我还有其他的重要文件需要处理，还有一些你明天早上需要用的演讲稿我都必须把它整理出来。所以，真的不好意思。"

主任听了，笑了笑说："没关系的，这个也不急着用，你慢慢整理吧！等你整理好了，再把它拿给我好了。"

小赵没有直接拒绝主任说今天晚上完不成，而是让主任知道他的苦衷和难处，暗示自己今天晚上没有把握把报告整理出来。这就是很好的拒绝方法。

小刘的被"炒"实在令人惋惜。然而，像小刘这样生硬、直接地拒绝上司的要求，给上司的感觉是她在对抗，不服从上司安排，完全不把上司的威信当回事，被"炒"也就难免了。如果小刘当时积极地立即开始打印文件，下班之后把打好的一部分交给经理看，再委婉地表示自己的困难，那么经理肯定会很满意她的表现。这样不但维护了上司的威信，也会使他意识到自己要求的不合理，从而会延长时限，最后也不至于解雇下属了。

当下，在工作中，当上司们苦于没人告诉他们真相时，他们的员工却同时苦恼不敢向上司说出自己的想法。结果就是，信息无法向上传达导致了意见分歧和本可以避免的危机。

跟上司说"不"，确实不是一件简单的事，要学会巧妙地运用各种技巧回避锋芒，避免与上司直接对抗。那么，怎样才能让上司在听到了你的"不"以后而不会生气呢？

1. 理由一定要充足

首先，应先谢谢上司对你的信任和看重，并表示很乐意为他效劳。再含蓄地说明自己爱莫能助的困难。比如，"现在我手里跟的项目全部都要月底才能完成，其他人对这几个项目都不熟，若是现在让我去接新的项目，这些项目可能会出问题。"这样，充足的理由、诚恳的态度一定能获得上司的理解。

2. 不可一味地拒绝

尽管你拒绝的理由很充分，但是上司也许仍坚持非你不行。这时，你便不能一味地拒绝，否则，上司可能会以为你只是在推托，从而怀疑你的工作干劲和能力，以致失去对你的信任，在以后的工作中，也会有意无意地使你与机会失之交臂。

3. 提出周全的方法

如果上司仍然坚持让你去完成这项工作，这时，你要仔细考虑，千万不可因上司没有理解你的难处而怒气冲天，拂袖而去。你可以坐下来与上司共商计策，或者说："既然这样，那么过一天，等我手头的工作告一段落，就开始做，您看怎么样？"你也可以向上司推荐一位能力相当的人，同时表示自己一定会去给他出点子、提建议。这样，你就能进一步赢得上司的理解和信任，也会为你以后的工作、生活铺开一条平坦的大道。

总的来说，拒绝上司意味着可能会得罪上司。人际交往尚且如此，若在工作上遇到类似事件，则可能造成更大麻烦。尤其对于年轻的职场新人来说，这是一个很让人头疼的问题。如果拒绝不当，可能令上司误会你是在逃避责任，或对自己能力的不确定。如果他今后不再安排什么任务给你，千万别沾沾自喜，以为自己走运了，因为公司永远不需要做不了大事的员工。长期以存在感超低的状态持续下去，不久就会被列入"留校察看"的行列。

因此，不管你拒绝的是公事还是私事，都需要很大的勇气。虽然，对上司说"不"不是令上司非常愉快的事情，但是如果能够掌握对上司说"不"的技巧，并在实践中有区别地加以应用，一定会"拒而不绝"，让上司在你的诚恳中理解你的不便之处，这样就不至于影响你的工作发展。

如何对朋友说"不"

有人说，人的信任和信用卡是一样的，不断消费，定期还款，银行给你的额度就会不断增加，这个是信任的积累。反之，只消费不还款，信用终将破产。

楚倩是一个讨人喜欢的女孩，热情随和，从不吝啬自己的微笑。当楚倩因为抑郁去向专家咨询的时候，专家有点出乎意料，因为困扰楚倩的问题只是生活中一个很小的问题。她不知道如何拒绝她身边的朋友。

楚倩告诉专家，她的两个好朋友几乎占据了她大部分的时间和注意力，而这两个人还不停地在楚倩耳边说另外一个的坏话，说对方其实在不断地占楚倩的便宜。

"我知道我自己不是一个清楚自己内心想法的人，我耳朵软，容易被其他人的想法和观点影响，然后迷失自己，"楚倩说，"当朋友和我说一件事情，我马上就相信了；而当另外一个朋友说了一个不一样的看法，我也会相信她。我不愿意伤害别人的感受，当朋友向我求助的时候，我说不出拒绝的话，因为如果我说不，我会觉得很罪恶；但是事后我又常常有一种发现自己被别人利用的挫败感。"她停下来笑了笑，然后又略带歉意地强调："我不知道我这样想是不是很自私和无理，但是不由自主地就会这么思考。"

很明显，上面这个案例中的楚倩人际边界不明，不会对人说"不"。现实是，缺乏边界线概念的人容易混淆自己与他人的想法和情感。

人因为关系走的近会产生信任，产生交情，但也会因为走的近，让彼此没有了畅快呼吸的空间。许多时候，给我们带来无法言说的伤害的人，往往是与自己走的最近的人。不管是面子、利益还是感情，因为距离靠得近，它们随时都可能被划伤。

比如，和陌生人做生意，价格该怎么谈就怎么谈，因为缺少感情，可以不顾面子去谈；和走的最近的朋友做生意，却不可以这样做，往往最后的处境是要么成交，要么绝交！

陈华有个老相识，代理了一家化妆品公司的产品，做了三个多月，也没什么销量。为了完成任务，他在朋友圈中搞起了"摊派"：张三要定五百的任务，李四六百的任务，赵七条件好点，要买我一千的货。碍于交情与面子，有的朋友买了，有的以各种理由拒绝。事后，他说买了他的产品的都是"亲"，都是"哥儿们"，没有买的都"不够意思"，都是"假朋友"。他以为自己找到了生财的门路，没想到，这是在断自己的后路。半年后，所有人都"不够意思"，就他自己"够意思"。

朋友们都抱怨：你把自己当谁啊？是你绑架友情，执意"透支"友情在前，为什么一定要把错误归咎于别人呢？

每个人身边或许都有这样的人，他们一边喊着哥们儿义气，一边秀着高情商，却在不断透支友情。在他们眼中，朋友没了价值就是对他"不够意思"，在透支友情的同时，还要让自己站在道德的制高点。这种做法，只会赤裸裸地伤害别人。

　　　　小张是一家公司的职员，大家对他一致的评价是"脑子很灵光，情商是硬伤"。他的一位朋友做生意赚了点钱，整天琢磨着换一辆很拉风的车，同时在微信朋友圈转让正在使用的车，标价 12 万。小张有意买下朋友的车，说："看在咱们这么多年交情的面上，把你的车 10 万块转给我吧。"

　　　　"说实话，卖 12 万，问的人还不少呢。你要是有诚意，就再加点。"大家朋友一场，对方做出了一些让步。

　　　　小张说："先给你 3 万，其余的我两年付清。就这么定了。"

　　　　朋友有些不乐意："我也是缺钱才急着卖车的，这时间也太长了点！"

　　　　小张说："那就一年。"

　　　　最后，经过软磨硬泡，就这么成交了。

　　其实，这位朋友的车标价 12 万，全款一次付清，有购买意愿的人也很多。他之所以卖给了小张，是因为他实在不知怎么拒绝对方。他怕因为这笔交易而影响到双方的关系，所以，就让自己吃些亏。从这件事可以看出，小张很精明，脸皮也厚，但情商确实欠缺了点。

　　生意，和谁都是做，之所以和朋友做，往往是念于交情。再者，我多牺牲一点，付出一点，也不是不可接受，问题是，你要考虑朋友的代价。

　　人际交往有一个重要准则：保持平衡。即使是真朋友，真性情，好到不分你我，也要恪守这个准则。否则，不论友情，还是财富方面，如果太过透支情感，迟早会逼走对方。

当然，一味索取固然不妥，但付出也要适可而止。有人把面子看得很重，碍于面子，经常让付出成为一种负担。朋友结婚，别人随2000礼金，硬着头皮也要跟2000；别人5000，即使超出自己承受范围，也要捍卫所谓的颜面。

要知道，人们不会因为你的"透支"而给予你额外的赞美，反倒会觉得你这个人很虚伪。在财力、精力或能力有限的情况下，要学会选择性地付出，不是说每个朋友、每件事我都要"照顾"到，也不是每个要求都要满足。今天我与你应酬，明天我和他应酬，今天参加这个活动，明天出席那个庆典，所有人都要照顾到，办不到！非要打肿脸装胖子，把自己搞得人不人鬼不鬼，何苦呢？

对待朋友的要求，要注意分析，不能一概满足。因为不分青红皂白一概满足，有可能引火烧身。因此，必须搞清楚朋友的要求是正当的还是不正当的，是不是符合原则或规范。千万不能碍于情面，有求必应。

对待朋友的要求，是否要拒绝，如何拒绝呢？下面几点可供你借鉴：

1. 分清目的

朋友要求你帮助或希望与你合作完成某事时，你必须首先清楚是什么事，动机是什么，目的何在。如果是正当的，在你力所能及的范围内可尽量提供帮助，以尽朋友之谊。假如朋友的要求超越了你的能力范围，你就应毫不犹豫地拒绝他。

2. 态度坚决

无论对方的要求多么强烈，只要你认为不能接受，便要态度明确、坚决地予以拒绝，不能留有余地。"实在抱歉，我无能为力""对不起，我没有办法答应"。

3. 接受指责

遭到了你的拒绝，使对方的要求不能达到，他必然会对你加以指责。对此，你可以表示接受。这里，需要注意的是，千万不能中了对方的激将法。比如他说："我就知道你可能做不到，看来果然如此。"对此，你不妨报之一笑，承认自己能力有限，"做不到"他要求的事。

4. 消除愧疚

拒绝朋友的要求，朋友可能会愁眉苦脸，唉声叹气，这时候，你没必要自责，没必要感觉愧疚。既然拒绝，你自然有拒绝的理由。最好的做法是，用你的理由来消除内心的愧疚，达到心理的平衡。

5. 电话拒绝

有时候碍于面子，当面不好意思拒绝朋友。在这种情况下，你可以让朋友先回去，告诉朋友等你考虑后再给他答复。然后，打个电话把你的意见告诉他。这样，双方不见面可以避免不好启齿或避免造成尴尬。

如何对下属说"不"

某公司的负责人说："要成为经理的必要条件之一，就是要会说'不'。"

说"不"字非但要有勇气，也要有意志力。对于是非判断的事情，如果对方是错的，说一声"不"就可以解决了！然而对方如执意不肯罢休的话更是费事。有时会让自己认为，或许是自己错了也说不定！此刻若能毫不犹豫地说"不"，确实需要坚强的意志和娴熟的技巧。

某市市长要开展制订新都市计划的工作。以往在进行这类工作时，通常所邀请的多半是建筑专家，可是这位市长为了要建设更理想的新都市，所以邀请了生物学者、社会心理学者、语言学者等等特殊的人物，打算利用这些人的专业知识，创造一个更理想的居住空间。

可是他所想出来的这个构想，仅仅讨论了两三次就有了结果，但却不能实行，而理由只有一种，那就是当一位学者在发表意见时，其他的学者都不发表意见，所以到最后根本无法归纳成一种计划。例如轮到生物学者发言时，其他出席的学者都被对方辉煌的成就所影响似的完全同意。接着，当语言学者提出和生物学者不同的意见时，与会的学者又很赞成他说的话。最后变成自说自话无法达成一致。

　　为什么他们没有办法自由地讨论呢？最大的原因是在于他们个人所拥有的特殊成就和地位反而成为他们最大的障碍，而这种人发言所获得的权威性效果，就是心理学上所谓的"光晕效应"，影响了其他人的自由发言。

　　通常人们很容易依照对方的头衔或容貌去判定事情，如一看到高级精美的物品或是价格较为昂贵的化妆品，心里面会认为比较好。

　　所以想说"不"时，不妨利用这种具备"光晕效应"的人所说的话，让对方不得不接受，而这种方法可以说是古今中外常常被使用的。

　　此外，如果你是个喜欢面带微笑与人交谈的人，不妨在表示不接受对方意见时让微笑中断，这样会表现出"我不懂你在说些什么"或是"和你已经不是伙伴"的信息。也就是说，想让对方的感情沟通中断，只要利用微笑中断就可以了。如此一来，对方心里会感到不安，开始担心他说话内容可能被完全否定掉了。

　　心地善良的领导如果不学会说"不"，很容易变成一个没有威信的"软柿子"。

第四章　幽默风趣，人人喜欢

人人都喜欢笑容

所谓"人人都喜欢笑容"，包含了两层意思。第一层意思是喜欢看到别人脸上的笑容，因为笑容是友好的象征，谁不希望别人对自己友好？第二层意思是希望自己脸上多些笑容，谁不喜欢自己开心？

微笑是一种能够使人感到愉快的面部表情。给对方一个微笑，便可以缩短人与人之间的心理距离，给对方留下美好的印象，从而为进一步的沟通与交往创造一个良好的氛围。

卡耐基有一次在芝加哥参加了一个宴会，其中有一位贵妇人对卡耐基十分有好感。为了能够给他留下一个好印象，她特意花了不少钱去购置那些昂贵的珠宝首饰以及裘皮大衣。但是自己细心的装扮并没有让她给卡耐基留下一个好印象。

她只是在自己的外表上下功夫，却没有注意自己的表情。她在脸上涂上了厚厚的粉底，而且从头至尾一直绷着脸，没有一丝笑容。这样的表情让人一看就知道她是一个性格乖戾、非常自我的人，总是表现出一副要找人讨债的样子，谁还敢接近她呢，就更别说给人留下好印象了。

美国一家著名时装公司的企业家史度菲说："世界上最美妙的声音就是笑声。它比任何音乐或娓娓悄语都美妙。谁能使他的朋友、同事、顾客、亲人们发出笑声，那么，他就是在弹奏无与伦比的音乐。"

北京地铁4号线被誉为"首都最拥挤的地铁"。特别是早上上班的高峰期，地铁里的人希望地铁外的人不要再进来，好快点开地铁；地铁外的人却拼了老命也要挤进去，以免上班迟到。

如果恰逢炎热的夏天，地铁里外的人心里难免更加烦躁。因此，我们经常可以见到拥挤的地铁上出现乘客之间的纠纷。地铁上有这么一位瘦瘦的老兄，被挤得实在无奈了，可是急着上班的人还是拼命地往车厢里挤。地铁迟迟不能开动，地铁里的人开始对地铁门口阻碍关门的人有意见了，而门口的人也自然有他们自己的理由。眼看双方的言辞开始有了火药味，这位瘦瘦的老兄忍不住大叫："别挤啦，再挤我就成了相片啦！"就这一句话，引起了大家的会心一笑。伴随着笑声，地铁里的人气消了不少，门口坚持要挤进来的人也下了地铁等下一趟。

一张笑脸是如此可爱，能使人联想到盛开的鲜花与火红的朝阳，更能带给人们温馨和美的感受。笑可以使男人变得亲切，使女人更加妩媚。笑的魅力诱人，在日常生活中不可或缺，就如同世界不能没有阳光一样。

幽默似乎注定与笑声不可分离。在生活中，我们经常会笑，而幽默就是一种逗我们笑的方法。笑是人的一种本能，但人却不会时时刻刻都笑，因为笑只有在一定条件的作用下才会发生。幽默会引人发笑，所以，有人把幽默当成"善意的微笑"，以笑"为审美特征"，还有人把幽默奉为"引发笑声的艺术"，故而特别受到人们的注意。

人们的笑，可按照笑时的表情分为多种多样。幽默可以使人发出轻松的微笑、快乐的大笑，也可以引起人们的冷笑、嘲笑或发疯一样的狂笑，等等。但笑并不是幽默的唯一目的，而在于人们笑过之后所得到的融洽，也就是说幽默的价值在于笑的背后。

幽默是一种有趣或可笑而意味深长的交往方式。幽默大师说："幽默是一种常常使人开怀畅笑，而自己也乐在其中，并享受轻松的快感。"在生活中，幽默也是一种洒脱、积极、豁达、机智、诙谐的人生态度。

幽默的人走到哪里，哪里就充满欢笑。幽默的特点就是令人发笑，使人快乐、欣悦和愉快，把这一特点运用到社交生活中，会取得招人喜欢的交际效果。

幽默让人如沐春风

一个具有幽默感的人，能时时发掘事情有趣的一面，并欣赏生活中轻松的一面，建立起自己独特的风格和幽默的生活态度。这样的人，容易令人想去接近；这样的人，使接近他的人也能享受到轻松愉快的气氛；这样的人，更能为我们增添生活的光彩，更能丰富我们生活的这个社会。

刚拿到驾照的表姐开车载小娟去逛街。在商场前的停车场里，表姐看看这个停车位说："太窄了，不好进车。"

看看那个车位又说："这个车位进去容易出来难。"

再找一个车位，她还是皱眉头："车位的角度不好，倒车有些困难。"

小娟见了，拍拍头叫道："我想起来了，距这儿两三公里有一个大停车场，绝对宽敞，公共汽车都能进出自如，要不我们就把车停那儿去，再打的回来逛街？"

表姐略带羞赧地笑了，终于不再紧张，并在轻松的心情下将车缓缓倒进了车位。

幽默的底色是爱，而不是讽刺。真正的幽默是从内心涌出的，而非从头脑涌出。

早期的火车并没有空调设备，乘客又不能随意打开车窗，因为蒸汽车头的煤烟随时可能飘进车厢中，将每个人弄得灰头土脸。尤其在炎热的夏天，搭乘火车旅行对当时的人们来说，真是苦不堪言的差事。就在这样一班炎夏的火车上，车厢中的乘客闷热难当，一阵阵汗臭飘在车厢之中，但任谁也没有勇气去打开车窗，因为窗外飘的是更要命的煤烟。

时间已过正午，因为当时餐车尚未出现，乘客只能等待火车靠站时，向站台上的小贩购买午餐。

在紧闭的车厢中，乘客们既闷热又饥饿，汗水和焦躁呈现在每个人的脸上，抱怨声此起彼落，车厢中除燥热不安外，又变得嘈杂纷乱。

突然，又传来一声小女孩的尖叫："妈，弟弟咬我——"众人紧绷的神经，不由得绷得更紧了，准备接受连珠炮似的母亲的责骂声。

在一瞬间的沉静当中，只听到温柔的声音响起："喔，从你手臂上的齿痕看来，弟弟是真的饿慌了。再忍耐一下，等火车靠站，妈妈买东西给你们吃，好吗？"

车厢内霎时变得清凉了许多；乘客焦虑的脸上，也多了一丝甜甜的笑容。

幽默不一定是令人捧腹的笑话，有时一个眼神、表情，一句简短的提醒，就能达到极度幽默的效果。好的幽默，带有温馨与关怀且令人微笑。也许你是一个身居要职的官员，所以你不愿同看门的老人一同说笑；也许你是一个博学之士，因而不欣赏智力平平的人。这实际上是你自己切断了同这个世界的联系面，你的身份、地位对人性的需要毫无用处，当然，你也就失去了本应交往、接触的社会面。

用笑来面对日常生活中引起我们不快的小事情，不快的情绪就会消失。你也会因此提醒别人，这有助于他们轻松地面对失意，使他们重振精神。

幽默能活跃交谈气氛

很久未见的一对青年男女意外在街角邂逅。他们曾经是恋人，后来因为各种原因分了手。他们决定去一家咖啡厅里坐坐。

在等待咖啡端上来的时间，也许是要说的话太多却不知从何说起，双方之间出现了短暂的沉默。这时，男子问："你搅拌咖啡的时候用右手还是左手？"

女子答："右手。"

男子说："哦，你好厉害哦，不怕烫，像我都用汤匙的。"

一句玩笑，让场面顿时活跃起来了。他们开始谈现在、过去，以及过去的过去……

当气氛陷入尴尬时，生涩的沟通链条上适用的最佳润滑剂叫"幽默"。

在一次有关产品开发方向的会议中，火爆的争论之后，突然出现没有人发言而陷入冷场的僵局，主持会议的王经理忙说了一句："怎么突然停电了？"短暂"停电"的各位与会人员听了，皆莞尔一笑，之后继续各抒己见。

幽默是活跃谈话气氛的法宝，它能博得众人的欢笑。人们在捧腹大笑之际，会超脱习惯、规则的界限，享受不受束缚的"自由"

和解除规律的"轻松",接下来的沟通自然会轻松愉快。

很多时候,那些举案齐眉的夫妻未必就没有矛盾,而平日吵吵闹闹的恋人可能会更亲热。社交也是如此,若彼此谈得开心,开句玩笑,互相攻击几句,打一拳、拍两下,反倒显得亲密无间、无拘无束。

和朋友久别重逢后不免寒暄一番,你完全可以借此幽默一把。例如见到一个戴了帽子的朋友,你可以用羡慕的口气对他说:"老兄你真的是帽子向前,不比往年啊。"轻松幽默的高帽子立马使整个气氛变得异常活跃,也会使你们的友情加深一层。

社交需要庄重,但长时间保持庄重的气氛就会使人精神紧张。寓庄于谐的交谈方式比较自由也比较轻松,在许多场合都可以使用。要知道,用幽默、诙谐的语言同样可以表达较重要的内容。

交谈中,不时穿插一些意想不到的、貌似荒谬而实则有意义的问题,是很好的一种活跃气氛的形式。那些一本正经的人会给人古板、单调、乏味的感觉,也会把交谈变得索然无味。也许会有人时常问你一些荒谬的问题,如果你直斥对方荒谬,或不屑一顾,不仅会破坏交谈的气氛、人际关系,而且会被人认为缺乏幽默感。因此,答非所问是一个极好地解决这类问题的办法。

在相声里,悬念是相声大师的"包袱"。交谈中有意制造悬念,会使人更加关注你的一举一动。当大家精力集中、全神贯注时,你抖开"包袱",让人们发觉这是一场虚惊,大家都会付之一笑,报以掌声。

运用反话正说的方法,重要的一点在于处理好一反一正的关系。在交谈中,准备对对方进行否定时,却先来一个肯定,也就是在表达形式上好像是肯定的,但在肯定的形式中巧妙地蕴藏着否定的内容。正要说时一本正经,煞有介事,使对方产生听下去的兴趣。然后,再以肯定的形式抖出反话的内容,与原先说的正话形成强烈的对比,从而产生鲜明的讽刺意味,让人信以为真,增加谈话的效果。

反话正说能引人入胜，正话反说也颇意味深长。正话反说，就是对某一话题不做直接的回答或阐述，却有意另辟蹊径，从反面来说，使它和正话正说殊途而同归。这样便可以避免正面冲突，含蓄委婉，入情入理，收到一种出奇制胜的劝谕和讽刺效果。有时正话反说的曲折手法，可使人们在轻松的情境中相互沟通，使紧张的局面得到缓解。

自我解嘲，顾名思义就是自己嘲讽自己，调侃自己，这也是正话反说的一种。它是一个人心境平和的表现。它能制造舒适和谐的交谈气氛，能使自己活得轻松洒脱，使人感受到你的可爱和人情味，从而改变对你的看法。美国一位身材肥胖的女士曾经这样自我解嘲："有一次我穿上白色的泳装在大海里游泳，结果引来了苏联的轰炸机，以为发现了美国的军舰。"引得听众哈哈大笑。此后，肥胖便成为她的特点，使她在社交中处于优势。在交谈中，适时适度地"自嘲"，调侃一下自己往往会收到妙趣横生、意味深长的效果。

幽默宣扬的是豁达与雅量

俄国著名寓言作家克雷洛夫早年生活穷困。他住的是租来的房子，房东要他在房契上写明，一旦失火，烧了房子，他就要赔偿 15000 卢布。克雷洛夫看了租约，不动声色地在 15000 后面加了一个零。房东高兴坏了："什么，150000 卢布？""是啊！反正都赔不起。"克雷洛夫大笑。

阳光普照大地，无为无欲，但却造就了自然界的勃勃生机。幽默的人，说出的某些话虽让人感到如憨似傻，但却因为他心地透明，心境也会变得豁达开朗。实质上，在那自嘲自谴或天真稚纯的话语中，我们却感受到了幽默者朴实的天性和无穷的智慧。

幽默能展示一种豁达的品格，而豁达是对人性的一种肯定。亚里士多德就曾经说过："幽默可以让人发现正面人物在个别缺点掩饰下的真正本质。我们正是这样不断地克服缺点，发展优点，这也就是幽默对人的肯定的力量之所在。"

据说有小偷半夜去穷困潦倒的作家巴尔扎克家行窃，巴尔扎克惊醒后，对忙着到处找钱的小偷说："别浪费精力找钱了，我白天都找不到，你在晚上就更找不到了。"幽默显现了一种宽阔博大的胸怀。有幽默感的人大多宽厚仁慈，富有同情心。幽默不是超然物外地看破红尘，而是一种积极豁达的人生观念。

> 一群艺术家聚会，先是各自炫耀着自己最近得了多少版税、有多少约稿应付不过来。再谈到京城房价之高，并不失时机地表露出自己的房子有多大。这时，有人看到一个诗人一言不发，便问诗人住在哪里？
>
> 诗人回答："我没有家。"
>
> 一个人感叹说："唉，当今诗坛不景气，诗卖不到几文钱，成家很难啊！"
>
> 另一个插嘴："诗人太浪漫了，到处去找灵感，怎么能有'家'呢？"
>
> 诗人回答："在座都是小说家、音乐家、书法家，当然有家，没有人称呼诗人为'诗家'，所以诗人没有家是正常的。"

我们知道：心情沉重的人，肯定笑不起来；心中总是充满狐疑的人，话里肯定不会荡漾着暖融融的春意；整天都是牵肠挂肚的人，话里肯定也有着化不开的忧郁……只有心怀坦荡、超越了得与失的大度之人，才能笑口常开，妙语常在，话中总是带着对他人意味深长的关爱，带着对自己不失尊严的戏谑。

没有幽默感的人不会积极地看待这个世界，不会乐观地看待自己的生活。当然乐观不是盲目的，而是有所依附，是一种透彻之后的豁达。乐观地看待你的生活，幽默自然而生。

作为一个理智健全的人，特别是一个希望逐渐完善自己人格的人，通常会有容人的雅量。雅量，是衡量一个人成熟与否、修养程度高低的重要标尺之一。当你手握足以致人哑口无言的把柄，或身处高位面对尖锐的批评逆语，你是否能够做到不怒目横扫、暴跳如雷呢？

美国前总统安德鲁·杰克逊曾经同本顿决斗过。本顿一枪击中了杰克逊的左臂，子弹一直留在里面近20年。到医生取出子弹的时候，本顿已经成了杰克逊热情的支持者。杰克逊建议将子弹归还本顿，但本顿谢绝接受："20年的保管期已使产权发生了转移，子弹的所有权当属你杰克逊了。"而杰克逊却说："自从上次决斗到现在还只有19年，产权关系没有发生变化。"本顿又说："鉴于你对子弹的特别照管——始终随身携带——我可以放弃这一年。"

《尚书》上说："必定要有容纳的雅量，道德才会广大；一定要能忍辱，事情才能办得好！"如果遇到一点点不如意，便立刻勃然大怒；遇到一件不称心的事情，就立即气愤感慨。这都表示没有涵养，同时也是福气浅薄的人。所以说："发觉别人的不好而不说出口，有无限的余味！"

应该承认，有些高贵品格是普通人毕生期望但仍根本不可能达到的；可人的雅量却是完全能够通过修炼而得到，甚至可做到"随心所欲"的境界。不信？只要自己有意识地试一试就知道了。

谁都难免与十分讨厌的人狭路相逢，尽管有人可以装作很随便的样子，竭力扮作潇洒样扬长而去。但很多有雅量的人却不会那样去做，而且没有丝毫的装模作样。他们面对对方漠然的脸孔和布满疑惑的眼神，只会坦然地擦肩而过。这些人轻松地抹去了粗鲁的伤害与侮辱的阴影，将友好的阳光装进了雅量的酒杯，抿一小口，自是清香浓烈。当不期而遇的挫折、误解、嘲笑等迎面而来时，相信并依靠自己的雅量吧，因为它是驱逐并能够战胜一切烦恼和痛苦的忠实朋友。

能否拥有雅量，关键看这三点：

一是平等的待人态度。不自认为高人一等，保持一颗平常心，平视他人，尊重他人。

二是宽阔的胸襟。心胸坦荡，虚怀若谷，闻过则喜，有错就改。

三是宽容的美德。能够仁厚待人，容人之过，"宰相肚里能撑船"，而不是斤斤计较，睚眦必报。

由此看来，在雅量的背后，实际上反映的是一个人的素养和品行。如今的一些人之所以难有雅量，除了外部环境的影响外，更主要的原因恐怕还是在于以上几个方面的修炼不到家，素养与品行上尚欠火候。

幽默是一种强大的影响力

影响力，通俗地解释就是影响他人的能力。让督战队命令战士上前线，督战队是一种影响力；用崇高的使命吸引战士上战场，使命是一种影响力。这两种影响力一种来自外部，一种发自于内心，谁强谁弱，一目了然。

构成一个人的影响力的因素很多，其中幽默是一个不可忽略的组成部分。

据说在二战前，美国国会议员因为军方提出的 B12 轰炸机研制计划而争论不休，支持该项计划的罗斯福总统为了说服议员费了很多口舌，但还是没有什么效果。眼看这项议案就要流产了，情急之中的罗斯福不再用严密理性的说辞来做工作，他说："说实在的，对于 B12 轰炸机我们都不是特别了解，但我想，B12 是人体不可缺少的维生素；既然现在军方需要 B12 轰炸机，我想对于他们来说一定是不可缺少的。"结果，这项议案居然通过了。而 B12 轰炸机在后来的二战中可谓战功赫赫。

一般来说，在国会议案的讨论中，大家都是一些讲究理性、逻辑的人，坐在一起摆事实，讲道理，一切靠事实与道理说话。但罗斯福却反其道而行，用幽默轻松转变了一些人的态度。也许将部分议员改变立场单纯归功于罗斯福幽默的类比是不严肃的，但罗斯福的幽默在一定程度上缓和了当事双方阵营的火药味，对立的缓和有助于平和理性地去理解对方的意见和观点，而不至于跌入为反对而反对的泥坑中。

在现代人的生活中，一般人的生活形式是固定不变或在一段时期内固定不变的。所以，无论你是已经有一定影响的人，还是想成为有一定影响的人，你都不能忽视幽默作为影响力的作用。如对于工厂的工人来说，上班，进车间，下班，回家——周而复始；除非他们坐进办公室或换一种工种他们的状态才会发生变化。但变化之后，随之而来的又是不变。这就是现代人普遍认为生活沉闷的外在原因。在这种大的生活形态背景下，人们不得不寻求改变，以摆脱沉闷感，如满足食欲、情感需要、进行社交、寻找娱乐等。除此之外，对生活形态进行改造的另一个好方法就是培养和发挥幽默感。幽默感会使人们把枯燥的工作变得有趣、轻松起来，从而不再感到沉闷。因为充满欢笑的劳作不是折磨，而是一种愉快的运动。

李佳琦是一个"口红一哥"，很多网友都是因为看了李佳琦的口红试色的视频，直接就买了他推荐的口红色号。因为具有强大的"带货能力"，他推荐的产品经常"秒光"。2019 年"双十一"预售直播时，其中一个产品的库存是 13 万件，李佳琦对观众开玩笑表示："如果这个抢不到，就可以直接睡了，其他应该也抢不到。"某粉胶售空时，李佳琦告诉观众："粉胶已经告别双十一了。"并唱了一首《再见》作为临别赠言。李佳琦的幽默是他拥有强大影响力的一个重要原因。

一个具有幽默感的人，他的幽默语言和行为会一传十、十传百，成倍地扩散。如果幽默的语言行为中有他的思想、观点，那么，就会有很多人来传播他的思想、观点，他所要传达的信息也随即被他人了解。无论他人是反对还是支持，至少他们已了解了你的想法，于是你的影响便由此而产生。

清朝文学家纪晓岚也是一位诙谐幽默的人，常能出语惊人，解难化愁。据说，他在陪伴乾隆皇帝读书时，一天久等皇帝没来，不免自言自语道："老头儿怎么还没来？"谁知话音刚落，乾隆已来到他的面前。

皇帝厉声责问："老头儿，三字如何解释？"纪晓岚急中生智，从容答道："万寿无疆曰'老'，顶天立地曰'头'，父天母地曰'儿'。"乾隆受到如此恭维，火气自然也就压了下去，一场干戈顿时化为玉帛。

幽默还代表着一种诙谐，一种才华，一种智慧，使人们能置身于轻松有趣又能领悟哲理的环境当中。因此，幽默成为了大家共同追求和倡导的一种品质。

第五章　冲突尴尬，巧妙化解

摆脱尴尬并不难

　　小李走在街上，看见前面有个人很像他的朋友，于是就上前重重地拍了一下他的肩膀，这才发现自己认错了。

　　"对不起，我以为你是我的朋友老王。"小李不好意思地说。

　　"即使我是老王，你也不该拍得那么重呀！"那人摸着生疼的肩膀咕哝道。

　　"这话就不对了，我拍老王一下，轻重跟你有什么相干呢！"小李见对方有些生气，忍不住开玩笑道。果然，对方哈哈大笑，然后各自离开。

　　小李因为误会错拍了对方，连忙道歉，这本身并无幽默之处，幽默之处就在于他巧借了对方的一声埋怨当前埋提形成与常理的强烈反差。实际上，小李事先承认自己拍错人了，但听到对方的抱怨之后便转口否认了这点，反而声称自己拍的是老王，而不是别人，面对这样一个幽默的人，对方还能发起火来吗？

　　尴尬在笑声中冰释，皆大欢喜的结局对谁都没有坏处。带着微笑看人生，人生的苦恼不是会减少许多吗？

　　张经理中年谢顶，在一次重要酒会上，他所宴请的客户中一个小伙子在敬酒时不小心洒了一点啤酒在张经理头上，张经理望着惊慌的小伙子，用手拍了拍对方的肩膀说："小老弟，用啤酒治疗谢顶的方子我实验过很多次了，没有书上说的那么有效，不过我还是要谢谢你的提醒。"

全场顿时爆发出了笑声，人们紧绷的心弦松弛下来了。张经理也因他的大度和幽默而得到客户的赞许。

张经理用他的幽默，巧妙地处理了宴会中的杂音。

马克·吐温心不在焉的毛病是很出名的。一天，马克·吐温外出乘车。当列车员检查车票时，马克·吐温翻遍了每个衣袋，都没有找到。

这个列车员认识他，就对他说："没有什么关系，如果实在找不到，就补一张吧。"

"补一张？说得轻巧！如果我找不到那张该死的车票，我怎么知道我要到哪儿去呢！"

马克·吐温的一席话，既活跃了气氛，又为自己找不到车票做了一个巧妙而又合理的解释：是健忘而非故意逃票。

有一位女歌手举办个人演唱会，事前举办方做了大量的宣传，但到了演出的那天晚上，到场的观众不到一半。女歌手并没有露出失望的表情，相反，她镇定地走向观众，拿起话筒，面带微笑地说道："我发现这个城市的经济发展迅速，大家手里都很有钱，今天到场的观众朋友每人都买了两三张票。"全场爆发出了热烈的掌声。第二天许多媒体娱乐版的报道也纷纷为这位歌手的豁达和幽默叫好，为原本陷入尴尬的女歌手树立了良好的形象。

在一次颁奖典礼上，主持人拿演员黄渤的外貌开玩笑："看来一个人的颜值和才华果然成反比。"黄渤回答："嗯，我相信这句话也一直激励着你。"还有一次，徐峥调侃黄渤，说黄渤即使留长发也没有文艺青年的感觉，更像乡村企业家。黄渤回答："从你的话语中，听到了对一坨秀发的美好向往。"

娱乐圈，从来不缺俊男美女，对于无身高、无"颜值"、无身材的黄渤来说，出头是很艰难的。但就是这样一个"三无演员"，不仅成为100亿的影帝，也是娱乐圈少见的"零差评"的优秀的演技派演员。

谁没有过尴尬的时候呢？面对尴尬，你如何面对呢？这时你一定要镇定机智，千万不能阵脚大乱，要利用自己的聪明才智说上几句幽默的话，帮你走出困境，解除危机，树立自信。

首先要镇定，千万不要为窘境而惊慌失措。在这样的窘境中，主要是面子上过不去，自尊受到别人的伤害。所以要勇敢面对，镇定自若，寻找反击或解脱的方法，以走出自己的处境。

其次要对对方的话语或情景进行分析，迅速地找到受到窘境的原因，然后做出巧妙的解释，消除对方的攻击，或对窘迫处境作超常逻辑的解释，并使众人和你一起分享快乐和轻松。

给对方一个台阶

电影《前任3》里有一个过于真实的片段，令我印象深刻。

孟云跟林佳吵架后，都跑去跟朋友倾诉。孟云说："女人就是这样，从来不就事论事。八百年前的事都能给你翻出来，五年了，都是我哄她，我道歉，太累了，我不想伺候了。我就不信这次她会搬出去。"

林佳说："以前吵架，两个小时以内他肯定哄我。这都一天了，一个消息都没有。他就是腻了，不爱了。我倒要看看，我这次搬出去，难道他敢不留我。"

说起吵架的理由，两人都已记不清了，只记得当时吵得很凶。

最终，林佳跟朋友说的一句话，给这场矛盾做了最接地气的解释："因为他给我讲道理。"

所以，情侣之间，夫妻之间为什么会吵个不停？甚至是将彼此逼向绝路，将感情逼向死局？

很简单，因为都不给对方台阶下。

任何一场吵架里，永远没有赢家；任何一场冲突里，如果都只顾着用恼羞成怒的表情，怒火冲天的态度去说服对方，不用想，最终只能是两败俱伤。

其实，两个人在一起不容易，很多时候，尤其吵架时，你让一步，我让一步，给彼此一个台阶下，日子也就过去了。

在交际过程中，难免会遇到一些事情让气氛骤然紧张，学会给对方一个"台阶"下，不仅会缓和对方的紧张心理，让事情得以顺利发展，而且还会让彼此的关系得到进一步的增进。要达到这样的目的，我们不妨学习使用以下的三种技巧。

1. 变换谈话的气氛

在一个严肃的场合，在场者常常会被一两件突发事件搞得哄堂大笑，这严重破坏了严肃场合的庄重气氛，不利于活动的继续推进。面对这类突发事件，我们应当表现出较强的自制能力，尽量不受其影响，然后拿出一如正常状态下的严肃态度来应付此事，使之成为正常环节中的普通一环。

第二次世界大战期间，在一位德高望重的英国将军举办的祝捷酒会上，除上层人士之外，将军还特意邀请了一批作战勇敢的士兵，酒会热烈隆重。没料想一位从乡下入伍的士兵不懂席上的规矩，捧着面前的一碗供洗手用的水喝了，顿时引来达官贵人、夫人小姐的一片讥笑声。那位士兵一下子面红耳赤，无地自容。此时，将军慢慢地站起来，端着自己面前的那碗洗手水，面向全场贵宾，充满激情地说道："我提议，为我们这些英勇杀敌、拼死为国的士兵们干了这一碗。"言罢，一饮而尽，全场为之肃然，气氛一下变了过来。少顷，人人均仰脖而干。此时，士兵们已是泪流满面。

2. 变换话题的角度

在许多情况下，面对尴尬下不了台是因为思维框定在正常的状态之中，这对事态的发展毫无作用。如果我们换一种角度对其尴尬的举动做出巧妙、新颖的解释，便可使原本的消极举动具有了另外的内涵和价值，成为符合常理的行动。

有一次全校的语文老师都来听王老师讲课，校长也光临"指导"，这下可使小王犯难了。他既怕课讲得不好，又担心在课堂上有的学生回答时表现不好，有失他的面子。

课上，他重点讲解了词的感情色彩问题。在提问了两位同学取得良好效果后，接着提问校长的公子："请你说出一个形容美丽的词或句子。"

或许是课堂气氛紧张，或许是严父在场，也可能兼而有之，这位公子一时为难，只是站着，默不作声。

空气凝固。王老师和校长都现出了尴尬的神色。很快，这位老师便恢复正常，随机应变地讲道："好，请你坐下，同学们，B 同学的答案是最完美的，他的意思是这个人的美丽是无法用文字和语言来形容的。"

听课者都发出了会心的微笑。

3. 变换对方的处境

突然间发现别人的失误或错误行为，但当这些失误或错误行为不会导致重大的损失出现时，我们应尽量克制自己的情绪，以平静如常的表情和态度装作不解对方举动的实际意图和现实后果，并且给对方找到一个善意的动机，变换对方的处境，让事态的发展朝自己所希望的方向推进，以免把对方逼到窘迫的境地。

一天中午，汪老师路过学校后操场时，发现前两天帮助搬运实验器材的几位同学正拿着一枚实验室特有的凸透镜在阳光下做"聚焦"实验。他想：他们哪来的凸透镜？难道是在搬运时趁人不备拿了一枚？实验室正丢了一枚。是上去问个究竟，还是视而不见绕道而去？这时，一位同学发现了他，其余的同学也慌忙地站了起来，手拿凸透镜的同学显得很不自在。汪老师从同学们慌张的神情中可以进一步判断这凸透镜的来历。当时的空气就像凝固了似的，一分一秒也不容拖延。汪老师快速地构思，终于想出一个处理的办法，他笑着说："哟，这枚凸透镜原来被你们找到了？"凝固的空气开始流通起来。接着他用略带感激的语调补充道："昨天我到实验室准备实验器材，发现少了一枚凸透镜，以为是搬运过程中丢失了，沿途找了好几遍都未能找到，谢谢你们帮我找到了它。这样吧，你们继续实验，下午还给我也不迟。"同学们轻松地点了点头，空气依旧是那么温暖，那么清新。

摆脱两难的境地

在人际交往中，有时候我们会面临一个两难的境地，这会伤及交际对象，退则有损自身利益或形象。这个时候是最考验一个人的交际水平的，一着不慎，就会弄得灰头土脸、里外不是人。

1879年印度亲王哈耶访问英国时，英国政界要人兹比格曾在自己家中设宴招待他。

席间，兹比格评论道："印度人和英国人有一点是相同的，都认为自己的文明高于别人。"

"我们这样说吧，"哈耶停了一停，然后说，"在南亚，印度菜最好；在欧洲，英国菜最好。"

兹比格的评论看似褒奖印度和英国，但实际上充满了挑衅的味道。道理很简单：两国都认为各自的文明要高于别人，那么这两国必然有一个高下之分。话虽不多，却把亲王哈耶逼到了一个两难的境地：如果赞成兹比格的评论，虽然肯定了对方的话，但难免陷入英印之间文明的高低之争，而无论争论的结果如何，对于政治人物之间的会晤来说都是一场尴尬。如果哈耶不赞成兹比格的评论，他除了妄自菲薄承认印度不认为自己的文明高于别国之外，只有"为国家荣誉而战"而贬低英国——这两种后果都是作为一个外交访问的亲王所不愿看到的。

可以设想，一般人如果遇到这种场面，确实够为难的。而哈耶则先以"我们这样说吧"为开头，对兹比格的话不做正面回答，轻轻一转，就避开了兹比格的话锋。言外之意是，我既不同意你的看法，也不反对你的看法，我有另外的看法。仅此一句，就使说话者的自得之意立即消失，使自己的被动状态化为主动。哈耶的幽默，一方面维护了本国的形象，尽到了作为一个亲王所应尽的职责，另一方面也避免了让对方难堪、窘迫，使宴会仍能保持友好的气氛。

用幽默摆脱两难的例子很多。

比如一位书法颇佳的皇帝问一个著名的书法家：寡人与你的书法，谁高谁低？这与我们上面谈及的英国政要的话一样，同样是将对方逼入两难的境地。书法家若回答皇帝的书法水平高，不仅有损自己的声誉——这还不说，还有"逢迎"之嫌疑：明明自己是声名远扬的大书法家，却硬要屈尊于皇帝之下；而他若回答皇帝的书法水平比自己低，能有好果子吃？毫无疑问，在这种情况之下，任何生硬的、直接的回答都会让自己置身于不利的局面。好在这位书法家也是一个幽默高手，他回答："在皇帝当中，陛下的书法水平最高；在臣民当中，不才的水平最高。"短短的一句话，就将皇帝的左拳和右拳躲避开来，优雅而又潇洒地站在皇帝攻击的圈外。

从以上的两个例子我们可以看出，摆脱两难时的幽默，关键就是要将"敌我"双方的交战平台拆了，找出两者之间的不同，重新划分各自的"势力范围"。这样，两者之间没有交战的平台，还谈什么较量？你比我高，你就去和高的人比，我和矮的比；你比我胖，你就去和胖的人比，我和瘦的比；你比我年长，你就去和年长的人比，我和年轻的人比……划分的方法在你的嘴里，总有一种划分的方法适合你和你的"敌人"。

幽默地拒绝他人

情人节前夕，有一位太太对丈夫说："亲爱的，我刚刚做了一个梦，梦见明天情人节你送给我一条金光闪闪的项链。你说这个梦有什么含义吗？"

"当然有啦！亲爱的。"丈夫回答。

"嗯？是什么含义？可不要给我一个惊喜呀?!"太太笑着说。

"明天你就知道了，亲爱的。"

第二天晚上，太太终于等到丈夫回来了。"亲爱的，看我给你带什么回来了。"丈夫大声说道。

太太飞快地迎上前去："是什么？"接着接过丈夫递过的一个礼品包。

打开一看，是一本书，书名是《梦的解析》。

采取幽默的方式拒绝的好处就是，自己既可以不做出让步，又表现得风趣友好。

有一个字，人人都常说，却没有一个人爱听——这个字叫"不"。虽然没有人爱听"不"，但人人都"不得不"在某些场合与境地说"不"。如何既能说出"不"，又不让人觉得难以接受？

在一个酒吧里，两个陌生的青年男女的对话如下——

男："我可以为你买一杯饮料吗？"

女："谢谢，我已经有了一杯。"

男："你能把你的名字给我吗？"

女："你不是已经有了一个名字吗？"

男："我是摄影师。我一直在寻找一张像你这样的脸。"

女："我是整形外科医生。我也一直在寻找一张像你这样的脸。"

男："你身边的座位是空的吗？"

女："是的，如果你坐下，你身边的座位也会空的。"

男："我好像以前在什么地方见过你？"

女："是的。这就是为什么我不再去那个地方的原因。"

男："我想我能让你非常快乐。"

女："是吗？你是说你要离开？"

年轻聪明的女子在多情无赖的男子面前，起先是优雅地拒绝，但随着男子的死缠烂打，拒绝的力度开始加大。终于忍无可忍，间接地说出了不希望见到对方的话。话虽然有点重，但不失为一种颇有风度的优雅。这一切，都是源于女子幽默的谈吐。

一个人要会说"好"，也要在该拒绝的时候会说"不"。不会说"不"，你就不是一个品格完整的人，你会变成一个不情愿的奴隶，你会成为别人的需要和欲望下的牺牲品。

有风度地回击敌意

做人要避免树敌，但一个有才能的人避免不了有或多或少的反对者。正所谓"木秀于林，风必摧之"。如何面对反对者充满敌意的进攻？

有一次，温斯顿·丘吉尔的政治对手阿斯特夫人对他说："温斯顿，如果你是我丈夫，我会把毒药放进你的咖啡里。"

丘吉尔笑着说："夫人，如果我是你的丈夫，我就会毫不犹豫地把那杯咖啡喝下去。"

阿斯特夫人的进攻是如此咄咄逼人，丘吉尔若不回击未免显出自己的软弱，而回击不慎却可能导致一场毫无水准的"泼妇骂街"。丘吉尔毕竟是丘吉尔，一记顺水推舟的幽默重拳，打得飞扬跋扈的阿斯特夫人满地找牙却无从反击！

有一次，苏联诗人马雅可夫斯基在大会上演讲，他的演讲尖锐、幽默，锋芒毕露，妙趣横生。忽然有人喊道："您讲的笑话我不懂！""您莫非是长颈鹿！"马雅可夫斯基感叹道："只有长颈鹿才可能星期一浸湿的脚，到星期六才能感觉到呢！"

"我应当提醒你，马雅可夫斯基同志，"一个矮胖子挤到主席台上嚷道，"拿破仑有一句名言，'从伟大到可笑，只有一步之差'！""不错，从伟大到可笑，只有一步之差。"他边说边用手指着自己和那个人。

马雅可夫斯基接着开始回答台下递上来的纸条上的问题：

"马雅可夫斯基，您今天晚上得了多少钱？"——"这与您有何相干？您反正是分文不捞的，我还不打算与任何人分哪!"

"您的诗太骇人听闻了,这些诗是短命的,明天就会完蛋,您本人也会被忘却,您不会成为不朽的人。"——"请您过一千年再来,到那时我们再谈吧!"

"你说应当把沾满'尘土'的传统和习惯从自己身上洗掉,那么您既然需要洗脸,这就是说,您也是肮脏的了。"——"那么您不洗脸,您就自以为是干净的吗?"

"马雅可夫斯基,您为什么手上戴戒指?这对您很不合适。"——"照您这么说,我不应该戴在手上,而应该戴在鼻子上喽!"

"马雅可夫斯基,您的诗不能使人沸腾,不能使人燃烧,不能感染人。"——"我的诗不是大海,不是火炉,不是鼠疫。"

……马雅可夫斯基在别人的攻击与诋毁之下,丝毫不乱阵脚,举起幽默的宝剑将那些四面八方的冷箭干净利落地斩断。

生活中,有的人会利用自己有利的条件和别人的弱点,去制造难题或荒谬,以炫耀自己,诋毁别人,这时幽默就会成为与之斗争的武器。漫画大师张乐平的《三毛流浪记》中有一则关于三毛的笑话。

一位阔太太牵着哈巴狗上街,见到衣衫破烂的三毛,想拿他开心取乐,就对他说:

"只要你对我的狗喊一声爸,我就赏给你一块大洋。"

三毛问:"喊一声给一块,要是喊十声呢?"

"那就给十块。"阔太太不假思索地答道。

三毛躬下身去,顺着狗毛轻轻地抚摸,毕恭毕敬地喊了声:"爸!"阔太太妖里妖声地笑了一阵,就给了三毛一块大洋。三毛连喊十声,阔太太就真的赏了十块大洋。

这时，周围挤满了看热闹的人。三毛收妥了大洋，笑眯眯地向阔太太点了点头，故意提高嗓音，用同样毕恭毕敬的口吻对阔太太喊了一声："谢谢，妈——!"

围观的人大笑不止；阔太太面红耳赤。

三毛用幽默的手段回敬了阔太太的侮辱，实在是太高明了。

——这就是幽默的力量。它能让一个人面对谩骂、诋毁与侮辱时，毫发无损地保全自己。

四两如何拨千斤

几乎人人都有遭受冷箭伤害、谣言中伤的经历。在冷箭的包围中、谣言的漩涡里，如何从容脱身，实在是一门大学问。

民主党候选人约翰·亚当斯在竞选美国总统时，遭到共和党污蔑，说他曾派其竞选伙伴平克尼将军到英国去挑选四个美女做情妇，两个给平克尼，两个留给自己。约翰·亚当斯听后哈哈大笑，马上回击："假如这是真的，那平克尼将军肯定是瞒着我，全都独占了!"

约翰·亚当斯最后当选，成为美国历史上的第二位总统。亚当斯的胜利当然不应全归功于幽默，但却不能否认幽默的魅力在其中起到的作用。试想一下，如果亚当斯听到攻击之后气急败坏、暴跳如雷、脸红脖粗，或辱骂对方的不义，或对天发誓："若有此等丑闻，天打雷劈!"这样的后果，是越辩越清还是越辩越"黑"都有待商榷。

再讲述加拿大在一次竞选中的小情节。

加拿大的一位外交官斯却特·朗宁，1893年生于中国湖北的襄樊，是喝中国奶妈的乳汁长大的。他回国后，在

30 岁时竞选省议员，当时反对派多方诽谤、诋毁他，说："你是喝中国人的奶长大的，你身上一定有中国人的血统。"

朗宁沉着地回击道："据权威人士透露，你们是喝牛奶长大的，你们身上一定有牛的血统。"

朗宁在这次选举中获胜。拥有这样机敏智慧的头脑让人放心地相信，他可以做一个出色的议员。

放冷箭、造谣言的成本极低，杀伤力却极大。加上"好事不出门，坏事传千里"的传播特点，一旦处理不当，便会对受诋毁者造成极大的不利局面。

置身此类局面中的人，最好运用幽默的武器，以四两拨千斤的姿态，潇洒地把对方打个四脚朝天。

林肯就是一个精于此道者。他在一次演讲中，有人当面诋毁他是一个"两面派"，告诫听众们不要相信林肯。置身此境的林肯，并没有花过多的时间与精力去辩白自己——他还有演讲的正事，但他又不能完全置之不理，授人以默认的口实。他只用了一句话，就把"两面派"的帽子扔到了太平洋。他对听众们说："大家看看我这张脸吧——如果我有两张脸孔的话，我还会成天拿这张脸来示人吗？"（林肯的长相欠佳——编者注）

林肯的话引起了台下听众的会心一笑，"两面派"的说法就这样烟消云散。林肯得以继续自己的演讲，并获得了大多数听众的支持。

当你百口莫辩的时候，不妨向上面这些智者们学习学习。

犯错后如何道歉

1970 年 12 月 7 日，西德总理维利·勃兰特拜访波兰的第二天，按照总理访问的行程安排，这一天应该前往地处华沙的犹太人隔离区，为二战时遇难的犹太人献上花圈。可勃兰特却在纪念碑前敬献花圈后突然下跪，并为死难者默哀。

这一跪，就是著名的华沙之跪。

这个看似简单的动作，不仅化解了二战以来德国和波兰之间的仇恨，更为联邦德国与东欧各国重修旧好铺平了道路。这就是道歉的力量。

一次真诚的道歉可以让冒犯的一方不再那么恐惧遭到报复，减轻内心挥之不去的内疚感和羞耻感；而接受道歉则可以化解被冒犯一方的屈辱和怨恨，打消报复的念头，进而给予对方宽恕，重修关系之网。

道歉的理想结果是和解从而修复破裂的关系。

小兰与男朋友约会总是因故迟到 10 分钟。第一次，她自我责备地说："我迟到，我有罪，我罪该万死！"第二次她转守为攻地说："一定是你的表拨快了 10 分钟！"第三次她还是有理由："我的表是按北京秋令时间，比夏令时间晚半小时啊！"每次都逗得男朋友对她又爱又恨，于是男朋友也就一笑了之。

小兰聪明地"辩解"了自己的过失，也取得了男友的谅解。不过恋爱中每次都迟到不是每个男人都能容忍的，所以，还是建议女孩子们谨慎为之。下面我们来看一个初为人妻的女子在做错事情后是怎么做的。

妻子不小心把贝多芬石膏像掉在地上，摔去了一只耳朵，丈夫刚要责备，妻子笑着说了一句："哎呀，反正贝多芬是聋人。"这一番话，把丈夫心里的责备冲得无影无踪。

丈夫又回来晚了，一进家门就看见妻子严厉的目光，他自知理亏，又感到很不好意思，就走到沙发前逗小猫玩。

他刚低下头，就听妻子一声叫喊："喂，你和那头笨猪在一起有什么意思？"

丈夫明知在骂他，故作不知，笑着说："这哪里是猪，这是猫呀！"

妻子看也不看他一眼，朝小猫一招手："亲爱的，到我这里来，刚才我是在跟你说话呢！"

从上面的故事中，我们不难看出妻子的聪明和幽默之处。不过，丈夫知道自己做错了事情，他在面对妻子的幽默嘲讽时，所运用的"顾左右而言他"的糊涂幽默不是也很值得我们欣赏吗？当你明知道自己做错的时候，不妨以幽默的方式和你的爱人一起调侃自己的错误。

第六章　人际互动中的使用技巧与原则

幽默贵在简洁

林语堂先生幽默地说："绅士的演讲应该像小姐的裙子，越短越好。"运用幽默也是如此，越短越好。幽默若过长，可能不利于听众的理解。所以，运用幽默的时候，应当遵循 KISS 原则，即 keep it super simply，简单易懂，否则会适得其反。

话说当年日本企业在美国的投资日益增加，甚至有许多企业直接在美国设厂，并雇用当地的人员。这固然是一项双方互惠的措施，但由于语言不通，当日本老板莅临视察时，总会有些不便发生。

在一家日资的美国公司里，日方董事长跨海越洋远道而来，主管召集全体员工集合于会议厅中，恭请董事长演讲。

日方的董事长不会说英语，只得由翻译逐句译成英文。董事长在演讲中有意穿插了许多笑话，但由于双方文化的差异，并未博得预期的笑声。唯独有一个小故事，董事长用日文讲了十来分钟，而翻译人员只用了几句便翻译了出来，并且让台下众人大笑不已。董事长对此印象极为深刻。

演讲结束后，日方董事长兴致勃勃地询问翻译人员："贵国的词汇真是丰富，我讲那个笑话用了十多分钟，而你竟能用几句话就将它翻译出来，而且效果那么好，真是不简单。"

美方翻译人员谦虚地说："其实也没什么，我只是告诉他们：'老人家刚刚讲了一个又长又不好笑的烂笑话，为了捧场，请你们大笑。'"

幽默，就如杨宗纬的《空白格》的歌词所说："其实很简单，其实并不难。"会玩魔方的人都知道魔方公式，懂幽默的人也同样懂得公式。

一场有趣的聊天往往都是天马行空的，没有严密的逻辑，但是转折起伏较大，往往会上下文几乎毫无相关性，但幽默效果却十足。例如：

男："你的衣服好漂亮啊，穿在你身上显得高贵优雅我瞬间'路转粉'。"

女：（羞涩一笑）"谢谢，你好会夸人哦！"

男："看你衣服的布料上乘，做工精致，我突然很好奇一个问题。"

女：（期待）"什么问题啊，你说嘛？"

男："请问你时尚的发型是在哪里做的啊，我也好想去哦。"

女："……"

以上的对话就是典型的天马行空式的聊法，衣服和发型找不到一点关联，但是这样突然的转折却可以收到很好的幽默效果，相信读到这段对话的人都会轻轻地笑出来。

高度的幽默感来自轻松自在的心灵，并能博览群书，自行融会贯通，获得其中奥秘。清代画家郑板桥有诗云："削繁去冗留清瘦。"当今语言大师们则认为：言不在多，达意则灵。可见，用最少的字句，包含尽量多的内容，是当众说话水平的最高境界。滔滔不绝，出口成章，是一种"水平"，而善于概括，词约旨丰，一语中的，同样是一种"水平"，而且是更为难得的高级境界。要做到简洁明快，首先要做到长话短说。所谓长话短说，即是以简驭繁。老舍说："简练就是话说得少，而意思包含得多。"话少而意思也少就算不得简洁。

要想讲话简洁就应该做到说话的内容中肯实在，运用幽默也如此，不在乎长短但关键要中肯实在，字字珠玑，说到听众的心坎里去。多数人最喜欢的是有啥说啥，直来直去。对于那些空话套话，他们不但不愿听，甚至觉得是在受精神的折磨，是在浪费时间。

有人曾问美国著名作家马克·吐温，演讲词是长篇大论好，还是短小精悍好，他没有直接回答，而是讲了一个故事：

> 有个礼拜天，我到礼拜堂去，适逢一位传教士在那里用令人哀怜的语言讲述非洲传教士苦难的生活。当他说了5分钟后，我马上决定对这件有意义的事情捐助50元；当他接着讲了10分钟后，我就决定把捐助的钱数减至25元；当他继续滔滔不绝地讲了半小时后，我又在心里减到5元；最后，当他讲了1个小时，拿起钵子向听众哀求捐助并从我面前走过的时候，我反而从钵子里偷走了2元钱。

这个幽默的故事告诉我们，说话还是短一点、实在一点好。长篇大论、泛泛而谈容易引起听众的反感，效果反而不好。

讲短话是一种水平，是一种能力，也是一种技巧，这比讲长篇大论要难，更需要在实践中锻炼和提高，对于幽默的表达也是如此。

必须要提醒你的是，良好的幽默表达是将繁复的观念以简单易懂的方式表现出来，而不是将简单明了的观念表现得高深莫测，甚至打起禅机来。

幽默应该是通俗的

如何让幽默的语言说出来令人会心一笑，意味犹长？在古今中外的语言实践中，幽默的应用技巧可谓是博大精深，在此只能举其荦荦大者，以供读者体会，希望从中可使您找到幽默的灵感与技巧。

幽默的通俗性，说得简单一些，就是指说出的话不但要生动、巧妙，而且还要明白、易懂，使人们乐于接受。也就是要求表达要大众化。它包括两个方面的意义：一是用语通俗，一听就懂；二是意义通俗，深入浅出。违背这两点，不仅会让人觉得不知所云，甚至还会造成各种误解。

多使用人们口头中常用的大众化语言，也可以使表述更为通俗易懂，增加语言的特殊表现力。因为大众语言来自人民大众，是人民群众乐于接受的，因而才能流行。在说话中巧妙地运用这个原则，就能够增强幽默的感染力。

比如，俗语是通俗而广泛流行的定型语句，简练形象，恰当地引用俗语，可以增强说话或演讲中的幽默感和说服力。

又比如，谚语是人们在长期的生活中精炼出来的语汇，经历了千百年的长期使用，千锤百炼，凝结着劳动人民丰富的思想感情和智慧。谚语具有寓意深长、语言精练、朗朗上口、便于记忆的特点。将谚语巧妙地用于幽默表达，可以起到画龙点睛的作用。

有些名句或俗语也可能被"恶搞"，说出来也别具一番况味。比如下面这些，虽然内容有正有反，但它们至少有一点是共同的，那就是"通俗"的。

> 一见钟情，再而衰，三而竭。
> 骑白马的不一定是王子，他可能是唐僧；带翅膀的也
> 不一定是天使，妈妈说，也可能是鸟人。

穿别人的鞋，走自己的路，让他们找去吧！

水能载舟，亦能煮粥！

我不是随便的人，随便起来不是人。

树不要皮，必死无疑；人不要脸，天下无敌。

生，容易。活，容易。生活不容易。

人生奋斗目标：农妇，山泉，有点田。

我和超人的唯一区别是我把内裤穿在里面了。

我身在江湖，江湖却没有关于我的传说……

宁愿相信世间有鬼，也不相信男人那张破嘴！

一山不容二虎，除非一公一母。

巧克力的麻烦是你把它吃了，它就没了。

千万别等到人人都说你丑时才发现自己真的丑。

肚子大不可怕，可怕的是大而无料。

无所为而无所谓，无所谓而无所不为。

人生的成功不在于拿到一副好牌，而是怎样将坏牌打好。

出生时你哭着，所有人都笑着；离去时你笑着，所有人都哭着。

内行看门道，外行看人行道。

黑夜给了我一双黑色的眼睛，可我却用它来翻白眼。

天使之所以会飞，是因为她们把自己看得很轻……

我想早恋，但是已经晚了……

这个世界上我只相信两个人，一个是我，另一个不是你。

思想有多远，你就给我滚多远！

流氓不可怕，就怕流氓有文化。

你不能让所有人满意，因为不是所有的人都是人！

开车无难事，只怕有新人！

出问题先从自己身上找原因，别一便秘就怪地球没引力。

路漫漫其修远兮，吾将上下而求人。

歇后语也是为广大人民群众所喜闻乐见的语言形式，在群众中广为流传。歇后语一般由前后两截组成，前半截是形象的比喻，像谜面，后半截解说，像谜底。在幽默中恰当运用歇后语，可以增强幽默的趣味性，增加幽默的表现力。

例如，为说明某人工作开展缓慢，可说："他呀，大象屁股——推不动。"为了说明自己没有能力办这件事，可说："我是丫鬟带钥匙——当家不做主。"为了说明办了一件出力不讨好的事，可说："我办的这事真是'公公背儿媳'——费力不讨好。"等等。

下面列举了30个在日常交谈中常用的幽默式歇后语：

1. 牛栏里伸进张马嘴——没你开口的份儿；

2. 牛棚里养鸡——架子不小（好大的架子）；

3. 牛牵鼻子马抓鬃——抓住了关键；

4. 牛群回山寨——前呼后拥；

5. 牛身上拔根毛——不在乎；

6. 矮子骑大马——上下两难（上下为难）；

7. 按鸡头啄米——白费心机；

8. 按着牛头喝水——勉强不得；

9. 案板上的狗肉——上不了席；

10. 八匹马拉不开——难分难解；

11. 蝙蝠身上插鸡毛——你算什么鸟；

12. 苍蝇采蜜——装疯（蜂）；

13. 茶壶里的水——滚开；

14. 大火烧竹林——一片光棍；

15. 炊事员行军——替人背黑锅；

16. 从河南到湖南——难上加难；

17. 吃饱了的牛肚子——草包；

18. 裁缝不带尺——存心不量（良）；

19. 《百家姓》去掉赵——开口就是钱；

20. 鼻孔喝水——够呛；

21. 车祸——乘人之危；

22. 唱戏的腿抽筋——下不了台；

23. 擦粉进棺材——死要面子；

24. 医生卖棺材——死活都要钱；

25. 肮脏他娘哭肮脏——肮脏死了；

26. 布告贴在楼顶上——天知道；

27. 一个耳朵大，一个耳朵小——猪狗养的；

28. 二十一天不出鸡——坏蛋；

29. 五百块分两下——二百五；

30. 牛屎虫搬家——滚蛋。

以上技巧通常被运用在幽默的表达过程中。善于运用幽默的表现形式，可以使我们讲话更生动有趣，更容易为大众所接受。

幽默要恰到好处

我们中国是个讲究中庸的国家，一切都力求做到恰到好处，过与不及都不值得提倡。

中庸是儒家的道德标准，孔子把中庸认定为最高哲学。朱熹说："中者天下之正道，庸者天下之定理。"其精髓是不偏不倚，不走极端，因时制宜，因物制宜，因事制宜，因地制宜。

但要说真正将中庸之道完美付诸实践的人，非林语堂莫属了。

林语堂 17 岁时，就以第二名的成绩毕业于厦门寻源书院，考上了上海圣约翰大学。四年之后，又同样以第二名的成绩毕业，应邀去清华大学教书。

在我们看来，第二名虽然也代表着不俗的成绩，可似乎总令人捶胸顿足，扼腕叹息。仿佛只是差几步就能登上那个惹人艳羡的闪闪发光的高峰。颇有种"既生瑜，何生亮"的遗憾。况且，无论是考试还是比赛，人们总是会记得首屈一指的第一名，而第二名与第一名虽只有一步之遥，但总被人们遗忘，永远生活在聚光灯的外围，处在一个不尴不尬的地界上"斯人独憔悴"。

但是在林语堂看来，"第二"才是最高的智慧和境界。他始终认为，"第二"虽然没有"第一"那般吸引眼球，鹤立鸡群。但是却处在一个进可攻、退可守的境地，不同于傲视群雄的第一名，高处不胜寒，第二名往往更为轻松自如，来去从容，不用在意别人的眼光。这就是林语堂的中庸之道。

现实生活中，与他人交往，恰到好处的原则也很重要，下面我们就从几个方面来简要谈一下幽默要把握的度。

对话是人际交往的基础，有对话才能有交流沟通，有沟通才能产生情感。一次成功的交谈应像一场接力赛，每个人都是集体接力的一员，既要接好棒，也要交好棒，棒在自己手上时，要尽心尽力跑好；棒在他人手上时，不妨为之加油，为之喝彩。如果把对话变成一个人的独白，缺乏必要的互动，尽管你讲得眉飞色舞，口干舌燥，也没有人会为你鼓掌喝彩，所以能说善侃者切忌扮演"一言堂主"的角色。因此，发挥幽默时一定要与听众互动。

在交谈中，由于各人的阅历不同，对事物的认识也不尽一致，出现观点的分歧、碰撞、交锋不可避免，这本是很正常的现象。如果一听到对方提出不同的意见，就急迫地插话或打断他人的话，欲把自己的观点强加于人，这样必然给人留下狭隘偏激的印象。明智的做法应该是大度宽容，不盲目排斥。人家的观点与你不一致，你可以用幽默的语言去说服，或是被说服，甚至可以妥协，还可以求同存异。因此，不仅要学会使用幽默，还要学会欣赏别人的幽默，这样才能使我们既长智慧，又得人心。

在交谈过程中，每个人都有表现欲，同时也有被发现、被承认、被赞赏的内在心理需求。如果只热衷于表现自己的幽默，而轻视他人的幽默表现，对自己的一切津津乐道，而对他人的一切不屑一顾，就势必会给人造成自吹自擂、自我陶醉的自私印象。

所以，恰到好处这个度对幽默非常重要。如果是"一言堂"，就会被人称为"话篓子"，甚至会妨碍与他人的继续交往。

此外，古人讲："山不在高，有仙则名；水不在深，有龙则灵。"幽默也是如此，话不在多，点到就行。在生活节奏紧张快速的现代社会中，没有人愿意花费大量的时间去听你的长篇大论，这就要求你在谈话时要做到言简意赅，一针见血。

下面我们用几则小笑话来说明一下。

一天，一个理发师把一个卖糖葫芦的揍了一顿。两人闹到警察局，警察问理发师：你为什么揍卖糖葫芦的？理发师说：我在屋里烫头发，他在外面喊"烫糊喽"！

一罪犯越狱，被抓了回来。警察："说！你为什么要逃跑？"罪犯："这里的伙食太差了！"警察："你是用什么把围墙上的铁条弄断的？"罪犯："中午的馒头。"

医生问病人是怎么骨折的，病人说："我觉得鞋里有沙子，就扶着电线杆抖鞋，我抖啊抖……这时有个傻蛋经过这里以为我触电了，便抄起木棒给了我两棒子。"

一位女士到医院的整形外科做了除皱和双下巴的手术。手术结束后，大夫问她："您还有什么其他的要求吗？""你们有什么方法能让我的眼睛变得更大一点，更有神一点？""哦，有的，您只需看看您的账单就可以了。"

有一病人狂叫："我是院长，你们都得听我的！"主治医生问他："谁说的？"他回答："上帝说的。"这时旁边一个病人突然跳出来，说："我没说过！"

有只老虎被蛇咬了，一直追蛇到蛇洞，老虎一直等，好久出来个蚯蚓，老虎一把将其按住，生气地问道："你爹呢？"

幽默要适合自己的身份

任何人在运用幽默时，都是在以自己为物主身份去表达思想，传递信息。要想在彼此交流的情况下，使幽默达到理想的效果，除了要有对象意识外，还要有自我身份意识。

也就是说，说话要得体，幽默形式的选择要符合自己的身份，只说自己该说的那份话。如以下级的身份向上级汇报思想工作，当持敬重的态度，本来就需要注意措辞的严肃性和应有的礼节性，而此时使用幽默，很容易"走火"；与同辈亲友交谈，则以亲切、自然为宜，不宜过于"一本正经"，否则便有疏远之感，此时不使用幽默反而让人感到呆板，做人"死性"。幽默运用得不得体，不注意身份，听的人总感到不是滋味，甚至容易引起反感，这肯定达不到幽默的目的，甚至事与愿违。

另外，运用幽默时要注意自己的多重身份，针对不同的环境，选择相应的表达方式，使表达与自身的思想情感相符合。

常言说"言为心声"，鲁迅先生也说："从喷泉里出来的都是水，从血管里出来的都是血。"一个人用什么身份说话，会反映出他的思想境界，处世的方式，待人接物的态度。如何把握好交谈双方特定的关系而作语言的修饰调整，以更好地传情达意，这正是提高说话水平要研究的课题。如一位湘籍著名歌星，应邀到长沙做嘉宾主持"情系三湘"的赈灾义演节目时，只见她手持话筒，朗声说道："那次中央电视台举行青年歌手电视大奖赛，我给'娘家'（自己家乡）的参赛选手打了最高分，下次'娘家'的伢子妹子到北京参赛，我还要给他们打最高分。"这样的话不无失体之嫌。若是在私下场合对"娘家"的人说说私情乃人之常情，而这是在义演的严肃场合，说的又是严肃庄重的大奖赛评委打分的问题，如此偏重于"情感"而疏于"理智"的幽默，人们不禁会问：她作为评委，其公正何在？看似在用家乡话来表现自己的幽默，但那是在向全国播放的卫星电视节目，其他省的观众该如何想？

值得注意的是，话虽是说给听众听的，但话说得好不好，能否为听众所接受，还要看发言人是否恰到好处地表达了自己的思想感情，而一个人的思想性格是在长期的社会实践中形成的，并且这个人的心情是和他的思想、处境分不开的。这种不同处境下的不同心境，同样会在日常的表达中自然流露，显示出说话者的本色身份。

所以，运用幽默时要选择与当时的处境和受众心情相协调的说话形式加以发挥。

> 例如某高校一位姓严的古汉语教师，学识渊博，治学严谨，教学时对沉重严格训练、严格要求。一日，当他走进课堂，见黑板上赫然写着"严可畏"三字。该老师不愠不怒，只见他停下来，对学生朗声说道："真正可畏的是你们！"学生们一时不知所措。严老师接着说："不是吗？后生可畏嘛！为了让你们这些后生真的可畏，超过我们这些老朽，我这严老师怎可名不副实呀！"（此时掌声、笑声顿起）

严老师由"严可畏"三字准确地捕捉到学生们因受严格训练、严格要求而生发的"积怨"与"不满"，先是冷静地予以宽容，进而曲解"可畏"二字，并且一语双关，含蓄幽默地表达出必须"严"的道理，以及要继续"严"下去的决心，既宽容有度，又严格适中，其说话形式的选择与处境、心情表达之得体，令人击节赞叹。

第七章　幽默风趣，后天可学

透视幽默家族

巴特的父亲与母亲两人一向很享受他们的生命。巴特秉承庭训，试图影响别人："请享受生命，彻底地享受生命。"你愈能在有限的生命中添加幽默，就愈能享有幸福的生活。

当巴特和新婚妻子刚结婚时，新婚妻子就询问巴特的母亲："当老爸和你意见不合时，你怎么处理？"

母亲说道："我会毫无顾忌地说出我心中的想法，然后闭嘴。"

巴特的妻子又跑到庭院里去询问父亲："当你和老妈意见不合时，你会做何反应？"

父亲回答："我会说完我必须说的话，然后闭嘴。"

妻子接着又问："接下来会发生什么事呢？"

父亲表示："我们当中一个人会达到目的，事情总是这么解决的。"

幽默和笑话一样丰富多彩，它有各种各样的类型，善意的、冷酷的、友好的、粗鲁的、悲伤的、感人的、攻击性的、不动声色的、含沙射影的、不怀好意的、嘲弄的、挑逗的、和风细雨的、天真烂漫的、妙趣横生的等等。这里不论属于揶揄也好，嘲笑也好，同情怜悯也好，荒诞古怪也好，其意趣必须是从内心涌出的。只有这样，它才会以一种生动的姿态，发出心灵的温暖与光辉。

嘲讽性幽默是幽默常见的类别之一。它是运用幽默者以温和与宽厚的态度，对那类值得嘲讽的人或事所做的轻微的挪揄和批评，虽然荒诞不经，却发人深省。

在卓别林主演的某部生活片中，主人公长年累月地在装配生产线上拧螺丝，有一次拧得太急了，竟拧到前边人的屁股而未察觉。编导者运用"怪巧"的手法渲染画面，呈现出情景幽默，以抨击当时西方的劳动异化的现象，令人忍俊不禁。

一个动荡的国家有这样一则传闻。

> 一人问："比基尼泳装和我们的政府有什么不同？"
>
> 答案是："没有不同。每个人都知道它维系的是什么，但每个人都希望它维系不住。"

没有什么言辞比这则幽默故事更生动的了，从这则幽默小故事中我们看到了人民对政局动荡不安的厌恶情绪和深沉的无奈感。

在生活中也不乏巧妙运用幽默来表达失望感的例子。

> 有一位顾客对侍者说："我有一套办法，保证叫你多卖出三成的橙汁：你只需把杯子倒满。"

显然，运用嘲讽性幽默的妙处在于，它能把一些足以损害我们利益的惯例和举动的流弊暴露出来。

幽默家族的另一主要成员是诙谐性幽默。诙谐性幽默多出现在幽默者的性格当中，其表现方式是大智若愚的"拙巧"。这类幽默虽然只有三言两语，却鞭辟入里，让人拍案叫绝。

> 一次，美国作家马克·吐温收到一封信，信中问道："听说鱼骨里含有大量的磷质，可以补脑。那么，要想成为一个专家，就必须吃许多鱼才行吧？你应该吃了很多鱼但吃的是哪一种鱼呢？"

马克·吐温回信说:"看来,你要吃一对鲸鱼才行!"

作家的回信幽默而含蓄有力。

还有一则故事。

一个文理不通的国王偏偏要显露自己作诗的"才华"。

一天,国王写了首诗要阿凡提品评,阿凡提扫了一眼说:

"陛下,即使您不写诗,也不会被小看。您还是只管做自己的国王吧。"

国王大怒,令卫士将阿凡提关进驴圈。一星期后,国王又写了几首诗,挑了一首得意之作,又把阿凡提传到殿前来命其品评。阿凡提看了一眼,转身就走。

国王喝道:"到哪里去?"

阿凡提深深地施了一礼说:"到驴圈去,陛下。"

诙谐性幽默的特点很突出,即婉转、装痴、寓庄于谐。而本身所含的"自嘲"色彩,便可使诙谐性幽默在社会中十分流行。

哲理性幽默一般被视为"幽默贵族"。它包括那些灵机一动的理智闪光,信手拈来的隽词佳句,耐人寻味的谐趣珍闻。它代表一种朴实无华的"技巧",蕴涵深奇,为人称道。

请看下面这则事例。

大学生请一位著名的经济学家给衰退、萧条、恐慌等词下个定义。

"这不难,"经济学家回答,"'衰退'时人们需要把腰带束紧,'萧条'时就很难买到扎裤子用的皮带。当人们没有裤子时,'恐慌'就开始了。"

教授在上伦理课。他告诉同学们如何提醒别人一些尴尬事情。"比如说,如果你们看见女孩子屁股上有草屑,你们应该委婉地说：'姑娘，你的肩上有草屑。'女孩子往肩部看，然后向下——看见了。"

这时一个女学生举手站了起来，说："教授，你领带的拉链开了！"

一个题为《佳丽可人》的作品更是趣味十足。

"你最爱我哪一点？"妻子问她的丈夫，"是我的天生丽质呢，还是我动人的身躯？"

"我最爱你的这种幽默感。"丈夫回答。

幽默家族中另一重要的成员——逗趣性幽默，最受年轻人的青睐。此类幽默在格调上属玲珑剔透的"智巧"，它巧奇结合，在转折中会获得强烈的喜剧效果。下面就是一例。

德国的邮费不断上涨。报载小品文《情书》一则：

最亲爱的丽娜：

如你所知，我爱你，而且狂热地、永远地、诚心诚意地爱着你。这一保证从 1983 年 8 月到 1984 年 8 月的期间内均有效，并可以随情况变化而延长。为了节省开支，我不再给你写信，吻你 365 次。

你的贝恩尼

有一位演说家在演说中穿插了一个逗乐的故事。

在一辆载满旅客的公共汽车后面，一位个子矮小的人在奔跑着。但是汽车仍在下坡路上高速前进。

"停下吧！"一位乘客把头伸出窗子，冲小个子喊道，"您追不上它的！"

"我必须追上，"小个子气喘吁吁，"我是这辆车的司机！"

幽默的形式和类型异彩纷呈，表明人类的幽默艺术经久不衰，生命力旺盛。当我们为它的奇光异彩所吸引时，应该看到：一如世上绝大多数事物一样，幽默也有不同的品格，有的高贵文雅，启人心智；有的低级庸俗，贻害青年。对发挥幽默力量者而言，理性的判断是必要的。

幽默藏身何处

令那些"没有幽默细胞的人"苦恼的是，幽默到底藏在什么地方？

——其实，幽默无处不在。

一位顾客到饭馆去吃饭，他发现米饭中沙子很多，于是就把它们吐出来放在桌子上。服务员见此情景很是不安，抱歉地说：

"有很多沙子吗？"

那顾客点头微笑着说："是的，不过也有米饭。"

面对令人生气的事情，这位先生成功地用了一句曲折、幽默的话化解了，既指出了饭中沙子多的事实，同时也消解了自身的气恼。

交响乐团在排练斯特拉文斯基的《春天的典礼》的最后一章时，指挥向大家讲述他对音乐各部分的理解，他这样说：

"柔和优美的圆号象征着奔逃的农家少女，而响亮的长号和小号则代表着追逐的野人。"

当他举起指挥棒让音乐继续时，从圆号区飞过来一句："大师，您不介意我们把某一部分演奏得快一些吧！"

一句轻松的调侃消解了排练时的紧张与辛苦，令彼此之间充溢着笑声，真是其乐无穷！

有一次，巴基斯坦著名主持人穆哈米主持了一场晚会，这场晚会并没有其他节目，只是穆哈米和协助他主持晚会的几个文艺界著名人士在台上进行机智幽默的问答，而台下观众始终兴致盎然，笑声、喝彩声不断，气氛十分热烈。下面我们看看穆哈米与著名影星雷利的一段对话。

鬓发斑白的影坛老将雷利拄着拐杖，步履蹒跚地走上台来，很艰难地在台上就座。看到这样一位老人，让人很自然地为他的身体担心。所以穆哈米开口问道：

"你还经常去看医生？"

"是的，常去看。"

"为什么？"

"因为病人必须常去看医生，这样医生才能活下去。"

此时台下爆发出热烈的掌声，人们为老人的乐观精神和机智语言喝彩。

穆哈米接着问："你常去医药店买药吗？"

"是的，常去。这是因为药店老板也得活下去。"

台下又一阵掌声。

"你常吃药吗？"

"不。我常把药扔掉，因为我也要活下去。"

穆哈米转而问另一个问题："嫂子最近好吗？"

"啊，还是那一个，没换。"

台下大笑。

主持人与演员的对答几乎句句"带彩"，在这样热烈活泼的气氛中，观众是不会疲倦的。

幽默的大树遍布日常生活空间的每一个角落，爱人之间、朋友之间、同事之间，甚至于陌生人之间，都可以生长出幽默的大树，结出融洽的果实。

男女相悦，从相识开始。就在选择结识的对象这一问题上，不同价值取向的人展示了各自的手段和才华。

　　"我认识一个聪明的穷女孩和一位愚蠢的阔小姐，你说，我该向谁求婚呢？"张三问。

　　"当然是那个穷女孩。"李四回答。

　　"看得出，你的确是一个为我着想的好朋友。"张三感慨道。

　　"作为好朋友，我还有个请求，把那阔小姐的电话赶紧告诉我。"李四说。

李四为张三指出了一条正确的道路，同时用幽默的玩笑轻微地嘲弄了张三。李四真的想要阔小姐的电话吗？未必，他只是想用一种有趣的方式调节一下气氛，委婉地暗示一下：这有什么可犹豫的。

钓鱼、网球、打牌、高尔夫球等各种娱乐活动都是幽默的丰富素材。

　　一个篮球运动员说："我的医生说，我不宜打篮球。"

　　他的同伴听了说："哦，他一定是你们球队的铁杆球迷。"

　　在桥牌桌上，太太问："我有四张 A，三张 K，你凭什么先叫牌？"

　　丈夫回答："我凭的是一张 Q，一张 J，三杯白兰地，还有晚餐喝的威士忌叫牌。"

你的幽默会给周围营造一种愉快的气氛，同时也会改善你在大家心目中的形象；你是在用自己的机智让大家尽情地享受生活的乐趣，同时也改善了自己的生活。生活中，每个人都有不满和失意的时候，如果我们将这些内容以诉苦或牢骚的方式表达出来，那就会更加让人苦恼。这时，不妨使用幽默这一良药。

幽默需要知识的营养

前阵子看过环球时报的一篇报道，美国国家航空航天局 NASA 招聘员工时，竟然要求宇航员会讲笑话。

搞笑的宇航员不仅要会带动气氛，还需本身就得是出色的科学家或者工程师，能够通过各种严格的训练项目。

原来，火星之旅有漫长的两年，NASA 需要一名爱开玩笑的宇航员，才能帮助团队凝聚人心、弥合分歧，确保任务的成功。

没想到，世界上顶尖的科学家不仅需要渊博的学识，还需要有让整个团队的士气都倍受鼓舞的幽默感。这样一来，很多面试者都忙不迭地去学习积累幽默知识了。

那么幽默与知识有什么关系？先让我们看一则故事。

有一位秀才年年乡试都落第，他每次在写文章时都像吃了苦药一般，抓耳挠腮，迟迟下不了笔。

妻子看他那愁眉苦脸的样子，心中不禁疑惑，便问："你们男人做文章真比我们女人生孩子还难吗？"

那秀才哭丧着脸回答说："那当然，你们是肚子里有货，我的肚子没有货啊！"

这个笑话告诉我们，知识贫乏，腹中空空，是写不出文章来的。同样没有知识、孤陋寡闻的人，即使是口齿伶俐，也不能说出幽默的语言来。

知识是令幽默生长的营养。幽默的运用要求有丰富的知识，广博的见闻，因此，我们要对古今中外、天南地北、历史典故、风土人情都应该有所了解，用自然知识、历史知识、社会知识、生活知识不断地充实自己的头脑。在这个基础上讲起话来才能得心应"口"，出口成章，才能潇洒流畅、生动有趣。一些著名的政治家、思想家、军事家、文学家、艺术家和科学家，之所以富有幽默感，就在于他们都是具有丰富的知识和阅历的。

为了丰富我们的知识，我们应当博览群书，书读多了，知识自然得到充实。不妨注意多读一点关于语言幽默的书籍，比如，一些笑话集、喜剧小品的剧本等。从别人幽默的方法中悟出一些幽默之道，看看别人是怎样运用幽默的。一旦学会了，就直接移植过来，这样就可以提高一个人的幽默感。

为了丰富我们的知识，我们还要多读一下"社会"这部无字书。曹雪芹说："世事洞察皆学问，人情练达即文章。"洞察社会的人情世故，这对于增强幽默感是极有帮助的。许多幽默的话语，都是建立在对社会各种事情的真知灼见之上的。如果没有这种真知灼见就无法运用幽默。

> 美国哲学家乔治·桑塔亚那选定4月的某天结束他在哈佛大学的教学生涯。次日，乔治在礼堂讲最后一课的时候，一只美丽的知更鸟停在窗台上，不停地欢叫着，他出神地打量着小鸟。
>
> 许久，他转向学生，轻轻地说："对不起，诸位，失陪了。我与春天有一个约会。"讲完便急步走了。

这句美好的结束语，不仅具有相当的幽默感，而且像诗一样美。没有丰富的知识作基础，无论如何也说不出这种富有哲理的幽默话语。

丰富的知识、广博的见闻使得运用幽默得心应手，左右逢源。想让自己成为一位具有幽默性格的人，就必须使自己的阅历变得丰富，对当今社会和国内外时事都有所了解，必须对天文地理、声光电化、文史哲经、名人轶事、影星趣闻都有所关注。只有多读书，多积累知识，扩大知识的积累面，懂得并能熟练地按技巧操作，才能"登堂入室，修成正果"。

幽默能力也需要积累

前面我们说过，幽默其实是一门艺术，所能表达的内容包罗万象，如果只在技巧上下功夫，而忽略自身素质的培养和幽默知识的积累，只能是舍本逐末，徒有一副空架子。

而在现实生活中许多人以为口才只是口上之才，以为口才好的人只是因为他们很会运用幽默，而自己只是因为没有掌握幽默的技巧，才不会运用幽默的。他们看见许多口才好的人什么都可以说，谈什么都很动听，就觉得他们的口齿伶俐。这种看法其实是相当片面的、肤浅的。诚然，口才的能力有赖于相当时间的训练，但好口才的发挥是基于他们善于思考、善于观察，拥有的兴趣广泛，联想丰富，以及具有强烈的同情心和责任心。俗话说"巧妇难为无米之炊"，说的大概就是这个道理。

追本溯源，即使口才再好的人，也必须经常在观察和思考上下功夫，也必须不断地扩充自己的兴趣，积累自己的知识，培养自己的联想能力和幽默性格。这样谈话的题材才会保持在一个丰富的状态。

著名剧作家曹禺曾说："哪一天我们对语言着了魔，那才算是进了大门，然后才有可能登堂入室，成为语言方面的富翁。"那么，我们应该怎样来具体学习、培养自己运用幽默的能力呢？下面介绍几种可行、有效的方法：

首先要多读书，多看报，多关心时事。日常生活中，我们每天都离不开报纸、杂志和书籍以及电脑、手机等。在读书看报时，不妨备一支笔、一些卡片纸和一把剪刀，把所见到的好文章或让自己心动的幽默例子选出来，或复制下来，或摘抄在卡片纸上，或粘贴在一个新文档中。每天坚持做，哪怕一天只记一两句也是很有意义的。日积月累就会为自己整理出一个"幽默大全"或者"笑话全集"什么的。在谈话的时候，你也许就会不经意地用上它们，从而提高自己运用幽默的能力。当然，这不一定只是为了提高自己运用幽默的能力，而更是为了丰富自己的知识面。

其次要善于学习。对于与别人交往时幽默的题材和资料，一方面要认真地去吸收，另一方面则要好好地去运用。懂得如何运用，就可以使一句普通的话发挥出惊人的效果。学习吸收的目的是为了更好地应用，光吸收而不能应用则毫无意义。

俗话说："熟读唐诗三百首，不会作诗也会吟。"等到了"穷书万卷常暗诵"的境界，吟咏其中的精华，则可心领神会，产生强烈的兴味。摸熟语言的精微之处，则会唤起幽默的灵感；熟悉名篇佳作的精彩妙笔，则会获得丰富的词汇。如此，自己在讲话时，幽默的语言亦会不召自来。这并非天方夜谭，只要你能潜心苦读，勤记善想，揣摩寻味，持之以恒，就能尝到运用语言，特别是运用幽默手法的醇香厚味。如果反复地用，不断地学，久而久之就可以像郭沫若所说的那样"于无法之中求得法，有法之后求其他"了。就像赵本山、宋丹丹的小品《昨天，今天和明天》中，白云所说的一句幽默的台词："不知我这张旧船票，还能否登上你那艘破船。"这句话便是来自流行歌曲《涛声依旧》的歌词，编者根据歌词谐音加以发挥，尤其是从"客船"到"破船"的使用，效果十分显著。

另外要注意搜集并积累别人运用幽默的方式方法。在听别人的谈话甚至在接收手机短信、浏览网站幽默频道时，随时都可以听到或看到表现幽默方法的段子、笑话。把这些东西记在本子上，在生活中重复使用一遍，久而久之，你表现幽默的题材、资料就越来越多，说起话来也就越来越水到渠成，风趣幽默。

最后还要努力提高自己的表达能力，也就是要不断提高自己观察问题、思考问题的敏锐性，不断丰富自己的学识与经验，并努力增强联想力与敏感性。随着表达能力的提高，你运用幽默的能力就会越来越娴熟，整个人的个性素质和各方面的综合能力都会提高，从而使自己在不知不觉中成为一个幽默高手。

运用夸张的表情表现幽默

在交谈中适当地运用挤眉弄眼、瞪眼睛、吐舌头、鼓两腮、皱鼻梁、歪嘴巴的表情，也就是俗称的"做鬼脸"，有时也可以达到幽默的效果。

大家一定都熟悉法国的著名喜剧演员德菲内斯，即使不熟悉，只要一提起他演的电影《虎口脱险》《疯狂的贵族》等，很多人都会有印象。他就是一位擅长用夸张动作表现幽默的喜剧演员。

尽管扮鬼脸是一种相当有效的幽默技巧，但这种靠出自己洋相来表现出的幽默技巧只适合对熟悉的人或者小孩子使用。如果对一个陌生的成年人来做出这些表情，人家肯定会想"这个人有毛病吧"；如果对刚刚谈了不久的女朋友做出这些表情，很可能就会把她吓跑了。很明显，在一些严肃的场合是不宜使用这类做鬼脸的表情来表现幽默的。

其实，要扮好鬼脸也不是一件简单的事。法国著名喜剧表演大师德菲内斯曾经靠他魔幻般的"鬼脸"表演轰动了全世界，不过这种成就也是靠他几十年都致力于各种鬼脸的刻苦训练换来的。你可能不会成为喜剧表演大师，不过如果你有兴趣的话，也可以对着镜子练习做鬼脸，在某些情况下使用这种技巧将会起到意想不到的幽默作用。毕竟，我们学不到大师们的精华，学点皮毛也是不错的。

把欢喜、吃惊、恐怖、忧伤等表情进行大幅度的夸张，也是交谈中常用的幽默方式，这种幽默特别适合在交谈中叙述某事时使用。

比如，一个人对朋友说："我太伤心了。"朋友问："怎么了？"然后，他故意做出严肃、神秘的表情说："我昨天傍晚买了三条活鱼，今天早晨没有一条是完整的！"朋友不解，此人认真严肃地说："它们为了别人的幸福，在海鲜城里牺牲了自己……"

除了上面的扮鬼脸和夸大表情外，在沟通中，装着毫无感情的淡漠样子，呈现表情上的"空白"，也是效果较好的幽默。但这种幽默方式较难控制，它要求说话者故作一本正经地把幽默表现出来，且在别人哈哈大笑时，自己仍然要"无动于衷"。这种毫无表情的幽默在表演上的运用被称为"冷面滑稽"。

打造自己的幽默风格

汪涵在《天天向上》曾经讲过一句话："搞笑的搞字是一个提手旁加一个高字，所以说，只有高人才能够搞笑；而能真正搞笑的人，也是高人。"

绝大部分人对汪涵的印象就是幽默，甚至对他的幽默冠之以"汪式幽默"的名号。汪涵的幽默是极难模仿的，他可以在节目中当即就说出一个"梗"，把你逗乐；也可以让你会心一笑之后，颇有所得，富含意蕴。而有时，他也会说出一段极有情怀的话语，不仅能让你深思，而且能让人感受到一种温暖人心的力量。

有一次，在《越策越开心》的一期节目中，马可问汪涵："涵哥，男生怎样才能写出好的诗歌？"汪涵说："你有女朋友吗？"马可回答说："有啊。""那你让你女朋友和你分手就好了，因为男生都是在被甩之后开始写诗的。"

观众哈哈大笑，而笑完之后，倘若你加以揣摩，便会发现汪涵此回答之妙处。

所以，在向他人学习、博爱众长的同时，假如你还能培养出自己的幽默风格，使其独树一帜，那么将会使你的人际关系变得格外顺畅。

一个人的幽默方式应该有自己的风格，这样才更容易吸引别人，并产生应有的魅力。同样，如果你想让幽默改善你与别人的人际关系，那么，你的说话风格必须有某种独特的地方，以便引起人们的注意，或者使人们容易记住你。你虽然可以利用自己的长相或身体的某种特殊之处来引起别人注意，但那只能是暂时的，也是远远不够的，它只能帮助你引起人们暂时的注意，而不能真正吸引人。除非你有伟大人物的那种超凡的魅力，否则你必须培养出自己的幽默风格，这才是使你与别人相处融洽的最好方法。

据说美国的依阿华州锡格尼市的凯欧库克旅馆是方圆几十里的流动推销员最爱去的地方，他们不管远近都想到那里去投宿。为什么呢？因为那里的店老板，人称"快乐的韦勒"，是一位笑口常开的人。他对谁都能说上几句好听的话，自从人们认识他这么多年以来，从来没有听到他对谁说过一句不顺耳的话。韦勒有他与众不同的地方，说话有他自己独特的风格。后来他成功了，成为当地有名的富翁。

在日常生活中与人交往的时候，能表现出自己自然的风格是上策，但要努力发展你自己的独特风格，而不是去发展别人的独特风格。有些人，当他们与别人谈话时，认为自己有必要装腔作势，或者是戴上一副假面具；有些人试图表现得很友善，有的时候甚至表现出媚态；有些人急功近利，就像做电视商业广告一样。这些人的失误在于他们表现的都不是他们自己的本色，自然得不到别人的信任。要有自己的个性，你看到的我是什么样，我就是什么样，不管你喜欢不喜欢，但你总会相信同你交往的那个人是真实的，不是虚伪的。无论对也好，错也好，都要真诚地对待每一个人。因此，只要把握好与人交往的分寸和原则，才容易受到别人的喜欢，从而慢慢养成自己与人交往的幽默风格，因为你用真诚的自我与别人交往，就是用自己的风格在和别人说话。

第八章　幽默谈吐，常用十法

一语双关法

运用汉语的多义或同音现象，在特定的语境中，有意使词句具有双重意义，达到言在此而意在彼的表达效果，称之为"一语双关"幽默法。

"一语双关"又分为"借义双关""寓意双关"和"谐音双关"。

其中，"借义双关"是利用词语的多义性，借用词语的表面意义来表现更深一层的意思。我们看下面几则广告词，就是典型的"借义双关"。

> 不打不相识——打字机商店广告；
>
> 虽属毫末技艺，却是顶上功夫——理发店楹联；
>
> 实不相瞒，好电扇是吹出来的——某电风扇厂的广告。

"寓意双关"则是指在特定的语境条件下，借眼前的事物来讲述所说意思，言在此而意在彼。这种双关的特点是用单一意义的一句话、一个句群、一个段落或一个语篇，临时关涉两个事物、两个对象。这种双关依赖语境而形成，离开某种具体的语境，则不能成立。

> 小鹃第一次带新结识的男朋友回家见父母。路上，小鹃对男朋友说："有一只熊猫深爱着小鹿，但表达爱意时却遭到拒绝，你知道是为什么吗？"

男友运用自己的全部智慧，也没有回答出一个"正确"的答案。

在男友的一再要求下，小娟给出了答案："因为小鹿的妈妈说了，戴墨镜的都是一些不良少年。"

话音刚落，男友就大笑起来。笑着笑着，突然停了下来，把自己喜欢耍酷的墨镜摘了下来。

原来，小娟的母亲是一个比较传统的家庭妇女。小娟怕新男友不被母亲接受，而用了这个幽默劝导。

小娟表面上是在说一个幽默故事，实际上是在提醒男友摘掉墨镜，并进而提醒男友在自己母亲面前要表现得"规矩"一些、传统一些，以讨自己母亲的欢心。从这个意义上说，这是寓意双关。寓意双关的特点是更含蓄、隐晦，更能表现出说话人的机智，让听话人感到词语意味的深刻。不了解他们关系的人，只能从字面上理解，认为是在讲笑话，不能理解笑话的深层意义。

"谐音双关"是利用音同、音近的词语来制造的"双关"。

相传，李鸿章有个远房亲戚，不学无术、胸无点墨，却想通过科举，平步青云。这年他来参加考试，试卷到手后，就头冒冷汗，连"破题"也不知从何处入手，做了半天的文章也不知自己写下了什么。后来他想："我是中堂大人的亲戚，将这层关系拉上，主考官敢不录取？于是他写道：'我是中堂大人李鸿章的亲妻。'"他把"戚"错写成了"妻"。

那主考官为人正直，看了那狗屁不通的卷子正要扔掉，又见上面有一行字，看后，他就在下面批道："因你是李中堂大人的亲妻，所以我不敢娶。"

此主考官顺着混蛋考生的错误，巧妙地运用双关法幽了对方一默。这里的"娶"，即是"录取"之"取"，又是冲"亲妻"而"嫁娶"之"娶"去的。

明代翰林学士解缙，从小聪颖超群，文思敏捷。他十九岁便中了进士。

一天，解缙参加同僚的宴会，有一大臣，权倾当朝，对解缙的才华十分妒忌，处心积虑地想奚落他一番，就提出让解缙对句，于是阴阳怪气地出了上联："二猿断木深山中，小猴子也敢对锯。"

借用"锯"与"句"的谐音，讽刺、挖苦解缙。

解缙一听，并不示弱，于是对道："一马陷足污泥内，老畜生怎能出蹄。"

同样是用双关的修辞手法，借用"蹄"与"题"的谐音，用"老畜生"回敬"小猴子"，以牙还牙，对得工整，骂得在理，将老权臣辛辣地讥讽了一顿。

清官戏中的纪晓岚和和珅分别担任当时的侍郎和尚书职务，有一次两人同席，和珅见一狗在桌下啃骨头，便问纪晓岚：

"是狼（侍郎）是狗？"

纪晓岚马上回答："垂尾是狼，上竖（尚书）是狗。"

说实在的，两人都在骂人，但都含而不露，谑而有度。特别是纪晓岚，急中斗智，巧用谐音，以眼还眼，令人称快。

在"一语双关"的实际操作中，最为重要的是对双关词的选择。要做到恰当地选择双关语，实际上并不难，只要平时多多启动自己的幽默思维，多多注意累积就行了。

反差对比法

反差对比法，就是在说话中有意把两个事物、概念或者本身对立的思想、观点，放在一起进行比较，形成反差强烈的对比，从而产生令人莞尔的效果。

比如：网上有一篇短文，假借农民之口，说出城市与农村的差别，且不管它说得对不对，但它对某些社会现象的讽刺还是蛮幽默的。

俺们刚吃上肉，你们又兴起吃素了；

俺刚娶上媳妇，你们又独身了；

俺们刚吃上糖，你们又尿糖了；

俺们刚拿白纸擦屁股，你们又用它擦嘴了；

俺们刚存点钱，你们又买保险了；

俺们的娃子春节回家，你们又开始出门旅游了；

俺们刚能歇会儿不用擦汗，你们又去健身房、桑拿房流汗了；

俺们刚学会打电话，你们又说要宽带上网了；

俺们刚能在电影院约会，你们又改网恋了；

俺们刚吃饱穿暖，你们又减肥挂肚兜露肚脐了；

俺们刚学会搞对象谈爱情，你们又喜欢同性恋了；

俺们刚看上电视，你们又玩电脑了；

俺们刚娶上媳妇，你们又开始包二奶了；

俺们刚羡慕城里的繁华，你们又开始兴郊区的别墅了；

俺们刚住瓦房，你们又要露营了；

俺们的娃儿刚有书念，你们又要洋插队了；

俺们刚把白条换成人民币，你们又把人民币换美元了；

俺们刚把青菜上的害虫灭掉，你们又爱吃虫啃过的青菜了；

俺们刚结束喝河水而喝自来水，你们又改喝可乐了；

俺们刚把破裤扔掉，你们又开始在裤子上剪洞了；

俺们刚能坐上公共汽车，你们又开始打的了；

俺们刚养了很多的王八，你们又喜欢吃大闸蟹了；

俺们刚通上电，你们又兴烛光晚会了；

俺们刚穿了件像样的衣服，你们又白领吃香了；

俺们刚能吹风扇，你们就又用空调了；

俺们刚有点钞票，你们又倒腾股票了；

俺们的民工进城了，你们又开始下岗了。

反差对比法也可以将行为和结果放在一起进行比较，这种方法制造出来的幽默往往出于规劝的目的，具有说服力。不过最能引起人们感慨的还是同类事物不同的待遇。有这么一个幽默顺口溜就是这种典型。

名人用过的东西叫"文物"；普通人用过的东西叫"废物"。

名人酗酒称"豪饮"；普通人多喝叫"贪杯"。

名人略上年纪称"某老"；普通人年岁再高也叫"老某"。

名人与普通人握手谓"亲切"；普通人与名人握手叫"巴结"。

名人强词夺理为"雄辩"；普通人据理力争叫"狡辩"。

名人做蠢事称"轶事"，传为佳话；普通人做错事叫"犯傻"，遭人耻笑。

名人蓬头垢面谓"艺术气质"；普通人不修边幅叫"流里流气"。

名人发脾气叫"个性"；普通人发脾气叫"劣根"。

名人的无稽之谈谓"名言"；普通人的谨慎之言叫"废话"。

名人的空话谓"指导"；普通人的实话叫"唠叨"。

社会是由男人和女人组成的，所以男女之间的纠葛注定是永远的。有伤心的女人，也有丧气的男人。女："现在的手机呀，一买下来，价格就直线下降，越来越低，唉……"男："现在的女人呀，一娶回家，脾气就直线上升，越来越大。"瞧，这就是反差对比的幽默趣味，它不但能让人发笑，还能善意、圆滑却不失力度地规劝他人。

如果是两个已婚男人相对，最容易召开诉苦会议。男人甲："我妻子经常提起她以前的丈夫，真气人。""别生气，其实你很有福气，"男人乙劝解道："你知道吗？我妻子经常提起她未来的丈夫。"同样是对自己的丈夫的不满意，但男人乙显然要倒霉得多。想必男人甲在听后，心里大约会舒服一些吧。

歪打正着法

歪打正着的幽默指的是用荒唐的歪道理去解释或说明某些正常的提问。其幽默之处在于看似歪打，实却正着。一般要求最后一句的幽默回答与发问既要有一定的逻辑关系，却又不是人们所理解的常理。而且，幽默的效果是随着"歪理"成比例增长的，理越歪，幽默效果越佳。

"牛皮最大的用途是什么？"

"做皮衣。"

"不对。"

"用来吹。"

"还是不对！牛皮最大的用途是把牛包起来。"

我们普通人的思维大都存在着一种定势，突然听到一种"奇谈歪理"，也算是一种令人愉悦新奇的心理体验。听的人不免眉开眼笑、精神不禁为之一振，于是就有了幽默的效果。

一老师在语法课上要求同学们举一个省略主语的短句。

丹丹被叫起来，思考一会儿答道："不知道。"

老师很高兴地评价道："很好，答得既正确又巧妙！"

丹丹这种歪打正着的回答，与提问者的本意截然相反，这种反差正是幽默的来源。以下这则幽默故事就是反用这种方法收到的奇效。

过去国外一剧场的女观众大多戴帽看剧，影响后面的观众。剧场老板苦思良久，最后贴出一张告示：本剧场特许老龄女士戴帽看剧。

从此以后该剧场不再有女士戴帽看剧。

女性天性爱美，特别忌讳"老"字，剧场老板利用女性这一弱点，故意"歪打"，巧妙地解决了问题，这一招很有意思。

幽默来自思维的睿智与灵活，了解掌握一些常见的幽默之法，可以成为自己日常应变的手段。它既可以在笑声中融洽关系，更能够活跃气氛。健康的幽默是人际关系的兴奋剂，是现代人高素质高品位的一种表现。

平时我们在与人交谈说话时，要求同一概念的前提要一致，否则便是犯了偷换概念的逻辑错误。但是，如果把这种幽默方法用到人际交往当中，那将是一种绝妙的幽默技巧，而且"偷"得越离谱，幽默味就会越浓。

让我们来看下面这个例子。

"先生，请问到公安局怎么走？"

"这很容易，你到对门商店拿五条烟不付钱就走，不用 10 分钟就有车送你到公安局了！"

人家本来问的是如何正常地走到公安局，可回答却扯到了偷东西被人扭送公安局，显然这种回答违背了问话者的原意，但却运用了幽默的手法。

以上两例都是歪打正着法，即用似是而非的荒唐道理去解释某种正常现象的取乐方法。这种方法能产生奇巧怪谲的谐趣，让人开颜解颐。

答非所问也是一种歪打正着的方法。有时候，利用这种"答非所问"的方法也能造成新鲜的幽默效果。下面的一个对话就是对这种方法的一个典型应用。

> 一人问道："鱼为什么生活在水里？"
> 幽默者答："因为陆地上有猫。"

这种"答非所问"与"偷换概念"有相同点，但又有明显的不同之处。"偷换概念"重在"换"，需要有原来的东西和用来替换的东西两个因素，"偷换概念"在逻辑上是合理的；而"答非所问"重在站在一种新角度上回答，看似合理，其实是一种似是而非的歪解，仔细推敲就会发现其逻辑上也有不合理的地方。上面例子中，"鱼生活在水里"当然不可能是因为"陆地上有猫"，这样说虽然能够产生幽默的效果，但并不符合逻辑。

歪打正着法虽然不合逻辑，可是这种技巧除了能够产生幽默效果外，有时候还能起到正面的说服效果。

> 有一个人生了病，亲戚朋友都来探望他。病人很恐惧地问大家："我可能快死了，我很害怕，因为死后的日子肯定不好过。"
> 一个朋友连忙劝他："放心吧，死后的日子很惬意。"
> 病人听后大吃一惊，急忙问朋友为什么这么说。
> 朋友解释道："很简单，如果死后过得不好，死者自然都纷纷逃回阳间来了。现在看来，一个逃回来的都没有，可见那里不是过得很惬意吗？"

面对死亡，一般人都怀有一种恐惧感。上面例子中朋友对死亡的幽默解说虽然是一种不合逻辑的歪理，可是能起到安慰病人的作用，减轻病人对死亡的恐惧心理，使病人在剩余的日子里能够更好地享受活着的幸福。

硬套逻辑法

老王在平常是个"节俭"得有点过分的人，而且说话有些"绝对"。大家好言相劝总是解决不了问题，老王依然故我。那天到吃午饭时，老王又发表看法："瞧瞧，这一次性筷子扔掉多可惜，应该洗洗再接着用。"大家不同意这种做法，争了半天也没说服老王。偏巧经理这时也坐到桌上来吃饭，听说这个争论后便劝老王，一次性东西在完成其使用价值后确实应该丢弃，可老王倔强地认为：

"一次性东西就应该反复使用，这样才能节约资源。"

经理反问了一句：

"老王，照你的逻辑，你是否会把手纸洗一洗再用啊。"

大家都笑了。老王后来还真不那么过度"节俭"了。

我们的生活中，许多东西都是一是一，二是二，如果谁今天说的和昨天说的不同，那么这人无疑"很差"。孩子的脑海里也逐渐学到一些"逻辑"知识，只不过是生搬硬套某种看似合理的逻辑，难免闹出笑话。

大刘的儿子到姑姑房间里玩，回到大刘身边时拿着一小袋糖，说是姑姑给的。

大刘问："你说了'谢谢'没有？"

"啊，忘了。"儿子马上又跑到姑姑房里去道谢，回来以后对大刘说：

"其实我不用去谢姑姑。"

"为什么呢？"大刘问。

"姑姑说，'好孩子，不用谢'。"

上面这则幽默故事是天真的孩子在无意中"炮制"出来的。其实，成人也可有意炮制此类幽默故事。

牛津大学有一位叫作艾尔弗雷特的年轻人，有次在同学面前朗诵了一首新诗。同学查尔斯说："艾尔弗雷特朗诵的诗很美，不过，我好像在哪本书中见过。"

艾尔弗雷特听了很恼火，要求查尔斯公开道歉。

查尔斯在一周之后，真的在公开场合向艾尔弗雷特道了歉。他沉痛地说："我说的话，很少收回。不过这一次，我承认是我错了。我本来以为艾尔弗雷特是从我读的那本书上偷来的，但我在房里翻开那本书一看，发现那首诗仍然在那里。真的对不起！"

诗被抄袭，发表的原印刷物当然还在，查尔斯用偷东西的逻辑推理说明抄袭一事，创造了以上妙趣横生的幽默。

硬套逻辑的幽默法，在日常生活中也随处可见。

硬套逻辑的幽默手法运用最成功的便是相声大师侯宝林先生的相声名段《醉酒》。在这段相声里幽默效果达到最高峰的时候，便是这么一段对话。

甲：你说你没醉，来，你来这个。（从腰中掏出一物）

乙：什么？

甲：拿出一个手电筒来，往桌上一放，一按电门，不是出现一个光柱吗？

乙：是呀！

甲：你听这话醉了没有？"你说你没醉。来，你顺我这柱子爬上去！"

乙：啊？那能爬上去吗？

甲：另一个也不含糊呀："这算什么？你别来这套，这套我懂。我爬上去呀？我爬到半道儿，你一关电门我不掉下来呀?!"

"爬柱子"符合逻辑，爬光柱就是硬套逻辑；而更经典的是，柱子是能爬的，突然没有柱子就会掉下来，这也是正常的逻辑思维，但被醉鬼硬套成"爬光柱"已经爬到半道儿，电门关了，光柱没了，他掉下来了。这种幽默效果太经典了。

自相矛盾法

"矛盾"这个词大概是源于《韩非子》中那位卖矛和盾的生意人，表示事物之间的强烈冲突，有很强的喜剧色彩。现代生活中，我们常说的自相矛盾是指人物言行不一，言语前后冲突，行为相互抵触。

我们知道，一般人讲话不应该出现自相矛盾，这是逻辑思维得以顺利进行的起码条件；自相矛盾是智力低下的表现。正因为如此，有些逻辑上的自相矛盾，却可能产生幽默的趣味，而有时幽默的趣味性恰恰是从逻辑上不通的地方开始的。这是因为，这不通的逻辑作为一种结果引起了我们的震惊，推动我们去思考它产生的原因，而这原因往往是十分有趣味且有一定意义的。

一对新婚夫妇争吵，妻子终于忍不住哭了起来："我决定跟你吹了。我这就去收拾东西，离开这里回娘家去。"

"很好，亲爱的，车费在这里。"丈夫说。

妻子接过钱数起来，突然说："不够，我回来的路费怎么办？"

既然是宣告要吹，不言而喻的就是不再回来了，可是又问回来的路费怎么办，说明还想回来，二者自相矛盾的话语。自相矛盾对于表述一个理性的决定来说是失败的，对于表达夫妻间的微妙的情感来说却是十分成功的：不管口头上说得多么决绝，可是在内心深处还是不由自主地要回来。妙就妙在她虽不愿讲出来，但仍然由自相矛盾的话语泄露了出来。而且这并不是虚假的，而是很真诚的。如果矛盾而不真诚那就没有什么幽默可言了。

有时自相矛盾像是一种天真的错误，以真诚和不加掩饰为特点，而真诚的、不加掩饰的"错误"成为一种幽默的手段并加以利用时，就成为了一种艺术。

> 一个嗜赌如命的酒徒，他为了从赌场上赢回输掉的酒钱，熬更守夜，孤注一掷，最后连裤子也输掉了。这时候他醒悟过来了，发誓戒赌戒酒。
>
> 他用笔写上"坚决戒赌"四个字贴在床头，又将"誓死戒酒"四个字贴在床尾。一天，一位好朋友看到了床头这条诚示后，好奇地问："你真的要戒赌戒酒了？"
>
> "真的！"
>
> "我不信。"
>
> "不信？"赌徒瞪着一双通红的眼睛，大声说，"咱们赌三瓶二锅头！"

这里，用自相矛盾的方式展示了幽默的艺术，取得了鲜明、强烈的效果，让矛盾活了起来。矛盾若在不经意中产生，更为可笑和逗人。在运用自相矛盾的幽默技巧时，一定要沉住气，平稳自然，幽默效果更佳。

曲径通幽法

幽默之"幽"，在一定程度上暗示幽默宜"幽"（曲径通幽）一点。曲径通幽的幽默，特别适合用于那种主张自己的权利却又不愿与对方过于明显地对立时的交往场合。

在人际交往中，如果对你的朋友有什么非当场不说的批评，最好是以曲径通幽的幽默启示他领悟。

马云是中国当代最擅长拿自己长相"说事儿"的企业家。他的照片被刊登在美国《福布斯》杂志的封面，杂志对他这样描述："深凹的双腮，扭曲的头发，淘气的露齿笑，5英尺高，100磅的顽童模样。这位长相怪异的人有拿破仑一般的身材，同时也有拿破仑一样伟大的志向！"马云深知自己"丑陋"，不过他不从遮遮掩掩，干脆捅破天窗，主动引爆。2006年在首届中国"创业者论坛"上，马云自嘲说："首先，说我'瘦马'的有，说我'骏马'的很少，说我'俊'，说明你的眼光真的很不一样。"

马云在演讲时更喜欢频频抖料："我考高中失败两次，考大学复读了3年，参加过30多次面试，被拒绝了30多次。去肯德基应聘，24个人收下了23个，我是唯一一个被拒绝的。我去考警察，5个人招4个，我又是唯一一个被拒绝的。后来我向哈佛大学递交过10次入学申请，每次都毫无例外地被拒绝。"马云以"习惯了被拒绝"劝导年轻人。难怪听众点评说：有人天生丽质，马哥是天生励志。

清朝的石天成所编的《笑得好》中，有一个很有借鉴价值的故事《锯酒杯》。

一人赴宴，主人斟酒，每次只斟半杯。客人忽然问主人："尊府若有锯子，可否借我一用。"

主人问何用，客人指着酒杯说："此杯上半截既然盛不得酒，要它何用。锯去岂不更好？"

客人的建议耸人听闻，很明显是不可实现的，因而显得很幽默。但在可笑之余，相信主人一定也有所悟。这比他直白地去主张自己的意见要委婉得多，也易于被人接受，因为心理阻抗越小，人际间的摩擦越小。

此法用来表达愿望，能避免可能引起的尴尬。清朝出版的《新刊笑林广记》中有一个故事《一味足矣》，在表达某种不便明言的愿望时同样有参考价值。

> 一塾师开馆，东家因其初到，具一鹅款待。酒过三巡，塾师对东家说："今后打扰的日子还长，饮食务须从俭，否则我心中不安，"遂即指着盘中之鹅说："天天只要一只鹅就够了，其余的就免了。"

好像是在客气，劝东家不要过分款待，实际是提出了很高的要求。

> 一家人家请客，所有的人都有了筷子，就是疏忽了一个人，忘了给他筷子。如果这个人说一声，问题也就解决了，但是这样没有什么趣味，不能创造一种热闹的气氛。这位客人在大家举筷进食时，突然站起来向主人要清水一碗。主人问他要水何用，答曰："洗净了手指头好夹菜吃。"主宾相顾大笑，马上为其置筷子一双。

曲径通幽的幽默方法，并非真的将隐衷作直接的、现实的表达，而是通过片面的逻辑，作假定的、非实用的、不科学的表达。这种不伤和气的主张权利的方法在很多环境中都可应用，尤其值得一提的是在对方拥有某种"权力"或处于"主动"地位时。例如在大人和小孩之间，产生的此类幽默可以说效果就很显著。在处理人际关系比较复杂的局面时，我们不妨也学学"童言无忌"造成的幽默效果。请看下面的例子。

父亲："皮埃尔，今天不要上学了，昨天晚上你妈给你生了两个小弟弟。你给老师说一下就行了。"皮埃尔："爸爸，我对老师说只生了一个，另一个，我想留着下星期不想上学时再说。"

有个小男孩，有天放学后问他的妈妈："妈妈，我到底是从哪里来的？"妈妈觉得这个问题不好回答，但应该趁此机会教育小孩，就一本正经地以猫狗为例，支吾地谈及生殖的过程。儿子听完后，一头雾水地说："怎么会这样？我的同桌说他是从山西来的！"

童童问妈妈："为什么称蒋先生为'先人'？"妈妈说："因为'先人'是对死去的人的称呼。"童童说："那对去世的奶奶是不是要叫'鲜奶'？"

颠覆经典法

经典语句之所以称之为"经典"，是因为其已在人们心中具有相对崇高的地位，这种地位按常理是不容颠覆的。但幽默不管这些，幽默担当的是怎样有趣怎样玩的角色。面对颠覆经典，以造成强烈的情感落差而产生喜剧性的效果，幽默岂能轻易放过？

颠覆经典最成功的事例要数周星驰主演的电影《大话西游》了，在影片里，孙悟空成了一个风流倜傥的多情种，而唐僧却成了一个絮絮叨叨、婆婆妈妈的秃顶男人。

颠覆经典法就是利用众所周知的古代或现代的经典文章和词句作背景，然后故意做出歪曲的、荒谬的解释。因为经典最具庄严的意味，语言又多为人所共知，一旦小有歪曲，与原意的反差就十分强烈。

当前网上有一种"恶搞"作品可谓广泛流行，自 2005 年年底，网上流传的《一个馒头引发的血案》让新词语"恶搞"彰显出旺盛的语言活力，人们迅速接受"恶搞"一词，并开始大量使用这种幽默手段。

目前还没有对"恶搞"这个流行词汇的统一定义。也许要下一个准确而全面的定义还为时过早，但我们可以看到，"恶搞"带有某些极为鲜明的共同特征：用"乾坤大挪移"的手法颠覆经典与权威；以完全搞笑的形式对一本正经的主题进行近乎荒唐的解构；通过网络等新兴传媒进行传播和扩散；无厘头的个性批评大多迅速演化为参与广泛的大众娱乐活动。这种做法，实际上就是以颠覆"经典"的手段在网络上用各种形式讽刺部分人看中的"正统"。

"恶搞"应该是中性词，不能因为"恶"字，就认为"恶搞"是贬义词。这里的"恶"只是表示程度的形容词，表示"很夸张，超出常规"。有个类似的说法叫"恶补"，其中的"恶"就和"恶搞"中的"恶"意思差不多。

当前的恶搞大致可以分成两类：一类是无伤大雅的"恶搞"，作为生活中的润滑剂无可厚非；另一类则是颠覆传统篡改历史的恶搞。后一类貌似颠覆经典的幽默，但拿诸如红色经典来"恶搞"，就背离幽默的本质了。

恶搞的例子很多，凡是能上网的人都能看到。这种颠覆经典的幽默方法不仅很适合放在表演性的幽默中，如小品、相声等，一般也可直接用于人际交往或谈吐之间。如若能改变角度，结合其他方法，则可以使人与人之间交往增加谈吐的谐趣。至少可以用于针对自己，即用于自我调侃，如故作蠢言或故作大言时加以引用，以大智若愚的姿态出现，使对方与你之间缩短心理距离，增加分享谐趣的渠道。

颠覆经典需要一个前提条件，即听者要心领神会，并且至少要熟悉所颠覆的经典。同时，听众也能明白你是在故意颠覆。如果他不熟悉典故，把你的故意颠覆当作无意的错误，再来纠正你，那就必然导致幽默感的丧失；或者他当成正确的解释，那更是南辕北辙，了无生趣。

在西方有两句经典的格言："上帝支配众人的生命""杀他同类的人有罪"，这是家喻户晓的。有一个西方剧作家让他的人物说了这样一句话："只有上帝有权力杀他的同类。"由于西方人对原来的两句话有深刻的共识，因而很容易领悟到诙谐之趣。同样是这一句话，如果出自中国人之口，那就不一定会有什么幽默的效果。所以，中国人的相声，外国人很难听懂；外国人的脱口秀，没有很高的外语水平也是听不出其幽默之处究竟乐在何处。

此外，以颠覆经典之法喻人，既可产生亲切感，但也可导致轻浮感，其间分寸，应视具体环境与关系性质灵活掌握。运用之妙，存乎一心，只有在长期的实践中，才能深深体会，准确掌握。

难得糊涂法

莎士比亚在其著作《第十二夜》中，借主人公薇奥拉之口说出了这样一句话："因为他很聪明，才能装出糊涂人来。彻底成为糊涂人，要有足够的智慧。"

在一些特殊的场合，我们常常会碰到一些意想不到的事情，处理不好着实使人尴尬万分。遇到这类情况，想要化解难堪，不妨假装糊涂，幽默应变。

难得糊涂法的妙处在于真则假之，假则真之，正话反说，反话正说，先是迷惑对方，然后大家都能体面地从困窘中抽出身来。

智慧有时就隐藏在难得糊涂的幽默中。下面是俄国著名诗人普希金的一个装"糊涂"故事。

普希金年轻的时候经常参加贵族们在家里举办的沙龙，不过，那时候的他还不是很有名气。有一次，在彼得堡一个公爵家里举办的舞会上，他邀请一位年轻而漂亮的贵族小姐跳舞，这位小姐十分傲慢地说："我不喜欢和孩子一起跳舞。"普希金微笑着说："对不起，亲爱的小姐，我不知道你现在怀着孩子。"说完，就很有礼貌地鞠了一躬转身走了。

普希尔用假装糊涂的办法巧妙地回击了无礼的贵族小姐，使自己体面地下了台。类似上面这种突发情况下的假装糊涂，其实是一种高超的机智应变手段。

某年在《直通春晚》综艺版第三场展演播出时，嘉宾点评环节中，董卿在春晚给刘谦当"托儿"的事又被导演拿来调侃。

导演先是一语道出杂技演员的辛苦，随后，他笑着说："在董卿被全国网民质疑当托儿之前，杂技是每年春晚大家最期待的节目。"董卿听后哈哈大笑，接道："后来被魔术抢了风头。"

大智若愚的幽默不是简单的装傻，这里面其实蕴藏着大学问。只有才思敏捷、对生活具有深刻的体验和观察，并有一定文化素质的人，才能达到这种假憨却真聪明的幽默境界。

在第十四届青歌赛的流行组比赛当中，习惯了最后一个上场的一号选手却抽到第一个出场，心里紧张在所难免。

为了减轻压力，董卿安慰她说："第一个上场很难找到圆舞曲的感觉。但是对于有实力的选手来说，最后一个上场叫后发制人，第一个出场叫一马当先。希望你能有一个良好的开始，良好的开始就是成功的一半。"台下掌声雷动。

在人际交往中，有时故作糊涂有着很强的戏谑性。人们不会为一个人的聪明而发笑，也不会留意那些刻意耍弄的小聪明，但糊涂却是人们的聚焦点，不管是真的，还是假的，人们都乐于为之开怀。何况故作糊涂本是高度机智的产物，对方和自己都明白其中的"呆傻"的成分，双方心照不宣，又抵制不住其俏皮味的诱惑，笑得也就更加的快意和自然。

应当注意的是，故作糊涂背后所隐藏的真实意思，必须要让对方稍加思考后就能明白，即要让对方很容易明白你演出的"呆傻"是假的，是你故意运用它来制造幽默。不然，对方对你的"糊涂"百思不得其解，不仅领会不到你幽默的本意，反而会真的认为你是一个愚蠢的人而疏远你，这就背离了用幽默来社交的本意。

吹破牛皮法

为何天上牛在飞？因为地上人在吹。

为何人爱吹牛？因为吹牛不上税。

吹牛的笑话很多，你平时既可收集，也可以创作。美国有个吹牛者俱乐部，专以荒谬夸张吹牛为乐，可见这种幽默技法之实用。

荒谬的夸张几乎总能引起人们发笑，因为荒谬的夸张本身包含了不协调，从而产生强烈的幽默效果。

有时工作闲暇讲几个吹牛的幽默段子，就能调节紧张的情绪，这种幽默段子越是夸张离奇，越能达到娱乐的效果。

吹牛也要有点本事，想吹得好还得讲点艺术。这世上的吹牛，大体可分为两类：一类是能吹出幽默感来，让人觉得蛮有意思；一类是吹出了悲哀，不仅使人觉得没啥意思，还给社会带来极大的危害。

幽默需要的是让人觉得蛮有意思的"吹牛"。

《吹牛大王历险记》中有这样一个故事：吹牛大王在森林里打猎，遇上一头鹿，可悲的是手边没有子弹，只好把樱桃核发射出去，打在鹿的额头，鹿跑了。过几天在森林里遇到该鹿，它头上长出了一棵樱桃树。吹牛大王一枪把它放倒，饱餐了一顿烤鹿肉加一顿鲜樱桃。

另一个故事更加神妙：吹牛大王在森林里遇上了一只美丽的狐狸，就用最小号的枪弹去打也难免会伤损其皮毛。他射出了一根大针，把狐狸尾巴钉牢在树上，然后折了一根树条，狠揍了狐狸一顿。狐狸见打不过，只好将躯体从自己的嘴里跳出去跑了。吹牛大王毫不费力地得到了一张完美无缺的皮毛。

吹牛皮的幽默，妙就妙在将牛皮吹破。类似"吹牛大王"这样的吹牛，不仅谁也不会去追究，而且还爱听爱看，因为他给人以幽默的欢笑。但是，对另一类吹牛，我们就决不能采取一笑置之的态度了。这类"牛"吹得像模像样，却内藏不可告人的目的。这种吹牛其实是吹嘘，它与前者的区别是：前者吹是为了娱人，而后者吹是为了愚人。

语体移置法

将某一语体的表达移置为另一种完全不同的语体风格来表达，叫"语体移置"。柏格林认为，移置是运用幽默的一个重要方法，将某一思想的自然表达移置为另一语调，即可得到幽默效果。

例如，当红明星学者易中天在"品三国"的讲演里，就常常运用语体移置的幽默招数，令听众如痴如醉。他说："韩信是待业青年""当时的诺，相当于现在的 OK""朝廷派人去查吴王，也没有发现什么大规模杀伤性武器嘛""太子家令是个什么级别呢？大概算是一个中层干部"……甚至连网络新兴词汇也不放过："刘备对诸葛亮的好，好到让关羽和张飞觉得，就像老鼠爱大米。"外语也顺手拿来了："司马懿自己打马上前，大为惊诧，说牛鼻子老道搞什么搞？城门大开，他开 Party 啊。于是撤军。"

当年，黄宏和宋丹丹表演的小品《超生游击队》里，为超生的孩子取名为"少林寺""吐鲁番""海南岛""大兴安岭"……形象地对"游击"的范围、"超生"的地址作了绝妙生动的交代。

谈情说爱本是卿卿我我，但一旦充斥了专业词汇，便顿生趣意。

下面一段对话对此种方法的运用更是引人入胜。

男："我搜索到一条重要信息：你爱我，是吗？"

女："这条信息检索得真有价值，那你打算怎么处理！"

男："这对我来说太有用了！我……恨不得……恨不得全部 down（下载）下来……"

女："怎么 down 下来？"

男："将你的全部爱情粘贴到我的网站中！"

女："妈妈原来说由我自己做主的，就怕到时不给我落实政策。"

男："我们不需要父母的赞助！"

女："小声点！又不是做广告，要搞得人人皆知！"

男："不要紧，这是公园最安全地带，是恋爱的特区。"

上面的恋人把一些行业用语，移入恋爱情话中，调侃意味十分浓厚。

移置可以打破语体间的界限，实行"横向交流"，造成语体的互相倒位。因此，此法具有极大的幽默性，被大量运用于喜剧小品的表演中。

如相声《杂读〈空城计〉片断》：

甲："诸葛亮当中一坐，前边是满营将官，他对当前敌人的活动进行了一系列的宏观分析！"

乙："怎么分析的？"

甲："诸葛亮说：'根据我们侦察的情况，以司马懿为首的反动军队，自祁山一带向我方蠕动。从他们的行动来看，很可能进犯街亭，进一步占据西城，其目的是要把西城作为大规模侵略汉中的跳板。我们知道，西城不但是通往后方的交通干线，也是极为重要的战略要地，街亭又是西城的桥头堡。因此，我们必须主动出击，把进攻的敌人一网打尽。'"

这里，诸葛亮流利地使用现代语言，今词古用，悖反了言语交际规律，很有情趣。

总之，突然改变特定语言环境中的特定意义，"褒词贬用""贬词褒用""今词古用""古词今用""俗词雅用""雅词俗用"，可令自己的语言表达充满幽默的张力，增加情趣。

不过，使用语体移置时，一定要注意把握好"度"。别把幽默和开玩笑混淆，否则那就不是可笑了，而是伤人，听众可能会笑，但在他们心目中，你会让他们看不起。

　　某个旅游团游览完某个城市后，当地的导游小姐提前下车回家并向大家告别。游客们也纷纷向导游小姐道谢，有的说"再见"，有的说"bye bye"。但有两个小青年自认为有幽默细胞，说："导游姑娘，走好。"另一个添油加醋地说："一路走好。"从字面上看，这些话没错，但他们把追悼会上用于悼词、挽联一类的语体移置到与活人告别上来。倘若是很熟的人，权当开个玩笑，但对半生不熟的人这样做，就是玩笑开过了。所以，千万别让移置的语体伤了人。

第九章　赞美有方，俘获人心

赞美是最好的口德

赞美是一种美德。佛教里，弥勒菩萨和释迦牟尼佛本乃同时修行，释迦牟尼佛因为多修了一些赞美的语言，因此早于弥勒菩萨三十劫成佛。

　　有两位妈妈带着上幼儿园的儿子在小区的花园里玩耍，两位小朋友不小心起了争执，这时候 A 妈妈说："你看你儿子，都把我儿子弄伤了，你们是怎么教孩子的？不知道小孩子受伤是很严重的事情吗？"

　　B 妈妈的儿子也受了伤，听到别人对儿子的呵斥，她立马站出来维护儿子，把挨骂的话全部顶回去。

　　于是，两位妈妈谁都不肯服输，都觉得是对方儿子的错，而自家儿子是无辜的受害者。

　　争吵的结果导致双方都被气得泼妇骂街，甚至结下很深的梁子。

假如两位小朋友争吵的时候，A 妈妈的反应是这样的："你儿子教得真好，自己受了伤，还主动扶起我家儿子，真是个乐于助人的好孩子！"

那么，B 妈妈的反应肯定是笑逐颜开，然后会说："这是应该的，小孩子受点伤很正常，你家儿子也像个小男子汉，摔倒了也没哭。"

于是，双方轮番赞美了一下彼此的儿子，皆大欢喜。

别吝啬你的赞美之词，它才是交际之王！不要相信真的有不喜欢"奉承话"的人，而疏于对某人的赞美。

古时有一个说客，当众夸口说："小人虽不才，但极能奉承。平生有一愿，要将1000顶高帽子戴给我最先遇到的1000个人，现在已送出了999顶，只剩下最后一顶了。"一长者听后摇头说道："我偏不信，你那最后一顶不管用什么方法也戴不到我的头上。"说客一听，忙拱手道："先生说的极是，不才从南到北，闯了大半辈子，但像先生这样秉性刚直、不喜奉承的人，委实没有！"长者顿时手捋胡须，洋洋自得地说："你真算得上是了解我的人啊。"听了这话，那位说客立即哈哈大笑："恭喜恭喜，我这最后一顶帽子刚刚送给先生你了。"

这虽然只是一则虚构的笑话，但谁又能否定我们身边没有类似的长者呢？

威廉·詹姆斯说："人性中最深切的禀质，是被人赏识的渴望。"林肯也说："每一个人都喜欢别人的赞美。"

美国芝加哥发生过这样一个案例：有位丈夫掐死了他的妻子，原因是他对妻子畅谈白天所做的得意事时，发现妻子竟然睡着了。他感到异常恼怒，竟然失手就将妻子给掐死了。这说明人对被尊重被赏识的渴望是何等强烈。

所以，在我们每天所到之处，不妨多说几句肯定别人的话、赞美别人的话，播下一些友善的种子。看到朋友买了一件新衣，不要吝啬，称赞一下穿上去很合身、很精神、很漂亮或者很酷。也可以打听一下价钱，"遇货添钱"的传统赞美手法，永远都不会过时。

不要说别人身上没有值得赞美的地方。世上没有完美的好人，同样也没有万恶的坏人。只要你愿意，你总是能够在别人身上找到某些值得称道的东西，也总是可能发现某些需要指责的东西，这取决于你寻找的是什么。

一位心理学家曾成功地改变一位被认为不可救药的儿童，他的方法就是善于发现他值得赞美之处。

孩子的父亲说："这是我见过独一无二的孩子，简直没有一点可爱的品质，没有一点。"于是，心理学家开始从孩子身上寻找某些他能给予赞美的东西。结果他发现这孩子喜欢雕刻，并且工艺很巧妙，而在家里他曾因在家具上雕刻而受到惩罚。心理学家便为他买来雕刻工具，还告诉他如何使用这些工具，同时赞美他："你知道，你雕刻的东西比我所认识的任何一个儿童雕刻得都好。"不久，他又发现了这个孩子的几件值得被赞美的事情。一天，这个孩子使每一个人都大吃一惊：在没有什么人要求他的情况下，他把自己的房子清扫一新。当心理学家问他为什么这样做时，他说："我想你会喜欢。"

任何事物都有两面性，明白了这个道理，你就能从别人身上找到值得赞美的闪光点——

对热衷斗嘴的人，你可以称赞他："你说话很有逻辑。"

碰到喜欢啰唆的人，你可以称赞他："你很细心！"

面对敏感的人，你可以称赞他："你有艺术气质。"

对于顽固的人，你可以称赞他："你是一个有信念的人。"

请教式赞美的妙用

每个人都有"好为人师"的自大心理，所以，在许多时候以低姿态有针对性地去请教他人，以自己的普通甚至低劣来突显对方在某方面的高明或优势，可以起到赞美他人的作用。恰到好处地使用此种方式，既成功地赞美了别人，又能给人留下为人虚心好学的好印象。

有一位朋友，他认识许多学术界的泰斗，并常常得到他们的指点。问及他们之间的相识，也是缘于赞美运用得法。在每次拜访第一次见面的专家时，他先将这个人的专著或特长仔细研究一番，并写下自己的心得。见面之后，先赞扬其专著和其学术成果，并提出自己的想法。由于他谈的正是专家毕生致力于其中的领域，自然也就激起了专家的兴趣，并有了共同话题，谈话中，他又提出自己不理解的地方，请求专家指点，专家自然不吝赐教。这样一来一往，专家对他就有了良好的印象，后面再继续交往就容易多了。

此例中，朋友在有求于人时，巧妙地运用了请教式赞语。他所请教的，正是对方引以为豪，并最感兴趣的，自然能使对方高兴，使其心理得到满足，此时，他的问题也就不成为问题了。当然，这个例子只是生活中的一个方面，如果运用恰当，在生活的方方面面，都能行得通。

在现实生活中，人们常常因为这样或那样的原因与别人产生矛盾，引起争吵和纠纷。对于人际关系中始料不及的纠纷，如果不及时解决，容易使双方积怨加深，妨碍彼此正常的工作、生活，甚至会给别人带来不良影响。因此，巧妙地赞美他人能调解纠纷，化干戈为玉帛，避免不必要的损失，让人际关系变得和谐融洽。

1. 维护双方形象

不要对矛盾的双方进行批评指责，相反，分别赞美争执的双方，肯定他们各自的价值，可使他们感到再争执下去只会损害自己的形象，因而自觉放弃争吵。

星期天，小陈一家包饺子，婆婆擀饺子皮，小陈夫妻俩包。不一会儿，儿子从外面跑进来："我也要包。"

婆婆说："大刚乖，去洗了手再来。"

儿子没挪窝，在一旁蹭来蹭去。妻子大叫道："蹭什么！还不去洗手，看，弄得一身面粉，我看你今天要挨揍。"

"哇……"5岁的大刚竟哭起来。

"孩子还小，懂什么？这么凶，别吓着他！"婆婆心疼孙子了。

"都5岁了还不懂事，管孩子自有我的道理。护着他是害他！"

"谁护着他了，5岁的孩子能懂个啥，不能好好说吗？动不动就吓他！"

小陈一看，自己再不发话，"火"有越烧越旺之势，便说："再说，今天这饺子可就要咸了哟！平日里，街邻、朋友都说我有福气，羡慕我有一个热情好客、通情达理的母亲，夸奖我有一位事业心强、心直口快的妻子，看你们这样，别人会笑话的。大刚还不快去让奶奶帮你洗洗手，叫奶奶不要生气了。"又转向妻子："你看你，标准的'美女形象'，嘴噘得都能挂十只桶了。生气可会变丑呀！"妻子被他逗乐了。那边，母亲正在给孩子擦着身上的面粉，显然气也消了。

2. 唤起当事人的荣誉感

讲述吵架者可引为自豪的一面，唤起其内心的荣誉感，使其自觉放弃争吵。

在一辆公共汽车上，乘务员关车门时夹住了一位乘客，但自己还不认账，这时一青年打抱不平，对乘务员说："你是干什么吃的！不爱干，回家抱孩子去！"乘务员的"嘴"像刀子一样，两人吵了起来。这时，车上有位老工人挤了过去，拍拍青年的肩膀说："小丁，你当机修大王还不够，还想当个吵架大王吗？"青年说："师傅，我可不认识你呀！""我认识你，上次我去你们厂，你站在门口的光荣榜上欢迎我，那特大照片可神气呢！"小伙子一下红了脸。老工人说："以后可不要再吵架了，这不是解决问题的办法。"一场纠纷就这样平息了。

3. 恰当地"褒一方，贬一方"

人们在吵架的时候经常为了谁对谁错、谁好谁坏而争执不休。因此，劝架者不应对双方道德上的孰优孰劣作出判断，而是在二者个性、能力的差异上适当地"褒一方，贬一方"，使被褒的一方获得心理满足，并放弃争执，而又不伤害被贬的一方，使劝解成功。

小陈和小杨是某学校新来的年轻教师，小陈心细，考虑事情周到，小杨性情有些鲁莽，但业务能力较强。一次，两个年轻人发生了争执，小陈说不过小杨，感觉很委屈，跑到校长处诉苦。校长拍拍小陈的肩膀说："小陈啊，你脾气好，办事周到，这个大家都清楚，也都很欣赏，可是小杨天生是个暴脾气，牛脾气一上来什么都忘了，等脾气过去了就没事。你是一个细心人，懂得如何团结同事、搞好工作，你怎么能跟他那暴脾气一般见识呢？"一番话说得小陈的脸顿时红了起来。

4. 大事化小小事化了

化解争端的方法是，使一方或双方看淡争端，从而缓和情绪，平息风波。

一对新婚不久的夫妻因家庭小事闹矛盾，女方一气之下跑回娘家哭诉告状，说男方欺负她。哥哥听罢心想：妹妹结婚不久就遭妹夫欺负，日后还有好日子过？于是，气愤地扬言要去教训妹夫。这时，父亲对儿子说："教训他，别冲动！教训他就能解决问题吗？好了，你妹妹家里的小事，用不着你操心，还有我和你妈呢。你多管些自己的事去吧。"

待儿子息怒离开后，父亲又劝慰女儿说："别哭了，又不是什么大不了的事，都结婚出嫁了，还要小孩子脾气，多羞人。小夫妻哪有不吵架的，我当初和你妈就常吵闹呢。不过，夫妻吵架不记仇，夫妻吵架不过夜。你不要想得太多，日后凡事要大度些，不要像在娘家那样娇气任性。好，快点回你们小家去，不要让他到这里来找你回去，他是个不错的小伙子。家丑不可外扬，以后，丁点儿小矛盾不要动不动就往娘家跑。"

女儿点头止哭，像没事一样，回她的小家去了。

夫妻吵架本是平常的事，而当事人本身却认为事情很严重。因此，父亲在劝慰女儿的过程中，始终强调夫妻闹别扭只是"丁点儿"小事情，促使女儿把争端看得淡一点。女儿在冷静思考之后，认同了父亲的看法，思想疏通了，气也自然消了。

借第三者之口赞美

每个人都喜欢被赞美，所以很多人都利用这一点去换得他人的好感。但是老是当面赞美别人，即便语言再动听，听多了也是会麻木的。其实还有一种赞美别人的方式，那就是通过第三人之口去赞美一个人，这是促使你与那个人关系融洽的好方法。

比如，若当着面直接对对方说"你看来还那么年轻"之类的话，不免有恭维、奉承之嫌。如果换个方法来说："你真是漂亮，难怪某某一直说你看上去总是那么年轻！"可想而知，对方必然会很高兴，而且没有阿谀之嫌。因为在一般人的观念中，总认为"第三者"所说的话是比较公正的、实在的。因此，以"第三者"的口吻来赞美，更能得到对方的好感和信任。

再举个例子，男友发了工资给女友买了个限量版包包，若是从女友口中得到的反馈是："你知道吗？同事们看到你给我买的包包都羡慕死了，直夸你对我好，还说我喂他们一嘴狗粮，哈哈！"那么，得到了女友跟女友同事双重肯定的男友一定会受到鼓舞："难得你这么喜欢，下次我给你买个更好的。"

相反，如果你总认为男友是个抠门的人，当他送新包给你时，你反而翻起旧账："几百年不送我东西，好不容易送个包包，还不是名牌的，有什么好嘚瑟的。"换位思考一下，谁还愿意下次再给你送东西呢？男友如果感受不到肯定跟赞美，对你也不可能大方得起来。

1997 年，金庸与日本文化名人池田大作展开一次对话，对话的内容后来辑录成书出版。在对话刚开始时，金庸表示了谦虚的态度，说："我虽然与会长（指池田）对话过的世界知名人士不是同一个水平，但我很高兴尽我所能与会长对话。"池田大作听罢赶紧说："您太谦虚了。您的谦虚让我深感先生的'大人之风'。在您的 72 年的人生中，这种'大人之风'是一以贯之的，您的每一个脚印都值得我们铭记和追念。"池田说着请金庸用茶，然后又接着说："正如大家所说'有中国人之处，必有金庸之作'，先生享有如此盛名，足见您当之无愧是中国文学的巨匠，是处于亚洲巅峰的文豪。而且您又是世界'繁荣与和平'的香港舆论界的旗手，正是名副其实的'笔的战士'。《左传》有云：'太上有立德，其次有立功，其次有立言，是之谓三不朽。'在我看来，只有先生您所构建过的众多精神之价值才是真正属于'不朽'的。"在这里池田大作主要采用了"借用他人之口予以评价"的赞美方式，无论是"有中国人之处，必有金庸之作"，还是"笔的战士""太上……三不朽"等，都是舆论界或经典著作中的言论，借助这些言论来赞美金庸，显然既不失公允，又能恰到好处地给对方以赞美。

在人际交往中，我们要善于借用他人的言论来赞美对方。这种方式，不仅让人觉得很自然，而且更能达到效果。一般说来，人受到不熟悉的第三者的赞美时比受到自己身边的人的夸奖更为兴奋。

假借别人之口来赞美他人，可以避免因直接赞美而导致的吹捧之嫌，还可以让对方感觉到他所拥有的赞美者为数众多，从而在心理上获得极大的满足。虽然每个人都爱听赞美的话语，但并非任何赞美之语都能使人感到愉悦。因此，在赞美一个人的时候，既要做到实事求是，又要运用一定的策略性手段。别出心裁地赞美，往往能产生神奇的效果，甚至意外的收获。

背后的赞美有奇效

我们都知道，在背后说一个人的坏话是会传到当事人的耳朵里，但是却很少有人想过，在背后赞美一个人也是会传到对方耳朵里的。通常，我们为了讨好别人，朋友、同事或者上司，总是拼命地想尽办法想说出些打动他们的话，但是很多时候却没得到什么效果。殊不知，在背后的赞美往往会有奇效。

有一家公司的经理，是一个很有才能的人，但是脾气比较古怪。由于经理对公司的经营有方，使得公司赢利丰厚。所以，经理难免心里飘飘然，希望多听到下属对自己的称赞和恭维。

刚开始，每当经理谈成一笔生意的时候，下属们都交口称赞，经理也很得意，心花怒放。可是时间久了，经理感觉这样的赞美太单一，也觉得这样的称赞缺乏诚意，有些索然无味了。就算有人当着他的面，把他夸上了天，他也显露不出一丝的满意。因此，当着经理的面，大家都不知道该赞美好呢，还是默不作声好。

有一次，经理又成功地谈成了一笔大生意，非常开心地和下属们开庆祝会。公司里新来的小彭一直都很景仰经理，这次更感觉经理是商业上的天才，因此，忍不住向身边的同事赞美起了经理，并表示能跟着这样的经理做事，真是受益匪浅，还说要以经理为榜样。

后来，经理从别人的口中听到了小彭对自己的夸赞，心里十分开心，他满意地对大家说："像小彭这样工作努力又谦虚的员工，才是我们公司要培养的目标啊。"

很快，小彭就受到了经理的重用，职场生涯也因此平步青云。

所以，如果你要赞美一个人时，背后说的效果往往比当面说的效果不知道要好多少。因为，当面夸赞一个人，别人也许会以为你是在讨好他，可能不会放在心上。而背后赞美一个人，往往让别人觉得你特别真诚，他也会打心底高兴，对你也会产生好感。换个角度想，如果有人告诉你，某某在背后说了你很多好话，你是不是也会特别高兴呢？所以，这样的方式对每个人都是受用的。

《红楼梦》中有这么一段：

史湘云、薛宝钗劝贾宝玉做官为宦，贾宝玉大为反感，对着史湘云和宝钗赞美林黛玉说："林姑娘从来不说这些混账话！要是她也说这些混账话，我早和她生分了。"

凑巧这时黛玉正来到窗外，无意中听见贾宝玉说自己的好话，"不觉又惊又喜，又悲又叹"。结果宝黛两人互诉肺腑，感情大增。

因为在林黛玉看来，宝玉在湘云、宝钗、自己三人中只赞美自己，而且不知道自己会听到，这种好话不但是难得的，还是无意的。倘若宝玉当着黛玉的面说这番话，好猜疑、小性子的林黛玉怕还会说宝玉打趣她或想讨好她。

在日常生活中，如果我们想赞扬一个人，不便对他当面说出或没有机会向他说出时，可以在他的朋友或同事面前，适时地赞扬一番。

据国外心理学家调查，背后赞美的作用绝不比当面赞扬差。此外，若直接赞美的度不足会使对方感到不满足、不过瘾，甚至不服气，过了头又会变成恭维，而用背后赞美的方法则可避免这些问题。因此，有时不适合当面赞扬时，不妨通过第三者间接赞美，这样的效果可能会更好。

每个人都认为"天生我材必有用"，工作中的每一点成绩都会使自己有一种自豪感。所以，在工作中恰到好处地赞美合作者所付出的才智、汗水、努力和作用，会使对方感到自己在工作中的价值，获得心理上的满足，使合作双方的关系更融洽。

人见人爱的 5 种赞美法

在生活中每个人都少不了要对他人进行赞美，因此，一定要掌握赞美他人的方法。只要你掌握了以下几个赞美的方法，赞美对你来说便不再是件难事。

1. 直言夸奖法

夸奖是赞美的同义词。直言表白自己对他人的羡慕，这是人们用得最多的方法。老朋友见面说："啊！你今天精神真好啊！"年轻的妻子边帮丈夫打领带边说："你今天看上去气色好多了。"一句平常的体贴话，一句出自内心的由衷赞美，会让人一天精神愉悦，信心倍增。

2. 肯定赞美法

人人都有渴望赞美的心理需求，在特定的场合更是如此。例如，在报上发表了文章，成功地完成了论文，苦心钻研多年的项目通过了鉴定等，对这些成就，人们都希望得到别人的肯定。这时，不失时机给予真诚的赞美会使被赞美者高兴万分。

> 大家都知道张海迪的故事，她曾应日本友人之邀，赴日本参加特意为她举行的演讲音乐会。在台上，她第一次用自学的日语做了自我介绍，并唱了几首她自己创作的歌。讲完之后，她是多么希望得到别人的赞许、鼓励和褒扬啊！这时，日本著名作家和翻译家秋山先生，上台来紧紧地抱住她，说："讲得太好了，我们全都听懂了！"这简短的赞扬深深地打动了她，使她对自己有了一个清楚的认识，增强了自信心。

3. 意外赞美法

出乎意料的赞美，会令人惊喜。因为赞美的内容出乎对方意料，会大大引起对方的好感。卡耐基在《人性的弱点》一书中讲述了一个他曾经历过的故事。

> 一天，卡耐基去邮局寄挂号信，办事员的服务态度很差，很不耐烦。当卡耐基把信件递给他称重时，说："真希望我也有你这样美丽的头发。"闻听此言，办事员惊讶地看了看卡耐基，接着脸上露出微笑，服务变得热情多了。

4. 反向赞美法

指责与挑剔，每个人都难以接受。把指责变成赞美是难以想象的，能真正做到更是不易。但世界著名企业家洛克菲勒做到了。

> 洛克菲勒是一位极具吸引力的企业家，使许多有才能的人团结在他周围。一次，公司职员艾德华·贝佛处置工作失当，在南非做错一宗买卖，损失了100万美元。洛克菲勒知道后没有指责贝佛，他认为事情已经发生了，指责又有何用，于是找了些他可以称赞的事，恭贺贝佛幸而保全了他所投金额的60%。贝佛感动万分，从此更努力地为公司效力。

5. 目标赞美法

赞美别人时，为他树立一个目标，往往能让他坚定信念，为这一目标而奋斗。

足球教练文斯·伦巴迪是一位富有传奇色彩的人物。在训练队伍时，他发现一个叫杰里·克雷默的小伙子思维敏捷，球路较多，他非常看好这个小伙子。一天，他轻轻地拍了拍杰里·克雷默的肩膀说："有一天，你会成为国家足球队的最佳后卫。"克雷默后来真的成了足球队主力。他后来回忆说："伦巴迪鼓励我的那句话对我的一生产生了巨大影响。"

生活中，人们对那些喜欢说奉承话的人总是投之以鄙夷的目光。其实，说奉承话无非是对他人的一种恭维，换句话说，也是对他人的一种赞美。在人与人的关系之中，说奉承话自有其独特的"历史地位"。

说奉承话只是生存的一种手段，是为了达到目的的一种谋略，是搞好人际关系的一种技巧。

如果你有满腹经纶，而又怀才不遇，可是你又不肯或者不晓得如何说奉承话，那么，你可能就会永无出头之日，即便"伯乐"也难以发现你这匹千里马。

> 晋武帝登基时，测字摸到个"一"字，很不高兴，有点太小了。侍中裴楷进言道："陛下，这个'一'摸得好，是大吉兆。因为天得一则清，地得一则宁，君王得一则天下忠。"说得晋武帝转忧为喜。而这个侍中裴楷也在新皇帝心里留下了好印象。

不管怎样，人总是喜欢别人奉承的。有时，即使明知对方讲的是奉承话，心中还是免不了会沾沾自喜。这是人性的弱点。换句话说，一个人受到别人的夸赞，绝不会觉得厌恶，除非对方说得太离谱了。

第十章　赞美有料，回味无穷

善于寻找可赞美之处

人际关系顺畅是事业成功最关键的因素，而赞美别人是处世交际最关键的课程。如果你懂得如何赞美别人，再加上你的聪明，脚踏实地的精神，就等于事业成功了一半。从很大意义上讲，学会称赞他人是事业成功的阶梯，不会赞美，就会处处触礁。

一句称赞的话，犹如一泓清泉，透彻、晶莹、沁人心脾，流泻之处充满了温馨与滋润。它不仅吹散了人与人之间冷漠的雾霾，而且让友谊得以加深，让工作一帆风顺，让交际更为顺畅。

因而，无论是熟人，还是陌生人，只要你善于寻找，对他人身上可以加以赞美的地方进行赞美，就能够打开对方的话匣子，并使他愿意与你交谈。

> 小梁坐火车回家，对面坐了一位漂亮的姑娘，可是姑娘待人特别冷淡，对什么事都爱理不理的。车行七八个小时，他们之间很少讲话，车厢里沉闷得让人透不过气来。小梁正打算睡觉，一下子瞥见她手上戴着一只特别别致的手镯，就顺口说了句："你的手镯很少见，非常别致，市面上好像看不到。"
>
> 没想到她眼睛一亮，微笑着向小梁介绍这只镯子的来历。然后，她又给小梁讲她外婆的故事、她家乡的故事。小梁也打消了睡意，和她聊得津津有味，等到天亮火车到

站的时候，他俩都为此趟旅程的相遇感到十分开心。

赞美是一种重要的交际手段，它能在瞬间沟通人与人之间的感情。任何人都希望被赞美，威廉·詹姆斯就说过："人性深处最大的欲望，莫过于受到外界的认可与赞扬。"

在赞扬过程中，双方的感情和友谊会在不知不觉中得到增进，而且会调动交往合作的积极性。因此，赞美是一件好事，但若不会称赞他人，说话口无遮拦，犯了忌讳，那么，好事也会变成坏事，这也正是"一句话把人说笑，一句话把人说跳"的差别。

刘经理和赵经理很要好，志趣相投，相互嬉笑怒骂无话不说，甚至对方的忌讳也是酒后茶余的谈资。

在一次宴会上，刘经理有点儿喝多了，为了表达对赵经理曲折经历和能力的敬佩，他举起酒杯说："我提议大家共同为赵经理的成功干杯！总结赵经理的曲折历程，我得出一个结论：凡是成大事的人，必须具备三证！"

刘经理提了提嗓门说道："第一是大学毕业证；第二是职称资格证；第三是离婚证！"

"离婚证"的话音刚落，众人哗然，原本是赞美之中的玩笑话，但此时此刻极不适合提及。赵经理硬撑着喝下了那杯苦涩的酒。这"三证"中的最后一证无疑是赵经理的忌讳，他不想让更多的人知道，也不想让人们议论，但刘经理与他太好、太熟、太没有界限了。

这个例子告诉我们，在称赞与自己关系很好的人时，如果是当着其他人的面，千万不要冒犯他人的忌讳。毕竟每个人都有个人隐私，请尊重朋友的忌讳。

公式化的套语有时也会冲撞别人的忌讳。

一位小伙子到同学家去玩。见到同学的哥哥后就来了一句公式套语说："大哥你好，见到你真高兴！久闻你的大名，如雷贯耳，百闻不如一见！"

没料到对方的脸一下子变红了。原来，他同学的哥哥因偷窃刚被劳教改造出来，这个小伙子不明情况就"久闻大名"地恭维了一番，不料，揭了对方的伤疤。

赞美是一种走进心灵的语言艺术。要想达到一定的水平，不免要途经一些遍布暗礁的险滩；要想走上"赞美"的彼岸，就不可让赞美的语言信马由缰，而要在赞美之词中把握一种平衡，找准方向，然后才能步履轻松、稳健妥帖靠上"赞美"之岸。否则，将使你处处触礁，落得个赞美不成反遭其害的结局。

要建立良好的人际关系，恰当地赞美别人是必不可少的。事实上，每个人都希望自己能受到别人的赞美，并且得到他人的赏识，但是，由于人与人之间相互交谈的时间并不是很多，而且不善于赞美他人值得赞美的地方。这一点着实令人感到奇怪，其实，赞美他人是非常容易的事情，不需要你付出任何代价，而赞美别人后自己得到的报偿却是多方面的。

好名声来自人们的赞美，所以人人都喜欢被赞美。美国著名社会活动家曾推出一条原则"给人一个好名声"，让人们达到它，因为人们为了获得赞美会拼尽全力做出惊人的好成绩。只要你善于赞美他人值得赞美的地方，你的赞美是不会被拒绝的。

如果你能以诚挚的敬意和真心实意的赞扬满足一个人的自我，那么，任何人都可能会变得更通情达理、更乐于合作。正如马克思所讲："历史承认那些为共同目标劳动因而自己变得高尚的人是伟大人物；经验证明那些为大多数人带来幸福的人是最幸福的人。"

美国一位学者这样提醒人们："努力去发现你能对别人加以夸奖的极小事情，寻找你与之交往人的优点——那些你能够赞美的地方，要形成一种每天至少 5 次真诚地赞美别人的习惯，这样，你与别人的关系将会变得更加和睦。"

赞美要有新意

网络女作家彭萦曾经在一篇文章里谈到过自己对赞美的看法，她说曾经听到过的最好一句赞美是——"你的智商和性格让我越来越惊讶，这甚至影响了我对中国女生的看法，怎么可能在这个年龄就有这种迷人的气质！"她说她当初还只是一张白纸，第一次听到这样的赞美，受宠若惊，心想自己怎么能有那么好！很久以来，她一直把这句话放在心里。

同样一句赞美的话，一个人听第一遍可能会觉得开心，听第二遍就没有那么强烈的感觉了，听十遍之后肯定会觉得腻味。

为人处世时，不要以为一味地赞美就能赢得他人的心。因为陈词滥调或者不着边际的赞美只会惹人生厌，赞美的直接目的是让对方高兴，如果你不想让对方出现审美疲劳的话，赞美的话一定要有新意，切忌老调重弹。

有这么一个故事。

> 一位将军听说有人称赞他漂亮的胡须，非常高兴。因为之前，几乎所有人都会称赞他的英勇善战及富于谋略的军事才干。作为一个军人，不论在这方面怎样赞美他，他都很少会产生自豪感。而赞美他胡须的那个人，他的聪明之处在于，在他的赞美词中增加了新的条目，使他的赞美让人耳目一鲜。

由此可见，有新意的赞美是多么重要。

有新意的赞美之所以让人印象深刻，是因为它能反映出赞美者较高的情商，以及他对被赞美者的深入了解和独具匠心的观察。因此，在赞美别人的时候，要花一些心思，多添加一些新鲜的元素，这样会提升赞美的效果。

1. 配合一个小礼物进行赞美

一次，王经理过生日的时候，收到下属的一件礼物，是一条领带。这个礼物选得有品位，又不夸张。更有意思的是，下属还对王经理说了这样一句话："谢谢您一直以来的信任，希望您继续领着我、带着我，一起成长和进步。"

哪个领导会拒绝这样送来的"领带"呢？可以看得出来，这位下属不只是嘴上说说而已，私下也是用了心的。所以说，如此的赞美，自然难以让人拒绝。

2. 适当赞扬他人的缺点

赞扬缺点？那不是反讽或是挖苦对方吗？当然不是，这要看你的情商与话术了。对于优秀的人来说，被他人赞扬是很常有的事，所以如果你仍然赞扬对方的优点，很难给对方造成深刻印象，这时，可以从他的缺点入手进行赞美。比如，一位身材很好的女生，皮肤稍黑，你再说她身材好，很难能给她留下深刻的印象，因为有太多的人说过她身材好。那你可以说："你的肤色看上去非常健康，一看你就经常运动。"

当然，赞扬他人的缺点也有相当的风险，操作起来难度较大，很容易让对方觉得你是在"讽刺"他。所以，使用这种方法时一定要考虑双方的关系、说话的场合等。

3. 利用第三者进行赞美

如果你跟对方有不少的共同朋友，则非常适合使用这个方法。比如：

"小何曾跟我讲过，他觉得你做事很靠谱，很实在。"

"说实话，无论是长辈，还是我的一些朋友，当他们谈及你的时候，都对你赞赏有加。"

接着，你感受下面的俩说法，哪种更好一点。

"你读书真的很用功。"

"张老师跟我说过，你读书真的很用心。"

我们有时潜意识认为，眼前和我聊天的这个人，可能会因为利益而讨好我、说好话。而转述第三者的赞美就不一样了，让人感觉更加真实，不做作。

这里需要注意的是，你在赞美对方时提到的"第三者"最好是对方比较信赖或是看重的人。有时，我们说对方如何如何，对方不一定会相信，当你通过第三者之口赞美时，可信度会提高。

4. 公开场合进行赞美

很多时候，在公开场合赞美要比私下赞美更有说服力。比如，你和老王一起跟领导汇报工作，你说："李总，我们小组这次项目之所以能够顺利地完成，很大程度也是因为有老王的帮助。他给我们提供了非常详细的数据，讲解时也很有耐心，真的很不错……"这时的老王定会向你投来感激的目光。公开赞美不仅表示出了你的诚意，也让其他人对他有更多正面的了解。你既表示出了自己真诚的品质，也提高了他在圈子内的名声，对方有什么理由不喜欢你呢？

5. 加一点善意的谎言

当一个人身上不具备某些优势时，适当的赞美也可以让其信心倍增。出于这样的善意，高情商的人在赞美别人的时候，也会补充一点善意的谎言。

鼎鼎大名的音乐家勃拉姆斯是农民的儿子，因家境贫寒，从小没有接受过良好的教育，更别说接受系统的音乐训练了。因此勃拉姆斯很自卑，音乐变成了他遥不可及的梦想。

一次勃拉姆斯认识了一位音乐家舒曼，并受到舒曼的邀请去做客。勃拉姆斯坐在钢琴前弹奏起自己以前创作的一首C大调钢琴鸣奏曲，弹奏得有些不顺畅，舒曼则在一旁认真地听。一曲结束后，舒曼热情地张开怀抱，高兴地对勃拉姆斯说:"你真是个天才呀!年轻人,天才……"

勃拉姆斯有些惊讶地说:"天才?您是在说我吗?"他简直不敢相信自己的耳朵,因为从来没有人这样夸奖过他,从此,勃拉姆斯消除了自卑感,并拜舒曼为师学习音乐,改写了自己的一生。

其实,勃拉姆斯的演奏水平还没有那么高,但是舒曼却用善意的谎言为他坚定了信心,使他变成了一个有激情、有自信的人。所以,用善意的谎言赞美对方,可以增强对方的信心和勇气。

喜新厌旧是人们普遍具有的心理,所以赞美他人时要尽可能地有些新意。陈词滥调的赞美,会让人觉得索然无味,而新颖独特的赞美,则会令人回味无穷。

瞄准优点加以赞美

恰当地赞美别人,可以使对方获得极大的心理满足,在此基础上安慰对方、鼓励对方或是规劝对方、要求对方,都能够取得良好的效果。可以说,掌握了恰到好处赞美别人的技巧,是一个人交际能力趋于成熟的标志。那么,该怎样恰到好处地赞美别人呢?

摄影师在为一位女明星拍艺术照,女明星对着镜头貌似有点紧张。摄影师在拍照前几秒钟的时候,对她说:"小姐,你的耳朵真是太美了,我从来没有看到过这么漂亮的耳朵。"女明星平时被人夸的地方实在太多了,早已习惯了各种赞美。但此刻,她还是第一次听到有人赞美她的耳朵,这让她有点喜出望外,她顺手含羞地摸了摸自己的耳朵。当她很自然地把手放下时,摄影师的快门也正好按了下去。

摄像师在关键时刻赞美别人忽视的地方,这一招确实很厉害,取得了"巧言至诚"的奇佳效果。

有些人到别人家去做客、办事，总是一进门就夸奖人家的孩子。这一招常常为愉快做客和顺利办事开了个好头。因为孩子都是父母最得意的"作品"，赞美孩子，要比赞美他们本人更能讨得其欢心。这是因为人性中有一个共同的特点，那就是喜欢别人赞美自己最得意最看重的人和事。

只有赞美别人最看重的人和事才能收到最好的效果。俗话说"萝卜青菜，各有所爱"，人与人不同，看重的人和事自然也大相径庭，这就要求我们在赞美别人之前，首先做到"知彼"，了解对方的兴趣、爱好、性格、职业、经历等背景状况，抓住其最重视、最引以为自豪的人和事，将其放到突出的位置加以赞美，这样才能够最大限度地满足对方的心理需要，从而达到自己的目的。

> 在行营里，一次，曾国藩用完晚饭后与几位幕僚闲谈，评论当今英雄。他说："彭玉麟、李鸿章都是大才，为我所不及。我可自许者，只是生平不好谀耳。"一个幕僚说："各有所长：彭公威猛，人不敢欺；李公精敏，人不能欺。"说到这里，他说不下去了。曾国藩问："你们以为我怎样？"众人皆低首沉思。忽然走出一个管抄写的后生来，插话道："曾帅仁德，人不忍欺。"众人听了齐拍手。曾国藩十分得意地说："不敢当，不敢当。"后生告退而去。曾国藩问："此是何人？"幕僚告诉他："此人是扬州人，入过学（秀才），家贫，办事还谨慎。"曾国藩听完后就说："此人有大才，不可埋没。"不久，曾国藩升任两江总督，就派这位后生去扬州任盐运使。

在这个故事里，曾国藩的幕僚想赞美曾国藩，但苦于"威猛""精敏"之语都已让别人先说了，因而想不出赞美他的词句。而管抄写的后生从曾国藩说过的"生平不好谀耳"中推断出他特别看重"仁德"的性格特征，于是投其所好，在这一点上加以赞美，果然让曾国藩感到舒服，并由此得到了他的赏识。可见，只要赞美得恰到好处，其效果往往是超乎预期的。

人人都有自己的长处，即使最普通最平凡的人也有"闪光点"，关键在于你是否能够"沙里淘金""慧眼识珠"。有些人常常苦于对方没有优点，不知该赞美什么，这正说明了其缺乏发掘闪光点的能力。其不足之处在于，赞美者总是以老眼光看人，而不懂得变换视角去发掘、体察这些闪光之处，并对此大做文章。一个赞美别人的人如果不能够做到这一点，就不足以说明他是一个善于赞美的高手。

春节期间，小王住在乡下的大伯带着5岁的小孙子健健到小王家住了几天。健健性格内向，见人不爱说话，时时刻刻跟在他爷爷身边。特别是和小王的女儿玲玲在一起时，一个显得聪明伶俐，一个显得呆头呆脑，弄得大伯很没面子，骂健健"三脚踢不出一个屁来"。这天晚饭过后，小王和大伯边聊天边看电视，突然听到客厅里传来玲玲的哭声。两人赶快跑出去看，这才搞明白，原来健健不小心从楼梯上跌了下来，膝盖摔破了，健健忍着没哭，倒把在一旁的玲玲吓哭了。大伯见健健惹了祸，上来就骂他没出息、不争气，搞得健健也大哭起来。小王见状赶紧劝导大伯，一边劝一边扶起健健，帮他察看伤口。当看到伤口处出现一片血红时，小王拍着健健的肩膀啧啧称赞，说："农村的孩子就是生得结实，经得起摔打，跌得这么重也不哭，连句疼也不喊。这孩子将来肯定有出息，到了社会上能闯荡。你再看我这城市里的女儿，一根毫毛没动，光吓就给吓哭了。"一席话说得大伯心里舒服了许多，赶紧心疼地搂过健健，又是上药又是安慰地忙了起来。

在这个故事里，与乡下大伯相比，小王就是一个善于发掘闪光点的赞美高手。他借助一次跌跤事件对两个孩子重新作出评价，从

"身体"和"意志"的角度对健健表示由衷的赞叹，使大伯透过表面现象看到了自己孙子的可贵之处，不但心里舒服了，更重要的是燃起了对孩子的希望。

真情需要赞美，而细微之中更容易显现真情，所以，有经验的人常常抓住对方在某方面的行为细节，巧妙赞美和感谢，这样很容易博得对方的好感。其实对方之所以在细节上投入那么多的心思与精力，一方面说明对方对此有特别的重视或偏爱，另一方面也说明对方渴望自己的努力能够得到别人的关注与赏识，能够得到应有的报偿与肯定。因此，我们在交际中应善于发现细微处的用意，不失时机地以赞美和感谢来回报对方的良苦用心，这不但会带给对方巨大的心理满足，而且会加深彼此间情感和心灵的沟通。

寓鼓励于赞美之中

不是任何赞美都会产生正面效应，任何事情都要有个"度"。对学生、下属、晚辈等表示赞美，如过分使用溢美之词则可能会助长对方骄傲、自满、浮躁的情绪，不利于对方学习、工作、做人等方面的进一步发展。如一位母亲赞美孩子："你是一个好孩子，你这种刻苦的精神让我很感动。"这种话就很有分寸，不会使孩子骄傲。但如果这位母亲说："你真是一个天才，在我看到的小孩中，没有一个人赶得上你的。"这样就会使孩子骄傲，把孩子引入歧途。

这就要求我们在赞美时应当依照赞美的对象而把握好分寸，适可而止。少一些华丽的不切实际的溢美之词，多一些实实在在的引导、肯定和鼓励，既满足对方自我价值实现的心理，又令其感受到肩上的责任和期冀，从而更加努力上进。

　　丰子恺考入浙江第一师范大学后，李叔同教他绘画课。在教写生课时，李叔同先给大家示范，画好后，把画贴在黑板上，多数学生都照着黑板上的示范画临摹起来，只有丰子恺和少数几个同学依照李叔同的做法直接依照石膏上写生。李叔同注意到了丰子恺。一次，李叔同以和气的口吻对丰子恺说："你的画进步很快，我在南京和杭州两处教课，没有见过像你这样进步快速的学生。你以后，可以……"李叔同没有紧接着说下去，观察了一下丰子恺的反应。此时，丰子恺不只为老师的赞扬感到欢欣鼓舞，更意识到在老师没有说出的话当中包含着对他前程的殷切希望。于是，丰子恺说："谢谢！谢谢先生！我一定不辜负先生的期望！"李叔同对丰子恺的赞扬，激励他走上了艺术道路。丰子恺后来说："当晚李先生的几句话，确定了我的一生……这一晚，是我一生中的一个重要关口，因为从这晚起，我打定主意，专门学画，把一生奉献给艺术，几十年来一直没有变。"

　　将鼓励寓于赞美之中时，一定要注意赞美须具体、深入、细致。

　　抽象的东西往往很难确定它的范围，难以给人留下深刻印象；而美的东西应该是感受得到的，很具体的。如果要称赞某人是个好推销员，可以说："老王有一点非常难得，就是无论给他多少货，只要他肯接，就绝不会卖不出去。"所谓深入、细致就是在赞美别人的时候，要挖掘对方不太显著的、处在萌芽状态的优点。因为这样更能发掘对方的潜质，增加对方的价值感，赞美所起的作用更大。

　　譬如说，有人送你一只花瓶，你说一句感谢话自然是必需的。但称谢的同时，再加以对花瓶的称赞，赠送者一定会更高兴。"这花瓶的式样很好，摆在我的书桌上是再合适不过了。"称赞中隐喻对方的选择得宜，他听了一定很高兴，说不定他下次还有另外一件东西送给你呢！

　　"好极了，这张唱片我早就想买了，想不到你送来了。"如果真是你渴望了许久的东西，你应该立即告诉送给你这件礼物的人。

"对我来说这收音机再合适不过了，以后每天我们都可以有一个愉快的下午了。"直接把你打算如何使用这礼物说出来，也是一个很好的赞美方法。

"我从来不曾有过这么漂亮的手帕。"把最大的尊荣给予赠送者，他一定会感到很高兴的。

感谢和称赞是有密切的连带关系的。"承蒙你的帮助，我非常感谢。"这仅仅是感谢，如果再加上几句："要不是靠你的帮助，一定不会有这么好的结果。"加上了这样一句话，就觉得完美多了。

嬉笑怒骂皆可赞美

在球场上，我们经常听到踢球或打球的小伙子们用粗俗的语言来赞美对方。大家不仅不觉得刺耳，反而觉得有一种十分朴实、真挚的情谊隐于其中。而受到夸奖者也不以粗话为不敬，相反，往往更加得意、十分快活，有时还会用粗话还击，将对方着实地再夸上一番。

> 在一场足球赛中，一个小伙子截到球后，快速出击，左躲右闪，连过数人，飞起一脚攻破对方大门。只见胜方的队员们个个大喜，一个小伙子冲上去就给那位破门勇士一拳，大叫着："真是'牛'脚。"两人哈哈大笑。

看来，只要骂得得体，同样会有夸奖的效果。这大概正反映了男人们渴望挣脱枷锁、追求野性力量的一种心态吧！真实的嬉笑佯怒又何尝不是赞美之法呢？

赞美一个人，并不是做报告或谈工作，没必要十分严肃。赞美贵在自然，它是人际交往活动中在一定场景下的真情流露。僵硬、虚夸的赞美，即使是出于真心实意，也会让人反感、提防，甚至将你归于阿谀小人之列了。所以，赞美的方式是多种多样，而且是千变万化的，在嬉笑怒骂间常可收到出奇的效果，从而增进你与朋友的友谊。

有位大学生成绩总是第一，大家打心眼儿里佩服他、尊敬他。一次，他又考了第一名。在饭后的"侃大山"中，好几位同学都夸了他，却没有一位是用直接赞美的方式。一位同学故作心痛，手捂胸口，叹息道："既生我，何生你。"引得众人大笑。另一位作嬉皮笑脸状："今晚跟我去看录像吧，既然我赶不上你，把你拉下马也成。"而另一位同学则一副怒不可遏的样子："这日子没法过了。"惹得同学们一阵欢笑。那位成绩第一的同学也跟着大伙笑，并真诚地表示自己一定会尽全力帮助别人。

嬉笑怒骂皆赞美是要讲究对象、场合和方式方法的。如果不顾及你与对方的关系、所处的环境而滥用此法，别人就会觉得你不庄重、不真诚，不但不能收到赞美对方的效果，反而会影响自己的形象。

一般来说，嬉笑怒骂应用于非正式的场合，如在聊天、锻炼、娱乐中，在比较正式的场合，特别是大庭广众之下，切忌这些太随便的方式。

另外，嬉笑怒骂用之于青年人中间，特别是同学、朋友间比较合适。对话人之间应彼此熟悉，关系较为亲密。一般的朋友或初次见面时，则不宜采用此法。在有上、下级关系或长、晚辈关系的人之间，更不宜用嬉笑怒骂的方式来赞扬对方。

嬉笑怒骂还不宜使用得过于频繁。因为这种正话反说、随随便便的赞美方式本身就有一定的冒犯他人的性质。如使用过滥，不仅会使赞美变了味，使对方误以为你是在挖苦他，而且你个人的形象也会因此受到极大的损害。

要善于说祝贺的话

祝贺是人际交往中常用的一种交往形式，一般是指对社会生活中有喜庆意义的人或事表示良好的祝愿和热烈的庆贺。通过祝贺表示你对对方的理解、支持、关心、鼓励和祝愿，以抒发情怀，增进感情。

我们每年都会过新年，每当这个时候，就要说一些祝福语，有的祝福语千篇一律，毫无新意，但有些人的祝福语就显得很高级，让人印象深刻。例如下面这些：

> 李诞："一元不能复始，万象从未更新，新年也没什么好祝的，只是个人定的日子，但我还是祝你新年快乐。"
>
> 王小波："随着新年钟声响起，我们都又长了一岁。这正是回顾和总结的时机。对于过去的一年，还有我们在世上生活的这些年，总要有句结束语：虽然人生在世会有种种不如意，但你仍可以在幸福与不幸中做选择。"
>
> 安博："这一年，我们可以不用更好，可是要值得。"

祝贺语从语言表达形式看可以分为祝词和贺词两大类。

祝词是指对尚未实现的活动、事件表示良好的祝愿和祝福之意。比如，重大的工程开工，某会议开幕，某展览会剪彩要致祝词，前辈、师长过生日要致祝寿词，参加酒宴要致祝词，等等。

贺词是指对于已经完成的事件、业绩表示庆贺的祝颂。比如，毕业典礼上校长对毕业生致贺词，婚礼上亲朋好友对新郎新娘致贺词，对于同事、朋友取得重大成就或获得荣誉、奖励致贺词，等等。

祝贺要注意以下两点：

1. 祝贺要注意场合

一般说，祝贺总是针对喜庆意义的事，因此，不应说不吉利的话和使人伤心不快的话。应讲一些喜庆、吉祥、欢快的话，使人快慰和振奋的话。如言辞与情绪不合场合，就必定要碰壁。

> 鲁迅在散文《立论》中讲到这样一个故事：一户人家生了个男孩，合家高兴透顶。满月的时候，抱出来给人们看，自然是想得到一点好兆头，客人们众说纷纭。一个说，这孩子将来会发大财的；一个说，这孩子是要做大官

的。他们都得到了主人的感谢。只有一个人说："这孩子将来是要死的。"虽然他说的是必然会发生的事，但还是遭到了大家的一顿合力的痛打。

从讲话艺术的角度看，他不顾当时特定情景，讲了不合时宜的话，遭到大家的痛殴，这也是难免的。

2. 祝贺词要简洁，有概括性

说祝贺词可以事先做些准备，但多数是针对现场实际有感而发，讲完即止，切忌旁征博引，东拉西扯。语言要明快热情、简洁有力，才能产生强烈的感染力。

有些祝词、贺词要进行由此及彼的联想，因景生情的发挥，但必须紧扣中心，点到为止，给听众留下咀嚼回味的余地。比如：

某人主持婚礼，新郎是畜牧场技术人员，新娘是纺织厂女工。婚礼一开始，他上前致贺词：

"我今天接受爱神丘比特的委托，为80年代牛郎织女主持婚礼，十分荣幸。"

新郎新娘交换礼物。新郎为新娘戴上金戒指，新娘送给新郎英纳格手表。这时，主持人又上前致辞说：

"黄金虽然贵重，不及新郎新娘金子般的心；英纳格手表虽然走时准确，也不及新郎新娘心心相印永记心间。"

他的即兴婚礼贺词，得体而又热情，简洁而又明快，博得了一阵热烈的掌声。

每个人都有喜欢被别人恭维的心理，即使那些平时说讨厌恭维的人其实内心也是喜欢听恭维话的。最重要的是，你的恭维话要说得巧妙，不显山露水，不露丝毫痕迹，恰到好处，被恭维的人就会怡然自得了。

第十一章　赞美有度，恰到好处

搔痒要搔到痒处

搔痒要搔到痒处，这是一个很浅显的道理。同样，赞美的话要说对方心里。口才高手的赞美，高就高在能够发现平常人所未注意到的痒处，用语言作为搔痒的搔子，帮别人搔得神清气爽，五体通泰。

人云亦云的赞美虽然也是赞美，但也最多是聊胜于无的赞美而已。口才高手会努力去发现、挖掘别人所看不到的地方。你要是赞美袁隆平对于水稻培育甚至对于人类作出了多么大的贡献，虽然说的是事实，但他一定不会怎么在乎。因为这一块早就被众多高官、媒体以及千万张嘴赞过了，早就结了厚厚的茧子，你的这一下搔过去，铁定没有任何感觉。口才高手的赞美就会不同，会发掘他不为大众所知的一面来赞美，夸他摩托车技术好，赞他饭菜做得好。这样效果一定会好很多。爱因斯坦就这样说过，别人赞美他思维能力强，有创新精神，他一点都不激动，作为大科学家，他也听腻了这样的话，但如果赞美他的小提琴拉得不错，他一定会兴高采烈。巧的是，袁隆平也爱好拉小提琴，并且技术也不错，在公开场合有过即兴表演，或许从这个角度来赞美，会有不错的效果。

对于任何一个人而言，最值得赞美的，不应是他身上早为众所周知的明显长处，而应是那蕴藏在他身上，既极为可贵又尚未引起重视的优点。正如安德烈·毛雷斯曾经说过的："当我谈论一个将军的胜利时，他并没有感谢我。但当一位女士提到他眼睛里的光彩时，他表露出无限的感激。"

　　有一位非常精明强干的大商业家叫沃普尔，吉斯菲尔伯爵对他评价道："他的才干是无须别人赞美的，因为对于这一点，他自己知道得很清楚。他喜欢周旋于美女之间，有风流浮滑的名声，因此他愿意别人称赞他温文尔雅。他在这一点上是没有抵抗力的，这也是他常常爱好与人交谈的话题。由此可以证明，这是他的弱点所在。"

　　我们需要找到一把钥匙来打开他人渴望赞美的隐秘之门。只要你观察他们最爱谈的话题便可找到。因为言为心声，他们心中最希望的，也是他们嘴里谈得最多的。你就在这些地方去赞美他们，一定能搔到他们的痒处。

　　几句恰到好处的赞美，之所以起到"金石为开"的作用，皆因能找到各种不同的典型人物所偏爱的赞美。

　　一个叫凯雷的人对赞美的妙处总结道："有一回，我得到机会对身居最高法院的大法官博罗试用赞美术。你知道，大法官总是铁面无私的一副面孔，其内心世界被隐藏得很深，一般人赞美他，恐怕马屁会拍到蹄上了呢。那时，博罗刚在西部某大学做完演讲。但我很明白，如果我对这位老先生说一些关于他的演讲的话，是不会讨好他的。因为演讲对他来说，已经是老调了。于是我对他说：'大法官，我真想不到一位主宰最高法庭的人，会这样富有人情味。'他立刻对我发出会心满意的微笑。

　　"有不少人喜欢听相反的话；更有许多的人，喜欢别人把他们当作有理智的思想家。有一回，我与一个人讨论一件颇有争议的社会问题，我对他说：'因为你是这样的冷静、敏锐，因此我想知道，我们究竟应该站在什么立场？'他听了我的话，立刻现出满面春风的样子，并详细对我说了他对此事的立场与态度。原来此人是愿意人家说他是敏锐、冷静的。"

吉斯菲尔还告诉我们："几乎所有女人，都是很爱美的，这是她们最大的虚荣，并且常常希望别人赞美这一点。但是对那些有沉鱼落雁之容、闭月羞花之貌的倾国倾城的绝代佳人，那就要避免对她容貌的过分赞誉，因为她对于这一点已有绝对的自信。如果你转而去称赞她的智慧、仁慈，如果她的智力恰巧不及他人，那么你的称赞一定会令她芳心大悦，春风满面的。"毫无疑问，吉斯菲尔的话，能启发我们赞美的思路。

相对搔在长了厚茧的麻木处来说，搔到别人疼处就更加失败与倒霉透顶了。

大李去老吴家拜访，见墙上挂着一幅照片，照片上是一个十七八岁的女孩。大李问："这是……"老吴回答："哦，我女儿。"大李一阵猛夸孩子长得漂亮乖巧，赞老吴命好，却没有得到老吴多少回应。后来，大李才在偶然之中从别人口里得知，老吴的女儿在几年前因为车祸离开了老吴。

虽说不知者无罪，但大李要是警醒一点或者会话水平高一点的话，是不至于发展到伤害老吴的境地的。

小王是一个家具推销员，有一天他得知一家文化公司刚建好了新大楼，就决定上门去推销。为了找到突破口，他特意来到新大楼找装修工人们聊天，结果得知这幢大楼的装修设计者居然是公司的潘总本人。

小王随后找到了潘总，他故意装成毫不知情地说："我来的时候顺便去参观了一下贵公司的新大楼，里面的装修设计太棒了，非常有品位，潘总确实有能耐，居然能够请到这么优秀的装修设计师，员工们在这样的大楼里上班一定特别有自豪感！""是吗？"潘总顿时来了兴致，他得意地对小王说，"那幢大楼的所有装修设计全部是我一手完成的！"

随后，潘总的话匣子就打开了，他告诉小王自己在大学里读的并不是设计专业，这只是后来出于爱好一点点自学起来的。他还打开电脑让小王欣赏他的设计效果图，兴奋得就像是个孩子。就这样，一个多小时后，小王不仅轻而易举地拿到了潘总签字的订单，而且还和潘总成了好朋友。

小王的成功，秘诀全在于向对方表达了恰到好处的赞美之情。他从新大楼的装修入手，以"不知情"的样子进行赞美，更显客观和真心，使对方的自尊心得到极大的满足，并由此拉近距离。当潘总把小王看作知己的时候，小王也就自然而然地拿到了办公家具的订单。

注意外界对自我的评价是人的天性，赞美就是人们最希望听到的外界评价，它可以创造和谐的气氛和愉悦的心情，给人带去心情愉悦的感觉，从而使人顺利地展开说服行动。任何说服，在赞美的包装之下都会变得更加有光彩。

赞美要"有理有据"

英国著名哲学家培根说："即使是真诚的赞美，也必须恰如其分。"这里所说的"恰如其分"，是指赞美别人要具体、确切，避免空泛、含混。赞美是需要理由的，赞美越具体明确，就越能让人觉得真诚、贴切，其有效性就越高。相反，空泛、含混的赞美由于没有明确的赞美理由，经常让人觉得难以接受。

比较一下下面两个例子：

甲："你的论文非常有创新性，比如关于智能家居方面的问题，提得非常好，不但让大多数人没想到，而且你竟然提出了改正意见。相信你对自己的文章也非常满意。"

乙："你的论文写得真是太棒了，我觉得非常好。"

甲乙两人虽然同时表达了赞美之情，但甲的赞美更实在，更容易让人接受。而乙的话却说得像是场面话，缺乏那么一点诚意。所以，在赞美别人时，不妨把话说得具体、清楚些。

要知道，当你夸一个人"真棒""真漂亮"时，他的内心深处就会立刻产生一种心理期待，想听听下文，以求证实"我棒在哪里""我漂亮在哪里"。此时，你如果没有具体化的表述，就会让对方非常失望。所以，你就应该证明给他看。

王小姐是一个大型企业的总裁秘书，有三个客人都跟她说想要见她的领导。第一个客人对她说："王小姐，你的名字挺好听的。"当时王小姐心里特想听听她的名字好在哪儿，结果，那位客人就不再说了。王小姐感觉那个人不真诚。

第二个客人说："王小姐，你的衣服挺漂亮的。"王小姐立刻想听听她的衣服哪里漂亮，结果也没了下文，话还是没有说到位，让王小姐很失望。

第三个客人说："王小姐，你挺有个性的。"当王小姐想知道自己到底有什么样的个性时，那个客人接着说："你看，一般人都是把手表戴在左手腕上，而你的戴在右手腕上……"王小姐听后，感觉自己确实有点与众不同，很高兴，于是就让第三个客人见了她的领导，结果第三个客人签了一个10万元的单子。这个10万元的订单对于第三个客人来说，是很大的一笔生意。

上例中前两位客人由于赞美的话都是泛泛之词，只有第三位才把赞美的话具体化，并最终签了大单。可见，赞美之词应当讲究具体才行。而像"你太漂亮了""你真棒""你真聪明"之类的赞美，比较笼统、空洞，缺乏热诚，有点像外交辞令，太程式化，会给人一种敷衍的感觉，有时甚至有拍马屁的嫌疑，会让人怀疑你的动机不纯，容易引起对方的反感与不满。

但是，如果你能详细地说出对方哪里漂亮，对方什么地方让你感觉很棒，怎么聪明……这样，赞美的效果就会大不相同。因为具体化可视、可感觉，是真实存在的，对方自然就能由此感受到你说的话真诚、可信。因此，赞美只有具体化，才能深入人心，才能与对方内心深处的期望相吻合，从而促进你和对方的良好交流。

那么，我们如何观察才能发现对方具体的优点，并用恰当的语言表达出来呢？

1. 指出具体部位的亮点

我们可以从他人的相貌、服饰等方面寻找具体的闪光点，然后给予评价。

比如，当你赞美一位女士时说"你太漂亮了"，不如说"你的皮肤真白，你的眼睛很亮，你的身材真高挑，在美女群中很抢眼……"她的脑海里就会马上浮现出白皙的皮肤，美丽的眼睛，苗条的身材……这样，你的赞美之词就会让她难以忘怀。因为具体化的东西往往可以让对方自然感受到我们的真诚、亲切与可信。

2. 和名人作某种比较

对于外表的赞美，倘若能结合名人来做比较，效果会更好。社会名人和明星往往是大家喜欢甚至崇拜的对象，他们的知名度也比较高。如果你想夸赞某人，若能指出对方的整体或某个部位像哪一位名人或明星，自然就提高了对方的形象。

3. 以事实为根据进行引申

用事实作根据，从而引申出对性格、品位、气质、才华等方面的赞美。比如：当你看到一位女士佩戴的珍珠项链，你可以这样赞美她："您真有品位，珍珠项链显得自然高贵，英国的戴安娜王妃就最喜欢珍珠首饰了。"

当你看到同事家挂在墙上的结婚照时，可以这样说："你应该多送你太太聘礼。"同事不解地问："为什么？"你若这样解释："因为你娶了一位电影明星啊。"他听到这样的夸赞后，心里一定美极了。

在人际交往中，要想使我们的赞美效果倍增，就要学会具体化的赞美，即在赞美时具体而详细地说出对方值得赞美的地方。这样既能让对方感受到我们的真诚，又能让我们的赞美之词深入人心。

赞美的话要适可而止

卡耐基说："如果我们只图从别人那里获得什么，那我们就无法给别人真诚的赞美，也无法真的带给别人一些快乐。"赞美也需要适可而止，赞美他人不宜滔滔不绝地去赞美，赞美的好话说的太多也会露出破绽。因此赞美应该是见"好"就收，适可而止。

几乎每个人都喜欢美食，但即使是自己最爱吃的东西，吃得太多也会觉得腻。赞美也是如此。虽然人人都爱听好话，但是对他人赞美的话语并非就是多多益善。有时候，赞美的话说得过了头，反倒会弄巧成拙。

下面给大家讲一个日本超级保险推销员原一平刚开始运用赞美时就赞美过分的故事。

原一平到一位年轻的老板那里去推销保险。进了办公室后，他便赞美年轻的老板："您如此年轻，就做上了老板，真了不起呀，在我们日本是不太多见的。能请教一下，您是多少岁开始工作吗？"

"17岁。"

"17岁！天哪，太了不起了，这个年龄时，很多人还在父母面前撒娇呢。那您什么时候开始当老板呢？"

"两年前。"

"哇，才做了两年的老板就已经有如此气度，一般人还真培养不出来。对了，你怎么这么早就出来工作了呢？"

"因为家里只有我和妹妹，家里穷，为了能让妹妹上学，我就出来干活了。"

"你妹妹也很了不起呀，你们都很了不起呀。"

就这样一问一赞，最后赞到了那位年轻老板的七大姑八大姨，越赞越远了。最后，这位老板本来已经打算买原一平的保险的，结果也不买了。

后来，原一平才知道，原来是因为那天自己的赞美没完没了，本来刚开始时的几句赞美让对方听了心里很舒服，可是自己说得太多了，搞得对方由原来的高兴变得不胜其烦了。

恰到好处、恰如其分的赞美，才是事半功倍的关键，所以过多的赞美就适得其反了。在办公室里，常常有这样一群人，他们总是喜欢对着谁都是一阵吹捧，尤其喜欢向上司大献殷勤，以为这样就能够博得上司的好感，从而获得升迁。事实上，这可能一点作用也起不到，说不定还起了反作用。

某公司有一个特别爱拍马屁的人，只要一看到他们部门经理就马上赞美一番。无论是经理的发型、领带、衣服、裤子、鞋子等等，从头到脚都被他夸奖了一番。他自以为这样就能给经理留下好印象，殊不知，经理每次都被他夸张的赞美弄得很烦，但有碍于其他同事在场不好发作。

有一次，公司的一个重要的方案交给这个人做，做完后他自我感觉良好，交上去就一直等待着被经理表扬。经理果然喊他到办公室一趟，他以为他终于要被表扬了，说不定还要被提拔，心情很放松。进入办公室，他还没等经理开口，又开始夸赞经理的办公室布置得如何的好，经理这时脸色冷清地说："你嘴皮子的功夫倒是比你做方案的功夫好多了，看看你做的方案，出了这么多错！"

说赞美的话也有学问，并非是人人都能把赞美的话说到恰如其分。赞美也要适可而止，注意技巧，既能使对方欣然接受，不觉得赞美之言过火而心生烦躁，还要赢得对方对自己的好感，以达到其真正的赞美效果。赞美的语言是对别人的言行举止、身上的某个细节或者做事的成效的一种表扬，要使用得当，恰到好处，也并非是越多越好。过分的语言或不切合实际的赞美就过犹不及了。

常对孩子表示赞赏和鼓励，有助于孩子的成长和进步，这是广大父母都认可的事情。然而，如果对孩子过度赞美，也会对孩子产生不利影响。

孩子吃一口饭，宝妈都要夸一句"你真棒"；每写一个字孩子就让妈妈看，以期获得赞美；并没有用心画的一幅画，都能得到全家人的赞美。这些对孩子来说，已经不是爱，而是害！

赞美其实是一门充满了无穷奥妙的学问，赞美的实质是能够抓住所赞美的事物的实质。生活中的有些人经常会犯一些错误，就是见了什么都说好，信马由缰，天花乱坠，不懂装懂。本来的赞美之言，听起来倒像讽刺。

作为一个赞美者，赞美不适度，反而会适得其反。因此，赞美别人一定要适可而止。赞美的尺度掌握得如何，往往直接影响赞美的效果。记住，恰如其分、点到为止的赞美才是真正的赞美。使用过多的华丽辞藻，过度的恭维、空洞的吹捧，只会使对方感到不舒服，不自在，甚至难受、肉麻、厌恶，其结果肯定是背道而驰的。

赞美用词要优雅得体

抓住一个人的独特之处进行委婉地赞美，最能赢取人心，调节气氛。这需要有敏锐的观察、机智的应变能力才能达到的境界。赞美别人，不单单是甜言蜜语，还要根据对方的文化修养、性格、心理需求、所处的背景、语言习惯，乃至职业特点、个人经历等不同因素，恰如其分地赞美对方。

张之洞任湖北总督时，适逢新春佳节抚军。谭继恂为了讨好张之洞，设宴招待他，不料，席间谭继恂与张之洞因长江的宽度争论不休。谭继恂说五里三，张之洞认为是七里三，两人各持己见，互不相让。眼见气氛紧张，席间谁也不敢出来相劝。

这时位列末座的江夏知县陈树屏说："水涨七里三，水落五里三，制台、中丞说得都对。"这句话给俩人解了围，俩人拊掌大笑，并赏陈树屏20锭大银。

陈树屏巧妙且得体的言辞，既解了围，又使双方都有了面子。这种赞赏就充分考虑了听者的心理和当时的情况。

人的素质有高低之分，年龄有长幼之别，因而特别的赞美比一般的赞美更能收到良好的效果。老年人总希望别人不忘他当年的业绩与雄风，同其交谈时，可多称赞他引以为豪的过去；对年轻人，不妨语气稍微夸张地赞扬他的创造才能和开拓精神，并举出几点实例证明他的确能够前程似锦；对于经商的人，可称赞他头脑灵活、生财有道；对于有地位的干部，可称赞他为国为民、廉洁公正；对于知识分子，可称赞他知识渊博、宁静淡泊。当然这一切要依据事实，切不可流于虚情假意与浮夸。

在生活中，并不是人人都有好的口才，许多人的赞美往往"美"不起来。有的人说话不自在、不自然、不连贯，甚至面红耳赤，自己别扭，别人听了更别扭；还有的人因为不能恰当地运用赞美的语言，以致词不达意，反令被赞者极为尴尬。

一次，小刘的几位中学同学到自己家玩。刘妈妈对人非常热情，就同这些当年的"小毛头"亲切地交谈起来。

听到大家都大学毕业了，工作也都不错，刘妈妈眼里流露出既高兴又羡慕的神色，摇着头叹息说："你看你们，是多好的孩子！一个个油光满面，到哪都讨人喜欢。俺那个崽，不会来事，三脚踹不出个屁来，到现在还没找到工作呢。"

一句话差点儿让大家背过气去，笑也不是，怒也不成。老太太本是好意，想夸奖他们一下，也许想说一句"春风满面"，但却用了一个"油光满面"，意思来了个180°的大转弯。大家虽然都知道她老人家是一位文化不高的农村妇女，不知从哪里捡来一个连她自己也弄不懂的词语，但毕竟让人无言以对。

笨拙的讲话就像一架破烂不堪的录音机，使赞美这本该美妙动听的旋律变得刺耳难听，不能打动人、感染人，反而会损伤人的情绪，扭曲原意。

在一次管理层的会议上，一位报告人登台了。会议主持人介绍说："这位就是吴女士，几年来她的销售培训工作做得非常出色，也算有点儿名气了。"

这末尾一句话显然是画蛇添足，让人怎么听都觉得不太舒服，什么叫也算有点儿名气呢？称赞的话如果用词不当，让对方听起来不像赞美，倒更像是贬低或侮辱。所以在表扬或称赞他人时一定要谨言慎行，注意措辞，尤其要把握好以下几条原则：

（1）列举对方身上的优点或成绩时，不要举那些无足轻重的内容，比如向客户介绍自己的销售员时说他"很和气"或"纪律观念强"之类与推销工作无关的事。

（2）赞美中不可暗含对方的缺点。比如一句口无遮拦的话："太好了，在屡次失败之后，你终于成功了一回！"

（3）不能以你曾经不相信对方能取得今日的成绩为由来称赞他。比如："真想不到你居然能做成这件事"，或是"能取得这样的成绩，你恐怕自己都没想到吧"。

总之，称赞别人时在用词上要再三斟酌，千万不要胡言乱语。

智听版口才成功必读

为人三会

WEIREN SANHUI

李灿明 编著

华龄出版社
HUALING PRESS

责任编辑：李梦娇

责任印制：李未圻

图书在版编目（CIP）数据

为人三会/李灿明编著．—北京：华龄出版社，

2020.6

（智听版《口才成功必读》）

ISBN 978－7－5169－1673－5

Ⅰ．①为… Ⅱ．①李… Ⅲ．①人际关系－口才学－通俗读物

Ⅳ．①C912.13－49

中国版本图书馆 CIP 数据核字（2020）第 075720 号

书　　名：为人三会

作　　者：李灿明

出 版 人：胡福君

出版发行：华龄出版社

地　　址：北京市东城区安定门外大街甲 57 号　邮　编：100011

电　　话：010－58122246　　　　　　传　真：010－58122264

网　　址：http：//www.hualingpress.com

印　　刷：三河市燕春印务有限公司

版　　次：2020 年 6 月第 1 版　　2020 年 10 月第 2 次印刷

开　　本：880mm×1230mm　1/32　印 张：15

字　　数：360 千字

定　　价：60.00 元（全 3 册）

前　言

世事洞明皆学问，人情练达即文章。

在我们周围，经常能看到一些毫无专长却老练圆滑的人，他们的身边充满了欢乐，总是有那么多人愿意追随他、帮助他，似乎世界上的一切财富、地位、荣誉等与"幸福"有关的东西都是给他们准备的。而一些才能出众、特立独行的人，他们活没少干、力没少费、汗没少流，但总摆脱不了处处碰壁的窘境，饱尝英雄无用武之地的痛楚。之所以会出现这种巨大的反差，往往是缘于他们不会说话，不会办事，不会做人。

会说话需要讲究语言表达的方式：说得好，说得精，说得巧。一个会说话的人，可以恰到好处地表达自己的意图，把道理表述清晰，让别人乐意接受自己、支持自己。

会办事需要懂得处理问题的技巧：事办周到，事办牢靠，办事周全。人们生活在这个世界上，置身于社会中，交织在各种矛盾、利益、关系之间。而利益的社会性又决定了人们办事的难度，因为每一件事的目的都是对利益的追逐、交涉和竞争。

会做人需要善于处理好三种关系：自己的身心关系，与社会的人际关系，与自然的天人关系。简单点说，就是勇于负责，诚实信用，感恩谦卑，宽以待人。这些都是做人的基本要求。

说话、办事、做人水平都高的人，在工作上会站得稳，在事业上会行得通，在社会上会吃得开。反之，则容易陷入步履艰难的境地。

说话是一种境界，需要技巧；

办事是一种能力，需要方法；

做人是一种艺术，需要智慧。

美国著名成功学家卡耐基说过："一个人事业的成功，只有 15％是依赖于他的专业知识和技能，而 85％则是依靠他的人际关系和处世能力。"愿你成为事业成功的人！

人际交往测评

注：测评结果非专业结论，仅供读者参考。

Contents 目 录

第四章 胸怀博大，宽以待人

第五章 用幽默游刃人生

第六章 广结善缘好办事

第七章 知己知彼易办事

第八章　办事要遵循的原则

第九章　互相帮助易成事

第十章　精通说话善于办事

第一章　做一个负责任的人

负责任的人信誉高

当年史玉柱的巨人大厦倾覆后，在明明可以申请破产的情况下，他没有选择悄悄"跑路"，而是承诺要偿还债权人的资金。2001 年 12 月 26 日，史玉柱荣获"CCTV 中国经济年度人物"，获奖的理由很简单，史玉柱偿还了公司所欠的上亿债务，担起了作为一个企业家的责任。

从那以后，史玉柱的创业之旅顺风顺水。因为，大家都认定他是负责任的人，值得信赖。

无独有偶，2019 胡润全球富豪榜显示，430 位富豪跌出胡润全球富豪榜，其中中国落榜 212 人，印度 52 人。中国以 658 位拥有十亿美金的富豪位居世界第一，比美国的 584 位多 74 位。马云以 2600 亿元成为全球华人首富，上升 4 位到第 22 位，马化腾和许家印紧随其后。

众所周知，马云的成功与其背后庞大的阿里集团是分不开的，尤其是其中的淘宝和支付宝这"两宝"的坐镇，更是使得马云的事业势如破竹，如日中天。

然而，成功从来不是一劳永逸的。阿里集团上到马云，下到团队，无数人在为企业的发展做出着各种形式的付出。他们犹如忠诚的卫士，在互联网这条虚拟的战线上，坚守着互联网商业安全的最后一道防线。也正是这种"天下为公"的责任心与"先人后己"的无私奉献精神最终赢得了无数人的信任，也与无数人一起赢得了未来。

马云曾在中国企业家俱乐部召开的一次媒体座谈会上说道："希

望媒体不要评比'首富'头衔,我最怕看到谁是首富了,这样的财富评比对中国社会带来的影响并不好,我们不应该仅仅关注一个人的财富值,'首富'应该是'首负',负责任的'负'。"

诚如马云所说:"你的责任心有多大,你的舞台就有多大。你愿意为一个人承担责任,你就是自己;你愿意为十个人承担责任,你就是经理;你愿意为几百万人承担责任,你就是市长。"

一个少年的父亲生前是做生意的,不幸在创业不久就因意外去世了,留下一大笔债务。父亲去世的时候,少年只有17岁。按法律规定,少年完全可以不承担这笔债务,正当父亲的债权人后悔莫及的时候,少年却一一上门拜访,许下诺言说给他20年时间,他会还清父亲全部的债务。

20年,一生中有几个20年?少年却要用它去还一笔不应自己承担的债务,这需要多大勇气呀!

债权人中没有几个人对此抱有希望,但事已至此也没有别的办法,只有听之任之了。少年于是开始了他的还债生涯。在他27岁那年,他还清了所有的债款,比预期的时间提前了10年!

少年之所以缩短了还债的时间,原因很简单。一是他许下的诺言对他产生了一股强大的动力,促使他不断朝着目标奋斗;二是随着他不断地兑现自己的诺言,债权人对他产生了极大的信任(少年如果不兑现诺言的话,他一辈子也许得不到这么多机会)。与他合作的人越来越多,他的生意也越做越大,因而钱也越赚越多。

这个少年也许自己没意识到,他勇于负责的行为让他获益终生。由于他花了10年时间去还一笔本来不属于他的债务,他的信誉在生意圈子中产生了一股巨大的力量,每个人都乐于跟他做生意,也使得他不到而立之年就事业有成。

著名的 IBM 公司的企业文化核心是"永远具有强烈的责任意识"。

确实,一盎司的责任胜过一磅的智慧。某管理学家曾说:"认真钉好一枚纽扣比缝制出一件粗制滥造的衣服要更有价值。"

责任就是对职位的坚守，以责任之心提高执行力，这样才能使我们多一些实干精神，少一些空谈；多一些激情，少一些推诿。如此才能把我们的工作完成得更好。

将责任根植于内心

2020年春节，本该是全家团圆欢聚的日子，但由于新型冠状病毒疫情的快速蔓延，人们开始居家隔离，尽量少出门、不出门。然而却有一群人，哪里最危险，他们就往哪里去。他们的名字叫"医护人员"。几十支医疗队从全国各地汇集湖北、汇集武汉，成为最美的"逆行者"。

此外，那些未能去"疫区"支援的医护人员、公安干警、环卫工人、快递员、志愿者，他们同样不惧危险和困难，坚守在各自的岗位上。无论风霜雨雪、无论白天黑夜，都在岗位上默默坚守。他们的每一个表情，每一个动作，都表现出了责任与担当。

我们应该将责任根植于我们的内心，让它成为我们脑海中一种强烈的意识。因为在日常行为和工作中，这种责任意识会让我们表现得更加卓越。

责任感是不容易培养的，原因就在于它是由许多因素构成。但是最基本的因素是做事成熟，无论多小的事，都能够做到最好。

责任感是简单而无价的。据说美国前总统杜鲁门的桌子上摆着一个牌子，上面写着：Book of stop here（问题到此为止）。他桌子上是否真的摆着这样一个牌子，我不能去求证，但我想告诉大家的是，这就是责任。如果在工作中，对待每一件事都是"Book of stop here"，我敢说，这样的公司将让所有同行为之震惊，这样的员工将赢得足够的尊敬和荣誉。

> 面对新冠病毒的肆虐，27岁的志愿者郑能量，于正月初一从长沙逆行奔赴武汉，冲到前线硬核抗疫，扛起中国青

年的责任，还原中国青年的模样。

他说："知道此行凶险，已抱必死之心，始明不惧之志。如果我不幸倒在了武汉，请将我的骨灰经无菌处理后撒在长江里让它漂回湖南，报答、陪伴我的祖国、家人、老师、朋友，还有我的理想……"

郑能量的心里有热血，身上有股火，肩上敢担当，像一个披甲执锐的战士，唯有向前！难道郑能量真的不怕吗？

"知责任者，大丈夫之始也；行责任者，大丈夫之终也。"面对可怕的病毒，没有一个人不怕。郑能量也是肉体凡胎，但就是怕，还得挺上去！不完全是因为勇猛，而是因为一个中国青年的使命！在最危急的关头，秉持一颗赤诚的心，走在最前沿，咬紧牙关坚守着不低头、不退缩，用自己的生命去守护别人的生命。

在这场没有硝烟的战斗里，许多中国青年以高度的责任意识，践行着爱的理想和使命，与武汉的人们同呼吸、共命运，唯有坚持、坚定、坚守，因为除了胜利，别无选择！

工作就意味着责任，责任意识会让我们表现得更加卓越。

美国西点军校的学员章程中规定：每个学员无论何时何地，无论穿军装与否，也无论是在担任警卫、值勤等公务时，还是在进行自己的私人活动时，都有义务、有责任履行自己的责任感，而不是为了获得奖赏或别的什么。

这样的要求是非常高的。但西点军校的理念是，没有责任感的军官不是合格的军官，没有责任感的员工不是优秀的员工，没有责任感的公民不是好公民。在任何时候，责任感对自己、对国家、对社会都不可或缺。正是这样严格的要求，让每一个从西点军校毕业的学员都获益匪浅。

一个人要想成为一个好军人，就必须遵守纪律，有自尊心，并为他的部队和国家感到自豪，对他的同志们和上级有高度的责任义务感，对自己表现出的能力有充分的自信。

勇于承认自己的错误

有一次我的朋友方先生告诉过我，他们学校对他的教学工作有不满的情绪。原来，一位和他相识的教授曾在私下说了一些对他轻蔑的话，这些话被传到他耳里，他只好忍气吞声。后来有一天他接到这位教授的电子邮件。教授在邮件里说，他已经出国，以前误会了他，希望得到原谅。此时，我的朋友的各种敌意便立刻烟消云散，极其感动，并马上回邮件并表示敬意。从此，他们便成了好朋友。

这件事使我们明白，承认自己的错误不但可以弥补破裂的关系，还可以增进感情。但要有勇气承认自己的错误也不是一件容易的事情。一位名人曾经说过："人们敢于在大众面前坚持真理，但往往缺乏勇气在大众面前承认错误。"有些人一旦犯了错误，总是列出一万个理由来掩盖自己的错误，这其中无非是"面子"在作怪。他们以为一旦承认自己的错误，就伤了自尊，丢了个人面子。这种想法，无异于在制造更多的错误，来掩盖第一个错误，真可谓错上加错。

古人说过："人非圣贤，孰能无过，过而能改，善莫大焉。"意思是说，人都会有过失，只要能认识自己的过失，认真改正，就是有道德的表现。孔子曾把"过失"比喻为日食与月食，无论怎样对待大家都会看得清清楚楚。因此，最好的办法是坦诚地承认自己的错误。知道自己犯错误，立刻用对方欲责备自己的话自责，这是聪明的改正方法，这会使双方都感到愉快。

每个人都有自己的自尊心和荣誉感，如果你肯主动承认自己的错误，这不仅仅可以满足对方强烈的自尊心，而且也会为自己品格的高尚而感到快乐。

事实上，自觉地承认自己的错误，不但可以增加相互之间的了解和信任，而且能增进自我了解进而对自己产生信心。有时候，人们非要等到自己发现并接受自己所犯的错误时，才能真正认识自己。

大家熟悉的电视剧《士兵突击》中的普通士兵许三多，总是对袁朗说："队长，我，我又错了。"袁朗也纳了闷了："许三多，你怎么老是勇于承认错误，或者说，急于承认错误啊？"许三多笑而不答。其实呢，勇于承认错误，恰恰正是他能成为好兵的关键因素。

人人都会犯错，但人性的弱点是，不肯认错，喜欢推诿过错，只有很少的人，才能做到直面错误，勇于改正。因此，成功的人总是很少。

如果现在做的工作，不适合你，就尽快找到适合你的，你与工作之间，谁迁就谁都不好……

歌德说过："最大的幸福，在于我们的缺点得到纠正和我们的错误得到补救。"而达尔文的话更是一针见血，也更值得我们深思："任何改正，都是进步。"

让我们来看一看当年的亨利·福特二世是如何从错误中学习，并真正了解自己的能力的。

当年26岁的亨利·福特二世接任了每天会损失900万元的福特汽车公司的总裁。上任后，他的创新、实验和努力避免错误产生的做法，扭转了公司的命运。有人问他，如果让他从头再来的话，他还会有现在的成就吗。他回答道："我只能从错误中学习，因此我不认为自己可能有什么与众不同的作为，我只是尽量避免犯相同的错误而已。"

切记，承认自己的错误不是耻辱，而且是真挚和诚恳的表现。其实，承认你的错误，更能显示你人格的伟大。而凡是伟大的人都有认错的时候。

认错时一定要真诚，不要虚情假意。真诚不等于奴颜婢膝，不必低三下四，要堂堂正正。承认错误是希望纠正错误，这本身是值得尊敬的事情。

假如你没有错，就不要为了息事宁人而认错，否则就会给人虚伪的印象，对任何人都无好处。譬如你是一位主管，辞退了某位不称职的属下，你可以觉得很遗憾，但用不着认错。

人非圣贤，孰能无过。扪心自问，你是否说过伤人的话，做过伤害别人的事，答案是肯定的。坦诚地承认自己的错误会使你心胸坦荡，增进与别人之间的关系。早在2000年前古希腊的哲学家留基伯与德谟克利特，就明确地指出："谴责自己的过错比谴责别人的过错好。"最笨的人才会找借口掩饰自己的错误。

年轻的朋友们，假如你发现了自己的错误，你就应尽快地承认自己的错误，这不仅丝毫不会有损于你的尊严，反而会提升你的人格魅力。

担起失败的担子

韦恩博士说："把责任往别人身上推，等于将力量拱手让人。"

1980年4月，美国营救驻伊朗的美国大使馆人质的作战计划失败后，当时的美国总统吉米·卡特立即在电视里作出了声明："一切责任在我。"

"一切责任在我"，这短短的几个字，表现出一种敢于担当责任的大勇！在此之前，美国人对卡特总统的评价并不高。甚至有人评价他是"误入白宫的历史上最差劲的总统"。但仅仅由于这句话，支持卡特总统的人居然骤增了10%以上。

我们必须学会像卡特总统那样承担起自己的责任，积极地寻找任何一点我们应该或能够承担的责任，然后胜任，绝不要因为事情棘手而逃避责任。

关键时刻，更需担当。2020年"新冠肺炎"爆发，每天新增确诊病例数字的刷新都让国人揪心。但总有一些人冲锋在前，站在疫情防控第一线。

"90后"的余延辉是广东省第二人民医院放射科年纪最小的医生，也是国家紧急医学救援队的队员。疫情发酵后，余延辉第一时间报名赴武汉参加了救援工作，跟随广东国家医学救援队驰援武汉，一直奋战在抗疫前线。

　　余延辉说："当时没有想太多，更多的是来自医生这个身份的本职反应吧。看到很多医护工作者奋战在一线，如果可以，我也想贡献自己的一分力量。"在他看来，医生在哪都是工作，只要武汉需要，只要群众需要，必支援！必响应！

　　在这次疫情中，余延辉切身感受到白衣天使的勇气，也用自己的实际行动体现了"90后"住院医师的责任与担当。

　　在工作中，当你认识到自己的责任时，你就会提高自信心，你的上司也会增加对你的信心，增加对你所承担的工作的信心。

　　没有责任的生活就轻松吗？有时候逃避责任的代价可能还会更高。因为那样我们就会成为别人笔下的人物，生活在别人为我们写的剧本中。不必背负责任的生活看起来似乎很轻松、很舒服，但实际上需要付出更大的代价。

　　生活中，遇到问题时大多数的人都会推卸责任。

　　有个年轻人杀了人，记者问起他的生活以及他犯案的动机。他告诉记者，他生长在一个"破碎"的家庭中，在他的记忆里，父亲总是喝得醉醺醺的，还打他的母亲。他们一家都是靠父亲的偷窃所得过活，这也就是为什么他从六岁开始也跟着偷窃的原因了。他在犯下这起杀人案之前，便曾因蓄意谋杀被判刑。采访的最后，他说了这么一句话：

　　"在这种家族环境下，你能期望出现不同的我吗？"

　　这位年轻人还有个双胞胎弟弟。记者知道之后，前去采访弟弟，惊讶地发现他与他哥哥是完全不同的人。弟弟是一位医生，在当地享有很高的声誉。已婚的他育有两个小孩，生活得很美满。

觉得很不可思议的记者问弟弟这一路是怎么走过来的。弟弟陈述了与哥哥一样的家庭背景，但是访问的最后，他说道："经历了多年那样的生活，我体会到那样的生活会把我带往什么样的地方去。因此我开始思索，在这种条件下，要如何创造不同的我呢？"

同样的父母、同样的教育与同样的环境，却对生活有不同的看法和截然不同的反应，以致产生不同的结果。为什么在同样的条件之下的两个人会走出完全不同的道路呢？或许他们都曾经认识某个人，这个人带给他们正面的影响力，只是其中的一个人把他的话听进去了，另一个人则把他的话当作耳旁风。也或许他们都曾经拥有过一本好书，也开始阅读这本书，但其中一个继续读了下去，另一个则中途就把书束之高阁。最后，他们发展出完全不同的人生方向。

"不要问你的国家为你做了什么，而要问一问你为国家做了什么。"这是约翰·肯尼迪的名言。

事实上，不仅年轻人，包括许多中老年人仍有一种幼稚的心态。总是不停地发牢骚，却很少反问自己。抱怨社会，报怨公司，抱怨出身……却不在自己身上找问题。先别问社会给你了多少，先问问你自己为社会做了多少贡献。那些不从自身找问题，却终日抱怨的人，只不过是一些高龄儿童在撒娇而已。

第二章　做一个讲信用的人

让信用成为你的名片

有多少人信任你，你就拥有多少成功的机会。你要让你的信用成为你的名片，通过这张名片让大家了解你，认识你，信赖你，觉得你是一个可靠的人。

如果你以前没有运用过这个秘诀，那么，现在便开始吧！

一个人的功成名就，环境只是起到一个协助的作用，最主要的是靠自己的奋斗与努力。信誉也只能由自己去博取，决不能依靠别人的施舍。

美国的名人培尔特的成功就是一个典型的例子。别人在评价他时曾经说："培尔特用勤劳、智慧在众人的心目中树立了一个笃诚和守信的形象，正是由于这种好名声，人们愿意与他打交道，结果他获得了伟大的成功。"

大家都知道，支付宝的芝麻信用和腾讯信用，当用户达到一定信用数值后，将会享受到很多免费服务。

2019 年，国家正式宣布，受理申请批准"百行征信有限公司"，这就是我们期盼的"信联"。马云曾经预言的"让信用等于财富，让讲信用的人先富起来"，这句发人深省的话，这一刻终于要实现了！这一切来得那么快，又那么及时！

讲信用的人在欢呼！以前，他们去银行贷款比登天还难，又是抵押、又是担保。现在，只要他们在支付宝、微信等这些网络平台上守信，银行也将为他们敞开大门。

不讲信用的人已崩溃！以前，他们在银行失信贷不到款，就会去找网贷平台贷款。现在不行了，全面打通，一处失信，全网全行业"封杀"。

"信联"的正式成立，让中国所有讲信用的人畅通无阻，更将让中国所有不讲信用的无耻之徒真正寸步难行！

获得信誉的方法有很多，但不论你采取何种方法，笃诚、守信永远是最根本的要诀。

靠诚信塑造个人魅力

蜀汉建兴九年，诸葛亮用木牛流马运输军粮，再出兵祁山（今甘肃礼县东北祁山堡）第四次攻魏。魏明帝曹睿亲自到长安指挥战斗，命令司马懿统帅费曜、戴陵、郭淮诸将领，征费曜、戴陵二将屯扎，而自己则率大军直奔祁山。面对着兵多将广来势凶猛的魏军，诸葛亮不敢轻敌，于是命令部队占据山险要塞，严阵以待。魏蜀两军，旌旗在望，鼓角相闻，战斗随时可能发生。在这紧要时刻，蜀军中有8万人服役期满，已由新兵接替，正整装待返故乡。魏军有30余万，兵力众多，连营数里。蜀军会在这8万老兵离开后更显单薄。众将领都为此感到忧虑。这些整装待归的战士也在忧虑，生怕盼望已久的回乡愿望不能立即实现，而要到这场战争结束方能回去。

于是不少蜀军将领进言希望留下这8万兵，延期一个月，等打完这一仗再走。诸葛亮断然拒绝道："统帅三军必须以守信为本，我岂能以一时之需，而失信于军民。"诸葛亮停了一停，又道："何况远出的他们早已归心似箭，家中的父母妻儿终日倚门而望，盼望着他们早日归家团聚。"遂下令各部，催促兵士起程返回。此令一下使所有准备还乡之人在意外的同时更是欣喜异常，感激得涕泪交流，纷纷表示丞相待他们恩重如山，要求留下参加战斗。那些在队的士兵也受到极大的鼓舞，士气高昂，摩拳擦掌，准备痛歼魏军。

诸葛亮在紧要关头不改原令，使还乡的命令变成了战斗的动员令。他运筹帷幄，巧设奇计，在木门设下伏兵。魏军先锋是一员勇将，也被诱入木门埋伏圈中，死于乱箭之下。蜀军人人奋勇，个个争先，魏军大败，司马懿被迫引军撤退。诸葛亮在犒劳三军之时，尤其褒奖了那些放弃回乡，主动参战的士兵。蜀营中一片欢腾。

诸葛亮取信于士兵，宁使自己一时为难，也要对士兵、百姓讲诚信。一次欺诈行为可能会解决暂时的危机，但是这背后所隐伏的灾患比危机本身更危险，对此，诸葛亮是深深了解的。

孟子说："偏激的言辞，我知道它的片面性；淫说乱语，我知道它的所指；奸邪的话，我知道它的恶意；吞吞吐吐之言，我知道它回避的是什么。"这是公孙丑在问什么叫知言时，孟子的回答。这就是说，片面、失误、歪邪、理屈这四种过失都与人性的偏激、淫荡、奸邪、躲躲闪闪这四种本性有关。因为人的言语，是出自人的思想，从他言语的错误便可知他思想的错误。由此我们可知，内心的真诚或虚伪，尚不可蒙蔽于人，更何况昧得无理之心去欺骗上天呢？

因此，诚信在这世间是最重要的。欺诈之心，时间长了，人们认清了它的本来面目，就会蔑视它、疏远它。

诚信的人并不会吃亏

为人不可不诚信，靠骗术处世只会让自己遭到惨败。因为诚实是做人的基本品性，而欺骗者最后一个欺骗的对象是自己。

在许多人心里，认为"诚实的人吃亏""诚实就是无用的代名词"，这种偏见其实是非常可怕的。无数事实证明，诚实的人并不吃亏。

从前有一位贤明而受人爱戴的国王，把国家治理得井井有条。后来国王的年纪逐渐大了，但膝下并无子女。最后他决定，在全国范围内挑选一个孩子收为义子，将其培养成未来的国王。

国王选子的方法很独特：给孩子们每人发一些花种，谁能用这些种子培育出的花朵最美丽，那么谁就能成为他的义子。

孩子们领回种子后，开始精心地培育，从早到晚，浇水、施肥、松土，谁都希望自己能够成为幸运者。

有个叫雄日的男孩，也整天精心地培育花种。但是，10天过去了，半个月过去了，花盆里的种子连芽都没冒出来，更别说开花了。

国王决定观花的日子到了。无数个穿着漂亮的孩子涌上街头，他们各自捧着开满鲜花的花盆，用期盼的目光看着缓缓巡视的国王。国王环视着争妍斗奇的花朵与漂亮的孩子们，并没有像大家想象中的那样高兴。

忽然，国王看见了端着空花盆的雄日。他无精打采地站在那里，国王把他叫到跟前，问他："你为什么端着空花盆呢？"

雄日抽咽着，他把自己如何精心侍弄，但花种怎么也不发芽的经过说了一遍。没想到国王的脸上却露出了最开心的笑容，他把雄日抱了起来，高声说："孩子，我找的就是你！"

"为什么是这样？"大家不解地问国王。

国王说："我发下的花种全部是煮过的，根本就不可能发芽开花。"

捧着鲜花的孩子们都低下了头。

2019全国"诚信之星"宁凤莲是吉林省白山方大集团党委书记、董事长，他抱定初心，带领白山方大集团诚实守信、以德经商30年。30年来，作为以经销中国名酒为主的企业，白山方大集团创下了"经销中国名酒30年无一假货，诚信重承诺30载无一投诉"的骄人业绩。

在谈到对诚信的理解时，宁凤莲说："做人讲诚信是做人的根本，做事讲诚信是做事的原则，经商讲诚信是经商的境界。"

为强化员工的诚信意识、弘扬诚信精神，宁凤莲坚持以文化为引领，为全体员工定制《新时代公民道德建设实施纲要》等学习笔记，同时，聘请书法家将《新时代公民道德建设实施纲要》等的内容写成小册子陈列在企业文化展厅，加强员工的自律意识。

世界上假的东西很多，它们在短时间内也确实蒙蔽了不少人，但假的终究是假的，经不起时间的考验。我们要达到成大事的目的，靠欺骗的手段可能会一时奏效，但远不如诚实更有用。

恪守信义，一诺千金

所谓恪守信义，是指对许诺一定要承担并兑现。答应了别人什么事情，对方自然会指望着你。如果一旦对方发现你开的是"空头支票"，说话不算数，就会对你产生强烈的反感。"空头支票"会给别人添麻烦，也会使自己名誉受损。因此，对别人委托的事情要尽心尽力地去做，但不要许诺自己根本力所不及的事情。

美国前总统华盛顿曾说过："一定要信守诺言，不要去做力所不及的事情。"他告诫人们，因承担一些力所不及的工作或为哗众取宠而轻诺别人，结果却使自己不能如约履行，是很容易失去信用的。

东汉时，汝南郡的张劭和山阳郡的范式同在京城洛阳读书。学业结束他们分别的时候，张劭站在路口，望着长空的大雁说："今日一别，不知何年才能见面……"说着，流下泪来。范式拉着张劭的手，劝解道："兄弟，不要伤悲。两年后的秋天，我一定去你家拜望老人，同你聚会。"

落叶萧萧，篱菊怒放，这正是两年后的秋天。张劭突然听见长空一声雁叫，牵动了情思，不由自言自语地说："他快来了。"说完赶紧回到屋里，对母亲说："妈妈，刚才我听见长空雁叫，范式快来了，我们准备准备吧！""傻孩子，山阳郡离这里一千多里，范式怎么来呢？"他母亲不相信，摇头叹息："一千多里路啊！"张劭说："范式为人正直诚恳，极守信用，不会不来的。"老母亲只好说："好好，他会来，我去打点酒。"其实，老人并不是不相信，只是怕儿子伤心，宽慰宽慰儿子而已。

约定的日期到了，范式果然风尘仆仆地赶来了。旧友重逢，亲热异常。老母亲激动地站在一旁直抹眼泪，感叹地说："天下真有这么讲信用的朋友！"范式重信守诺的故事一直被后人传为佳话。

讲信用，守信义，是立身处世之道，是一种高尚的品质和情操，它既表现了对他人的尊敬，也表现了对自己的尊重。但是，我们反对那种"言过其实"的许诺，我们更反对"言而无信""背信弃义"的丑行！

春秋时，齐襄公派大将连称、管至父去守卫葵丘。连称问齐襄公："我们何时能回来？"当时正是西瓜上市的季节，齐庄公一边吃瓜一边说："明年吃瓜的季节派人替换你们。"

一年之后，齐襄公却忘了约定。管至父只好送回一瓜，并提出按时替换的要求。齐襄公十分震怒，平静下来之后，对送瓜的人说："他们要想回来，再等一次瓜熟吧。"

连称、管至父见齐襄公言而无信，又气又恨。后来，他们二人参加叛乱，杀死了齐襄公。

齐襄公言而无信，最终落得死于非命的下场。

讲信用是忠诚的外在表现。人离不开社交，社交离不开信用。"小信成则大信立"，治国也好，理家也好，做生意也好，都需要讲信用。一个讲信用的人，表里如一。事无不可对人言，就少有愧疚、猜疑、顾忌等种种心理。如此，心中自然绿意盎然，步步花开。

如果一个人不讲信用，说话前后矛盾，做事言行不一，人们就无法了解他，因此对于这种人是无法与之进行正常交往的。

守信是取信于人的第一要素，信任是守信的基础，也是取信于人的方法。具有人格魅力的人，应该是守信的人，诚实的人，靠得住的人。

许诺之前要三思

不要轻易向别人许诺什么，可一旦许下了诺言就要恪守信誉，要给人一种遵守诺言的印象，这种印象将给你的生活和事业带来莫大的收益。古有"赏千金者不如季布一诺"之典，说明信守诺言的价值非千金可买。

信守诺言是人的美德。但是有些人在生活或生意上经常不负责地许各种诺言，却很少能遵守，结果给别人留下恶劣的印象。如果你说过要做某件事情，就必须办到；如果你办不到，觉得得不偿失，或不愿意去办，就不要答应别人，你可以找任何借口来推辞，但绝不要说"没问题"。

你的信守诺言的美德能给予别人良好的印象。你是否轻易地允以承诺？你是否值得他人委以重任？还是你总是会忘掉别人委托之事？当别人向你打听事情时，你转达了多少次错误信息？你是否多次提供不实的材料？

当然，有一些诺言能否兑现得了，不只是决定于主观的努力，还有一些客观的因素。有些照正常的情况是可以办到的事，后来因为客观条件起了变化，一时办不到，这是常有的事。我们在工作和生活中要想培养诚信的品质，不要轻率许诺。如果许诺，在许诺时不要斩钉截铁地拍胸脯，应留一定的余地。当然，这种留有余地是为了不使对方从希望的高峰坠入失望的深谷，而并不是给自己不努力埋下借口。

轻诺者，必寡信。在与人交往时，我们常会听见或说过那些并非出自本意的客套话，并且对于这些社交辞令也往往不加重视。

比方说，当一群人在谈论戏剧时，你可能会听到这样的对话：

"我非常喜欢欣赏戏剧，尤其是刻画现代人生活点滴的戏。"

"你真喜欢那样的戏呀！真巧，我认识一位剧场经理，他们的剧场最近要推出你欣赏的戏种，这样吧！改天我帮你要一张门票。"

这是极典型的双方均不认真的社交谈话。与其说这是一种客气的约定，倒不如说它是谈话时的润滑剂。

如果有一天，当你对客户提到海南的椰子很有名时，你说出此话的原因，当然不是在暗示他，你想要吃椰子，而只是将名产列入话题罢了！因此，在听到这位客户说"正好下周我去海南，到时候我带来两只送给你"后，你自然摆出一副煞有介事的模样，回应"好啊"。实际上，你从未将此话当真。

但令你吃惊的是，一星期后你收到了这位客户送来的椰子！你会惊讶，是因为料想不到在世界上竟然还有如此老实憨厚的人。也许就是这一次，会让你对这位客户的印象非常良好。

所以，在交往中确实地履行自己所做的"改天我……"的承诺，必能打动对方的心。

然而，或许有人会认为自己与对方的态度不同，何必如此认真地履行承诺。不过，就因为对方的不当真，而你却以认真的态度面对所做的"约定"，这样产生的效果才会更大。换言之，对方对你这种履行诺言的诚信行为引发出的喜悦及赞赏，会随着吃惊的程度而增强。

认真地履行自己所做的"改天我……"的承诺，不管是想进行感情投资，还是想让他人愉悦舒坦，都不失为一个妙策。

现代年轻人在面对自己曾许下的诺言时，常以马虎轻率的心态处理。

比如说，有人以为逢人便说"改天我们去吃个饭吧"或"改天我们去喝杯咖啡"是八面玲珑的做法。实际上，所得到的效果却适得其反。

表面上，对方也会因场面的关系而应声附和，但在私底下却对你经常开空头支票的行为会产生极大的反感，对你的信赖更是逐渐降低。

曾子杀猪取信说的就是这样一个故事。

一天，曾参的妻子准备上街，儿子哭着要跟着去，妻子哄他说"你在家里等着，妈妈回来杀猪给你吃！"儿子信以为真，不哭闹了。妻子从街市回家，只见曾参正拿着绳子在捆猪，旁边放着一把雪亮的尖刀。妻子赶上去说："我刚才是哄孩子，你怎么当真呢？"曾参严肃而认真地说："那可不行，当父母的不能欺骗孩子。如果父母说话不算数，孩子小不懂事，就会跟着学，这样就会教孩子说假话骗人，那就太不好了。"妻子为难地说："那可怎么是好？"曾参果断地说："就照你说的办吧！这叫'言必信，行必果'。"

有的人面对别人的请求时，虽然心里很想拒绝，但是觉得拒绝了对方，便是伤害了对方的自尊心，或是担心被指责为不讲义气，所以就违心地答应下来，随后懊恼不已，因为不能够去实现，便失信于人；有的人好轻易许诺，以显热情，但又没有足够的能力兑现诺言，便失信于人；有的人在兴奋时刻，慨然应允给别人某件物品，以示慷慨，可冷静之后，又十分舍不得，后悔莫及，吝啬占了上风，便失信于人；有的人对于自己根本办不到的事，却拍胸脯，打包票，事后却不能兑现，便失信于人。这些人不知道做人要以严格守信为先，不知道既然许诺他人，就要竭尽全力去实现的道理。

为了避免失信于人，所以是否对他人许诺要根据自己的实际情况来决定。当自己无能为力或心里不愿给予，以及难以给予的时候，我们应保持缄默，或者诚实地说一声"不""对不起"。在回绝的时候应做到友好、轻松、诚恳，因为这样的拒绝并非恶意，别人会理解你的苦衷并给予体谅的。

许诺是非常严肃的事情，对不应办的事情或办不到的事，千万不能轻率应允。一旦许诺，就要千方百计地去兑现。老子说："轻诺必寡信，多易必多难。"一个人如果经常失信，一方面会破坏他本人的形象，另一方面还将会影响他本人的事业。

明代《郁离子》一书中有如下一则商人因失信而丧生的故事：

济阳某商人过河时遭遇船沉，他拼命呼救，渔人见之划船相救。商人许诺："我会付你一百两金子。"渔人把商人救到岸上后，商人只给了渔人八十两金子，渔人斥责商人言而无信，商人反责渔人贪婪。渔人无言走了。后来，这商人又乘船遇险，再次遇上渔人。渔人对旁人说："他就是那个言而无信的人。"众渔人停船不救，商人淹死河中。这就是言而无信的后果。

第三章　感恩做人，谦卑处世

做人要懂得感恩

在飞速发展的社会中，人心浮躁，不少人似乎已经淡忘了"感恩"二字。大家都喜欢伸出双手说："给我，给我！"却不愿说："拿去，拿去！"那些要了还想要，总是不满足的人，怎么知道感恩呢？

在大山的深处，有一对相爱的年轻恋人。姑娘家境较好，而小伙子是十多里外的一个村庄的孤儿，家中一贫如洗。两人的恋情被姑娘的家长得知后，姑娘的母亲找到了小伙子的家，搬条凳子在他的家门口骂了三天三夜，谁也无法劝阻。有道是"贫贱夫妻百事衰"，其实贫贱的恋人又何尝有好日子过？

小伙子无奈，只得走出深山，外出求发展。出门在外的艰辛自不必多提，多年以后，小伙子拥有了一家工厂。他一直单身，单身的原因不是经济问题，而是心里总是放不下昔日的恋人。刚出门的头几年，因为日子一直过得窘迫，不好意思回乡，也觉得没脸联系昔日的女友。后来慢慢地发达了，又因为时间的久远而心生犹豫：她嫁了吗？一定嫁人了吧？乡下的女人快到三十岁若还没嫁出去，流言会如刀子一样往她身上戳。而如果嫁了的话，我再联系她，岂不是扰乱她平静的生活？

小伙子这时已经年届三十了，想的事自然会长远些，做的事自然也会稳重些。我们应该理解他的谨慎与犹豫，这是一个理性男人正常的反应。于是，在犹豫之中，时间又过去了几年。伴随而来的是：男人的事业也做大了不少，工厂越做越大，资产上了千万。

三十多岁的男人，终于在事业完全步入正轨后，冷静地梳理了自己的感情。他决定回一次家，给萦绕在自己心头十多年的感情一个交代。

于是，在大山中的乡村小道上，男人驾驶一辆帕萨特回到了家乡。刚到姑娘家时，男人还没有停车就看到了姑娘的身影。姑娘还是那个姑娘，没有嫁；男人还是那个男人，没有娶。后来的情节的发展自然是皆大欢喜。值得一提的是，姑娘的母亲对女婿一再赔不是，男人却说："不，我理解您当时的心情，谁不希望自己的孩子找一个好的人家呢？同时，我要感谢您，是您让我有了今天，也是您为我生养了您的女儿——我至爱的妻子。"是啊，没有岳母，他哪会走出大山？即使走出了大山，哪会有那股子冲劲和闯劲？最重要的是，没有岳母，哪里有妻子？

说完之后，男人转身对妻子说："还有，我要感谢你，感谢你在我一贫如洗时看上我，是你的爱给了我莫大的勇气与毅力。"

这是一个略带忧伤的喜剧。其实类似的剧情在我们生活中经常上演，只是有的演成了喜剧，有的演成了悲剧。其中的细微差别往往是：是否有一颗感恩的心。一个有感恩之心的人，看待问题不会偏激，想事情不会光顾自己。这样的人，谦卑、平和而又优雅。

佛经有云："若人少恩常念不忘，知恩、报恩，得大功德。"

在 2019 年热播剧《都挺好》中，苏明玉从小在家不被善待，直到后来在兼职过程中遇到师父老蒙，老蒙不仅在事业上帮助她成长晋升，生活上也带给她父亲般的温暖。

后来公司出现内部斗争，明玉被人劝说离开老蒙另谋高就，但明玉始终记得老蒙对她的恩情，对她的好，依然忠心不二地为公司付出所有。

苏明玉从一个马路边发传单的小女孩，变成了一家大集团的副总，除了应该感激自己的运气外，更多靠的是她自己的努力和不忘感恩的心。

这世上有来路不明的恶意，却没有理所当然的善意，学会感恩别人的每一次帮助，因为别人原本可以不这么做。唯有感恩在内，方能谦卑于外。而感恩并非拘囿于感激别人的恩惠，发自内心的感恩，包括：

感恩爱我的人，因为他给了我幸福；

感恩帮助我的人，因为他给了我温暖；

感恩伤害我的人，因为他磨炼了我的心志；

感恩欺骗我的人，因为他增长了我的见识；

感恩遗弃我的人，因为他教会了我自立；

感恩绊倒我的人，因为他强健了我的双腿；

感恩斥责我的人，因为他指出了我的缺点；

感恩藐视我的人，因为他唤醒了我的自尊；

感恩我的敌人，因为他让我认识自己和看清现实；

感恩伤痛，让我学会了坚忍重建了幸福观；

感恩生活所给予我的一切，虽然给我的不全都是幸福和美满！

感恩能让我们保持灵魂上的健康。心存感恩，生活中就会少一些怨气和烦恼；心存感恩，心灵就会获得宁静和安详。心存感恩地生活，就会敬畏地球上所有的生命，珍爱大自然一切的恩赐，时时感受生活带给我们的一切美好。

处世要学会谦卑

富贵如浮云，有，不要太高兴；没，也不要失望。明天，可能一切都会改变。

有一个财大气粗的建筑业大老板看见一个工人在清洁门

窗，就走过去说："好好干！想当年我也当过清洁工。"那个工人笑笑："您也好好干！想当年我也是个大老板。"

人生总会出现几个浮沉，春风得意时要感恩与谦卑；被打趴到地上时，也要学会不怨不怒；即使有一天再被捧上宝座，依然要警醒自己。"从感恩出发，从谦卑做起"——卧薪尝胆的马英九的这句宣言可谓金玉良言。

美国哈佛大学人际学教授约翰·杜威曾说："人类本质中最殷切的需求是渴望被肯定。"两个人初次见面，放低姿态，及时表达谢意；说话办事的时候谦虚、谨慎、低调，处在下风的位置。这样，自然能够乐于被对方接受。

在央视一档节目《开学第一课》中，董卿因跪地采访96岁的翻译家许渊冲而登上微博热搜榜。

此次采访的对象许渊冲，是一位将一生都奉献给翻译事业的著名翻译大师，96岁高龄的他，坐着为孩子们讲述自己的故事。包括自己8岁的时候开始学英语，因为不会发音，把英文字母W念成了"打拔了油"等趣事，希望孩子们以后也能像他一样，做自己喜欢的事，将自己的人生价值最大化。

而在这段老人风趣幽默的采访视频被传到网上后，大家更多的注意力却被董卿吸引了。

因为在面对身体机能逐渐下降的许老，董卿在短短的三分钟里，跪地三次，一直努力保持和老先生平视或者仰视的角度，听着许老讲述自己的故事，然后向现场观众传达许老的意思。

而每当要提问的时候，董卿则是主动靠近许老的耳边，用缓慢的语气向许老提问。

短短的几分钟里，许渊冲老人和董卿让观众看到了两种中华文化的体现：老人将一生奉献给翻译事业，用他的执着和坚持推动文化的发展；而董卿跪地采访的谦卑态度，堪称是给孩子们上了一节"尊敬师长"的言传身教课。

这个举动里藏着董卿对前辈的尊重，对文化的虔诚，对知识的敬意，也得到网友的一致好评，称"这一跪，是最美的中华骄傲。"

跪地采访并没有损失她任何个人的尊严，反而让我们看到她得体的外表和渊博的知识下藏着的一颗谦卑的心。

事实上，善于表达谢意，以感恩、谦卑的姿态面对身边的人和事，是一种积极的人生态度。美国著名作家罗曼·W·皮尔是"积极成像"观点的主要倡导者，他提出的"态度决定一切"，已经成为表达积极思想的一句口头禅，被传遍了全世界。

成功学家安东尼曾说过这样的一句话："人要获得成功，第一步就是先要存有一颗感恩的心，感激之心。"是的，会感恩的人才会赢得别人尊重、爱护与帮助。一个人也只有学会感恩，才算是学会了做人。否则，一个人要是不知好歹，甚至把人家的好心当作驴肝肺，你怎么指望他会以爱心、以负责任的态度去面对父母、家庭、同学、同事、朋友、企业和社会呢？

从感恩出发，从谦卑做起，学会随时表达感激，是每个人应该掌握的一种处世智慧。

感恩也是对爱的一种表达，感恩之中蕴藏着一份做人的谦虚和真诚，一种对他人的感谢与尊重。

低调做人的艺术

低调做人意味着你要放弃许多架子，放弃许多充大、装相、张扬和卖弄的虚荣表现，放弃许多假正经、假道学、假圣人的虚伪面孔。

人人都有架子，只是架子有大小、多少的区分，以及所针对的人或事不尽相同罢了，无论在家庭、单位，还是在社会，架子都无处不在。褒义上的架子应当是与尊严、气质、性格上的完美结合，体现了真、善、美；贬义的架子则是庸俗、高傲、手段的个性张扬，体现的是假、恶、丑的一面。放下架子，就是要在生活当中摒弃贬义上的架子，还人本来的面目。崇尚人间美好、和谐、真诚的传统，使我们本身具有的人格魅力一览无余，这也是处世平等、人性化的根本要求。

俗话说："骡马架子大了能驾辕，人架子大了不值钱。"人们还把架子戏谑地称为"臭架子"，可见对其厌恶之深。常听人们说"某某人没架子"，这是对一个人发自内心的褒奖。而那些有一定权势、地位的人，念念不忘自己的"身份"，常常放不下架子，总好摆谱，以为那样能显示自己的"身价"与"威风"，结果摆来摆去，反倒让人觉得虚伪和浅薄。

人一旦有了架子，就好比盖楼时搭的架子，它可以把人抬到与楼一般高。但有了"架子"很不方便，弯不下腰，转不了身，脖子和眼睛都不灵活。"架子"看上去威风得很，其实虚弱得很。

成功者往往是恪守低调作风的典范。低调做人不仅是一种境界、一种风范，更是一种思想、一种哲学，需要把架子完全抛弃。在这一点上，纵观历朝历代，曾国藩可以说是典型的代表。

身处宦海，历经沉浮，曾国藩却依然能够游刃有余，步步高升，并得晚年善终，这不能不说是他低调做人的原因。他不仅自己能够做到低调做人，而且还将这种风格当作一种家训，让弟弟们也学习。

他在道光二十四年（1844）七月二十日在给父母的家信中这样写道：

> 六弟今年正月信，欲从罗维山处附来，男甚喜之！后来信绝不提及，不知何故？所付来京之文，殊不甚好。在省读书二年，不见长进，男心实忧之，而无如何，只恨男不善教诲而已。大抵第一要除骄傲气习，中无所有，而夜郎自大，此最坏事。四弟九弟虽不长进，亦不自满，求大人教六弟，总期不自满足为要。

意思是说：我接到六弟的家信，信中说六弟想从罗维山附课，儿子我非常高兴。后来就再也没有提及这事儿，也不知道怎么回事了。如今六弟读书没有太大长进，儿子我心里也很着急，可是却也无可奈何，只恨儿子我不善于教诲罢了。儿子认为六弟读书没有太大长进的原因，大概是官宦子弟的那种骄傲的习气，这也是第一个要去掉的不良习气。明明胸无点墨，又夜郎自大，这是个最不好的事情。虽然说四弟、九弟在读书方面也没有太大长进，但是他们不自满，也希望父母大人教导六弟，总要以不自满来警醒自己。

为学要低调，为人、为官更要懂得低调。低调做人是曾国藩为人为官之道。自从他进入仕途一路高升，时常感叹"高处不胜寒"这一处境。他认为，越是处在人生事业的顶峰，越容易骄傲自满，自我膨胀，因此紧接着伴随而来的，就有可能是人生跌入低谷，事业一落千丈，多年辛苦付之东流，这也就是人们常说的"站得越高摔得越惨"！

为此，曾国藩时常在家书里，一遍又一遍地牢牢叮嘱自己的弟弟们，"盛时常作衰时想，上场当念下场时。富贵人家宜牢记此二语"。俗话说"物极必反"，盛极而衰，当你的功名利禄达到一定地步的时候，也可能一夜之间化为乌有。

低调做人，还意味着你必须丢掉一些东西，比如身份感、优越感、尊贵感、荣耀感等等。这些东西，让人活得更有追求，但没有它们，活得简单也挺好。重要的是顺其自然。

从一定意义上讲，放下架子，就是解放自己。只有这样，才能放下包袱，轻装前进。一个人真正放下了架子，就会真正正视现实。如此，放下架子即能增长智慧，放下架子即能得到欢乐，放下架子即能获得财富。

> 有一位中专毕业生，刚开始在一家公司应聘了一份低薪的体力工作，几个月后，老板逐渐发现其能力不俗，于是委以重任，而该中专生因为有了基层工作的积累，在高管的位子上一点架子都没有，工作开展得如鱼得水，成就非凡……

在此，我们需要效仿的，除了"低就"的就业策略，更重要的是成熟、务实的心态。有些人认为放下了架子就会丢了面子，殊不知，如果真能放下架子，说不定会争得更多的面子。

将心比心，以心换心，谁也不会因为你放不下架子反而会给足你面子。所以看轻面子，放下架子，踏踏实实做事，轻轻松松做人，岂不乐哉！

低调是一种优雅的人生态度。它代表着豁达，代表着成熟和理性。它通常和含蓄联系在一起，是一种博大的胸怀、超然洒脱的态度，也是人类最高的境界之一。这就是低调做人的艺术接受。

有本事的人从不吹嘘

有些人为了赢得别人更多的关注、肯定和推崇，或为了向他人推销自己，不惜哗众取宠，竭尽鼓吹和炫耀自己之能事。大谈当年如何春风得意，却矢口不提碰霉头、掉链子的困窘；大谈当年过五关、斩六将的豪壮，却从不提败走麦城的狼狈。

诚然，卖弄自己之能，吹嘘自己的风光之事和得意之事，能赚到一些艳羡，却也会招来一些妒忌、反感甚至厌恶。爱自我夸耀的人，是找不到真正的朋友的。因为他们自视清高，鄙视一切，不大理会别人的意见。这种人只会吹牛，朋友们避之唯恐不及。这种人常自以为最有本领，觉得干什么都没有人比得上他，瞧不起别人，结果使自己成为被孤立者。

小乌贼长大了，乌贼妈妈开始教它怎样利用喷"墨汁"来保护自己。

乌贼妈妈说："每只乌贼都有自己的墨囊，在遇到敌人时，我们可以喷发墨汁来掩护我们逃跑。"小乌贼在妈妈的指导下，果然能喷出又黑又浓的墨汁了。

自从小乌贼学会了喷墨汁的本领，就总是向它的伙伴小海蛾、小海参、小虾鱼炫耀自己。小海参说："小乌贼，喷墨汁确实是你的本领，但也不应该总是拿出来炫耀啊！你应该学一些新的本领。"小乌贼听了很不服气地说："真讨厌，用得着你来教训我。"然后它发怒了，喷出一股浓浓的墨汁，它的小伙伴们吓得东躲西藏，还把附近的海面弄得乌烟瘴气的，自己也搞不清方向了。这个时候，一条大鱼向它扑了过来，小乌贼急忙喷墨汁，但是它的墨囊里已经没有墨汁了，看着大鱼越来越近，小乌贼慌了。就在这关键时刻，小海参冲了过来喊道："小乌贼，快闪开！"就在大鱼马上要吃掉小海参的时候，小海参丢出来一串肠子。

大鱼离开后，小乌贼羞愧地说："小海参，原来你也有保护自己的方法啊！"小海参说："抛给敌人肠子是我们保护自己的本能，没什么好炫耀的，好多生物的本领都比我们强很多。"小乌贼听后惭愧地低下了头。

真正有本事的人很少向别人炫耀自己。《智慧书》说："不要对每个人都显露同样的才智；事情需要多大的努力就只付出多大的努力。"不要徒费你的知识和才能。优秀的养鹰者只养自己用得上的鹰。不要总是露才显能，否则要不了多久，人们再也不觉得你有什么神秘。所以，你要留有一些绝招。假如你能保持一点神秘，人们就总是会对你抱有期望，因为他们弄不清你的才华究竟有多么的深广。

滥用夸张的词语是不明智的，这种词语既有背事实，又使人对你的判断心存疑虑。说话夸大其词，等于是把赞美的词到处乱扔，这只会暴露出你的知识欠缺、品位不高。赞扬招来好奇心，好奇心产生欲望，等后来人们发现你言过其实时，常常会因此感到自己受了愚弄，于是生出报复心理，将赞美者和被赞美者一股脑"踏倒"。所以，谨慎的人知道节制，与其言过其实，不如言之未足。真正的"卓越非凡"十分罕见，所以你不宜滥下褒词。言过其实是一种说谎，可能会毁坏别人原本以为你品位高雅的印象，甚至毁坏你智慧过人的名声。

总之，一个人在为人处世之时应尽量少谈自己风光的事。实在要谈，也要看对象和场景，切勿给人造成出风头、强显自己的印象。与其炫耀自己之能，不如鼓吹他人之功，把荣耀给身边的人，把风光给同行的人，也许会赢得更多的称许和美誉。

老鹰站在那里像睡着了，老虎走路时像有病的模样，这就是它们准备猎物前的状态。所以一个真正有本事的人要做到不炫耀，不显才华，这样才能很好地保护自己。

第四章　胸怀博大，宽以待人

比蓝天宽广的是人的心灵

　　宽容是一种优秀的素质，一种高尚的情操。宽容不是懦弱、胆怯，而是大度与包容，是笑看风云的情怀与爽朗。多一分宽容，就少一次纷争；多一分宽容，就少一次干戈；多一分宽容，就少一团阴霾；多一分宽容，就多一分理解；多一分宽容，就多一分友爱；多一分宽容，就多一分感动。

　　"人"字的含义就是相互支撑！在这个世界上，没有绝对的对与错。同一件事，立场不同，看法就不一样。如果你觉得受了委屈，那你为何不换个角度看世界呢？或许你的感观就会因此而有所改变。不要因为别人对你非常好，只有一个方面让你感觉稍有不好，就斤斤计较，心存怨恨。要学会以德报怨，宽容他人。因为，宽容他人就等于善待自己。

　　宽容就像酒吧里的调酒师，可以为你调出最美妙的滋味，最柔和的色彩；宽容就像夜幕降临时的那一轮皓月，不仅能指引你前行的方向，也能给你一份温暖的关爱。宽容别人，表面上看是你不计较他人的错误，而真正感到轻松的却是你自己，因为宽容别人的同时也将堵在自己心口的那块儿石头搬走了，内心宁静了、清澈了，所以宽容别人就是善待自己。

　　人与人之间互相理解、互相包容的事例自古就有：

　　　秦王嬴政听取李斯"海河不择细流，故能成其深"的喻谏，收回逐客令，不计前怨，实行广招贤才的政策。若非如此，恐怕会失去一大批客臣的支持，难以创下如此丰功伟业。

这样的例子在现代也屡见不鲜：

著名作家萧伯纳一次饭后散步，碰见了一位与他有过摩擦的官绅。萧伯纳退后一步让官绅先走，可那位官绅毫不领情，板着脸说："我从不对比我蠢的人微笑，也不会谦让。"萧伯纳听后不但不生气，反而微笑道："我却正好相反。"如果那位官绅懂得以和为贵，就不会受到萧伯纳如此羞辱。

比大地宽广的是海洋，比海洋宽广的蓝天，比蓝天宽广的是人的心灵。有的人因为包容别人而得到别人的帮助，成就了伟大的事业；有的人因为被别人包容而使自己走向成功之路，甚至为人类作出贡献而流芳百世。总之，宽容不仅是人与人之间相处的基本原则，还是走向成功的必经之路。它犹如一块块垫脚石，让你越踩越高，直到达到人生的顶峰。

宽容是一种美德，它是一种激动，也是一种成全。母亲对儿子的宽容，从而造就了伟大科学家爱迪生；君对臣以宽容，从而造就了一代名臣管仲。如果没有这些"海纳百川"的气度，这些伟大的成功从何谈起呢？

做人，要做宽容的人，利己、利人、利社会。生活的天地如此广阔，我们没有必要在愤怒中消耗时间，浪费生命。宽容一点，大度一点，我们的生活就会变得更精彩、和谐与美好！

> 历史上还有个叫蔺相如的臣相，由于护驾有功，所以官职一路上升，引起了大将廉颇的忌妒与不满，廉颇便处处与蔺相如作对。但是蔺相如面对廉颇的无理取闹，只是笑而避之。后来就发生了"负荆请罪"这个故事。蔺相如如此宽宏大量，廉颇深感惭愧，从此两人便联手一起为赵国效劳。

所以说，学会宽容，于人于己都有益处。

反观历史上那些善于妒忌的人，遇到一点不满便怨天尤人，这些人纵然学问再好，也难成大器。

> 周瑜是一位卓越的军事家，才能出众，足智多谋，把庞大的东吴水师管理得井井有条。可是，当他得知了诸葛亮的神机妙算后，虽自知不如，但却不甘落败，于是整天在心中盘算着如何打赢诸葛亮，在发出了"既生瑜，何生亮"的凄叹后，最终落得个吐血身亡的结局。

唉，这又是何苦呢！倘若周瑜能像蔺相如那样宽容大量，他的结局肯定不会是这样！

在生活中，我们难免会与别人发生矛盾，当别人不小心踩到我们的脚时，我们可以摆摆手，说声没关系；当别人弄坏了我的东西，向我们道歉时，我们也可以宽容地付之一笑。人生如此短暂，我们又何必把每天的时间都浪费在这些无谓的矛盾之中呢？天地如此宽广，比天地更宽广的应该是人的心啊！

己所不欲，勿施于人

"己所不欲，勿施于人"出自《论语》。在《论语》中，这句名言出现了两次，由此可见孔子对这一品质的高度重视。

孔子平易近人，从不对他人做过高的要求，所以对孔门弟子，他并不要他们做到"人所欲，施之人"，只要求他们"己所不欲，勿施于人"就可以了。这就是孔子反复提到这句话的原因。

"己所不欲，勿施于人"，是当今人们处理人际关系的一个重要原则。它是指人应当以对待自身的行为为参照物来对待他人。应该有宽广的胸怀，待人处事之时切勿心胸狭窄，而应宽宏大量，宽以待人。否则，不仅会破坏与他人的关系，也会将事情弄得不可收拾。人与人之间的交往确实应该坚持这种原则，这是尊重他人，平等待人的体现。人生在世除了关注自身的存在以外，还得关注他人的存在，人与人之间是平等的，切勿将己所不欲施于人。

所谓"己所不欲，勿施于人"，就是用自己的心推及别人，自己希望怎样生活，就要想到别人也会希望怎样生活；自己不愿意别人怎样对待自己，也就不要那样对待别人。总之，从自己的内心出发，推及他人，理解他人，善待他人。简单地说就是人们常说的将心比心，设身处地为别人着想。

春秋晋国有一名叫李离的狱官，他在审理一件案子时，由于听从了下属的一面之词，致使一个人冤死。待真相大白后，李离准备以死赎罪。晋文公说："官有贵贱，罚有轻重，况且这件案子主要错在下面的办事人员，又不是你的罪过。"李离说："我平常没有跟下面的人说我们一起来当这个官，拿的俸禄也没有与下面的人一起分享。现在犯了错误，如果将责任推到下面的办事人员身上，我又怎么做得出来。"他拒绝听从晋文公的劝说，伏剑而死。这便是"己所不欲，勿施于人"典故的由来。

孔子在《论语》里所强调的，是人应该宽恕待人，提倡"恕"道，唯有如此才是"仁"的表现。"恕"道是"仁"的消极表现，而其积极表现则是"己欲立而立人，己欲达而达人"。孔子所阐释的"仁"以"爱人"为中心，而爱人这种行为就包括宽恕待人这一方面。

下面是一个真实的故事。

在非洲某个国家的白人政府实施种族隔离政策，不允许黑人进入白人的公共场所。白人也不喜欢与黑人来往，认为他们是低贱的种族，唯恐避之不及。

有一天，有一个长发的白人女孩躺在沙滩上做日光浴，由于过度疲劳，她睡着了。当她醒来时，太阳已经下山了。此时她觉得有点饥饿，便走进沙滩附近的一家餐馆。她推门而入，选了一张靠窗的椅子坐下，她坐了约15分钟都没有侍者前来招待她。她看着那些侍者都忙着服务那些比她来得还迟的顾客，对她却不屑一顾，她顿时怒气满腔，想上前去责问那些侍者。

当她站起身来，看到眼前一面大镜子中的自己，她恍然大悟，原来她已被太阳晒黑了。此时，她才真正体会到被白人歧视的滋味！她也第一次感到自己过去也曾有过的对黑人的歧视是过分的，不友善的。

现代社会为什么要提倡"己所不欲，勿施于人"呢？因为，我们付出什么，收获的就是什么。播种一个善行，你会收到一个善果；播种一个恶行，你会收到一个恶果。

我国历史上出现过许多推己及人的先贤，大禹治水的故事就是"与其堵而抑之，不如疏而导之"的崇高典范。

大禹接受治水的任务时，刚和涂山氏结婚。当他想到有人被洪水淹死时，心里感觉就像自己的亲人被淹死一样痛苦、不安，于是他告别了新婚妻子，率领 27 万治水群众夜以继日地进行疏导洪水的工作。在治水过程中，大禹三过家门而不入。经过 13 年的奋战，疏通了九条大河，使洪水流入了大海，消除了水患，完成了流芳千古的伟大功绩。

到了战国时期，有个叫白圭的人和孟子谈起这件事，他夸口说："如果让我来治水，一定能比禹做得更好。只要我把河道疏通，让洪水流到邻近的国家去就行了，那不是省事得多吗？"孟子很不客气地对他说："你错了！你把邻国作为聚水的地方，结果将使洪水倒流回来，造成更大的灾害。有仁德的人，是不会这样做的。"

从这两个故事来看，白圭只为自己着想，不为别人着想，这种"己所不欲，要施于人"的错误思想，难免会害人害己。大禹治水把洪水引入大海，虽然费工费力，但这样做既消除了本国人民的灾害，又消除了邻国人民的灾害。这种推己及人的精神，值得我们钦佩和效法。

"推己及人"这种替别人着想的思想不仅在中国，在全世界也有着广泛的影响。据说国际红十字会总部里，就悬挂着孔子"己所不欲，勿施于人"的语录，体现了人类对美好人际关系的向往。

我们有句俗语叫"人和万事兴"，而推己及人正是实现人和的润滑剂。愿我们所有的炎黄子孙，都能做到推己及人，使五千年灿烂文明之花，开得更加艳丽芳香。

但行善事，莫问前程

但行善事，莫问前程，这句话告诫人们要向善、行善、扬善，始终怀抱善心、善意，善待所有的人，只有这样，这个世界才会少一些假、恶、丑，多一些真、善、美，人们的生活才能称得上真正的美好。

善是生命的黄金。曾在某书上看过这么一个故事：

一个在外打工几年才难得回家一次的男孩，当他深夜坐车回到家乡路口，遇见一陌生男子被车撞倒在地，肇事司机早已逃走。急于回家的愿望让他正想离开，忽转念一想，陌生男子的家人是不是也会像自己父母那样在等待他的归来？于是他把男子送到了医院，男子因此得救。后来，得知那人竟是他几年未曾见过一面的亲哥哥。幸亏他当时没有袖手旁观，否则，将会导致他一生一世的悔恨和内疚。

还有一位朋友说起发生在他自己身上的故事：

在他刚出来社会跑业务时，经济能力有限，步行在外，也不舍得掏钱吃饭，只是在深夜回宿舍煮一点稀饭填肚子。有一次他很晚才回来，以为舍友都睡了，却见其中一好友煮好了一碗面条在那等着他，他非常感动。后来，他经过自己的努力终于出人头地，在社会上有了很高的身份和地位。许多年了，他依旧还记得当初那位朋友给他煮的面条，在那个时候不仅解决了他的温饱问题，更重要的是温暖了他的心扉，给了他从未有过的勇气、信心和力量。当然，他成功后并没忘朋友曾经的支持和帮助。现在，他们在同一公司上班，好得像兄弟一样，有福同享，有难同当。

由此可见，你善待了别人，生活也会善待你。你无意中做了一点点的善事，有时往往可以让你得到意想不到甚至是十倍百倍于你付出的收获。

"盲人点灯——白费烛"，这句谚语几乎是家喻户晓。然而有一天，我读了一则很有哲理的故事：

故事的大意是这样的：

一个漆黑的夜晚，一个苦行僧人走到了一个村子的黑巷子里，他看见一盏晕黄的灯正从巷子的深处缓缓前行。僧人走近才发现，原来是一位盲人挑着灯在行走，他百思不得其解：盲人挑灯，岂不多此一举？于是僧人好奇地上前问道："施主，既然你什么都看不见，为何还要挑着灯啊？"那位盲人说："黑夜里如果没有灯光照映，那么全世界的人都会如我一样成为盲人。所以我就点了一盏灯，既为别人照亮了路，自己也不会被别人撞到，岂不是两全其美。""哦，施主是为了别人，同时也为了自己。"

一位盲人能有这样精妙的大彻大悟，真是让人钦佩不已！尽管这位盲人是不幸的，他没有健康的身体，但他却拥有博大的胸怀，能设身处地地为他人着想。人们常用"盲人点灯——白费烛"来比喻劳而无功、徒劳无益的事，其实也不尽然，"盲人点灯"的故事不正是针对这一说法的有力反驳吗？

李嘉诚和比尔·盖茨一样，一开始只知道赚钱，后来得到某种启发，开始捐款，多做善事，放生、救助贫困、捐助教育、修路架桥等等，他的慈善行善，默默奉献，换来了人生的辉煌，那就是有价值的人生。真正懂得如何奉献国家、民族及世界的人，才是真英雄。

在 2020 年新冠肺炎疫情防控阻击战中，有舍小家为大家的医务工作者和党员干部、志愿者，更有时刻关注疫情的普通百姓。在蓉江，就有这样一位97岁老人刘壬英，她用实际行动诠释着家国情怀和早日战胜疫情的坚定信心。

出生于20世纪20年代的她，见证了在党的领导下，国家的日益繁荣富强和人民生活水平的不断提高。作为见证者、实践者和受益者，家国情怀在老人的心里留下了深深的烙印，这次疫情的蔓延同样也牵动着老人的心。

老人平时生活节俭，子孙给她的零花钱她都会存下来，一万块钱她存了近10年。但是在疫情面前，她"大方"了一把，把一万元全部捐赠出去。

一万块钱，对于一个97岁的老人来说是近10年的存款，但是她却说不多。这份对疫情的牵挂，对抗击疫情的爱心和无私奉献，感动和温暖了她的子孙后代，更激发了大家打赢疫情防控阻击战的信心和决心。

现在的人，生活节奏快，经济压力大。看到需要帮助的人的时候，即便有帮助别人的愿望，也得权衡一下自己的时间、财力。因此在这个世界上，每做一次志愿者，每帮助一个贫困对象的机会都很难得。所以说善最珍贵，善是黄金。

原谅比指责更有效

从前有一个小男孩，他救了一只熊，并精心地照料着它。日复一日、年复一年，小男孩和熊都长大了，彼此成了很好的朋友。

有一次小熊和男孩玩耍，不小心抓伤了男孩的脸，男孩很生气，顺手抓过身边的一个小石头朝熊的头上扔去，并骂道："笨熊！"熊的头被石头打破了，但那只熊只是默默地走开了。后来又发生过很多类似的事情，男孩总会忍不住骂熊是笨熊。终于有一天，熊走了，回到了属于它的大自然。

很多年过去了，男孩长成了大人了，他跟着探险队到大森林里面探险，途中遇到一只野狼的袭击，就在那一瞬间，出现了一只熊，救了他的命。他认出这是自己曾经救过的那只熊，于是抱着熊痛哭起来，责怪自己当初不该拿石头打它，摸着熊头上的伤疤，懊悔不已。他终于明白，熊根本就不在意男孩打了它多少次，而是男孩那句一气之下说出来的"笨熊"深深地伤害了它。

在人生中，每个人都会经历很多事，有时可能会无意伤害到别人，别人也可能会无意伤害到我们。产生冲突的机会是很多的，但如果我们能原谅别人，许多引起冲突的事就会有可能被避免、被化解。

还有一则寓言故事。

北风和南风打赌，看谁的力量更强大。它们决定比试谁能把行人的大衣脱掉。

北风先来。它鼓起劲，呼呼地吹着，直吹得冷风凛凛、寒冷刺骨，可是越刮，为了抵御北风的侵袭，行人越是把大衣裹得越紧。

接下来是南风。南风徐徐吹动，轻柔温暖，顿时风和日丽，行人觉得春意暖暖，渐觉有点热，于是开始解开纽扣，继而脱掉大衣。就这样，南风获得了胜利。

南风之所以能达到目的，就是因为它顺应了人的内在需要，使人的行为变为自觉。

这一则寓言故事给我们的启示是：在处理人与人之间的关系时，原谅比指责更有效。北风和南风都要使行人脱掉大衣，但由于方法不一样，结果大相径庭。

一个人的心境是可以由自己来决定的，指责别人的错误也许非常重要，然而原谅别人的错误，才是更高一层的境界。

在一次大战结束后的庆功宴上，楚庄王由于大获全胜，因此十分高兴，不仅以大鱼大肉款待众位将领，更安排自己的一位宠妃到席间亲自为将士斟酒，借此表示奖励。

酒足饭饱之际，将士们的酒越喝越多，胆子也越来越大。当这位妃子穿梭于席间替将士们斟酒时，大厅上的蜡烛突然被风吹熄了，黑暗中，妃子感觉有人趁机摸了她一把。她急中生智，一把扯下了那个人头盔上的帽带，然后回到楚庄王的身边，既生气又委屈地把这件事情告诉了楚庄王，请他好好惩治一下那个没有了帽带的登徒子。

楚庄王听说有人调戏自己的爱妃，当然怒火中烧，但是转念一想，在场人士皆是有功之臣，而且每个人都已满脸酒意，一时得意忘形实在无可厚非，不值得大惊小怪，何必为了一个无心之过而小题大做，破坏了原本欢乐的气氛呢？

于是楚庄王举起酒杯，对所有的将士们说："今天宴请大家，一定要玩得尽兴，不醉不休，因此请所有的人都脱下帽子，不必拘泥礼节，大家一起狂欢吧！"说罢，全场的人皆脱下帽子。再也分不出谁是那个被扯下帽带的无礼军官了。

楚庄王宽宏大量，并体恤军心，他懂得原谅比指责更重要这个道理，掩小恶以顾全大局，因此能在春秋时代，为楚国创造出一个繁荣盛世。

生活中有很多事情，本来就是可大可小、可有可无。每个人的身上也总有几处缺点，疾恶如仇的人猛盯着这些地方看，心中充满了憎恶；有容乃大的人却假装看不到这些缺点，设法往好处想。只要瑕不掩瑜，心中自然充满了喜乐。

当你手握足以致人哑口无言的权柄，身处高位，面对尖锐的批评逆语，你是否能够做到不怒目横扫、暴跳如雷呢？

曾经在《读者》里看过一个故事。

有一对情侣，相约下班后去用餐、逛街，可是女孩因为公司会议而延误了，当她冒着雨赶到的时候已经迟到了30多分钟，她的男朋友很不高兴地说："你每次都这样，现在我什么心情也没了，我以后再也不会等你了！"

　　刹那间，女孩伤心极了，泪如雨下，她心想：或许，我们再也没有未来了！

　　同样的在同一个地点，另一对情侣也面临同样的处境：女孩赶到的时候也迟到了半个钟头，可她的男朋友说："我想你一定忙坏了吧！"接着他为女孩拭去脸上的雨水，并且脱去外套披在女孩身上。此刻，女孩流泪了！但是流过她脸颊的泪却是温馨的、幸福的。

看了这个故事我很感动，也深有感触。其实爱、恨往往只是在我们的一念之间，只要我们在任何事情面前多动动脑子。横加指责，也只能遭到别人的指责；不会包容别人，就不会得到别人的包容；因此，我们要学会适时原谅别人，原谅就是放弃所有的伤痛，让一切都成为过去，须知原谅比指责更有效。

第五章　用幽默游刃人生

幽默是一项高贵的品格

你微笑，世界便也会对你笑；你埋怨，则只有你一个人在角落里孤独地哭泣。因为埋怨是一种自私的、幼稚的行为。你为自己的忧愁而埋怨，别人可不愿因为你的忧愁而跟着伤感痛苦，他们一定会赶快离开你。如果你能对着你的不幸微笑，周围的朋友便会都来帮你战胜厄运。

小小的一个幽默，也许就能拉近彼此之间的距离，能使别人改正不当的行为，化解彼此间的误会。我们要学会幽默地自我嘲讽建立起成熟的人生态度，因此幽默之功用岂可等闲视之。显然，一个富有幽默感的人，肯定是一个有魅力的人。

我们发现，在综艺节目中，那些人气最旺的电视节目主持人不是最英俊或最漂亮的，也不是最深刻或最煽情的，而是最幽默、睿智的。

让我们来看看，幽默到底何德何能，能有如此魅力？

1. 幽默是一种乐观的心态

　　凤凰城著名演说家罗伯特说："我发现幽默具有一种把年龄变为心理状态的力量，而不是生理状态的。"他还有另外一句著名的妙语："青春永驻的秘诀是谎报年龄。"他70岁生日时，有很多朋友来看望他，其中有人劝他戴上帽子，因为他头顶秃了。罗伯特回答说："你不知道秃头有多好，可能我是第一个知道下雨的人！"

幽默能让人笑口常开，能让人从一种乐观向上的生活态度中获得幸福的感觉。

有这样一则故事：

在一个小山村里，有一对残疾夫妇，女人双腿瘫痪，男人双目失明。春夏秋冬，播种、管理、收获……一年四季，女人用眼睛观察世界，男人用双腿丈量生活。时光如水，却始终没有冲刷掉洋溢在他们脸上的幸福。

当有人问他们为什么如此幸福时，他们异口同声地反问："我们为什么不幸福呢？"男人笑着说："我双目失明，才能完全拥有我妻子的眼睛！"女人也微笑着说："我双腿瘫痪，才完全拥有他的双腿啊！"

这就是幸福，一种乐观豁达的胸怀，一种幽默的人生佳境！

拥有了这种胸怀和这种境界，心灵就犹如有了源头的活水，我们就能用心灵的眼睛去发现幸福，发现美。在我们眼中，姹紫嫣红、草长莺飞是美的；大漠孤烟、长河落日也是美的；我们甚至可以用心领会到"留得残荷听雨声""菊残犹有傲霜枝"的优美意境。

这就是乐观，这就是幸福……

如果我们像这对夫妇一样，抱着这种乐观的生活态度，去发现幽默，发现幸福，我们必然能生活在欢声笑语中。

下面是一些与名人相关的幽默故事：

美国第26位总统西奥多·罗斯福有一次许多东西被偷了。他的朋友写信安慰他，他在给朋友回信中说："谢谢你来信安慰我，我现在很平静。这要感谢上帝，因为：第一，贼偷去的是我的东西，而没有偷去我的生命；第二，贼只是偷去了我一部分东西，而不是全部；第三，最值得庆幸的是，做贼的是他，而不是我。"

法国大哲学家伏尔泰特别喜欢喝咖啡，每天都要喝大量的咖啡，一杯接一杯地喝。有个好朋友就劝诫他说："应该少喝点咖啡，最好戒掉它，因为咖啡是一种慢性毒药！你这样喝是在慢性自杀！"

伏尔泰微微一笑，不紧不慢地说："谢谢你的关心，我的朋友，你说的很对，我想它一定是慢性的，要不然，为什么我已经喝了65年还没有死呢！"

欢乐和笑声是人们生活中必备的良药，它使人们总能保持一种乐观的生活态度。只要幽默存在，就能使人放松心情，而唯有智者才能在任何情况下都能保持乐观的心境。

拥有乐观的人生态度是幸福的支柱。而幸福是乐观要抵达的目的地，要想使自己幸福，就要首先具备乐观的精神，幽默的心态。

生活是多姿多彩的，关键是你用什么样的眼光来看待它。拥有一个正确的视角，你会发现生活原来如此美好。

2. 幽默是一种坚强的意志

在漫长的人生道路上，每个人都难免与逆境狭路相逢。很多人畏惧逆境带来的不确定性和痛苦，但从长远看，时常有些小挫折倒是更能使人保持头脑清醒，经受得住考验，也更能磨砺人的意志。

幽默的人相信失败是成功之母。失败和成功在一定条件下是可以相互转化的。正因为曾经有失败，所以才能在不断地总结失败的教训后获得成功。如果一个人一直都被成功包围，那么，偶尔一次小小的失败对他来说可能就是一次相当残酷的考验，失败可能就会如影随形。

幽默中渗透着一种坚强的意志。有幽默感的人往往是一个奋力进取的弄潮儿。他们面对失败的打击，恶劣的环境，能够以幽默的态度自强不息。发明家爱迪生就是一个善于以幽默的态度对待失败而又不断进取的人。

爱迪生在发明电灯的过程中，试验灯丝的材料时失败了1200次，总是找不到一种既能耐高温又经久耐用的好金属。这时有人对他说："你已经失败1200次了，还要试下去吗？"

"不。我并没有失败。我已经发现1200种材料不适合做灯丝。"爱迪生幽默地说。

爱迪生就是以这种惊人的幽默力量，从失败中看到希望，在挫折中受到鼓舞。这就是这个伟大的发明家百折不挠、硕果累累的诀窍。有时候，面对失败，我们的意志和信心可能会滑坡，而适时的幽默可以帮助我们避免这一点。

有人打网球打不过他的朋友，他就可以幽默地对他的朋友说："我已经找出毛病在哪里了，我的嗜好是网球，可我却在乒乓球俱乐部里练习。"

他也可以说："咱们打个平局，怎么样？我不想处处赶上你，你也别超过我。"

这种幽默不是自欺欺人，这种幽默可以有效地防止我们的意志滑坡，还能在会心一笑中拉近我们同他人的心理距离。

3. 幽默是一种豁达的品格

幽默展示了一种豁达的品格，而豁达是对人性的一种肯定。亚里士多德就曾经说过："幽默能让我们发现别人在个别缺点掩饰下的真正本质。我们正是这样不断地克服缺点，发展优点，这也就是幽默的力量之所在。"

> 在半夜时分有小偷光临，一般不会令人愉快，可是大作家巴尔扎克却与小偷开起了玩笑。
>
> 尽管巴尔扎克一生创作了无数作品，但还是穷困潦倒，手头拮据。有一天夜晚他正在睡觉，有个小偷爬进他的房间，在他的书桌上乱翻。
>
> 巴尔扎克被惊醒了，但他并没有喊叫，而是悄悄地爬起来，点亮了灯，平静地微笑着说："亲爱的朋友，别翻了，我白天都不能在书桌里找到钱，现在天黑了，你就更找不到啦！"

幽默显现了一种宽阔博大的胸怀。有幽默感的人大多宽厚仁慈，富有同情心。幽默不是超然物外地看破红尘，而是一种积极豁达的人生观念。

豁达的幽默不是伟人的专利，普通人也能拥有。中国是"吃"的国度，人口又多，餐馆之多恐怕也是世界第一，因此餐馆也就成了人们的主要公共活动场所之一。

有一位顾客正在一家小餐馆进餐，吃到一半时，他突然高喊："服务员，快来呀！"

在场的人都吃了一惊，当服务员赶来时，他不慌不忙地朝饭碗里指了指，说道："请帮我把这块石头从饭碗里抬出去好吗？"

这种幽默得近乎艺术化的表达比起板起面孔的训斥要好上何止百倍。华盛顿总统曾经说过："世界上有三件事是真实的——上帝的存在、人类的愚蠢和令人好笑的事情。前两点是我们难以改变的，所以我们必须利用第三点大做文章。"

一天，罗伯特敲开邻居的门："请把您的收录机借给我用一晚上好吗？"

"怎么，您也喜欢晚间特别节目吗？"

"不，我只是想夜里安安静静地睡上一觉。"

社交场合中难免会发生冲突，当由于某种原因，你必须对朋友当场提出批评时，不妨采取上面这种曲折暗示的方法，这样既能表达你的意见，又能避免短兵相接、激化矛盾，还能表现你豁达大度的良好修养。豁达是一种伟大的品格，而幽默能恰到好处地帮你展现这种伟大的品格。

幽默究竟有趣在哪里

两个国家的吹牛大王在比赛吹嘘他们国家的火车如何的快。

英国人说："我们英国的火车那才叫快，得不停地往车轮泼水，不然的话车轮可能熔化。"

"那又有什么了不起呢?"俄国人不以为然地说，"有一次我要在国内旅行，我女儿到车站送我。我刚坐好，车就开动了。我连忙把身子探出去吻我的女儿，却不料吻了离我女儿六英里外的一个黑乎乎的乡村老太婆。"

这两个吹牛大王吹得也太离谱了，但给大家带来了快乐。

安迪·沙米曾说过："如果你为别人做了一件好事，那么同时你也治愈了自己。因为欢乐是一剂精神良方，能超越一切障碍。"就这个意义来说，当你在处理自己的大小失误时，如果你能笑谈自己的失误，并与他人同笑，那么你不仅给别人带来了愉快和轻松，同时也治愈了自己因失误引起的痛苦。以自己为对象的笑可以消释误会，抹去苦恼，击倒失败，重振士气。学会去看你自己认为可笑的一面，你就会获得自尊。

此外，你还给别人树立了一个榜样，使得别人发现能同你一样自在地取笑自己并没有什么。即使以后你与他一同取笑他的失误时，你既不会伤害他自尊，也不会令他不悦，因为你已经证明你是个能与他人共欢笑的人，而不是只在一旁取笑、批评他的人。

使人欢笑、使人快乐的途径，只能是做使人愉快的事、说使人愉快的话。当你学会了如何笑自己时，你会发现你已经掌握了这种能力。

下面是一则经过文森特加工过的笑话：

有一次，文森特走到咖啡出售机前，在丢进硬币后，按了按写着"咖啡、糖和牛奶"的按钮。

他往下一看：没有杯子！

他望着汩汩流出的咖啡，说："天哪! 这就是全自动化，该死的机器不仅给你咖啡、糖、牛奶，它还帮你喝了呢!"

幽默的人不会为不愉快的事生气，反而会让它变成乐趣。

在生活中，我们经常会笑，幽默就是一种逗我们快乐的方法。笑是人的一种本能，但人却不会时时刻刻都能笑出来，因为笑是在一定的条件作用下才会发生的。幽默会引人发笑，所以，一些人会把幽默当成"善意的微笑"，还有人把幽默奉为"引发笑声的艺术"，故而特别受到人们的重视。

人们的笑，可按照笑时的表情分为多种。幽默可以使人发出轻松的微笑、快乐的大笑，也可以引起人们的冷笑、嘲笑或似发疯的狂笑等等。但笑并不是幽默的目的，而是在于人们笑过之后所得到的深刻哲理和启迪。

现实生活里，幽默的话是逗人开心的钥匙，具有娱乐性质。据一些资料介绍，有的地方已经兴起了"笑学"这门新兴的学科。美国华盛顿成立了"笑的电台"，专门播放引人发笑的节目；德国有专门从事笑的俱乐部，叫"笑联盟"；匈牙利等国家的电台经常有引人发笑的幽默小品等节目，公开出版的幽默漫画、书籍则到处可见。

这样说来，笑的确是调节人们感情和情绪的"润滑油"。在一个公司或一个家庭，当人们工作紧张都有了疲劳感时，同事中或家庭成员中如有人出来讲段幽默故事，室内空气立即就会变得轻松活跃。

这里有这样一则幽默故事：

> 三个人在争论何种职业最先出现在这个世界上。
>
> 一位医生说："当然是医生这一行，因为上帝是最伟大的医家。"
>
> 一位工程师说："不，是工程师最早，因为《圣经》上说，上帝从混沌之中创造了世界。"
>
> 一位政治家说："不，你们两位都错了，是政治家最早。你们想那混沌的状态是谁造成的？"

笑在社会生活中，不仅对人体健康有益，而且笑还是增进友谊的桥梁和纽带，可以缓冲矛盾，消除隔阂。我们来看下面这个幽默趣事：

> 马克思与诗人海涅有着十分深厚的友情。有一年，马克

思受到法国当局的迫害，便匆匆忙忙离开了巴黎。临行时，他给海涅写了一封信，信中说："亲爱的朋友，离开你使我痛苦，我真想把您放到我的行李中去。"

把人放到行李中去这是不可能的事，马克思在同海涅开玩笑，显示了两人的珍贵情谊。

这样说来，幽默确属引发笑声的艺术，在各式各样的幽默作品面前，人们笑得那么开心，或前仰后合，或泪流不止。人们向往着欢声笑语，所以，我们绝不可以小看了"哈哈哈……"大笑几声的作用。

幽默与人际关系

在待人处世方面，一句风趣的话语可以增进关系，活跃氛围。

爱因斯坦有一次出席为他举办的宴会，来宾中男士都系白领带，女士都穿裸肩的礼服。他的太太因感冒没有同去，见爱因斯坦回家了，就忙着询问宴会上的情况。于是他告诉她，共有哪几位著名的科学家出席。

他的太太打断他的话，又问："不管那些，你只告诉我那些太太穿什么衣服！"

这个问题似乎不好回答。爱因斯坦说："这我可真的不知道。如果从桌子以上的部分看，她们什么也没穿；如果说桌子以下的部分，我可不敢偷看！"

爱因斯坦这一幽默的回答，既避开了太太的难题，又活跃了当时的气氛。

交际过程中运用幽默可平息矛盾，使对立变成和谐，紧张化为轻松。

曾经看过一个特别有意思的故事：

一个人坐飞机晕机，要吐，空姐给了他一个纸袋让他吐到里面，过了一会儿眼看就要吐满了。空姐说："先生，你忍一下，我再去拿一个。"等空姐回来后，却吃惊地发现地上都是呕吐物，责怪道："先生，我不是让你忍一下吗？"先生委屈道："我一看袋子快满了，然后我就喝了一口，后来不知道怎么就都吐了。"

把机舱弄得一团脏，还被空姐责怪，对于很多人来说，可能会觉得很尴尬，或者很气恼。但这位先生巧用幽默，让原本剑拔弩张的场面，变成了生活中一个有趣的事情，既缓和了尴尬的气氛，还让自己和空姐的心情变得好一些。

对于这位先生而言，幽默，不只是一种说话方式，更是一个他看待生活的方式。生活中，不如意之事十之八九，但幽默的人却能笑看"八九"。

一个幽默的人，会时时发掘事情有趣的一面，既会让自己舒心，也能给身边的人创造一种轻松惬意的环境。没有人会拒绝一个幽默的朋友。

我们可以从生活中一些幽默的例子中体会到幽默是如何在人际关系中发挥它的力量的。

在公共汽车上，乘客和售票员经常处于对立的局面，一点小事都会引起激烈的舌战。如大腿被门夹住了，报站名没听到。错过站的乘客慌慌张张地擂门大叫："售票员下车！"而售票员瞪眼瞅他，正在酝酿几句一鸣惊人的奚落的话。如果这时有一位乘客及时插嘴说："售票员不能下车。售票员下车了，谁来售票？"

不仅那位错过站的乘客会报以微笑，可能连售票员也会变得和颜悦色起来。

同样，当我们要表达内心的不满时，如果能使用幽默语言的话，别人听起来也会顺耳一些。

杰克和他的情人玛丽想喝咖啡，但端上来的咖啡只有半杯，这时杰克笑嘻嘻地对咖啡店主人说："我有一个办法，保证叫你多卖出三杯咖啡，你只消把杯子倒满。"

杰克巧妙地运用幽默来表达失望感，却不致给对方带来难堪。也许杰克并没有喝到满满一杯咖啡，但杰克一定会得到一次友善、愉快的服务，咖啡店主人或许还会请杰克下回再次光临该店。

也许在某些情况下，以富有幽默感的评语来代替抱怨，可能使你得到比较周到的服务。请看下面一段对话：

有一次，安德鲁到一家旅馆去投宿，旅馆职员说："对不起，我们的房间全部客满了。"

安德鲁问："假如总统来了，你可有房间给他？"

"当然有！"职员说。

"好。现在总统没来，那么你是否可以把他的房间给我？"

结果安德鲁得到了房间。

当我们需要把别人的态度从否定转变为肯定时，幽默极具有说服效果，它几乎是一种有效的特殊处方。

汤玛斯·卡来尔对幽默的理解可以说是一种真知灼见。他说："真正的幽默是从内心涌出，更甚于从头脑涌出。它不是轻视，它的全部内涵是爱和争取被爱。"他还说："幽默力量的形成主要在于我们的情绪，而不在于我们的理智。你的幽默力量是你，以愉悦的方式表现出来的你。它能表现出你的真诚，你心灵的善良，你对别人、对生活的爱心。你如果能够真正掌握幽默这种力量，那么你也能够表现出不平凡的作为，创造有意义的人生。"

而有人认为幽默只是一种轻浮，一种巧舌如簧。这种人把生活搞得干涩而痛苦，他们不懂得幽默，也从来不会实现精神上的超越。一个毫无幽默感的人，他一生中遇到的困难最多，对自己、对别人的伤害也最大。

当然，如果幽默是攻击，是讽刺，是伤害，或是责备别人的武器，那么只会杀死别人的感情，最终也杀死自己的感情。这样的幽默是酸溜溜的，毫无可取之处。

所以，真正的幽默不仅是在严肃与趣味之间达到相宜的平衡，而且是要剥去虚假的"机智"，在爱与争取被爱的前提下摆脱不健康的

"情绪"，发现自己错误的想法、肤浅的观点和时而偏差的价值观，进而使我们的身心均衡地成长，实现更高级的文明。

不消说，我们希望和幽默的人一起工作，我们愿意为具有幽默精神的人做事。女人们喜欢选择天性诙谐幽默的男人做丈夫，学生渴望老师把枯燥的学问讲得妙趣横生。同样，我们要求商场和工厂的管理者具备幽默的力量，更希望政府官员多一点幽默感。

政治家在竞选时不忘利用幽默，小孩子也会因为父母创造的幽默环境而心智变得活泼健康。此外还有文学、音乐、绘画、雕塑、戏剧等艺术，我们无一不是在追求幽默。

这一切足以说明，幽默是一种滋养文明的文明，它产生在人们的爱与争取被爱的基础上，是人们改善自己和面对生活困境时所产生的一种需要。

化解敌意的最佳选择

有时我们也能以有趣且有效的方式来运用带有敌意的幽默，因为当我们把自己放进其中时，原本带有敌意的幽默也就变得没有敌意了，这时我们就可以如教育学家和心理学家所说的"表现于外"了。

这说来似乎有点矛盾，但带有敌意的幽默的确能提供某种关怀、情感——只要你能将它转变成下面这个例子中的情况：

> 塔索走到邻居门口，手里握着一把斧头，说："我来修你的电唱机了。"
>
> 塔索并不想把邻居的电唱机砸坏，他只是恰当地表达了对邻居太嘈杂的音响的不悦，而不是对邻居大发雷霆。他的行为似乎是对邻居说："我喜欢你，我关心你，我希望和你好好相处。因此，可不可以请你把电唱机的声音关小一些？"

你不一定非得要找个道具（如斧头），才能将意思表达出来。只要试着把你自己和你自己的感受放进你的幽默中，作为幽默力量的来源，就可以达到幽默的效果。

事实上有关幽默力量的许多矛盾之处，都显示我们只有在对所爱、所关心的人运用幽默时，才能有效运用带有敌意的幽默，从而产生好的效果。这类幽默与其称为"敌意"，不如称作"损人"更恰当些。损人的幽默常常以女性为对象。

公司里的职员有时开玩笑说到太太们的奢侈，例如：

威廉说："就算皮包里层是捕蝇纸做的，我太太的钱也不可能留在皮包里。"

这个玩笑表面上看来似乎很损人，但是我们可以从另一面来解释，威廉其实很爱自己的太太，也以她为荣，认为自己的太太比别的妇女穿着更好，更具魅力。他以戏谑太太的奢侈来表示对太太的爱和骄傲，并且以此代替夸耀。

这当然不是让大家多加使用或经常运用这类损人的幽默。我们强调的是将这类幽默转变为幽默力量，来帮助我们把内心的温暖表达出来。表达内心的感受，能使我们和他人免于爆发战火。当我们把内心负荷过重的情绪表达出来时，就能卸除心头的紧张而不致引起怨愤。

幽默力量可以卸除心头重担，避免战火爆发！例如话题谈到性教育时，你也许可以引用兽医杰克的一段话：

有人问兽医杰克为什么兔子比松鼠多时，杰克回答道："你可曾想过在树上做爱吗？"

或者你也可以这样说："我们的孩子也应该和我们从前一样去学习性知识——从厕所的墙壁上。"

这句带有讽刺意味的妙语，能帮助他人了解并接受你话中的含意："有性教育总比错误的性知识来得好。"

人的一生追求的是事业上的成功，这一点对任何人来讲都是同样的。而幽默不仅可以化解敌意，同时也是成功的阶梯。

通过运用幽默达到事业顶峰的事例很多很多。

在英国肯特郡的一个法庭上，一位名叫琼斯的妇女正与丈夫闹离婚，其理由是她丈夫有了外遇。

法官问道："琼斯太太，你能不告诉法庭，与你丈夫私通的'第三者'是谁吗?"

琼斯太太爽快地说:"当然可以,她就是臭名远扬、家喻户晓的足球。"

法官听后哭笑不得,只得劝道:"足球非人,你只能控告足球生产厂!"

谁知琼斯太太果真在法庭上指控了一家一年生产 20 万只足球的宇宙足球厂。更出乎意料的是,琼斯太太居然大获全胜。该厂赔了她 10 万英镑。

足球厂的老板说:"琼斯太太与丈夫闹离婚,正说明我厂生产的足球的魅力,而她的控词也给我厂做了一次绝妙的广告。"

这则"绝妙的广告"再次证明了幽默是通向成功的金光大道。

第六章　广结善缘好办事

学会多结交一些朋友

为什么有些人无论办大事还是小事，经常四面碰壁呢？原因当然是多方面的。但最基本的原因则是由社会的复杂性决定的。

人都是生活在社会中的，人的本质属性就是社会关系的总和，人的一切活动都深深地打上了社会的烙印。所以，几乎人的一切活动都是社会性活动。

从校园踏入社会，为了自己的独立和发展奋力拼搏，这是一个发挥自己才智和能力的过程。而一个人的能力必须稳固地落实到他与他周围的每个人的关系中。

"感谢周围的人对我的帮助"，这是多数成功的生意人常常挂嘴边的话。周围的人就是潜在的人缘，是否有人缘，往往决定着事业的成功与否。所以欲求办事成功者要注意建立人缘，建立高层次的人际关系。

说到人缘，也许大家首先想到的是朋友吧！学生时代的同班同学、前辈、同乡朋友、朋友介绍的朋友，等等，当然，这些故交也是一种人缘。只靠朋友的介绍结交新朋友是不够的，另外最好避开有直接生意利害关联的人，因为常有与朋友共事闹得不愉快的情形发生。把老朋友作为知心的朋友，与生意划开界线，是最好的选择。

立志要做大事的人，不应该过分地依靠旧友，要不断地建立新的朋友圈。重要的是通过新的人缘扩大自己的世界，自己的视野。不同行业、不同职业、不同年龄段的人，层次越多越好。年轻人与年长的人，年长的人与年轻人交往最好。

那么，怎样才能建立起新的人缘呢？对此，要有具体的行动。一言以蔽之，即积极地走出去，增加与人交往的机会。

公司内外各种各样的聚会要积极参与。不仅是公司，自家亲戚朋友的聚会也要参加，不要嫌麻烦。如果有不同行业的交流会之类，也要主动地参与筹划，加入有关兴趣的圈子也是极好的机会。

性格内向的人会经常回避这种聚会，其实这正是锻炼自己的机会。必须以坚强的意志克服自己的厌倦情绪，积极地参加。另外还要具备"要当大人物""要成就事业"的强烈意愿。但只沉浸在自我之中是做不成事的。因此，必须克服厌倦的情绪。有人自认为属于人缘广的人，但实际上性格很内向。由于内向，回避与人的交往，做不了生意人，所以硬着头皮，强迫着自己迎接了一个善于社交的自己。试着多参加一些社交活动，会发现人生实际上是很快乐的。把内心封闭起来的躯壳，一经行动便会被打破。一经打破，其后的事自会容易得多。

参加各种聚会时，要注意几点：

1. 互相"舔拭伤口"那样的聚会不要参加

那些互相"舔拭伤口"的聚会，人们一边喝酒，一边互诉牢骚。以求互相倾诉的聚会只会使人的意志更为消沉。

> 曾见过一次这样的同学聚会。一帮参加工作三十年后的同学聚到一起，由于分别挺久，见面就是一阵泪雨。谈起现在的工作，几个提前退休或下岗的女同学更是抱头痛哭，全无当年那种"战天斗地"的气概。

这种聚会百害而无一利，知道后要赶快溜走。

2. 努力做聚会的领导者

如果只是普通的聚会，这样做就没有多大的意义。对于有重要人物在场的聚会，如果有发言的机会时要积极地发言营造融洽的气氛。第二次聚会自己要主动邀约。总之，要使自己的存在得到好评，获得实质上的主宰地位。

3. 无保留的付出

只求获取，没有付出的人会使人讨厌。付出了自然就会有获取的机会，给予别人建议，自然会得到别人的回馈。各种类型的聚会，与其勉强自己参加，不如抱着力争主动的心情参加，结果不是能获得更大的益处吗？

一个最为重要的结交人缘的方法，即充分利用一流的场所。一流的俱乐部等场所一般会聚集一流的人物，去几次在一定程度上了解后，彼此会自然地成为熟人。

当然，一流的地方费用相当高，但是从长远来看，这笔钱往往会让你获得成倍地回报。立志经商创业的人，应当不惜为投资而倾囊。总之为了建立高水平的人缘，有必要把自己置身于高水平的场所。即使有点破费，也应该出入一流的社交场所。

与重要人物保持联络

要想建立一个好人缘，织起一张人际关系网，你必须积极主动。光有想法是不够的，必须将它化为行动。

在这个世界上，各个行业都有许多出类拔萃的人物，他们的影响非同小可，必须利用与他们接触的机会和他们建立良好的关系，这对你的事业和前途非常有利。不要等待，一味地等待只能使你错失良机，绝对不可能使你建立良好的人际关系，你应该积极地一步一步地去做，没有什么不好意思的。

在各个场合，你有许多接触他人的机会。如果你想接近他们，让他们成为你的人际关系网中的一员，你必须付出努力。假如你到一个新的环境，在彼此都不认识的时候，你要主动"出击"，以真诚友好的方式把自己介绍给别人。

如果你想多结交一些朋友，你就需要主动地了解对方的兴趣爱好。你可以通过多种方式去得到他们这方面的信息，要注意与其相处时收集一些有用的信息，还可以通过他的朋友了解他。

有一个年轻人，当他要想结交某人做朋友时，总是想方设法请教他欲结交的人，问他们生日是否会影响一个人的性格和前途，并借机叫他们把生日告诉他，然后他悄悄地把他们的生日都记下，并在日历上一一圈出，以防忘记。等这些人生日的那天，他就送点小礼物或亲自去祝贺。很快，那些人就对他产生了深刻的印象，把他当作好朋友了。

日常生活中会出现一些交际的好机会。多结交一些有益的朋友，或见一些成功的前辈，也许会改变你的一生。

"一个好汉三个帮"，朋友在关键时候帮你一把，可能会直接助你事业成功。所以，要时刻抓住能结交朋友的好机会。你对此必须有所准备，因为机遇只光顾有心人。

如果有朋友请你去参加一个生日聚会、舞会或者其他活动，你不要因为自己手头事忙，一时懒得动身而放弃参加，如果不是有十分要紧的事的话，尽可能地去参加，因为这些场合是你结交新朋友的好机会；又如新同事约你出去逛逛商店或者看场电影什么的，你最好也不要随便拒绝，这也是一个发展关系的好机会。机遇像一个到你家拜访的客人，他随时会来敲你家门，等待你开门让他进来。

许多失败者常常以自己没有好机遇为借口，殊不知，人际关系中的机会有时也需要自己去创造。

如果你想和刚认识的朋友进一步发展关系，你可以请他们到你家做客；如果你想追一位异性朋友，你更得挖空心思寻找机会和借口跟好对方接触。如果你想和多年未见的老同学重温旧情，你可以试着组织一次同学聚会。

人与人之间接触越多，彼此间距离就可能更近。这跟我们平时看一个东西一样，看的次数越多，越容易产生好感。我们在广播或电视中反复听、反复看到的广告，久而久之也会在我们心目中留下印象。所以交际中一条重要的原则就是：找机会多和别人接触。

要想成功地找到一个与人接触的机会，你必须对他的生活和工作习惯有所了解。对方什么时候起床、吃饭、睡觉，什么时候上班、回家，从这些信息出发再确定跟对方接触。如果打个电话对方不在，或者去找他时他正好很忙，这样就白费力气。因此，详细了解对方的工作安排、起居时间、生活习惯，瞄准对方最想找人聊天或者最需要的时候，去打交道，很容易获得成功。

一旦和别人取得联系，建立初步的关系之后，你还不能放松，最好抓住机会深入拉近关系。交际中往往会有两种目的：直接的和间接的。直接的无非就是想达成某项交易，或有利于某件事情的解决，或想得到别人某方面的帮助。如果并不是为了解决某个问题，或者为了某种利益关系，只是为了和对方加深关系，增进了解，以使你们的关系长期保持下来，可视为间接的目的。无论你想达到什么目的，你最好有意识地让对方明白你的交际目的，如果对方不明白你的交际意图，会让他产生戒备心理：这人和我打交道有什么目的呢？这样就很难跟对方继续下去。

怎样与"名人"交往下去

徐悲鸿是我国现代著名画家，一生爱好交际，与各界名人都有往来。细细回味徐悲鸿的一生，让人惊讶的是，他的身边集中了众多的文化名人与政治名人。

1916 年，在徐悲鸿的人生旅途中是关键的一年。这一年，他进入天主教会创办的震旦公学学习法文，并得到出版商高剑父送来的 50 元稿酬，纾解了他的经济困境。更为重要的是，在哈同花园征集仓颉画像的活动中，徐悲鸿中了头彩，由此一脚迈进了"上流社会"。

徐悲鸿暑期就住在这家上海滩最大的私家花园里进行创作，哈同花园总管姬觉弥对徐悲鸿的才华与勤奋非常欣赏，介绍他与康有为相识。就这样，徐悲鸿拜 56 岁的康有为为师，并得以进入康宅观看康有为的收藏，大开眼界。

有贵人相助就容易走出困境，康有为便是徐悲鸿生命中的贵人，后来徐悲鸿能出国深造就得力于他的一封推荐信。

1917 年年底，徐悲鸿手持康有为的介绍信奔赴北京。康有为的大弟子、大名士罗瘿公在京城热情地接待了他，并带他去见教育总长傅增湘。喜欢读书也喜欢藏书的傅增湘对徐悲鸿的作品很是欣赏，承诺公费支持徐悲鸿留学法国，但要等到"一战"结束方可成行。1918 年 2 月，在京等待留学的期间，经朋友介绍，徐悲鸿得见北京大学校长蔡元培，蔡元培聘请徐悲鸿担任北大画法研究会导师。

时为新文化运动重镇的北大，名流云集，徐悲鸿得以躬逢其盛。他与蔡元培、胡适、李石曾、朱希祖、钱玄同、沈尹默、沈兼士等组成教育研究会，讨论修改教科书，内容之一即改文言为白话文。在画法研究会，他与名流陈师曾、钱稻孙等在一起切磋画艺。在此期间，他得到中法大学校长李石曾的帮助，住在西山碧云寺。

除此之外，徐悲鸿还观私家所藏，结交当时名流。在罗瘿公的介绍下，他结识了比其大一岁的京剧名流梅兰芳，并为其画了《天女散花图》。他还为刚刚出道的京剧四大名角之一的程砚秋画像。

与名人交往也是很有学问的，如果我们按照下面几种方式和态度去做，就能像徐悲鸿一样顺利与名人交往，并建立相互间的良好关系。

1. 要有信心和诚意

名人的知名度和影响力有时取决于崇拜者的多少。一般来说，名人对于自己的崇拜者是很客气、很感激的。如果想结交你所崇拜的名人，就要有"精诚所至，金石为开"的信心。比如，可以写信请教，因为写信很简便，名人又能收到。当然，你的信要有独特的地方，提的问题新鲜，能引起名人的兴趣，这样你肯定会得到满意的回答。托人介绍去结识名人，或者到有名人参加的社交场合去接近他们，结识他们，也是与名人主动交往的一种形式。期间要表现出自己慕名而访的诚意。

俗话说："心诚则灵"，只要心有诚意，总有一天能得到名人的青睐。

2. 不卑不亢，称赞不宜过分

跟名人打交道，不要拘谨也不要太直太露。举止言谈，要落落大方，不要给人以谄媚、讨好的感觉。任何人对名人肯定怀有敬佩之情，你真实地表达你的钦佩之情，适当地奉承一下也无不可，但一定要让他感觉到你的称赞发自内心，发自肺腑。因为他们听惯了吹捧的话，甚至有些麻木，一些俗套的吹捧难以打动他的心和引起他的兴趣。因此要吹捧的话，不妨找些别人尚未涉及的方面。须知，以平等的身份结交名人，最容易与其成为朋友。

3. 以平常心对待名人

名人也是普通人，也有七情六欲，也有喜怒哀乐，也有很多缺点，不要把他"神化"。你既要想到他同样有可能有令你失望的地方，也要理解他的苦衷，不要因为你写信、求见，受了名人的冷遇就横加指责，大肆嘲弄。要知道，一个名人的社交机会太多，崇拜者也多，因此有可能顾不过来，造成某种失误、失言。如果能体谅、支持他们，甚至真心诚意地帮助他们，名人也会感激不尽的，甚至会跟你结为知己、至交。

4. 慎重选择话题

交谈前，一定要对你崇拜的名人所从事的职业、专长有一定的了解。如果第一次给人留下了好印象，就会为今后打交道打下良好的基础。交谈中，你的人格魅力会使名人对你刮目相看，甚至引为知己。初次交谈时间不要过长。切忌班门弄斧，不懂装懂，说些外行话。谈他的成就时，一定要多谈一些他最为得意的成绩。最好选择一些能显示出你对他关心的问题，如身体状况如何等。这些话体现了你在关心他，处处为他着想。

要保持谈话轻松，不要谈起那些令人沮丧的而且纯属个人的事。不要告诉他你在生活中遇到的各种不痛快，你的疾病以及你所遭受的多种不公正，因为它们太沉重，太令人沮丧，又属于你的私事。

5. 不要忽略"背运"的名人

名人之所以成为名人，一定有他一些特殊的才识、天赋，即使此时正走"背运"，你一定不要小看，相反这正是结识他的绝佳机会。当他走下坡路时，很多崇拜者会弃他而去，他深感世态炎凉，你此时去结识他，便会令他十分感动，所谓患难见真情，他会引你为知己，不管他日后能否东山再起，你也是他的座上宾。

在与"背运"的名人结识时，当还不了解他的遭遇时，千万不要谈及他的近况，而是把话题集中在他过去显赫的成绩上。这样既能把他带到过去的辉煌时光从而让其受到鼓舞，又能避免揭伤疤伤了他的心，熟悉后，再聊他现在的境况也不迟。

建立好人缘的必要手段

从某种意义上讲，事情办不办得成，办不办得好，全靠"关系"，而"关系"实际就是人缘。

一个人如果没有好的人缘，不知要失去多少成功的机会，干多少事倍功半的事情。缘是一根无形的磁力线，彼此的情，全赖缘才得以相通。自古以来，有道是君子善结良缘。例如有道的君子，居家必选择风俗淳厚的乡里，出外交游必亲近学博行洁的贤士。可见环境对人的影响极大。昔日孟母择邻三迁，实有必要。具体建立好人缘的方法有：

1. 善结师缘，有助进步

许多人认为依靠自己学习、读书，很难有成果。但如亲近贤能的师友，彼此探讨君子之道，就可以养成高贵的人格；在待人接物上，就没有不周之处。古人有云："成大志者，必先拜访名师。"求师的目的就是为了养成高贵的人格。

2. 融会贯通，左右逢源

对世间人情进行细心体察，将所学彻底融会贯通，便能灵活运用于种状况之中，使人格达到真善美的完美境界。定能有益于处世能力的提升，人际关系中的左右逢源，不至于堕落成一个被人厌恶的人。

3. 摒除私欲，不图私利

为了求生存，人们难免有私心或私欲。完全没有私心的境界，只有圣人才能达到，一般人是无法企及的。但我们在处理日常生活中的各种事物时，千万不能使自己成为私心、私利或私欲的奴隶。这是因为私心本来是出于私欲和私利而考虑的，实际上往往事与愿违，玩弄私心的人最后总是自食恶果。

4. 乐于倾听，善于倾听

世界上不存在全知全能的人。因此，倾听别人的意见和建议，博采众长，就成为人生中必不可少的内容。既然自己并非万能，不可能知晓一切事物，所以需要用别人的忠告来弥补自己的不足。要想结好人缘就要培养乐于倾听、善于倾听的谦虚品质。无论在哪一个时代，每个人都需要用谦虚的品质，去倾听别人的意见。如此，则人人都会视你为知己。

5. 宽容大度，理解体谅

俗话说"千人千面"，而人心的差异则又胜过人的面孔。所以凡事要尊重别人的言行，将心比心，不应该以自己的标准去评价别人，衡量一切，应该多为他人着想，凡事忍让，尊重他人存在的价值，彼此和睦相处。唯有如此，自己的智慧、潜能才能得到真正的发挥。交际范围才会越来越广。

6. 识破虚假，看清真相

看人处事要想看清真实的人或事物，就不要主观臆断，客观地去观察，全面地了解。这样，无论对己对人，还是对事对物，就会有一个正确的判断，而正确的判断又必须以观察的真实为前提。如今社会上的种种龃龉冲突，就是因为缺乏率直的心胸，对人和事物的观察有误所致。

7. 保持热忱，洞察真理

目光短浅，只盯着眼前，常会失去结交君子的机会，只有把目光放远，才能从中整理出事物的规律，洞察真像，得到人的真正友情。

对事物全面细致的观察，会激起你的热忱与对事物的兴趣。

8. 谦虚学习，转益多师

生活当中，处处都有学习的机会，关键是看你是否有虚心就学的态度。如果有这种态度，哪怕是在平常空泛的谈话中，你也可以得到一些知识和经验。古人讲的"三人行，必有我师焉"便是此理。如果没有这种虚心就学的态度，就不会随时随地反省、检讨自己，总结自己的经验教训，也不能发现别人的长处，更可能失去良师益友。

9. 积极灵活，随机应变

人生难免遭遇坎坷和挫折，一些人逢此种境遇，往往一蹶不振，甚至就此了却生命。这种固执的心态的产生，是不知变通的结果。懂得随机应变，不但能临危不乱，也能及时调整并更正自己的看法和做法，不论失败和打击多大，最后都能重整旗鼓，从头做起。

10. 沉着冷静，泰然处事

许多人失去朋友，常是因为遇事火爆，引起争吵而导致关系破裂的。从这个角度来看，遇到沉着冷静十分重要。过去，身处乱世的人，都经受过战争的严酷和惨烈。在那种生死关头，要保持冷静确实不易，现代虽然已经没有战争，但紧张的情形还是多之又多的。

如何培养这种沉着冷静、泰然处事的风范呢？首先要培养出冷静的心情，进而用冷静的态度观察和判断一切事物。一个人之所以失去冷静，是因为心中有杂念。如果能做到冷静、无私，那么处世就十分圆满了。

11. 明辨好坏，认清价值

作为朋友，对于别人的好建议，会有三种截然不同的态度：一是以感谢的心情接受，进而实行；二是意见相反，并不接受；三是断然拒绝，并怀疑别人的好意。而后两种都是对朋友产生不信任的行为，处世时最好做到能分清什么是好、什么是坏，又能用感谢的心情接受别人的好意见。即便不同意别人的建议，也要感谢别人的用意，不是朋友谁愿意搭理你。

12. 存心仁厚，博爱互助

当今世界，看别人洋相的人多，幸灾乐祸的人多，真心诚意帮助别人的人少。其实，每个人都需要帮助，人性中也有帮助别人的天性。

要善结人缘，就要无私、平和地看待一切人和事物。人与人之间要互相尊重，互相爱护，互相帮助。如此你的爱心和恻隐之心，就会像泉水一样涌流出来，朋友就会越来越多，人缘也会越来越好。

扩大你的人际关系网

能够把"有用"的人吸收进你的人际关系网，使之成为你要好的朋友，便可大大增强你的人际关系的能量。须知，这个网络越大，你的办事能力也就越强。

如何扩大你的人际关系网？

1. 制定目标，努力不懈

建立"关系"最基本的原则就是不要与人失去联络，不要等到有麻烦时才想到别人。"关系"就像一把刀，常常磨才不会生锈。若是半年以上不联系，你可能已经失去这位朋友了。

此外，制定可以变通的目标，试着每天打 5 到 10 个电话，不但要扩张自己的关系网，还要维系旧情谊。如果一天打 10 个电话，一个星期就有 50 个，一个月下来，就可到达 200 个。平均下来，你的关系网中每个月大概都可能增加十几个朋友。

2. 不要放弃每一个目标

大忙人虽不好找，并不表示绝对无法接近。不必浪费时间在上班时打电话给他们，这些人不是在开会就是在打电话，或是出外办事了。要学会利用空档。

"拉关系"的高手认为傍晚六七点是与这些忙人接触的"黄金时刻"。秘书、助理等大概都走了，只剩下一些工作狂还舍不得走，他们希望自己的"埋头苦干"能给老板留下深刻的印象。此时是联络这些人最适当的时机。

总之，乐观一点，不要以为位高权重者都是高不可攀的人物。只要抓住窍门和时机，就能联络到每一个人。大凡有能力有地位的人几乎都有层层的关卡保护，若能突破这些障碍，剩下的就不难了。

每一个企业都有门卫，设法找到他们，跟他们建立某种"关系"，他们就能告诉你通往老板办公室的"秘密通道"。惹火了他们，只会让你吃不了兜着走。

3. "情报"无所不在

街上、餐厅、机场、公共汽车站、酒吧、舞会、亲友聚会，到处都有不少最新"情报"。跟人谈上一两个小时，一定可以学到一点东西。出差、旅行也是拓展"关系"的好机会。

4. 记录"关系"的进展

像写日记一样，数十年如一日，这可能不容易做到；然而如果有恒心、有耐力，则一定"成绩"斐然。如果你很认真地在扩大自己的关系网，你认识的人一定不少。要想找出真正的"人尖儿"，不妨记录每一次联系的情形。在记忆犹新的时候就要赶紧写下，如果等到日后再来补记，效果就大打折扣了。

可记录的要点包括：姓名、地址、电话号码、你的看法以及日后联络的方法，用不着事无巨细地像在写一篇动人散文。

要想有收获，一定要下不少功夫。但是，想到可以跟这么多杰出的人士见面，也是值得的。一旦习以为常，也就不以拓展"关系"为苦了，反而会觉得兴奋、刺激。

5. 不能急于求成

拓展"关系"，若是盲目地向前冲，只会使人离你越来越远。你的积极进取在别人眼里可能是"不择手段""没头没脑"的。最糟的情形，可能是使我们想亲近的人纷纷躲避。

要建立真正的关系，并不用像"攻城掠地"，或是来个"全垒打"一般。可持续发展的"关系"，应该是长久而稳固的。正如一位企业界的人士说："我从不相信那些在三分钟内就跟我称兄道弟的'朋友'。如果要雇用一个人来做重要的事，我一定要找信得过的人。"

急于拉拢关系的人会因为一点收获而自满，要他们付出，得先谈条件，因为他们通常不愿与人分享情报。一心只有竞争的人很难了解"互助"的真义，他们不知道自己好像是在参加一场没有希望的比赛。

好的关系通常需要一段长时间的努力才能建立，要成为交际方面的高手，至少要有一颗敏感的心与一个宽阔的胸怀。

第七章　知己知彼易办事

认清自己，量力而行

人在办某事之前，要先了解自己。不仅要发现自己的潜能，也应该发现自身的不能。只有更好地认清自身的局限，才能对自身的能力做出正确的评价，做到有"自知之明"。

> 战国时，有个人叫赵括。赵括自幼熟读兵书，自认为在带兵理论上无所不知，并且因此而名声在外，备受世人称赞，他也就更加认定自己的军事才能。
>
> 他成为将军后，看不到自己在实战经验上的不足，也听不见手下将领的谏言，一板一眼地照着兵书里讲的道理打仗，结果被秦国老将白起困于长平，而他带领的40万大军也被秦军全部坑杀。

可见做人要有自知之明，做事才能量力而行。

在这个世界上，即便我们有很强的办事能力，也不可能做到事事能办，事事可办。生活当中，有两种人办事经常失败，一种是因为办事能力低而失败的人，一种是对自身办事能力估计过高而失败的人。如何使自己在办事过程中立于不败之地呢？认清自己的办事能力有多大，无疑是考验一个人办事能力的基本素质之一。

常言说，"有多大的能力，端多大的饭碗""七分人办不了八分事"。可见，一个人在准备办一件事时，必须对自己的办事能力做出必要的预估，如不能量力而行，其办事的结果也就可想而知了。

1. 凭自身能力办事

现代社会正处一个动荡的转型期，社会分工也越来越细，每个人在社会上的角色不同，这就对现代人的生存本领提出了更高的要求。人们不仅要能够适应多变的社会角色，还应对自身的角色有清醒的认识。

人们在社会中所处的身份不同，而身份不同，其办事能力也是不相同的。现实中，我们常见到这种现象：求亲戚办事，辈分高的人出面一般来说比辈分低的容易一些；在社会上办事，求有社会地位的人出面帮忙，就比求地位相对不高的人出面帮忙要容易。之所以形成这样的差异，就在于每个人在社会中的身份与地位的不同。如常言所说，"人微言轻""权高位重"，就是这样的道理。

所以，无论是求人办事还是帮人办事，我们都必须认清自己的实力，看凭自己力量能办多大的事，能跟什么样的人办事，采取什么样的方法和途径才合适。心里有了这个谱，办事才会更有针对性、分寸感，自然地就会减少许多不必要的麻烦与障碍，也就更容易达到办事目的。

依据自己的身份地位办事，还应有很强的灵活性，依据自己身份地位的变化，随时调整自己办事的思想与方法，特别是在日常办事中以职位优势取胜的官场中人，更应注意到这点。

在官场中常有这样的现象，有些当权者在位时，被其下属众星捧月，前簇后拥。而他一旦离开了权力，人生状况便一落千丈。原来在位时一句话就能够圆满办到的事情，现在说破了嘴皮子也难以办成了。这就是地位变化给办事能力所带来的变化。

你的社会地位发生变化，办事能力就会发生变化。明白了这一点，你就清楚了哪些事不该办，哪些事该办，应办到什么程度，应采取什么样的方法。这样你的办事素质就会明显提高。

2. 调整好自己的"期望值"

所谓"期望值"，是指人们希望自己所想或所做的事情达到成功的一种比值。

人们在求人时，都希望自己所想或所做的事获得成功，但客观现实又往往不遂人愿。有的事成功了，有的事没有成功，有的事在一定意义上成功了一半，有的事却完全办糟了。

事情成功了，令人兴奋；事情没有成功或办糟了，叫人懊恼、悲伤。尤其是求人办事前寄予成功的"期望值"越大，一旦事情没有成功或办糟之后，其失落感就越强，心理上越是得不到平衡，由此内心的痛苦就越强烈。这种状态势必影响工作，妨碍身心健康。

因此，人们在社会交往中，最好是要调整好自己的心态，即把"期望值"调节在最恰当的位置。若能如此，你就可以免受其难了。

3. 办事应掂量自己的人缘

在日常生活中我们常常能听到下面这样的对话：

> A：小李这人挺不错，你看他每天满面春风的，好像从来没什么烦心事，而且他办事人家都愿意帮忙，大家都喜欢他。

> B：这有什么奇怪的，人家人缘好嘛！

的确，你的"人缘"在生活中、在工作中有时比你的真才实学还要重要！君不见，金庸笔下的韦小宝胸无点墨，却在黑白两道左右逢源，备受重用，原因就在于他招人喜欢，"人缘"好！

现代社会是一个交际的社会。在交际活动中，人缘的好与坏对办事能力的确很重要。人缘好的人，在社会上的形势就好，社会评价也高，因而找人办事也容易得到理解、同情、支持、信任和帮助。所以，一个人的人缘的好与坏，直接反映着这个人在社会上办事的能力和水平。所以，我们在办事过程中，自己的人缘因素一定要考虑。

了解对方，知己知彼

兵法上说："知己知彼，百战不殆。不知彼而知己，一胜一负；不知彼，不知己，每战必殆。"

原意是如果对敌我双方的情况都能了解透彻，打起仗来就可以立于不败之地；不知彼而知己，胜负各占一半；不知彼不知己，必败！

解释很简单，但很难理解，能不能赢要看你对"己"和"彼"了解多少，但是，我们关注的往往是"知彼"，因为一般人会认为"知己"是理所当然的。然而，现实不是这样，问题往往出在"不知己"。

管理企业也是一样，太多企业管理者甚至企业家，对管理这个事情没有多少概念，他们不但不理解管理到底起什么作用，还觉得管理就是自己的经验，而自己的管理经验甚是丰富，他们意识不到自己是管理的核心，这就是典型的"不知己"。

举个例子，拿共享单车来看，看似好像是"ofo"与"摩拜"的商业竞争，实则是谁能使得顾客更舒心，谁就能占据更高的市场份额。当年的"滴滴"与"快滴"同样如此，相互"烧钱"的目的就是为捕获顾客的芳心。

为人处世也是一样，仅仅"知己"，认识自己的能力、地位、人缘还不够，还要做到"知彼"，了解对方的性格、身份、地位、兴趣，然后投其所好，避其所忌，攻其虚，得其实，这样办起事来才能稳操胜券。

具体来说，你应掌握如下的方法：

1. 看对方的身份办事

人，虽然在人格上是平等的，但在社会上，地位等级观念使得人在某些方面其实并不平等。所以，依对方的身份、地位不同，你说话的语气、方式以及办事的方法也应有异。但这里不是教你低三下四地去求人。职位低，人格不能低，相反，有些高官，人格也不一定高。因此，"到什么山，唱什么歌，见什么人说什么话"，不要把别人的职位不放在眼里，这是不尊重人的表现。如果不明白这一点，对什么人都是一视同仁，则可能会被对方视为没大没小，无尊无卑。尤其是对方身份地位比自己高的人，会认为你没有教养，不懂规矩，因而肯定不愿帮你的忙，或者有意为难你，这样就可能阻碍自己办事的路子，使所办之事一波三折。

宋朝知益州的张咏，在听说寇准当上了宰相后，对其部下说："寇准奇才，惜学术不足尔。"这句话一语中的。

张咏与寇准是多年的至交，他很想找个机会劝劝老朋友多读些书。因为身为宰相，关系到天下的兴衰，理应学问更多些。

恰巧时隔不久，寇准因事来到陕西，刚刚卸任的张咏也从成都来到这里。老友相会，格外高兴，寇准设宴款待。在郊外送别临分手时，寇准问张咏："何以教准？"意思是对自己有何见教。张咏对此早有所考虑，正想趁机劝寇公多读书。可是又一琢磨，寇准已是堂堂的宰相，居一人之下，万人之上，怎么好直截了当地说他没学问呢？张咏略微沉吟了一下，慢条斯理地说了一句："《霍光传》不可不读。"当时寇准不明白张咏这话是什么意思，可是老友不愿就此多说一句，言讫而别。回到相府，寇准赶紧找出《汉书·霍光传》，他从头仔细阅读，当他读到"光不学亡术，谍于大理"时，恍然大悟，自言自语地说："此张公谓我矣！"（这大概就是张咏要对我说的话啊）是啊，当年霍光任过大司马、大将军等要职，地位相当于宋朝的宰相，他辅佐汉朝立有大功，但是居功自傲，不好学习，不明事理。这与寇准有某些相似之处。寇准读了《霍光传》，很快明白了张咏的用意，感到从中受益匪浅。可见张咏的委婉辞令，实在是高明。

聪明人懂得看对方的身份、地位来办事，这也是办事能力与个人修养的体现。平常我们所说的"某某人会来事"，很大程度上就体现在"见什么人说什么话"的才智上。这样的人不只领导器重他，同事也不讨厌他，其办事的成功率当然要高。

2. 看对方的性格办事

每个人的性格不同，各式各样。有的人喜欢听奉承话，给他戴上几顶"高帽"，他就会使出浑身力气帮你办事；有的人则不然，你一给他戴"高帽"，反而引起了他敏感性的警惕，以为你是不怀好意；

有的人刚愎自用，你用激将法才能使他把事办好；有的人脾气暴躁，讨厌喋喋不休的长篇说理，请他办事就不宜拐弯抹角。

所以，请人办事，一定要摸透这个人的性格。摸透对方的性格，才能为自己办事找到突破口。投其所好，便可与其产生共鸣，拉近距离；投其所恶，便可激怒他，使其所行按自己的意愿进行。无论跟什么样的人共事，我们都应首先摸透他的性格，这样办事才能成功。

到什么山唱什么歌

我们办事时的直接对象，也即事的主体是人。没有人的存在，就谈不上办事，因为每个人的品质、喜好、想法都不一样，我们办事所涉及的人也各有不同。如果你明白了对方是哪个类型的人，沟通起来就比较容易了，这就是因人制宜，到什么山唱什么歌。

> 在一个村庄里，有一位青年即将离开家乡去外面的世界闯荡。临行前，他去拜访了村里的智者，想再听听智者的教诲。他问智者："世界上最容易的事情是什么，您能告诉我吗？"
>
> 智者回答："世界上最容易的事情就是说话，即便是只有几个月大婴儿，也能咿呀学语。"
>
> 他又问："那么，世界上最难的事情是什么？"
>
> 智者回答："世界上最难的事情还是说话，即便是学富五车、才高八斗的人，也不见得能把话说好。"
>
> 青年沉思了好一会儿，若有所悟。临行之前，他问出了最后一个问题："那么，怎样才能把说说好呢？"
>
> 智者微微一笑，说："很简单，看管好自己的嘴，照顾好他人的心。"

很多人也许并不理解智者的话，他们认为说话有什么难的，无论是谁，几乎无时无刻不在说话，每天都要跟各种各样的人说无数的话，这说话的"难"又从何谈起？

其实，关键就在于我们需要跟各种各样的人说话。因为，一样米养百样人，每个人都是不同的，包括他们的脾气秉性、心理特点、语言习惯、社会地位等，都有所不同。再加上生活阅历的差异，每个人对于语言信息的要求也有所不同。他们会逐渐形成自己的一套独特的沟通方式与风格。如果我们在说话的时候能够考虑到这些因素，从对方的实际情况出发，就会把话说到对方的心里，赢得对方的喜爱。

常言道，"到什么山唱什么歌，见什么人说什么话。"如果你了解下面 7 种类型的人，就明白了与这些类型人该如何沟通。

1. 死板的人

这种类型的人，就算你很客气地和他打招呼、寒暄，他也不会做出你所预期的反应来。他通常不会注意你在说什么，甚至有可能根本没听进去你讲什么。你是否也遇到过这种人？

和这种人沟通，刚开始多多少少会感觉不舒服。

遇到这种情况，你就要花些时间，仔细观察他的一举一动，从他的言行中，寻找出他所真正关心的事。你可以随便和他闲聊，只要能够使他回答或产生一些反应，那么事情也就好办了。接下去，你要好好利用此话题充分发挥，引导他开始表达自己的意见。

每一个人都有令他感兴趣、关心的事，只要你稍一触及，他就会开始滔滔不绝地说下去，此乃人之常情，因此你必须好好掌握并利用这种人的心理。

2. 傲慢无礼的人

有些人自视清高、目中无人，时常表现出一副"唯我独尊"的样子。像这样举止无礼、态度傲慢的人，实在叫人看了生气，也是最不受欢迎的典型。但是，当你不得不和他接触时，你要谨慎以待。

面对这一类型的人，说话应该简洁有力才行，最好少跟他啰唆。因此，你要尽量小心，以免掉进他的圈套中去。

不要认为对方客气，你就礼尚往来地对待他。其实，他的"客气"多半是缺乏真心诚意的。最好在不得罪对方的情况下，言词尽可能简省。

3. 沉默寡言的人

和不爱开口的人沟通非常吃力。因为对方太过于沉默，你没办法了解他的想法，更无从得知他对你是否有好感。对于这种人，你最好采取直截了当的方式，让他明确表示"是"或"不是"，"行"或"不行"，尽量避免迂回式的谈话。你不妨直接地问："对于 A 和 B 两种办法，你认为哪种较好？是不是 A 方法好些呢？"

4. 深藏不露的人

我们周围存在有许多深藏不露的人，他们不肯轻易让别人知道其心思，有时甚至说话不着边际，一谈到正题就"顾左右而言他"。

双方进行交谈，其目的在于了解彼此情况，以使任务圆满达成。因此，要经常挖空心思去窥探对方的情报，期待对方露出他的"庐山真面目"来。

但是，当你遇到这么一个深藏不露的人时，你不要把自己预先准备好的资料拿给他看。最好的办法是你先口述给他，听听他的看法。当你判断他的确不是真浅薄，而是那种深藏不露的人，在没有其他利益冲突的情况下，才可以把你的资料提供给他，让他根据你所提供的资料，做出他认为的最好的决策。

人们多半不愿将自己的弱点暴露出来，即使在你要求他提出判断时，他也故意装作不懂，或者故意言不及义地闪烁其词，使你觉得他有一种"高深莫测"的感觉。其实这只不过是对方伪装自己的手段罢了。

5. 办事草率的人

这种类型的人，乍看好像反应很快：他常常在交涉进行到最高潮时，忽然做出判断，给人"迅雷不及掩耳"的感觉。由于这种人多半是性子太急了，因此，有的时候为了表现自己的"果断"，决定就会显得随便而草率。

像这样的人，经常错误地领会别人的意图，也就是说，由于他的"反应"太快，每每会对事物产生错觉和误解。其特征是没有耐心听完别人的谈话，往往"断章取义"，自以为是地做出决断。如此，虽使交涉进行较快，但草率作出的决定多半会留下后遗症，招致意料不到的枝节发生。

倘若你遇到上述这种人，最好把内容分成若干部分，说完一部分之后，马上征求他的同意，没问题了再继续进行下去，如此才不致发生错误，也可免除不必要的麻烦。

6. 顽固不化的人

顽强固执的人是最难沟通的，因为无论你说什么，他都听不进去，只知坚持自己的意见，死硬到底。跟这种"顽固分子"交手，是最累人且最浪费时间的，结果往往徒劳无功。因此，在你和他交涉的时候，千万要记住适可而止，否则，谈得愈多、愈久，自己心里反倒愈不痛快。

面对这种人，你不妨及早抱定"早散""早脱身"的想法，随便敷衍他几句，不必浪费宝贵时间。别忘了，"条条大路通罗马"。

7. 行动迟缓的人

对于行动比较缓慢的人，最需要耐心对待。

与人交际时，可能也会经常碰到这种人，此时对他绝不能着急，因为他的步调总是无法跟上你的进度，换句话说，他是很难达到你的预定期待的。所以，你最好按捺住性子，拿出耐心，尽可能配合他的情况去做。

8. 狭隘自私的人

这世上自私自利的人为数不少，无论你走到哪儿，总会遇到几个。这种人心目中只有自己，凡事都将自己的利益摆在前头，要他做些于自己无利的事，他是断不会考虑的。

当我们不得不与其接触交涉时，只有暂时按捺住自己的厌恶之情，姑且顺水推舟，投其所好。当他发现自己所强调的利益被肯定了，自然也就会表示满意，那样交涉就会很快获得成功。

9. 毫无表情的人

人的心态和感情，常常会透过脸部的表情显现出来，故在交际的时候，脸部的表情往往可作判断内心情感的参考。

然而，有些人却是毫无表情可言的，也就是说，他的喜怒哀乐是不形于色的。这种人若非深沉，就是呆板。当你和这种人进行交际时，最好的方法就是特别留意他的眼睛。

常有人说："眼睛会说话。"眼睛是心灵的窗户，仔细观察，肯定会有所收获，关键是你观察的经验必须老练。

通常，你可以从对方的表情中，看出他对你的印象究竟如何。有时候，当自己会过分紧张得连表情都很不自在，此时，你不妨看看对方的反应：是不加注意，无动于衷，还是已然觉察，面露质疑？留意本章前几节的内容，你一定可以得到答案。

尊重别人的需要

办任何事，强人所难，不尊重别人的实际需要，只会到处碰壁。所以，办事时不要只想着自己怎样办成功，而要多问问对方，多了解对方，先给予后索取。

尊重对方的需要是最重要的办事原则。求人帮忙，想成功地达到目的并不是一件容易的事。

如果我们想结交朋友，就要先为别人做些事情——那些需要花时间、精力、体贴、奉献才能做到的事。只要真正关心他人，就能赢得他人的注意、帮忙和合作，甚至最忙碌的重要人物也不例外。

俞敏洪说："如果说为人处世成功有任何秘诀的话，就是了解对方的观点，并且从他的角度和你的角度来观察事。"这句话虽然简单，任何人应该第一眼就能看出其中的道理；但是世界上有百分之九十的人在百分之九十的时间里，却忽视了其中的道理。

世界上贪婪、奢求的人不在少数，但是不自私的人却是很少，因此，那少数不自私而诚心帮助别人的人，就会有很大的收获，他们没有什么竞争者。欧文梅说："一个能站在别人的角度上来看问题，能了解别人心灵活动的人，永远不必为自己的前途担心。"

所以我们要学会以别人的观点来思考，以别人的观点来看事情——它就可以很轻易地变成你事业中的一个里程碑。

要与别人建立关系，最佳方法是：把注意力集中在对方的兴趣上面。如果你善于理解，你几乎立刻就能摸清对方的兴趣所在。如果你在对方家中或办公室中，你可试着通过看他贴在墙上的图画或相片，他得过的奖品或纪念品，或摆在书架上的书来摸清他的业余爱好和兴趣，里面肯定会有什么东西能吸引你的注意。如果他的兴趣是你所不懂的东西，就利用你们的交流来了解一下。如果你也有同样的兴趣，你会觉得聊起来格外有意思。

当你尊重对方时，对方才会接纳你，心甘情愿地帮助你。

> 卡耐基每年夏天都到缅因州钓鱼。他个人非常喜欢用草莓和乳脂作饵料，但他奇怪地发现，鱼儿比较喜欢小虫。因此，每次去钓鱼，他不想自己所要的，而想的是鱼儿所要的。卡耐基的钓钩上不再放草莓和乳脂，他在鱼儿面前垂下一只小虫或蚱蜢，说："你不想吃吃这个吗？"

其实想赢得别人的帮助同样是这个道理。

因此，唯一能影响别人的方法，是关注别人。

请记住！当你明天要别人去做某件事的时候，譬如说，当你想阻止一位中学生学抽烟，别跟他讲什么大道理，只要让他知道，抽烟会使他无法加入篮球队或赢得百米竞赛，就可以得到很好的成效。这是值得记住的一点，不论你是对待小孩子、牛、或黑猩猩。

> 有一天，爱默生和他的儿子想要把一只小牛赶入牛棚，但他们犯了一个一般人所常犯的错误——只想自己所要的：爱默生在后面推，他的儿子在前面拉。但是，牛瞪大双眼，顽固地不肯离开原地。那位爱尔兰女仆看到了他们的困境——她虽不会著书立说，但至少在这一次，她比爱默生拥有更多关于牛马的知识。她想到了那只小牛所要的，因此她把她的拇指放入小牛的口中，让小牛吮着手指，同时轻轻地把它引入牛棚。

明天，也许你会劝说别人做些什么事情。在你开口之前，先停下来问："我如何使他心甘情愿地做这件事呢？"这个问题，可以使我们不至于冒失地去跟别人谈我们的愿望。

> 卡耐基曾亲身经历过这样一件事：他曾向纽约某家饭店

租用大舞厅，每一季用 20 个晚上，举办一系列的讲课。在某一季开始的时候，他突然接到通知，说他必须付出几乎比以前高出三倍的租金。卡耐基得到这个通知的时候，入场券已经印好，并发放出去了，而且所有的通告都已经公布了地点。

当然，卡耐基不想付这笔增加的租金，可是跟饭店的人沟通是没有什么用的，他们只对他们所要的感兴趣。几天之后，他去见饭店的经理。

"收到你的信，我有点吃惊，"卡耐基说，"但是我根本不怪你。如果我是你，我也可能发出一封类似的信。你身为饭店的经理，有责任尽可能地使饭店的收入增加。如果你不这样做，你将会丢掉现在的职位。现在，我们拿出一张纸来，把你可能得到的利弊列出来，如果你坚持要增加租金的话。"

然后，卡耐基取出一张信纸，在中间画一条线，一边写着"利"，另一边写着"弊"。他在"利"这边的下面写下这些字："舞厅空下来"，接着说："你有把舞厅租给别人开舞会或开大会的好处，这比租给人家当讲课场地能增加不少收入。如果我把你的舞厅占用 20 个晚上来讲课，对你当然是一笔不小的损失。现在，我们来考虑'弊'的方面。第一，你不但不能从我这儿增加收入，反而会减少你的收入。事实上，你将一点收入也没有，因为我无法支付你所要求的租金，我只好被逼到别的地方去开这些课。但你有一个好处。这些课程吸引了不少受过教育、修养高的群众到你的饭店来。这对你的饭店是一个很好的宣传，不是吗？事实上，如果你花费 5000 美元在报上登广告的话，也无法像我的这些课程能吸引这么多的人来你的饭店。这对一家饭店来讲，不是很值吗？"他把所有的利弊写完了后，然后把纸递给饭店的经理，说："我希望你好好考虑你可能得到的利弊，然后告诉我你的最后决定。"

第二天卡耐基收到一封信，通知他租金只涨 50%，而不是 300%。

在这里，卡耐基没有说一句他自己的要求和利益，就得到这个减租的结果。卡耐基一直都在谈对方所要的，以及对方如何能得到他所要的。

假设卡耐基做出平常一般人所做的行为，怒气冲冲地冲到经理办公室："你这是什么意思，明明知道我的入场券已经印好，通知已经发出，却要增加我三倍的租金？岂有此理！"

那么情形会怎样呢？肯定是一场唇枪舌剑。

而你们知道争论会带来什么后果。甚至即使卡耐基能够使他相信他是错误的，他的自尊心也会使他很难屈服和让步。

卡耐基的处世艺术不仅表现在对自我的了解上，而且还要了解对方的观点。因为，只有弄清楚对方的观点，自己才能找到合适的应对措施。通过探察别人的观点，并且在他心里引起对某项事物迫切渴望的需要，使他做出对两方面都有利的事。

我们要善于从他人的角度考虑问题。有些时候，我们很难用一个简单的对与错来衡量某一事物，如果我们考虑的角度不一样，其结果当然也不一样。因此，当我们面对某一问题时，如果仅仅从自己的角度去考虑，而不从他人的角度，往往就会适得其反，以致做错事情，伤害他人。凡事设身处地，换一角度想想，原本疑惑不解的问题可能就变得豁然开朗了。

对方为什么会有那样的思想和行为，其中自有一定的原因。探寻出其中隐藏的原因来，你便得到了了解他人行为或人格的钥匙。而要找到这把钥匙，就必须诚恳地将你自己放在他的位置上。

假如你对自己说："如果我处在他当时的困难中，我将有何感受，有何反应？"这样你就可省去许多时间与烦恼，也可以学会许多处理人际关系的技巧。

奥佛史屈教授在他那本具有启发性的《影响人类的行为》一书中说："行动出自我们基本的渴望……而我所能给予想劝导他人的人——不论是在商业界、家庭中、学校里、政治上——最好的一个忠告是：首先，尊重对方，尊重对方的急切渴望。能够做到这点的人，就可掌握世界；不能做到的人，将孤独一生。"

第八章　办事要遵循的原则

办事要因事制宜

不同的事情要采用不同的手段去应对，才可以算是智者的行为。其实，生活中许多事只要你思想变通，抓住关键，提纲挈领，就可迎刃而解。

1. 把握事情的分量

事情有大有小，有轻有重，是放弃西瓜拣芝麻，还是丢掉芝麻捡西瓜，这看似简单的问题其实并不简单。所以在这取舍两难的选择之间，就应该掂量一下事情的分量，尽量采用舍小取大、弃轻取重的处理原则。这样，虽然丢掉了小利，但所换取的可能就是大利或大义。

2. 办事要把握处理的火候

办任何事情都应有轻重缓急之分，有的事情发生后，须马上处理，延误了时间就可能导致惨重的损失。有些人际关系的处理，采取冷处理的方式反而效果更好。所以，处理事情、掌握处理的火候，对事情的成败至关重要。

为掌握解决冲突的"火候"，有人找到了一种"10%法"，即事情发生后，要等10%的时间，这10%的时间里，你的朋友或对方，会因说出的话、做过的事向你道歉；这10%的时间，可以使你的头脑变得清醒，不至于在盛怒之下失去控制。

受到别人的伤害，我们很可能暴跳如雷、怒发冲冠，与其如此，不如暂且迫使自己先冷静下来，然后再去想应当怎样对待，要知道，大多数人不是有意要伤害我们的。

3. 办事要把握进退的分寸

在这个世界上，我们毕竟不能独来独往。在办自己的事情时，有时要涉及别人的利益。因此，我们在处理事情的过程中，必须全盘衡量，把握分寸，协调好各方面的利害关系，在争取我们自己利益的同时，绝不能伤害他人。

有些事情，不该办的就不能办，一旦办了，可能就会违法、违情、违理，使自己或别人遭受名誉、经济或地位方面的损害。

> 光武帝时期，他的女儿湖阳公主新寡，光武帝和她一块儿议论朝廷大臣，暗暗地揣测公主的心思。公主说："宗弘的风度、容貌、品德、才干，大臣们谁都比不上……"光武帝说："我正要筹划办这件事。"过不多久，宗弘就被光武帝召见，光武帝叫湖阳公主坐在屏风后面，光武帝对宗弘说："谚语云：'显贵换知交，发财易新妻'，这是人之常情吧?"宗弘说："古语说，'贫贱之交不可忘，糟糠之妻不下堂'，共患难的妻子是不应该被赶出家门的。"光武帝转头对屏风后面的公主说："事情不顺利啊!"

显然，这件事属于不该办的事，臣子宗弘本就有妻有室，如果皇帝办成了这件事，虽然在当时不属违法行为，但却是违背情理的。

如果有人托你办的事违背你的人格信念时，你也绝不能贪图一时之利而不负责任地答应他、纵容他，一定要慎重考虑可能引起的后果。

如果有人想整治别人，编造假的事实，求你出面作伪证，或者有人想让你同他一起干违法乱纪的勾当，就应当勇敢拒绝这类无理的要求。

有人请你代其完成工作时，这工作本是他自己分内的工作，此类情况，理应拒绝。

的确，拒绝别人的要求是件不容易的事，大家都有体会。而当别人央求你，你又不得不拒绝的话，更是叫人头痛。因为每个人都有自尊心，都希望得到别人的重视，同时也不希望别人不愉快，因而也就难以说出拒绝之辞。

不过，当你经过深思熟虑，知道答应对方的要求将会给你或他带来伤害时，那么，你就应该拒绝，而不要因为面子问题，做出违心的事来，结果对双方都无好处。

办事要因时制宜

2020 年新冠肺炎疫情爆发，疫情之下，许多行业也因时制宜打造属于自己的自救方略，积极应对。

在星级酒店尚停留在半营业或停业状态时，青岛某酒店却打破常规，开启"云签约"模式，通过"屏对屏"连线、720 度沉浸式照片、身临其境的视频观赏等方式成功签订下半年的婚庆及会议订单。除了婚宴预定，"云签约"同样也适用于酒店的宴会预定，这次"云签约"的运营成功为酒店在逆境中寻求到了更多的商机。

时代在进步，不合时宜的产物自然会遭到废除或者淘汰；有需要改进的，自然会有与之相符合、相匹配的新的形式和体制出现。这是很自然的事情，也叫作"因时制宜"。

办事要因时制宜，主要包含下面两个含义：

1. 办事要抓住时机

一个人的成功，除了依赖一定的条件之外，机会的作用也是不可忽视的。比如，一颗价值连城的明珠，若深埋于沙砾之下，永远不会放射光芒，一旦被人掘出，才会大放异彩，堪称瑰宝。办事成功也一样离不开机会。

譬如你要升官晋职。由于本部门的某个领导岗位出现了空缺，这个空缺就为你创造了一个升迁的机会。如果这个机会来临之时，你却在工作中犯了错误，职位就会与你失之交臂。

也许有人对此不以为然，他们总认为自己的提升是因为自己有某些才能。但是这种说法，带有很大的片面性。因为谁都知道，一个人被提升时，首先要有已经空出的职位。没有空出的位置，任你才高八斗，学富五车，也不会被提拔到一个"悬空"的位置上。当然，我们不否认才能在提拔中的作用，只是说，才能与机会相比同等重要。不过，一些才能很高的人，会因为没有职位的空出而怀才不遇；可是，有些才能一般的人，因为有了机遇，也能顺势被提拔起来。

时机就是会起到这样的作用。如果时机不出现，任你费尽九牛二虎之力也不会成功；一旦时机出现了，水到渠成，一切都会很顺利。

就一般而言，大多数办事机遇都是办事主体努力创造的结果，如下级主动承担某项重要工作而获得了广为人知的成绩，并显露出惊人的才华，从而引起领导的重视、赏识而晋升成功。

2. 办事要符合社会形势

有这样一个历史故事：

> 战国时代，有施氏与孟氏两家邻居。
>
> 施氏家有两个儿子，一个儿子学文，一个儿子学武。学文的儿子去游说鲁国的国君，阐明了以仁道治国的道理，鲁国国君重用了他。学武的儿子去了楚国，当时楚国正与外邦作战，见他武艺高强，有勇有谋，就提升他为军官。施氏也因两个儿子的显贵而满门荣耀。
>
> 施氏的邻居孟氏也有两个儿子长大成人。这两个儿子也是一个学文，一个学武。孟氏看见施氏的两个儿子都成才，就向施氏讨教。施氏向他讲述了两个儿子的成长经历。
>
> 孟氏回家以后，也向两个儿子传授机宜。于是，他那个学文的儿子就去了秦国，秦王当时正准备吞并各诸侯，对文道一点也听不进去，反而认为这是在阻碍他的大业，就将这儿子砍掉了一只脚，逐出秦国。他学武的儿子到了赵国，赵国因为连年征战，民匮国乏，已经厌烦了战争，这个儿子的尚武精神引起了赵君的厌烦，于是砍掉了他的一只胳膊，也将他逐出了赵国。

这故事说明时代不同，办事的方法也应做出相应变化，墨守成规、守株待兔终会被人取笑的。

在现实生活中，也有这样因时过境迁、重走老路而导致自己生活不幸的情况发生。

曾经有这么一位妇女，上世纪五十年代在大学读书时和一位男同学热恋了，但是后来这位男同学被划为"右派"，并被遣送到边疆劳动改造，他们的恋爱关系不得不中断了。20多年后他们又见面了，这位妇女早已有了丈夫和孩子，家庭生活是愉快而和睦的。但是当她看到这位昔日恋人至今还是孑然一身时，她被同情、追悔的心情支配着，和丈夫离了婚，同这位已经"平反"了的昔日恋人结了婚。但是，这种结合并没有给她带来什么幸福，她反而更加痛苦了。一方面，她背上了对不起原来的丈夫和孩子的精神"十字架"，这个"十字架"比她过去对昔日恋人的思念和负疚之情还要重许多倍；另一方面，她在重新结婚以后，发现这位昔日恋人的性格、气质等许多方面和青年时代相比，已经有了很大变化，他们已经合不来了，但是这时，她已经是进退两难了。

这种情况，反映了梦想和现实之间的矛盾。对逝去的爱情多少有点眷恋之情固然无可厚非，但是不珍惜现在的夫妻之爱、家庭之情就太不应该了。过去的毕竟过去了，失去的毕竟失去了，这才是对待现实正确的态度。

办任何事都是这样，都要从变化的角度来考虑，如果依然按照过去的做法来处理，必然会落得"四面楚歌"的境地。所以，最好的出发点就是面对一切现实。

办事要因地制宜

因地制宜的"地"包括的内容很多，如社会环境、地域环境、人文环境、办事的场合，等等。办事没有一成不变的规律，必须根据环境等各要素的变化，随时改变自己的办事原则、办事方法，这样才能办好与之相适宜的事情。

1. 入乡随俗才能办好事

社会环境的内容很多，不同国家或地区有不同的办事习惯，中国人讲究"入乡随俗"。当一种社会风气形成的时候，如果要维持良好的人际关系，要办好事情，就必须迎合这种风气；如果逆风而上，与社会风气和潮流反其道而行之，就会失去朋友，失去帮助。下面的故事会给我们带来一些启示。

> 一位大学生陈某是学工科的，毕业后分配到县城工作，他嫌机关太冷清，主动要求到基层工作，以便实现他的抱负——开发太行山的矿产资源，造福家乡父老。刚出校门一个月，在建造家乡选矿厂时，陈某发现，用来建厂的部分钢材被领导拿去送给其他单位了。他气愤地去找领导质问："怎么能拿厂里的东西随便送人呢？"领导拍了拍陈某的肩膀，开导说："你啊，刚出校门，不懂得人情世故。搞设计不能死抠实际需求量，还必须把一些人为的损耗加进去，这是大学里学不到的知识。"

> 陈某恍然大悟，不再坚持自己的意见。这样，他安然渡过了自己步入社会的第一个险滩。在领导的眼里，陈某既能干而又听话。几年后，他被任命为副乡长。

> 陈某为改变家乡的面貌处心积虑，四处奔波。人们夸奖陈某脑子特别灵活，他挺得意。的确，通过几年的奔波建厂，陈某悟出不少"人情世故"。显然，陈某面前的红灯少，绿灯多。他主持的那个乡，乡镇企业产值和利润年年翻番，乡亲们的人均收入也大大提高，人们对陈某更是赞不绝口。由于他突出的"政绩"，三年以后，他被任命为乡长、乡党委书记。又过了两年，他被提升为主管工业的副县长。

我们姑且不谈陈某励志的生平，这里所要阐述的是我们应该怎样因地制宜地办好事情。

2. 要讲究角色变化

一个人生存在这个世界上，其实都是生活在一定的环境中。从这个环境走入那个环境，你必须完成好角色的变换，才能与人和谐相处，才能与人共事，才能办成事。在家庭里你是别人的丈夫、妻子、父亲、母亲，到了工作单位，你仍然以家庭中的身份去对待别人，那你就得做好碰钉子的准备。同样，一个领导干部，在单位里你可以给下属委派工作，指手画脚；若下了班以后，节假日时间，你仍以领导的语气跟下属说话，命令下属办事，那么下属肯定会讨厌你。环境变了，角色身份就要顺势而变。

3. 要讲究场合变化

生活中有"当面教子，背后教妻"之说，这就是一种讲究场合的办事方式。

同样，做领导的批评下属，也要讲究一定的场合，有些情况，你可以在大会上指名点姓地公开批评，但有些情况你就得背后找他私下交谈，这样，你尊重他，他反过来也会尊重你。

与人办事，讲究场合非常重要。

不久前，笔者偶然看了一部电视剧的一个片段。故事的大致情节是：

> 一位年轻人过去在农村中受到打击和迫害，不得不出走他乡，并与他过去热恋的一位姑娘挥泪告别，而且一去就是好几年，音信杳无。然而，这位姑娘此时已经怀上了他的孩子。如果等到肚子大起来，在农村可就是一件见不得人的大丑事。在这种情况下，另一位青年一半是出于对她的爱慕，一半是出于同情和帮助，和她结婚了，并且在7个月后，让姑娘以早产为借口体面地生下了孩子。事情之巧就巧在这位青年过去作为生产队干部，曾执行上级的指示，参与了对孩子生父的迫害与打击。若干年之后，出走的青年由于在外经商，发了财，也由于政策变化，他高高兴兴地回来了。可他万万没有想到的是，他的未婚妻竟

然与他的仇人成了家，这打击太大了。由于听信了他人的谎言，这位青年不顾一切地要去与仇人论理。此时，留在农村的小伙子已成为一个乡镇纺织厂的厂长，而且正在召开全厂大会。眼见着过去出走的青年气势汹汹地冲进会场，不由得一愣，心里也腾起一股怒火。心想：他早不来，晚不来，偏偏在这个时候来，不是存心要拆我的台吗，不是故意要给我难看吗？可是，他心头又一想：此时此刻，我若当着全厂职工和乡领导的面与他争辩，即使是有再大的理，也是无理呀！而且会造成极坏的影响。于是，就在对方大声喊出他的名字，紧接着就要兴师问罪之际，他马上非常温和而有礼貌地接过话茬儿，高声向大家说："这位朋友在外面闯荡了好多年，有见识、有经验，今天能参加我们的大会，我们表示热烈的欢迎。"并带头鼓起掌来。见此情形，那位出走的青年自然不好意思再作问罪之举，只好强打笑容在前面坐下来……

在这种公共场合，这位厂长利用自己的忍让迫使对方的愤怒暂时不能够以某种剧烈的形式爆发出来，化解了一场本来不可避免的冲突。可想而知，有些事情如果以私下的形式、个别的方式去解决、去交涉，双方再理智一些，就有可能收到出乎意料的良好效果。

办事要因势制宜

因势制宜中的"势"，表面上是看不见、摸不着的，但在现实生活中，每一个人却都能感觉到它的存在。自然界的物态运动及节律（比如四季）体现着恒常不变的"势"；社会生活的运作（包括人与人之间的统属关系，社会的权力结构，指导人们思想行为的模式，乃至国家民族的盛衰兴亡趋向等），也往往体现出难以逆转的"势"。"势"以一种特定的格局和无形的力推动和制约着事物发展演变的进程，影响着人们的情感和心理，对人们的办事成败也有制约作用。

在办事过程中，很多时候事情的发展不会像预期计划的那样，一切有条有理，顺遂如意。一些突发事件常常不期而至，如半路杀出个程咬金，使我们办事受阻，利益名誉受到损害，甚至生命受到威胁。这时候，最好的办法就是发挥我们的聪明才智，因势制宜，随机应变，化凶为吉，转危为安。

因势制宜主要存在以下两种情况：

1. 将不利的情况引向有利的方向发展

突发事件发生时，顺应它，要善于引导不利的情况，使之向有利的方向发展。

现实生活中，人与人之间交往、办事，免不了磕磕碰碰，对于那些做法失当，让人厌烦的人或事，运用顺势制宜的处理方法，往往会避免冲突，化解矛盾。

> 有这么一件事。一位妇女抱着小孩上火车，车上的位子已经坐满，而这位妇女的旁边，一位小伙子却在躺着睡觉，占了两个人的位子。孩子哭闹着要座位，并指着要他让座，而小伙子却假装没听见。这时，小孩的妈妈说话了："这位叔叔太累了，等他睡一会儿，他就会让给你的。"
>
> 几分钟后，小伙子起来客气地让了座。

这位妇女之所以能成功，妙就妙在她顺势制宜，对那位年轻人采取了尊重礼让的方法，给他设计了一个"高尚"的角色：他是一个善良的人，只是由于过度劳累而无法让座。趋善心理使小伙子无法拒绝扮演这个善良的角色——确切地说，他也是乐意接受这种方式的。

可见，顺势制宜有许多好处，它能恰当地因势利导，于己于对方都有好处。运用这种方法去办事，成功率往往会很高。

2. 以其人之道还治其人之身

在办事的过程中，因对方的有意刁难或恶意相向，会使我们自己处于窘迫、尴尬、受辱、不利的地位，这时候，就应该逆势而行、针锋相对，浇灭对方的气焰。

春秋时期，齐国的晏婴出使楚国，就是采取这种方法，面对侮辱，反唇相讥，赢得了人格和尊严。

春秋时，南方的楚国一天比一天强大起来，齐国虽是个大国，楚国却也不把齐国放在眼里。为了改善两国之间的关系，齐王派晏婴出使南域。

晏婴到达楚国。楚王想借晏婴逞威风，就传令楚人，尽量羞辱晏婴。

晏婴远远地过来了，前来迎接的礼宾官员见他那么矮小，就命令士兵打开城门旁边的侧门，瞧他进不进。

晏婴冷蔑地笑了笑，指了一下侧门，打了比喻，反击道："这纯系狗洞！出使狗国的人，才进狗洞！"

礼宾官员反被侮了一通，只好命令士兵把正门敞开。

楚王接见了晏婴，但他极其傲慢无礼，他不屑一顾地问晏婴："难道齐国没有人了么？"

晏婴听了这话暗想：这不仅是对我个人的嘲笑，更主要的是对国家尊严的侮辱。

于是，他连眼皮也没抬，夸张地赞颂自己的国家道："我的故国齐都，名唤临淄。说大，确实不大，只有几百间人家。但是，如果每个人都把袖子甩开，能盖住偌大的太阳！如果每个挥一把汗水，无异于下一场大雨！国都的大路上，人如潮涌，摩肩接踵，怎能说没有人呢？"

楚王冷嘲道："齐国既然人多势众，为什么选你来出使我国呢？"

晏婴也顺势而下，接着楚王的话讽刺道："是的，诚如您所说，齐国派出使者，是经过谨慎选择的：水平高上的，出使上等国家；水平低下的，出使下等国家。我晏婴水平低下，不消说，就出使到贵国来了。"

上述例子反映了晏子的聪明才智，他对于楚王的污辱，给予了有力的还击，维护了自己及国家的尊严。这是语言的智慧，也是语言的威力。

周恩来是世界公认的卓越的雄辩家、外交家。

1954年瑞士日内瓦会议，周恩来碰到了美国国务卿杜勒斯。当时，朝鲜战争刚刚结束不久。周恩来落落大方，不记前仇，伸出手去跟杜勒斯握手，不料杜勒斯心胸狭窄，把手缩了回去。

谁料周恩来一点也不在乎，他笑着说："在朝鲜，我们志愿军一伸手，你们美国兵就一个劲儿地往后退！这个毛病，今天怎么传染给国务卿先生啦！"经周恩来这么一说，杜勒斯难堪极了！

第二天，有个仇视中国的西方记者，假惺惺地走到周恩来面前，伸出手主动与周恩来握手，握了以后故意大声嚷嚷："我太糊涂了！我怎么与东方的好战分子握手了！"说罢，便从口袋里取出手帕，擦了擦自己的手。一边擦，一边说："Too dirty! Too dirty!"（太脏！太脏！）擦了后，又把手帕塞回自己的口袋里。

周恩来皱了皱眉，也摸出一方手帕，把自己的手擦了又擦，擦后随即把手帕扔进痰盂，说："这块手帕，再也洗不干净了！"

这么一来，那记者真可谓手足无措了。

以上这两个故事说的都是这样一个道理：在自己受辱失利的窘态中，以其人之道还治其人之身，针锋相对，就可以反败为胜。

第九章 互相帮助易成事

让亲戚帮你办事

每个人都有三亲六故，给自己的亲戚办事是常有的事。当人们遇到困难的时候，大概首先想到的就是找亲戚帮忙。俗话说，"不是一家人，不进一家门。"作为亲戚，对方也一般会很热情地向你伸出援助之手。

"亲不亲，一家人""一家人不说两家话"，这些俗语都是在说明请亲戚办事的得天独厚的便利。

1. 主动沾亲

在任何社会，亲情永远是最宝贵的。在利用亲情办事之前，需要具备锲而不舍的精神，不怕吃苦，勇于发掘亲戚关系。

2. 利用亲情

善用亲情，在很大程度上要善用亲情去说服对方，感动对方。

在求亲戚帮助的时候，同样需要用真诚打动对方，使亲情得到发挥利用，切不可虚假用情。

利用亲戚关系并不是不顾一切地去利用，否则会给对方增加麻烦，使对方拒绝你，而你也会因此而受到良心上的谴责。

3. 利用亲戚关系办事，要在人格上求平等

亲戚之间需要经常走动，增进了解，互助互利，设法为对方多办些事，这样才能增进亲戚之间的感情，否则亲戚之情会越来越淡。

亲戚之间的关系应以"情"字为主，而不要"利"字当头。现实生活中的许多人是非常势利的，亲戚若得势，他们就与之交往；亲

戚若落魄，他们就不理不问。不过，这种人通常是受人鄙视的。

在传统的亲戚交往中往往存在着一种误区，那就是：亲戚关系是一种血缘、亲情关系，彼此都是一家人，七大姑给八大姨帮忙办事都是分内之事，都是应该之事，没必要像其他关系那样客套、讲礼。其实，有这种想法就是大错而特错了。血缘的关系虽说是"割断了骨头连着筋"，但亲情的维护与保持就在于彼此之间的相互帮助与知恩图报上。

现实生活中，我们都有过这样的体验，作为亲戚之间的甲方若是一味地照顾、帮助乙方，而乙方则回报以不冷不热、不谢不颂的态度，时间长了，甲方必定会生气，认为乙方是不懂人情、不值关照的冷血动物。若乙方依然故我，认为甲方帮助他是应该应分的，那甲方必然会终止与乙方的交往。相反，若乙方知恩懂情，虽然没有什么物质好处回报，但经常以自己的劳动帮甲方做点家务活，跑跑腿等，以此作为感谢，甲方得到心理平衡，两家之间的关系也会很好地维持下去。

事实上，不论是一般关系还是亲朋好友，甚至是父母，都愿意听到一句别人对他们说的感谢的话，虽然他们的付出有多有寡，但受惠人一句滚烫贴切的话，无疑对他们是一种心理补偿。

对热情相助的人在物质上给以回报，也是一种不失礼节的方式。物质回报虽然不是亲戚间交往的主要方式，但它毕竟存在于现实生活之中。所以亲戚间也应注意这方面。

有时，适当的物质回报是培养良好的人际关系的特殊需要。比如某人曾多次无私地帮助过你，某一天当他生病住院的时候，你拎上礼物去探望，无疑对他是一种莫大的慰藉。总之，物质回报要遵循适度的原则。

让发达的朋友帮你

朋友相交之初，总会有"苟富贵，勿相忘"的誓言，可事实上并非如此。有些朋友在自己富贵发达之后就忘了这话，逐渐与原先那些状况并未有多大改善的老朋友疏远了，甚至忘掉了老朋友，躲着老朋友。

老朋友疏远的原因很多。有可能是发达显贵的一方在人格上产生了偏差，耻于与无权无势的旧交为伍了；有可能是他心态虽没变，因整天沉湎于繁杂的事务之中难以自拔，而无暇顾及他人；也有可能是没有长进的一方妄自菲薄，因自卑而羞于交往。无论怎样，他们的交情是越来越淡薄了。

在这里我们所要讨论的问题是，在这样的关系下，处在低层次的朋友如何向高层次的朋友开口请求帮忙办事情。当然，这肯定是被逼无奈非求不可的事了。因为求老朋友必然要比求陌生人要好得多，至少双方曾经有过很深的交情。再者，跟老朋友说话总比跟陌生人好开口得多，就是送礼还得找着门口呢。在这种情况下不妨采用以下四种方法：

1. 带上见面礼

因多年不见，就算是老交情，带点礼物上门也是非常正常的事情，更是情感的体现。礼物不在多少，但它却能有把这多年没有交往的空缺填补一二。

这礼物最好是对方旧时喜欢的东西，也可以是土特产。

当然，礼物不同，见面时的说法也不同。若是旧友的嗜好之物，就说是"特意给老兄（老弟）的，我知道你最喜欢这东西"；若是土特产，就说是"带给嫂子（弟妹）和孩子尝尝的"之类。走进了门，便有了开口求老朋友办事的机会了。总之，得带点什么才行。

2. 唤起回忆

这是此次拜访的最重要的办事基础，因为回忆过去就唤起了多年的交情，这交情才是对方肯为你办事的前提。

明朝初年，朱元璋当了皇帝。一天，家乡的一个旧友从乡下来找朱元璋要官做。这位朋友在皇宫大门外面，哀求门官去启奏，说："有家乡的朋友求见。"朱元璋传他进来，他就进去了，见面的时候，他说："我主万岁！当年微臣随驾扫荡庐州府，打破罐州城，汤元帅在逃，拿住将军，红孩儿当关，多亏菜将军。"

朱元璋听了这番话，回想起当年大家饥寒交迫、有乐共享、有难同当的情景，又见他口齿伶俐，心里很高兴，就立刻让他做了御林军总管。

当然，回忆过去，闲聊往事，也有个当与不当的问题。其实朱元璋做了皇帝以后，先后有两个少时的旧友来找他求官做。一个说了直话，引起了他出身的尴尬，被杀了头；而上述这位说了"隐话"的朋友说得委婉动听，被朱元璋委以高官。

与朋友及家人闲聊过去，如果是当着他的孩子和老婆，也要尽量少去提及对方让孩子老婆成为笑料的"乐事"及尴尬事，这样可能会伤害对方在家庭中的权威，引起对你的反感，而达不到办事目的。

3. 以言相激

"无事不登三宝殿"。长时间的没有来往，而此次突然来访，对方便心知肚明你有事要求于他。他若不愿帮忙，一进门就会显得非常冷淡，当你把事提出来的时候，他便会现出含含糊糊的拒绝态度。这可能是在你的意料之中，这时，你就得把"死马当成活马医了"。"以言相激"不失为一种扭转对方态度、继续深入的好方法。

比如，你可以说：

"你是不是觉得，我这事给你添的麻烦太多了？"

"我知道只有你能帮我，所以我才来找你的，否则，我怎能大老远地跑到你这里来。"

"我想你有能力帮我，再说这事也不是什么违背原则的事。"

"这事我临来之前，跟亲友都打过保票了，说到你这里一办就成，难道你真让我回家无脸见人？"

以言相激也必须掌握分寸，若是对方真的无能力办此事，我们也不能太苛求人家，让人家为难，更不能说出绝情绝义的话，伤害对方。只有你了解了对方确实有"多一事不如少一事"的心态时，才可以以言相激，请他去办。

如果他真的愿意帮你去办事，不管办成没办成，事后，你都应该说个道谢的话，这样会显得你有情有义。

4. 以利益驱动

如果你了解到这事办成的难度大，或者对方是一个见钱眼开的人，即使他帮你办成，也会留下一个天大的人情。这样，你不妨干脆以利益驱动。

其实，这种方法也是当今社会很普遍的办事手段，运用这种手段办事，成功率往往会很高。

让老乡帮你办事

2020年，国外疫情形势严峻之时，特别是意大利的病例日益骤增，这深深牵动了国人的心。

但湖州考虑到同乡情谊，确定了"远程连线埭溪同胞指导疫情防控"的工作方案。通过"云诊室"工作模式，为身在意大利的老乡免费开放了专用咨询号，制做了简便易行的操作说明书。

通过"云诊室"，专家们分别在不同的地点，从病毒认识、疾病防控、个人防护和居家观察等方面给予指导。由于两国拥有不同的医疗体制和应对措施，老乡们纷纷表示这样的方式十分有意义，他们将继续建立联系，借助"云诊室"提供的健康服务，组织大家在线健康咨询。

俗话说："在家靠父母，出门靠朋友。"朋友者可分三六九等，有真诚者，有虚伪者，有高尚者，有卑鄙者。社会的深刻变革，加速着人口的快速流动，今天你可能身处湖广，明天你就可能栖身在沪杭，然而无论你走到那里，都有一群特殊的群体值得你去认识，值得你去信任和依靠，那就是老乡。

常言道："老乡见老乡，两眼泪汪汪。"一句"老乡"让你我身心相通，思想交融，仿佛陌生的世界多了一缕温暖的阳光，拥之则精神抖擞，失之则孤独忧伤。

"老乡"不是一个随意的称谓，它代表着一种信任。我国幅员辽阔，民族众多，加之人口流动频繁，在一陌生之地能遇到三五个老乡应是人生乐事，一句简单的问候，一句地道的乡音足以让你心情舒畅，有难事找老乡，找的不仅是实实在在的人，更找的是一种信任和依靠。

互联网时代，老乡微信群应运而生，这让游子一下子找到了组织。老乡有难事，群里吼一声，成员纷纷建言献策，帮解难题，顿时让人觉得这不单单是一个群体，更代表着一种信任，一种力量。老乡之间正是由于这份信任，才可以推心置腹，开门见山；正是因为信任才能促膝长谈，乱侃大山。

同乡之间或许没有什么较深的感情交流，主要凭的就是乡情，最突出的体现便是在"乡音"上。如果同在异乡谋生，遇见老乡时，操着一口乡音，便会勾起对方一种亲密的感觉，这样对方就极易答应你托他办的事。但是，在托老乡办事时切忌在公众场合用乡音与之交谈，因为有的老乡来自农村，他不愿意让别人从乡音中推测出自己的家乡。

托同乡办事除了利用乡音，利用土产也是一条较好的途径。土产也许并不很贵，但是那是故乡的特产，外地买不到，因为土产中便包含了浓浓的情意，在这种感情支配下，老乡会答应你托他办的事。

人们在离开家乡很长时间之后，常常会因为生活、事业上的挫折，生活习惯的不同，勾起他思念家乡的感情。每个人都与自己的家乡有一份浓浓的剪不断的牵挂之情，这份感情是每一个在外游子的精神支柱。

在每一个离乡背井的人的记忆深处，都有关于家乡的温馨回忆，一般人不轻易流露这种感情，但若勾起了他的这种感情，则会一发不可收拾。

要托这样的老乡办事，最重要的就是以乡情感动他，勾起他对家乡的思念，这样他会毫不犹豫地帮助你的。

让同学帮你办事

几乎每个人都有近十年或更多年的学习经历，从小学、中学到大学，与我们同班同校的可称为同窗情义的人何止几百。这些人与我们有着共同的记忆，共同的经历，共同的成长环境，这一点决定了同学之间是最能相互帮助、相互协作的。有人说，同窗之情，情如手足，在某种程度上犹胜于手足之情。

同学之间请求办事最实在，也最给力。

同学关系是非常纯洁的，有可能发展为长久、牢固的友谊。因为在学生时代，人们年轻单纯，热情奔放，对人生、对未来充满浪漫的理想，而这种理想往往是同学们共同追求的目标。曾几何时，彼此在一起热烈地争论和探讨，每个人的内心世界都袒露在别人面前。加之同学之间朝夕相处，彼此间对对方的性格、脾气、爱好、兴趣等等能够深入了解。

即使你在学生时期不太引人注目，交往的范围也很有限，你也大可不必受限于昔日的经验而使想法变得消极。因为，每个人踏入社会后，所接受的磨炼均是百般不同的，绝大多数的人会受到洗礼，从而变得相当注意人际关系的重要性。因此，即使与完全陌生的人来往，通常也能相处得很好。由于这种缘故，再加上曾经拥有的同学关系，你可以完全重新展开人际关系的建立。换言之，不要拘泥于学生时期的自己，而要以目前的身份来展开交往。

谁都牵挂昔日的同窗，说不定你的音容笑貌还存留在他们的记忆中，千万不要把这种宝贵的人际关系资源白白地浪费掉。从现在开始，你就要努力地去开发、建设和使用这种关系。

那么，我们该如何利用同学关系呢？

1. 加深关系，让同学主动帮忙办事

同学之情的作用非常巨大，同学之间如能建立亲密的联系，并逐渐加深关系，那么当你遇到难题时，同学就会调动自己的关系尽力帮忙。有些聪明人很巧妙地运用了这个技巧，在一些无关紧要的场合

中，自己吃些小亏，做些让步，送个人情给同学，使他人一辈子记住这份人情，最后有可能因此而获得极大的成功。

2. 经常聚会，以求关键时候帮把手

要知道，大千世界，茫茫人海，既为同学，缘分不浅。虽相处时间不长，但这中间的关系值得珍惜，值得持续下去。当你与同学分开后，还能保持一种相互联系、愈久弥坚的关系的话，那对你的一生或者说对你将来要达到的目的与理想来说，是会很有好处的。这其中的有利方面，也许是你所从未想到的。

同学关系有时往往会在很关键的时刻起作用。但是值得注意的是，平时一定要注意和同学培养、联络感情，只有平时经常联络，同学之情才不至于疏远，同学才会心甘情愿地帮助你。如果你与同学分开之后从来没有联络过，你去托他办事时，一些比较重要的关乎他的利益的事情，他就很可能不会帮你。

3. 经常参加同学间的活动，办事时才会得到照顾

当今社会，人们看重物质。许多人目光短浅，与老同学往来时、聚会时不甚热情，分开后不相往来，遇到事情时再来找老同学，谁会帮助呢？

但是，当今的社会也是人际关系的社会，人际交往广泛与否，是一个人能否在事业上成功的关键因素。而在这种关系中，同学关系应该是比较重要的一类关系。因为当年身为同学之时，大家都比较单纯，友情非常纯洁，而分开之后只要还彼此保持着联系，就会十分怀念那份纯真的友谊。因此，分开后的同学常常会借这样或那样的活动彼此联系，只有常参加这样的活动，加深同学之间的感情，在你托同学办事时，同学才会爽快地答应，积极地去办。

让邻居帮你办事

邻里之间，抬头不见低头见，孩子们串门玩耍，邻里之间关系会很亲密，家里有个什么事，有时候可以托邻居照应一下，这样你来我往，遇到什么解不开的疙瘩也可以敞开心扉跟邻居说，邻里定会尽力

而为。

1. 找邻居解决家务事

有一个好邻居，可以互相照顾。好邻居会为和谐的邻里关系而努力，当别人家有了不愉快的事，会全力帮助解决，因此，当家里有事时，找邻居帮忙解决是一个很好的途径。

2. 给邻居暗示，争取邻居帮忙

首先让邻居知道自己的困难。

然后根据邻居的性格，决定请他帮忙的方式。如果邻居是一个热心肠的人，会毫不犹豫地答应你的直接求助。但一般来说，却宜采用间接的方式，让邻居主动帮自己的忙。

你可以在聊天时告诉邻居，现在自己正处于困境之中，面对的困难是自己所无法解决的，需要有人帮助。

最后，暗示邻居若能帮助解决这个困难，将是最好不过的了。邻居如果认为这点事对自己来说不算什么，就容易帮自己的忙。

3. 诉说难处让邻居帮忙

人们在做事时，难免会遇到各种各样的困难，例如，资金周转不灵，联系客户不够，或是自己缺乏信心，缺少经验，等等。如果自己求助于邻居，也许会发现邻居会给予自己许多有价值的建议。

求助邻居帮忙，应该在邻居有能力帮忙的情况下，合理地去请求帮助，不要因邻居不帮忙而心生怨恨。一般来说，邻居之间是十分乐于互相帮助的，只有当自己实在力所不能时，才会拒绝帮忙。

4. 托邻居办事，要心存感激

邻居帮你办了事，你一定要心存感激，当面向他致谢，或送点东西到他家里，总之，向他表示你的感激之情就行了。此后，若邻居有需要你帮忙的地方，应全力帮他。如果邻居没有帮你办成事，也应感谢邻居，因为他毕竟为你出力了，可能是因为事情太难或其他原因没有办成。即使这样，你也应十分感谢，以后邻居若求你帮忙，你也应尽力帮他。这样，邻里之间的关系才会越来越密切。

让同事帮你办事

同事之间尽管在工作中会产生一些分歧和一些小矛盾，但若谁有个大事小情需要帮忙时，彼此之间一般都会热情地伸出援助之手。而坐壁上观看热闹的，我相信只是极个别。只要你的人缘不是坏到极点，同事间帮忙办事一般都是比较爽快的。

同事关系是请求办事最直接、最方便利用的关系。

每一个人在单位都有表现自己的欲望，帮助同事办事就等于为自己提供了一次表现个人能力的机会，即使遇到困难也得办，即使有时担心领导不满也得办，以此在同事中表现自己的古道热肠。因此，找同事办事不必存在有任何顾虑，该张嘴时就张嘴。只是，怎么轻松张嘴也是有讲究的。

那么，我们该如何利用同事关系办好事呢？

1. 托同事办事时态度要诚恳

托同事办事时态度要诚恳，需将事情的前因后果、利害关系说个清清楚楚，要说明为什么自己不办或办不了而去找他办。总之，由于同事对你了解得十分清楚，知根知底，因此托同事办事态度越诚恳越好。你的态度越诚恳，同事也就越不可能拒绝你。

2. 托同事办事要懂礼节

同事关系不像朋友关系那样亲近，同事之间关系一般不会太深，因此，托同事办事时一定要注意礼节。在提出托同事办事时，说话语气应诚恳、客气，询问对方是否可以帮助自己。对方如果同意了，则务必要说些客气话感谢对方。办事过程中，同事需要什么后备工作应全面做好，以备不时之需。事情办成之后，要诚挚地向同事表示感谢，并根据同事的喜好，或者请同事一起吃饭联络感情，或者给同事送点薄礼。

3. 托同事办事目的要明确

托同事办的事，一般应有一个明确的目标，这样的话，同事也能有的放矢。不要托同事办一些目的不明确、比较笼统的事。

4. 不适合托同事办的事不要托

自己力所能及的事不要托同事办，因为如果你要求同事帮你办这种事，同事很容易认为你是在摆架子支使他，这会影响你跟同事的关系。再则，这样的事同事一般也不会帮你办，即使帮你办了，也会极大损害你们之间的关系。

同事还得去求人的事尽量不要托同事办。同事托人会欠下人情，你托同事又欠下人情，这样的人情债不太好还，费的周折过多，还不如自己再想别的办法。

涉及同事之间利益关系的事不能托同事办。如果涉及其他同事或领导的利益，这种事会影响到同事之间或与领导之间的关系，也不宜托同事去办。

让领导帮你办事

烦琐的生活，家家都有一本难念的经，大事小事接连不断，如三灾六病、婚丧嫁娶、买房搬家、妻子儿女调动工作，以及借贷、买卖、调解各类纠纷、法律官司等等，这些林林总总的大小事，有时作为平民百姓的我们自己办起来力不从心，在无奈的情况下，需要找本单位的领导出面帮忙办理和解决。

按理说，领导是单位上的领导，是工作上的领导，而属下的自己的事是他权辖之外的事情，从道理上可以不管、不帮忙，但在情理上因是上下级关系，也可以过问、帮忙。在这两可之间，如何能使领导心甘情愿或碍于情面为我们解决燃眉之急，确实是我们应该研究的问题。

既然我们是领导的属下，是公司的职员，那么，我们就可以从这个最基本的立足点出发，从情理上做文章，求得领导给我们帮助。

平时与领导搞好关系是最基本的前提条件。没有关系办不了事已经在如今这个社会达成了共识。关系是一种感情的凝聚和利益的融通，有了关系也就有了路，有了利益也就有了各种随时可以兑现的希望。所以，不但寻常百姓重关系，达官显贵也重关系；不但下级重关系，上级也同样重关系。一旦哪一个环节的关系没打通，出了问题，便很可能会影响到自己的切身利益，甚至仕途前程。

与某些重要人物或关键人物关系亲密，或所谓"关系铁"的人，都是"神通广大"的人，他们能把与自己或朋友利益有关的事儿办得非常圆满，甚至能把一般人认为无法办成的事情合理合法地办下来。

所以，要想办成事必须要注重关系，特别是下级找上级办事。

不要吝啬于帮助他人

每个人在工作和生活上，难免都会有托人办事的时候，同样的，别人也会托你办事。高明的人会诚恳地把自己融入别人的生活，给予别人善意与帮助，同时也使自己快乐和充实。自私的人却无视这一点，只知道拼命而冷漠地从别人那里为自己索取和争夺什么。事实上，没有比帮别人办事更能表现一个人宽广的胸怀和慷慨的气度了。对一个失意的人说一句鼓励的话，扶起一个跌倒的人，给予一个沮丧的人一份真挚的祝福……你一点损失也没有，但对一个需要帮助的人来说，却是莫大的慷慨。

对于一个身陷困境的穷人，一点点钱便可以使他不饿肚子；对于一个执迷不悟的浪子，一次诚恳的谈心便可能会使他建立起做人的尊严与自信……

所以，不要吝啬于帮助他人。

1. 不要吝啬伸出援手

当你正在潜心于某项工作，或正全心投入一份你所热衷的事业，或沉浸于你所赖以生存的一份工作时，却受到了来自朋友、亲戚、同学或同事的求助等分外事情的干扰，需要你分出时间、分出心思和精力去解决它。如果你答应这些分外之事，势必影响你正在进行的工作，你也许会因此而感到不愉快、不甘心。但是你如果拒绝了，也会感到心理不安，还可能遇到意外的麻烦，譬如遭到别人对你的误解，受到无谓的攻击，受到周围人的冷淡，你同样会过得不舒服、不愉快。这时该怎么办呢？

同事、朋友向你求助的事，也许只是暂时占去了你的时间，从长远看，实际上可能并不会对你造成任何损失。你在帮助别人时，你能够感觉到助人的快乐，这对你没有什么划不来的；反倒是由于你帮助了别人，方便了别人，因而获得了良好的人际关系。这种美好的效应或许你一时无法明显地感觉到，但是如果你经常给人方便，经常替别人分忧解难，帮助别人，日积月累，你将会结下许多善缘，这将与你当初因帮助别人而损失的一点时间完全无法相比。

2. 不要急着讨人情

生活中经常会见到这样的人，帮了别人一点忙，就觉得自己有恩于人，于是心怀优越感，高高在上，不可一世，这种态度是很危险的，常常会引发负面的效应。这样做，即便是帮了别人的忙，却无法增加自己人情账户的收入，就是因为这种骄傲得意的态度，把这笔账给抵消了。

所以，帮别人忙时应该注意下列事项：第一，不要使对方觉得接受你的帮助是一种负担；第二，态度要自然，也许在当时对方或许无法感受到，但是日子越久越能体会出你对他的关心，能够做到这一步是最理想的；第三，帮别人忙时高高兴兴的，不可以心不甘、情不愿。

帮人办事别死撑

当一些交情不错的朋友托我们办事时，我们为了保全自己的面子，或为给对方一个台阶，往往对对方提出的一些要求会不加分析地加以接受。但有许多事情并不是你想办就能办到的，有时会受限于条件、能力的制约而心有余力不足。因此，当朋友提出托你办事的要求时，你首先应考虑，这件事你是否有能力办好，如果办不好，你就应该老老实实地说："我不行。"随意夸下海口或碍于情面都是于事无补的。

当然，拒绝别人的要求也的确是件不容易的事。因为每一个人都有自尊心，都希望得到别人的重视，同时我们也不希望别人不愉快，因此，也就难以说出拒绝对方的话了。

对方请你办事，你的答复是怎样呢？许多人都会采取拖的办法。"让我想想看，好吗？"这种话常常可以听见。

但有时候，许多人会做出不自觉的承诺，所谓"不自觉的承诺"，就是自己本来并未承诺，但在别人看来你却承诺了。这种状况，源于每一个人都有怕"难为情"的心理，因为拒绝他人是有些难为情的。

拿破仑说："我从不轻易承诺，因为承诺往往会变成不能自拔的错误。"大家都喜欢"言出必行"的人，很少有人会用宽宏的态度去谅解你无法履行某一件事。

专家建议我们："拒绝只需要在聆听别人陈述和请求完毕之后，轻轻摇摇头，态度无须激烈。"轻轻摇摇头，代表了否定，别人一看见你摇头，知道你已拒绝，接着你可以从容地说出拒绝的理由，使别人接受你不能"遵办"的苦衷，自然也就不会对你记恨在心了。

有许多事情常是这样的，听起来应该可以做，但做起来却有困难。例如，你有一位好友从事人寿保险业务的工作，他来向你说了一大堆买人寿保险的好处，然后他问你是否可以向他购买一笔数目不小的保险。你也明知保险具有益处，但是后来当你仔细一想，如果照他的要求，你每月要付出的保险费以你目前收支状况根本无法负担，所以你还是应该直言拒绝对方。

有些人喜欢拖，不直接告诉对方自己无法帮忙，反而要对方跑好几次来听他的最后答复，这样不好。如此，你在别人眼里就成了一个伪君子。有时出于难为情，对于别人提出的请求不好意思一口回绝。在这种情况下，可用以下三种方法：

（1）对把握不大的事采用有弹性的说法。如果你对情况把握不很大，就应把话说得有弹性一点，例如，使用"尽力而为""尽最大努力""尽可能"等字眼。如此能给自己留下余地。

（2）对时间采取延缓的说法。有些事情由于时间久了，情况发生变化，所以把时间说长一点，能够给自己留下余地。

（3）对不是自己所能独立解决的问题应采取保守的说法。换言之，如果你所作的承诺不能自己单独完成，还要寻求别人的帮助时，承诺时就应说清楚。

为人处事，应当讲究言而有信，行而有果，因此，不可随意承诺。聪明人会事先充分地衡量客观条件，尽可能不做那些没有把握的承诺。

须知，承诺了就必须努力做到，千万不可因一时事急，乱开"空头支票"，愚弄对方。因为你一旦食言，对方一定会十分恼火。

万一因情况有变而无法实现自己原来的承诺，也应向对方照实说明原委，并诚恳地道歉，以求得对方的原谅和理解。

对于自己根本没有能力办到或不想办的事情，最好及时地回答。拒绝并不是简单地说一句"办不到"就行了，而是要讲究艺术：如果能拒绝对方的不适当要求，又不致伤害对方的自尊，也不损害彼此的关系，这才是最高明的。

第十章　精通说话善于办事

说话是办事的桥梁

一件事物的发展是众多因素共同作用的结果。但这众多因素中，总有一两个因素起着关键的作用。

俗话说："火车跑得快，全靠车头带。"没有了车头的火车只会待在原地不动，而说话技巧就犹如我们办事时的火车头，起着关键性的作用。火车跑得快，当然不应忽略车轮、螺钉等这些物件的作用；同样办事时，虽然穿着打扮或人情关系等因素也发挥着作用，但办事靠的就是说话技巧，就像火车跑得快，靠的就是车头那样。没有说话技巧，沟通不成，办事情也不会成功。

"真才实学"的硬件与"说话技巧"的软件之间的关系，就好像是一台电脑，主板再棒，彩显再好，如果没装软件，它一点用处都没有，只能当摆设，是一台"裸机"。

言为心声，不会说话就不会做人，好好说话就能好好做人。

新东方创始人俞敏洪曾在 2018 年捅了马蜂窝，给当时略显沉寂的新闻圈带来了新的话题。

在 2018 学习力大会上，讲到如何改变教育方向时，俞敏洪举例说："如果中国所有女生找男人的标准，都是这个男人必须会背唐诗宋词，那全中国的所有男人都会把唐诗宋词背得滚瓜烂熟；如果所有的女生都说中国男人就是要他赚钱，至于说他良心好不好，我不管，那所有的中国男人都会变成良心不好，但是赚钱很多的男人，这正是现在中国女生挑选男人的标准。所以，实际上一个国家到底好不好，我们常常说在女性，就是这个原因，现在中国是因为女性的堕落才导致整个国家的堕落。"

"堕落""国家"和"女性"联系在一起，注定俞敏洪同志会惹恼半边天的女性朋友。果不其然，一向以坚强女性示人的女星张雨绮霸气怒怼俞敏洪："北大的教育和新东方的成功都没能帮你理解女性的价值，没让你能理解什么是平等的两性关系，甚至没帮你搞明白什么是平等！"

在女人看来，俞敏洪说这话这就是性别歧视，就是大男子主义。看样子，当过大学老师的俞敏洪显然不太会说话。

但迫于舆论压力，俞敏洪道歉说："我想表达的真正意思是：一个国家的女性的水平，就代表了国家的水平。女性强则男人强，则国家强。"

仔细看，俞敏洪的两次发言要表达的核心意思是差不多的。如果第一次他这么说，估计会受到广大女性朋友的赞赏。

但其实看得出，俞敏洪始终没有认为自己的立意是错的，不过是表达的方式有问题而已。俞敏洪用一次发言加一次道歉，告诉我们，话要好好说。

优秀的说话技巧在人际交往中，可以为你锦上添花；否则，会令你在交谈中不战而败。

时代在进步，人的说话能力显得越来越重要。很多人在面对茫茫人群时，不知道如何与人打交道。平时，就连一声简单的问候都说不出口。而办事时，面对与之打交道的人左躲右闪，只想"短、平、快"地把事办完。少了带有情感的沟通，只能让自己的事情办砸。

有这样一则笑话：

有一个人请了四位同事到他家里吃饭，他倒是蛮真诚的，摆了一大桌酒菜。三个同事如约而至，只有一位仍不见踪影，主人在门口急得左张右望，搓手跺脚。一个同事从里头跑出来安慰他不要着急。谁知这位老兄随口甩出一句：

"该来的不来。"旁边劝他的这位同事一听，心里想：这样说，我岂是不该来的。随即咣当一声摔门而去。里头另一位同志见状，急忙出来好言相劝。哪知这位老兄又从嘴里进出一句："唉！不该走得又走了。"本来相劝的同事一听，立刻怒从心起：不该走的走了，那意思不就是该走的不走，得，甭解释了，我走了。最后在屋里等着的那位同志急忙出来帮着主人挽留客人。可惜这位老兄"口才"太不争气，竟然又冒出一句："我根本不是冲他们说的。"最后那位客人一听：噢，你不是冲他们说的，那不就是冲我说吗！得，我也不留了。

说话哪能没有技巧呢？

比如你是一位推销员，你的一位客户这么说：

"我希望拥有一个风景优美的住处，有山有水。而这里好像不具备这种条件。"

那么，你可马上接着他的话说：

"假如我推荐另外一处有山湖水色的地方，并且以相同的价格提供给您，您买不买？"

这种谈话模式对推销有很大的帮助。就上面一段话，客户是否真的想拥有一个山湖水色的地方姑且不管，你抓住他所说的话而大做文章，给他提供一个符合他条件的地方。这时，他事先说过的话就不好反悔了。

这样的情况在我们生活中时常发生。譬如我们上街去买衣服，走进一个服装店里挑选，其实这时你还无心购买，只不过是看看而已。这时营业员就会上来对你说：

"您喜欢哪一件？"

"把那件拿给我看一看。"

"这衣服不错，挺合您身的，穿上会显得更潇洒。"营业员拿过衣服，这样说。

"不过，这衣服的条纹我不怎么喜欢，我喜欢那种条纹的。"

"有啊，我们这里款式多着呢！您看，这是从广州进来的，价格也挺便宜的，和刚才那一件差不多，手工也不错。怎么样？试一试吧！"

"嗯……啊，还不错，大概要多少钱？"

"不贵，像这种物美价廉的还真不多。您到那边去看看，一件进口的名牌衬衫就要 1000 多块，就连一条领带也要 300 多。其实用起来也差不多。这件才 450 元呢！"

"还是有点贵啊！"

"再便宜穿起来就没有这么气派了，现在稍微好一点的也就这个价格。"

"好吧，我买了。"

商品如何，买的人心里知晓；中不中意，由他自己拿主意。作为销售人员在适当的时候说上几句适当的话，征服买家的心，这买卖就做成功了。

相反，你在旁边不管不问，"金口难开"，纵然你的商品质优价廉，却让买家心里不舒坦，你的生意就冷了不少。所以，作为常与顾客打交道的人更能体会到"沉默是铁，少说是银，好口才是金"的道理。求人办事，请人帮忙，靠的就是一副好口才。

每个经过在商海中搏斗的人都应该是交际的能手、言谈的专家，这话可能有点过分，但足以说明说话技巧的重要性。商家为的是"利"，而我们办事也是为了利。只不过是近利大利、远利小利之分，其实质却是一样的。为了获利，有些人适应了社会，掌握了说话技巧，这也正是所谓的"物竞天择，适者生存"之道。从他们身上我们可以学到经验，吸取精华，少走些弯路。

不知道口才在求人办事中的重要作用的人，只有在失败后才明白它的重要性。

巧嘴提出办事请求

任何人都有获得别人尊重的需求，谁要是让人遭到言辞上的"非礼"，那事就会难办。所以在向别人提出要求时，我们要特别注意使用礼貌语言手段，维护对方的面子，照顾人家的意愿，巧妙提出自己的要求，讲究分寸，让对方在不经意中，向你敞开心扉。下面通过一些实例，教你一些具体用法：

1. 间接式请求

通过间接的表达方式（例如使用能愿动词、疑问句等）以商量的口气把有关请求提出来，讲得婉转一些，比较容易令人接受。例如：

"你能否尽快替我把这事办一下？"

（比较：赶快给我这事办一下！）

通过比较，我们不难看出，间接的表达方式要比直接的表达方式礼貌得多，因而更容易得到对方的帮助或认可。

2. 借机式请求

借助插入语、附加问句、副词、状语从句及有关句型等来减轻话语的压力，避免唐突，充分维护对方的面子。例如：

"不知你可不可以把这封信带给他？"

（比较：把这封信带给他！）

我们可以发现，语言中有很多缓冲词语，只要使用得当，就会大大缓和说话的语气。

3. 激将式请求

通过流露不太相信能成功的想法把请求、建议表达出来，给对方和自己留下充分考虑的余地。例如：

"你可能不愿意去，不过我还是想麻烦你去一趟。"

你请别人帮忙或者向别人提出建议时，如果在话语中表示人家可能不具备有关条件或意愿，就不应强人所难，自己也显得很有分寸。

4. 降低式请求

尽量把自己的要求降到很低，以便对方顺利接受，满足自己的愿望和要求。例如：

"你帮我解决这一步已使我感激不尽了，其余的我将自己想办法解决。"

我们确实经常发现，人们在提出某些请求时往往会把大事说小，这并不是变着法儿使唤人，而是适当减轻给别人带来的心理压力，同时也使自己便于启齿。

5. 谦恭式请求

通过抬高对方、贬低自己的方法把有关请求等表达出来，显得彬彬有礼、十分恭敬。例如：

"您老就不要推辞了，弟子们都在恭候呢！"

请求别人帮助，最传统有效的做法是尽量表示虔敬，使人家感到备受尊重，乐于从命。

6. 自责式请求

首先讲明自己知道不该提出某个请求，然后说明为实情所迫不得不讲出来，令人感到实出无奈，例如：

"真不该在这个时候打搅您，但是实在没有办法，只好麻烦您一下。"

在人际交往中，要知道在有的时候、有些场合打搅别人是不适合的，不礼貌的，但这时又不得不麻烦人家，这就应该表示知道不妥，求得人家谅解，以免显得冒失。

7. 体谅式请求

首先说明自己了解并体谅对方的心情，再把自己的要求或想法表达出来。例如：

"我知道你手头也不宽裕，不过实在没办法，只好向你借一借。"

求人的重要原则就是充分地体谅别人，这不仅要在行动中体现出来，而且要在言语当中表示出来。

8. 迟疑式请求

首先讲明自己本不情愿打扰对方，然后再把有关请求讲出来，以缓和讲话语气。例如：

"这件事我实在不想多提，但形势所迫，不得不求助于您了。"

在提出请求时，如果在话语中表示自己本不愿意说，这样就会显得自己比较有涵养。

9. 述因式请求

在提出请求时把具体的原因讲出来，使对方感到很有道理，应该给予帮助。例如：

"隔行如隔山，我一点儿也不知道人家那边的规矩。你是内行，就替我办了吧！"

在提出请求时，如果把有关理由讲清楚，就会显得合乎情理，令人欣然接受。

10. 乞谅式请求

首先表示请求对方谅解，然后再把自己的愿望或请求等表达出来，以免过于唐突。例如：

"恕我冒昧，这次又来麻烦你了。"

请求别人的原谅，是通过礼貌语言进行交际的最有效的方法，人们常常使用这种方式来进行交流，显得比较友好、和谐。

说话要注意分寸

做人要不卑不亢，有度有量，外圆内方。我们常说"至刚易折"，做人要像水，既有力量又温和。曾国藩的成功之道便在于外圆内方。

> 在经历过事事与人争后，曾国藩逐渐收起自己不合时宜的棱角，虽然依旧严格要求自己，但对他人的态度却发生了变化，开始宽以待人。鲍超是曾国藩手下的一员悍将，一次鲍超因与曾国荃闹矛盾，甩手不干了。曾国藩提点鲍超说："你撂挑子，懂内情的人知道你与老九闹意见，不懂内情的人会怀疑你对朝廷不满，你这样做岂不是给别人提供攻击的把柄。"

人格上要讲分寸，不能太卑，太卑可能会变成懦弱，也不能太亢，太亢又会咄咄逼人。

所以，讲究分寸是一种很重要的说话艺术。说话是否有分寸，对于我们办事成败有着很大的关系。注意分寸，说白了就是说出的话不能伤人。不管自己是否意识到，也不管自己有意还是无意，都不可伤人。

1. 第一次与人见面办事时说话的分寸

自我介绍是人们外出办事与人打交道的一种手段。由于办事的目的、要求不同，自我介绍的分寸深浅也应有所区别。

在有些情况下，自我介绍的内容很简单，只要讲清姓名、身份、目的、要求即可。例如某建筑公司办事员到某钢厂买钢材。他一进销售科的门，就对坐在办公桌边的一位先生说："您好！我是某某建筑公司的采购员，来你厂买圆钢，希望你能帮忙。"那位先生肯定也会回答："我叫某某，是厂里销售科的，咱们坐下来谈谈。"通过这样一番简单的自我介绍，就会让洽谈有一个良好的开端。

在另外一些情况下，自我介绍的内容就需要较详尽了，不仅要讲清姓名、身份、目的、要求，还要介绍自己的经历、学历、资历、性格、专长、经验、能力、兴趣等等。为了取得对方的信任，有时还得讲一些具体事例。但什么情况下需要做简单的自我介绍，什么情况下需要做详细的自我介绍呢？这没有定规，只能视具体情况而定。

2. 托人办事时的说话分寸

托人办事，即使是关系很密切的人，措辞、语气也要适当，不要用生硬的口气，如"你必须帮我办""一定要完成"等。这样说，有时会强人所难，让人难以接受，而要说"请尽量帮我一把""最好能帮我干到底"，给人留下回旋的余地。如果是当时难以答复的问题，就要说"过两天给我一个信儿好吗"或者"到时我去找你，请你费心"等，托人办事要给人留下一个充分考虑和商讨的时间，让人可进可退。

托人办事，态度要诚恳，尽量应向人家讲明自己做此事的目的、作用，把事情的起因、想法告诉人家，说话不要支支吾吾，不要让对方觉得你不相信他。

催问也很有讲究，催问时要客气，语气平和，即使受了冷遇，碰了钉子，或者对方发了火，也要沉住气，只要问题能得到处理，受点委屈也是值得的。

3. 应答别人时的说话分寸

如何答复求你办事的人，也是表现你办事能力的一个方面。凡认为对的，就回答他一声"很好"；认为不对的，就回答他"这个问题真的很难说"；自认为可以办到的事，就回答他"我去试试，但成功与否现在还很难肯定"；自认为办不到的事，就回答他"这件事的确很难办，依我的能力和关系是没有多大的希望"。

总之，答复求你办事的人时，不要把话说得太肯定、太绝对。太肯定的回答，很容易给双方造成不欢而散的后果。一切回答，必须留有回旋的余地，万一临时不能决定，你可以回答"让我考虑考虑，再答复你可以吗"，或者说"让我与某某商量后，由某某答复吧"。前者是接受与不接受各占一半，后者多半是婉言拒绝。

如果求你办事的人唠叨不停，你不愿意再听下去，你可讲些其他无关紧要的话，转移目标，也可以直接说"好的，今天就谈到这里为止"，然后站起身来，说"对不起，我还有事要办，下次再谈"，求你办事的人就会中止谈话，不再与你纠缠。

4. 催问别人时的说话分寸

催问别人时要注意用语的分寸，应多用恳请语气，千万不可用"怎么还没处理呀""不是说今天就给我答复吗？为何讲话不算数""你们到底什么时候解决""这个月底前必须处理"等责问或命令的语气。这样只会激起别人的反感。如果改换另一种询问的口气，可能效果会好得多。

不能有急躁的情绪，要耐心地、不厌其烦地登门拜访，说明你的理由和请求。别指望很快就能得到答复，要有长期作战的心理准备。

在催问时间的间隔上，要越来越短，次数上要越来越频繁，要引起对方的紧迫感。频频催问很可能会引起对方的烦躁，这不要紧，只要你是有礼有节，就没有关系，只要你坚持不懈，就会带来转机。

说话要注意场合

美国前总统里根在一次国会开会前，为了试试麦克风是否好使，张口便说："先生们请注意，5 分钟之后，我将对苏联进行轰炸。"一语既出，众皆哗然。里根在错误的场合和时间里，开了一个极其不当的玩笑。为此，苏联政府提出了强烈抗议。

这说明，在庄重严肃的场合不宜开过头的玩笑，更何况是在正式场合。

说话必须要讲究场合，不注意这点，说一些不适宜场合的话，往往会与初衷背道而弛。

在追悼会上，说任何喜乐的话、玩笑的话，都会引起主人家的不满。

在一个人情绪失控的场合下，任何的安慰都难以使当事人接受。不如等他冷静下来，恢复了理智，再同他交谈为好。

相反，在医院里，对于身患绝症的病人，说一些善意的谎言，开几句玩笑，却有可能唤起他对生活的热爱，从而鼓起与病魔斗争的勇气和信心。

陪孩子去考场参加考试，考完一科下来，孩子们必然要对答题状况有所交流、探讨。在这个场合下，如果家长不客气地批评孩子答题马虎，平常学习不认真，这必然会影响到孩子下一科的考试情绪。

聪明的人善于抓住时机来达到自己的办事目的。

某校的高一（2）班与（4）班进行篮球比赛，两个队打得十分激烈，后来，高一（2）班赢了。

第二天一早，学校布置抓纪律和卫生检查，高一（2）班的同学们仍处在兴奋之中，卫生没搞好，同学们也不以为然，以为今天班主任肯定不会批评大家。

没想到班主任一上讲台，就说："我们班是不是想在卫生评比上输在别的班后面？桌子没擦，楼道的垃圾没有倒。现在，留下一些人立即搞好卫生，其余人上操。我们班篮球赛赢了，卫生纪律也不能落在别的班后面！"由于大家陶醉在球赛的胜利之中，所以班主任先给他们泼点冷水，叫他们看到某些方面的差距。

审时度势，因势利导，在不同的场合使用不同的说话方式，这对我们提高办事能力是大有好处的。

没话找话有方法

在办事的过程中，谈话时要善于寻找话题，这是沟通的切入点。有人说："交谈中要学会没话找话的本领。"所谓"找话"就是"找话题"。写文章，有了一个好题目后，往往会文思泉涌，一挥而就；交谈，有了好话题，就能使谈话融洽自如。好话题，是初步交谈的媒介，深入细谈的基础，纵情畅谈的开端。好话题的标准是：至少有一方熟悉，能谈；大家感兴趣，爱谈；有展开探讨的余地，好谈。

那么，怎样才能找到一个好话题呢？

1. 中心开花

面对众多的陌生人，要选择众人当前关心的事件为话题，把话题对准大家的兴奋中心。这类话题是大家想谈、爱谈又能谈的，人人有话，自然能说个不停了。

2. 借题发挥

巧妙地借用彼时、彼地、彼人的某些材料为题，借此引发交谈。有人善于借助对方的姓名、籍贯、年龄、服饰、居室等等，即兴引出话题，常常能取得好的效果。借题发挥法的优点是灵活自然，就地取材，但关键是要思维敏捷，能迅速做出由此及彼的联想。

3. 投石问路

向河水中投块石子，探明水的深浅再前进，就能有把握地过河。与陌生人交谈，先提一些"投石"式的问题，在略有了解后再有目的地进行交谈，便能谈得更为自如。如在聚会时见到陌生的邻座，便可先"投石"询问："你和主人是老乡呢还是老同学？"无论问话的前半句对，还是后半句对，都可循着对的一方面交谈下去；如果问得都不对，对方回答说是"老同事"，那也可谈下去。

4. 循趣入题

问明陌生人的兴趣，循趣发问，便能顺利地进入话题。如对方喜爱象棋，便可以此为话题，谈下棋的情趣，车、马、炮的运用，等等。如果你对下棋略通一二，那肯定谈得投机；如果你对下棋不太了解，那也正是个学习机会，可静心倾听，适时提问，借此大开眼界。

引发话题的方法有很多，诸如"借事生题"法、"即景出题"法、"由情入题"法，等等，均可巧妙地从某事、某景、某种情感中，引发出一番议论。引发话题，类似"抽线头""插路标"的做法，重点在"引"，目的在导出对方的话荏儿。

5. 缩短距离

托陌生人办事儿时，必须在缩短距离上下功夫，力求在短时间内了解得多些，力求让感情变得融洽。孔子说："道不同，不相谋。"志同道合，才能谈得拢。我国有许多"一见如故"的美谈。陌生人要想谈得投机，要想在"故"字上做文章，变"生"为"故"，以下也有不少方法：

（1）适时切入。看准情势，不要放过应当说话的机会，适时插入交谈。适时的"自我表现"，能让对方充分了解自己。

交谈是双边活动，光了解对方，不让对方了解自己，同样难以深谈。陌生人如能从你"切入"式的谈话中了解你，双方会更亲近。适时切入，能把你的知识主动有效地输送给对方。

（2）借用媒介。寻找自己与陌生人之间的媒介物，以此找出共同的语言，缩短双方的距离。如见一位陌生人手里拿着一件什么东西，可问："这是什么？……看来你在这方面一定是个行家。正巧我有个问题想向你请教。"对别人的一切显出浓厚兴趣，通过媒介引导他们表露自我，交谈也就会顺利进行。

（3）留有余地。留有余地让对方接口，使对方感到双方的心是相通的，交谈是和谐的，进而拉近关系。因此，和陌生人的交谈，千万不要把话讲全了，把自己的观点讲死，而应是虚怀若谷，欢迎探讨，最好把作结论、归纳的机会留给对方。

6. 自作笑料

坦率地把自己的不足讲出来，只能引起别人的同情和爱怜，不会引起别人的尊重。如能用开玩笑的形式讲出来，更能表现出你非同寻常的气度。

有一位著名的演说家在大家的掌声中走上前台准备发表演讲，不小心被地毯绊倒了，摔在地上。但他神态自若地爬起来，走到话筒前说："真让我激动，我是为你们的热情而倾倒的。"于是，听众们给以更加激烈的掌声。

相反，你明知错了，却想方设法掩饰，装腔作势，只想把自己当成真正的行家，结果只会令众人扫兴。因此，在办事的时候，能够大胆地同自己开个玩笑是很了不起的行为。同时，也能活跃一下气氛，让别人亲近你。

7. 背后捧人

称赞的技巧一直被人们探讨着。能施展出最佳的称赞技巧也是一个人办事能力高的体现。称赞是获得好人缘的方式之一。

通常所见称赞技巧有当面称赞和背后称赞之分。当面称赞有当此人面称赞此人和当别人面称赞此人，不论哪一种方法，都很少会赢得对方的真心，有时甚至会令对方厌恶。只有背后称赞人才能让人真正地感动。背后称赞既可以在别人面前赞扬他的优点和长处，又可以利用文章或其他传媒方式称赞他。常言道："有钱难买背后好，背后好才是真好。"可见，人们最重视的是背后称赞，这也是人之常情。你在背后说别人的一句好话胜于当面所说的十句好话。联络感情原不是件容易的事，用称赞来联络感情是最简便有效的方法，而且在道德上也与古人扬善之旨意同。

说服对方时也要学会倾听

人们对松下集团的创始人松下幸之助大都不陌生。松下之所以成功的秘诀，在于建立庞大的销售网络。然而，在建立目前稳固的销售体制前，他也曾经历几次经营上的危机，所幸他都克服了。

其中以1965年开始的经济低迷期最严重，连带影响松下电器的销售行和代理店，使之都陷入困境。当时，松下为改善情况，决定彻底检讨整个销售体制。但却遭到部分销售行和代理店的反对，而且反对的声浪日渐高涨。

于是，松下召集1200家销售行的负责人，由持反对意见的负责人一一发表意见。然后才轮到他本人发言，他采取温和的态度，详细说明了新的销售方式。由于松下谦和的应对，终于获得全体与会负责人的支持，同意推行新方案。

"欢乐海岸"，隶属于国务院国资委管理的大型中央企业华侨城集团，在深圳市深圳湾商圈打造了一个集旅游、生态、商业、文化、娱乐多元素于一体的都市娱乐核心地带。为深圳市民提供了真正的都市休闲的目的地，是深圳市民滨海生活方式的引领者，成为深圳乃至全国城市文化综合体领域的标杆。

时至2019年，"欢乐海岸"开展员工调查已经是第三个年头了。通过员工调查倾听员工的心声，洞察员工对公司的看法，已经成为"欢乐海岸"进行自我诊断和管理改善的一种关键的行动方式。

通过开展年度性的员工调查，"欢乐海岸"持续内省，适时调整，焕发出了源源不断的生命力。"欢乐海岸"的经验让我们了解到，员工调查就像一颗小小的种子，在组织中生根发芽，能促进员工发声，促动组织改善，在内部形成一个旋转式上升的氛围，帮助公司成长为一棵可为员工遮阴乘凉、实现商业宏图的参天大树。

不可否认，唯有听别人说话，别人才能接纳自己的看法。如此双方才能产生信赖关系，使说话具有说服力。以上两个例子告诉我们，听别人说话，是与别人沟通必须采取的基本态度。

如何记录谈话的重点

在重要的谈话中，一般人都想记下整个内容。然而在现实生活中并不理想。举例来说，谈话内容总共有十个重点，从第一个重点开始，你就拼命地记在脑海中，结果疏忽了后面的重点。即使是记住了第二个重点，也未必记得住第三、第四、第五……个重点，因为一般人的短期记忆能力有限。有时第一、第二个重点能勉强记下，但到第十个重点时，前两个已忘光。可见专心听讲的重要。

倘若从头到尾都是如此听讲，到谈话结束时，往往抓不住重点，脑子里一片混乱。相信世上再也找不到比人的记忆更不可靠的东西。与人交谈太过信任自己的记忆，是危险至极的。

法庭上都设有速记官与书记官。前者主要负责记录详细的审判过程，所以都使用特殊的记号记录，以免遗漏。而后者则记录重点，记下审判的概要。

其他如新闻记者，同样采用的这种方法记录采访的重点，否则容易漏失重要的内容。当然，这是专门的技术，并非人人天生就具备，须经训练才可做到。

某报社记者刚出道时，经常抱怨："原以为我的记录已经相当完整，但在编辑稿件时才发现，漏记了最重要的部分。"现在他已成为最优秀的记者，颇受上级的赞赏。但每当想起以前的错失，他仍会感到难为情。

除了记者以外，一般人交谈的机会也很多，如朋友、爱人、孩子、上司和属下等，均是很好的对象。不妨利用和他们的谈话，训练自己能在瞬间记住重点的能力。

至于记录，也要把握住重点。应避免埋头苦干，否则会打断对方的谈话，引起对方的不愉快。此外，在记录前须征求对方的同意，事后则须向对方叙述记录的重点。如此才能消除对方戒心，建立彼此之间的信任关系。

记录固然重要，却切忌失礼于对方。要是一味地埋头记录，可能会留给对方恶劣的印象。所以应表现出自己的诚意。在记录中，难免会给对方造成心理压力，须趁早训练记录的能力，便能一面作应答，一面引导谈话，成为最称职的倾听者。

用应答提高交谈质量

应答好比是烹调时所加的调味料，具有画龙点睛之效。比如"为什么""真的""是吗"或"可是……"等应答，都可用来加深谈话的内容。

但如果应答太频繁，就会像加了过多胡椒粉的汤。相反，30分钟的谈话，仅仅回答一句"是这样的吗"就会使整个谈话变得平淡无味。为使谈话愉快，应该像精致可口的菜肴只加适量的调味料一样。

1. 应答宜配合谈话进展作变化

只有机械的应答仍嫌不足，还需配合谈话内容。否则任意使用"你说得对"或"原来如此"，恐怕对方会误以为遭人轻视。

因此，应答宜配合谈话进展作变化。当对方说到伤心处，你也表现出伤心；当对方谈得眉飞色舞，你则须表现出快乐。如这般随机应变的应答，可鼓励对方继续表达意见。换句话说，应注意对方谈话，视情形插嘴，提出问题或加以引导，那么才能增进谈话愉快的程度。

2. 应避免说长议短的应答

三五好友聚在一起闲谈，难免会谈到别人。人的心理很奇怪，明知不是事实也会听得津津有味。

这对遭受批评的人来说，不论别人所言是对是错，同样都会感到困扰。因为这种批评往往是越描越黑，使假的成为真实，如此不仅会引起当事人伤心，甚至名誉也被破坏了。所以，应尽量避免说别人坏话。

虽然如此，但由于这种情形已经形成风气，很难不产生影响。这种谈话也能形成与人沟通的目的，要是一律不理会，反会遭人非议，转而视你为说长议短的箭靶。

这种谈话也具社交功能。身在其中的你只要能保持立场，作适当的反应，同样有助于增进人际关系。

某天，某食品厂的推销员到一家超级市场推广新产品，双方谈成生意后，商场负责人答应扩大专柜以增加他的产品销售量。正要离开时，这个负责人突然提到另一家食品厂商的事。

"A公司投入的设备资金庞大，收益却不高。而且听说老板正患心脏病。对于这类摇摇欲坠的公司，我想列入拒绝往来的名单中，或许下次你来时，他们的产品已不在这货架上了。比较起来，还是贵公司的经营稳当。"

说完，这负责人还不断强调这些事情只是他听说的。照这负责人所说，对这位推销员的公司似乎有利，所以他很想发表意见，但随即改变主意，随口说："是啊，那就糟了。"然后以有事推辞，迅速离开超级市场。

如此看来，这位推销员的确高人一等。假如他身为家庭主妇，与其他人闲聊，随便搭腔也没什么问题。然而他有责任在身，对方若是顾客，则实在很难应付。如果说"我从不听闲话"，好像在责备对方；如果说"你是从什么地方听来的"也容易出问题；要是突然改变话题，又会使气氛变得尴尬。

那么，最妥善的方法就是像他一样，轻轻松松听完后快溜。如果担心得罪对方而应答，很可能会背负造谣生事的罪名。

生活中，有人常以这种方式评价倾听者，因此碰到这种情形须特别谨慎。

注意交谈的忌讳

求人办事，要少说丧气话。

有些求人者喜欢把自己贬得很低，比如说"像我这样的人，不过是可怜的小老百姓罢了"，或者说"你也看到啦，我就是这么没用"。虽然你的出发点是为了谦虚，但如果你不希望别人觉得你是个窝囊的人，那么最好不要用这种对自己不利的语气评论自己。俗话说得好，"过分的谦虚等于骄傲"。

当然，偶尔这么说说倒无所谓，但久而久之就会成为习惯性的说法。这点你只要观察喜欢说这一类话的人，即可发现他们虚伪的一面。至于对方会有什么样的反应呢？或许一开始并没有特别在意，但如果每次见面所听的都是这种腔调，就会逐渐觉得和这种人见面没什么意思。更有甚者，还会令人产生一种想法：这不是谦虚，这人可能是真的没用。这一点即是心理学所谓的"累积暗示效应"所产生的作用。如果你经常对孩子说"你真没用"或"你真笨"等，即使孩子并非如此，久而久之也会觉得自己真的是个没用的人。经常听到的话就会认为是对的，这是人类的天性。

因此，贬低自己的做法，不仅对自己毫无益处，反而还会弄巧成拙，使别人以为你真是如你自己所说的那么一个人。试想，别人今天帮了你，或多或少会想到你明天会对他有助益，可你却一再声明自己没用，其后果可想而知。

不要把自己的担心和急切的负面意识暴露给对方。

求人者都希望自己成功，因此，都会本能地尽量避免使用带有负面性或者否定性含义的词语，避免使用引起对方戒备心理的话语。

人们的潜意识里又常常有一种被害者意识，即老是怀疑自己是不是会受到不利的对待，这是一种防范意识。这种意识显然是否定的、负面的。但通常这种意识并不表现在明显的对话中，而是作为一种恐惧、担心、紧张不安的心情表现出来。

这种负面的意识传递给对方，往往会使对方产生怀疑，以至于将心理封闭起来，使进一步的沟通变得困难。

设想一下，如果面对的登门请托者老是说这类生硬的、令人丧气的话，对他产生怀疑是自然的，甚至还会产生反感，与他继续交谈的兴趣都会消失，更不要说帮他的忙了。

另外，常见的导致求人失败的话语大致有下列几种：

（1）因为急于求成而催促对方的话。

（2）猜疑对方身份、权力的话。

（3）推诿责任的话。

（4）让人情绪低落的话。

（5）责备对方的话。

（6）唯利是图、充满铜臭味的话。

求人不同于聊闲天，必须循序渐进，不可草率了事，所以，说话方式必须有所注意：

（1）交情浅言词深，不分亲疏，这样会让人认为你华而不实。

（2）喋喋不休，或经常抢白，不给对方开口的机会，会让人觉得你浅薄。

（3）吹嘘自己，轻视他人的人不懂"尊重别人就是尊重自己""人敬我一尺我敬人一丈"的道理。

（4）说话太快或说话战战兢兢，嗫嗫嚅嚅；或说话声音太小，听不清楚。这些都是不可取的说话方式，因为这样显得你自卑。

（5）话题飞来飞去，东拉西扯不得要领。这样让人难以了解你所要说的究竟是什么。

（6）一副看破红尘的眼神及说话的样子，专挑别人不懂的术语或专业用语。这种假装行家的样子是很容易引起对方的强烈反感的。

（7）在关键问题上搪塞，打马虎眼，说不出重点。说明，贵在"明"，如果所讲不"明"，谁会答应你的请求呢。

（8）模棱两可，使人燃不起热忱。求人商谈，要目标明确，引起对方的共鸣；模棱两可则会让人失去兴趣。

第十一章 谈吐体现一个人的涵养

良言须有好素材

对于谈话的题材和素材，一方面要懂得去收集，另一方面要懂得去应用。

懂得去运用的表现是即使一句普通的话，也往往会收到惊人的效果。

1. 百扣柴扉十扇开

从前有一位教育家，为了要按他自己的理想办一所学校，他动员他的朋友们帮助募捐。

开始时，募捐是很困难的。他的一个朋友，打算放弃这项工作，并且引用一句古诗"十扣柴扉九不开"来说明募捐困难的情形。

"十扣柴扉九不开"真是把募捐困难的情形形容得恰到好处。听起来，叫人们多么灰心丧气啊。

但这位教育家把这句古诗从另外的角度去阐述，于是，便得到完全相反的效果。

他说："不错，我们现在的情形是'十扣柴扉九不开'，可是这也就是说'十扣柴扉有一扇是开'的。那么，我们要敲开十扇门，只要努力一点，多敲几十扇门就是了。"

于是他把"十扣柴扉九不开"这句话，改为"百扣柴扉十扇开"，以此来鼓舞他的朋友们，最终完成了募捐建校的任务。

这个例子可以帮助我们学会如何去应用材料，启迪我们的思维，使它灵活起来。

2. 不要把学到的东西像背书一样重述

上一节谈到要注意开拓阅读面，但还要注意的是：你从书中得到说话的素材，在应用时不要把这些东西像背书一样重述出来。

卡耐基认为，当我们说一句话的时候，我们并不是像背书一样，把记得的话像鹦鹉学舌一样地重述出来，而是要应用这些话来表示我们的看法和态度，这样别人才不会觉得我们是书呆子。

你每日所遇见的各种可以作为谈话的题材和资料，绝不仅仅是一种谈话的题材和资料而已。它们每一件事实，每一句话，都在向你说明些什么，都在向你提供一些对人对事的看法，都在影响你对人生的观点与态度。在你吸收它们的时候，你可能是毫无主见地去吸收；而在你应用它们的时候，你就不应该是毫无目的地去应用。

在你吸收它的时候，你是用你的观点和态度去判断它。你的耳朵听到一句话，你的心立刻对它表示了态度：喜欢它或不喜欢它；同意它或不同意它。

同样，在你应用它们的时候，你也必须加入你本人的看法。你对人对事的看法，证明你所认为对的理由，赞美你所认为美的事物，或是驳斥你所认为错误的东西，"攻击"你认为坏的人物。

训练口才与应用口才，也是要看你对整个人生的态度，并没有常例可依循。

有素材如何用出来

如果你经常觉得与人谈话很困难，恐怕最主要的原因是你对应该讲什么话这个问题有很深的误解。

存在于青年人之中的一个最普遍的误解是：以为只有那些，最不平凡的事件才是值得谈的。

当你想与人交谈时，你会在脑子里苦苦地搜索，想找一些怪诞不经的奇闻，惊心动魄的事件，或是令人神经错乱的经历，以及令人兴奋刺激的事情。

当然，这一类事情，一般人会很感兴趣。能够在谈话的时候讲出如此动听的事，对听的人或是对讲的人，都是一种满足。

可是这一类的事情并不多，一些轰动社会的新闻（例如美国9·11事件、安徽毒奶粉事件等），不用你来讲，别人已经听过了。即使你亲身经历过的是比较特殊的事件，你也不能拿它到处一讲再讲。你在某一个场合讲述的很受欢迎的故事，在另外一些人的面前，并不一定会受欢迎。

因此，如果你认为只有那些最不平凡的事情才值得谈，那你就会经常觉得无话可谈。

其实，人们除了爱听一些奇闻轶事之外，也很愿意和朋友们谈一些关于日常生活中的普通经验。例如，小孩长大了，要选哪一家学校比较好；花木被虫子咬了应该买什么样的杀虫剂；这个周末有什么好电影看。这些都是很好的谈话题材，也都能使谈话双方产生兴趣。

所以，当你的脑子里并没有准备好一些奇闻怪事时，你也不必保持缄默。日常生活里充满了可以谈话的题材，只要你关心一切日常生活的事情，你就不难找到使大家都有兴趣的谈话题材。

卡耐基说："青年人还有一种误解，以为必须谈些深奥的、有学问的题材，才能够受人尊敬。"有这样误解的人，常常想跟别人谈一些很抽象的哲学理论或是什么高科技的问题。但这些问题，即使你准备得很充分，也很难找到和你也有同样兴趣的谈话对象。因此，在大多数的场合，你就会觉得无话可说了。

事实上，几乎任何题材都可以是很好的谈话资料：

（1）你可以谈足球、篮球或其他运动；

（2）你可以谈食物、谈饮料或谈天气；

（3）你可以谈生命、谈爱情或谈理想；

（4）你可以谈同情心、谈责任感或谈真理；

（5）你可以谈证券市场、谈所得税或谈流行的服装；

（6）你可以讨论书籍、戏剧、电影、广播的节目，国际上的新闻，或地方上的问题；

（7）你可以与对方交换一下关于某个故事或是某个人物的意见；

（8）你可以复述一下，你在某个杂志上面看到的一篇论文的要点。

诸如此类，都是很好的谈话题材。这里只是略举一些以引发你的想象，实际上，谈话题材比这里所提到的何止多上千万倍。

如何忠言不逆耳

青年人大多眼里容不下一粒沙子，口里藏不住一句话，看到认为不对的事情就忍不住大加鞭挞，并自己安慰自己，说什么"良药苦口，忠言逆耳"。

其实，有时候良药未必苦口，忠言也未必逆耳。把良药变得苦口，以致病人怕吃，是医学不发达的现象；把忠言变得逆耳，以致使犯错的人不能接受，是说话人之过。

小 C 在一家广告公司担任策划，在方案讨论会上，上司决定将广告投放在阳光花园正门对面的户外 LED 广告屏上。

很快小 C 发现上司的方案有个很大的漏洞，阳光花园虽然是目标群体，但是因为阳光花园的侧门更接近公交站、地铁站，交通更为便利，所以大多数住户都选择侧门通行，而花园正门少有人通行，这样就导致他们的广告投放不能得到很好的宣传效果。

于是，在会议上，小 C 直接向上司提出了质疑：

"不行，不可以投放在阳光小区正门，因为那里通行的人比较少，广告放在那里就是浪费。"

上司的脸立刻黑了下来，其他同事也屏住了呼吸。上司没有理会小 C，继续开会，小 C 也觉得气氛好像不对。事后，上司匆匆回到办公室，仍然没有理会小 C。

小 C 向上司提出自己的意见，但是为什么上司没有理会他呢？

有时候，上司拒绝接纳下属的意见，通常是因为下属采用了错误的表达方式。最典型的错误是未能顾及上司的颜面，为了急于证明自己，而忽略了上司的心理感受。在不恰当的场合使用不恰当的言词，不仅不能说服上司，还会影响彼此间的信任。

如果你真有十足的把握认为上司的决定真有问题，怎样才能说服上司接受你的建议呢？

其实，在给上司反馈或建议时，我们的语气十分重要。如果我们的语气带有批评、嘲讽，仿佛是在向他们提出挑战，通常不会得到好的回应。如果这个时候还有其他同事在场，上司就会因为颜面扫地而更加生气。

小 C 给上司提的意见虽然理由充足，但是过于强硬，这样显得上司很愚蠢，连这个小细节都没有注意到。

如果他是下面这个表达方式：

"这里有一点情况，不知道您看到了没有，阳光小区……？"

"这些信息是否对您有所帮助？"

"我有一点不明白，如果发生…这样的事情，该怎么办呢？"

这样的表达方式更像是善意的建议，而不是对上司判断力的挑战和威胁，所以更容易被接受。

上司听过你的建议后，能够想到"哦，这件事我确实不知道""这我以前倒是没想到过"，那么他有可能会接受你的建议，改变他原来的想法。

我们并不是不愿意听别人批评，也不是不能接受批评。有时，我们还真希望有人来指点指点，我们看书请教别人，我们做了事情、说了话、写了文章，自己不会或不敢下判断，这时候我们何尝不希望有人能出来告诉我们哪点好，哪点坏。有的时候，我们因为别人能够忠实地、大胆地指出我们许多错误，而对他感激涕零。

可是，有些批评，我们听了却觉得难受、委屈和气愤，感到自尊心、自信心都大受打击。

同样是批评，为什么会产生两种效果呢？关键是别人对我们的同情与了解的程度深刻与否。我们始终欢迎的是那些了解和非常同情我们的人，对我们进行坦诚而又充满热忱的批评。卡耐基在《美好的人生》中就有这样一句话："如果你是对的，就要试着以温和的态度有技巧性地让对方同意你。"

苦口的良药和不苦口的良药放在一起，每个人都会选择不苦口的良药；逆耳的忠言和悦耳的忠言比较起来，悦耳的忠言也许永远占上风。

近来医学发达，大概苦口的良药渐渐被淘汰了。有些仍然是苦口的，但在苦口的良药外面，大多也有一层"糖衣"；而我们的逆耳忠言外面，同样地需要加一层"糖衣"，即同情和了解，坦诚和热忱。

其实，用"糖衣"来比喻同情和了解不太恰当。"糖衣"虽然是甜的，但"糖衣"底下仍然是苦的，把苦药放在口里多嚼一会儿，"糖衣"被口水溶化了，下面仍然是苦得使你要把它吐出来的良药。

而对人的同情与了解，和我们的忠言的关系，绝不同于"糖衣"和苦药的关系。"糖衣"与苦药是一种表里的关系，而同情、了解和我们的忠言却是交融在一起的。同情与了解是我们忠言的核心。

忠言，是建立在对人的同情与了解的基础上的。你的忠言，被人听进耳，记在心。咀嚼得越透，领会得越深，别人就觉得你对他的了解越透彻，觉得你对他的同情越深厚。

可以这么概括地说：对别人的忠言，我们不必计较它"苦不苦"，"逆耳不逆耳"，只要它的确是"忠言"。对我们自己讲给别人的忠言，还是尽可能地包上"糖衣"。因为在沟通中，也很需要"严于律己，宽以待人"。

不要做唱反调的人

"这部电影糟透了，花了两个钟头，看来一点意义也没有。"

"看电影何必要什么意义呢？而且，这一部片子实在也不能算是很坏。"

"不过我认为它的布景很壮观，一定费了很多功夫。"

"我觉得没什么，这种布景还不是老一套。"

"还有演员也算相当卖力，只可惜为剧本所限，不能充分发挥他们的演技。"

"这几个演员已经算是演得不错的了，如果在别的剧本里，他们的表演一定更糟糕。"

"……"

上面几句对话你看来也许觉得好笑，不过这情形在我们的生活中多着呢！有些人差不多成了习惯，专和别人作对，无论别人说什么，他总是唱反调。他自己本来一点成见也没有，不过你说"是"的时候，他一定会说"不"；到你说"不"时，他又说"是"了。犯这种错的人很多，且往往不自知。

为什么会这样呢？因为他不喜欢听取别人的意见，以自我为中心，而且他自以为比别人高明，事事要占上风。

即使你真的见识比别人高，这种态度也是不对的。你不为对方留一点余地，好像非要让他下不了台才觉得满意。这种坏毛病会使你与朋友或同事渐渐疏远，没有人肯和你一起讨论问题，更不敢向你进一点忠告。

唯一改善的方法是养成尊重别人的习惯。

首先你要明白，在日常谈论的问题当中，你的意见不一定都是对的，而别人的意见不一定都是错的。那么你为什么每次都要反驳别人呢？

有这种毛病的人，大概都是聪明人居多数（要不就是自作聪明的人），也许太热心，想从自己的思想中提出更高超的见解，以为这样可使人敬服，但事实上完全错了。一些平凡的事情，是不必去费心作更高深的研究——至少我们日常谈话的目的是消遣多于研究，既不是在慎重地讨论问题，又何必在琐碎的事情上抬杠呢？所以，其次你要注意的就是，在轻松的谈话中不可太过认真。

须知，别人和你谈话时，他根本没有准备请你说教，大家说笑罢了，你要是故作聪明，提出更高超的见解，对方绝不会乐意接受的。所以，最好不要随时摆出教导别人的态度。记住"大智若愚"这个成语。

对别人的观点和看法，你如果不能马上赞同，最低限度也要表示可以考虑，但不可马上反驳。要是你的朋友和你谈天，你更要注意，无谓的争论会把一切有趣的生活变得乏味。

如果你的太太问你："我的发型好吗？""不好。""我的衣服漂亮吗？""不太好看。"或她说："这只红色的鞋子真好看。"你却偏要说："不如黑的。"她说："孩子应该早点起床。"你却说"迟点也不要紧。"试想，这样谁还敢跟你说话！

卡耐基对那些争强好斗的人说："你自己要衡量一下：你宁愿要那种表面上的胜利，还是要别人对你的好感？"

相信所有的人都是愿意获得别人的好感。因此，记着你不可做一个固执的同事、一个没趣的朋友、一个无情的爱人、一个冷酷的父亲，或者一个执拗的兄弟。

我们常听到批评某人"抬死杠"，就是爱与人唱反调，表现与人不同。现在你明白了抬杠是愚蠢的，那么，希望你日后要避免与人作对才好。

闲谈莫论人非

世间没有十全十美的人，凡人皆有长处，也难免有短处。卡耐基认为：在沟通中，你要极力避免说别人的短处，否则不仅使别人的尊严受到损害，而且还会显示你人格的低下。

1. 不可以讹传讹

首先你要明白，你所知道的关于别人的事情不一定可靠，也许另外还有许多隐情你不了解。要是贸然拿你所听到的片面之言宣扬出去，难免不颠倒是非，混淆黑白。话说出口就收不回来，事后你完全明白了真相时你还能更正吗？

"张某借了王某的钱不还，存心赖账，真是卑鄙。"昨天你对一个朋友说。这话是从王某方面听来的，他当然站在自己的立场说话。人都是觉得自己是对的，当然不易把话说得很公正。如果你有机会见到张某，他也许会告诉你，他虽然借了王某的钱，但有房产证抵押在王某那里。因为自己资金周转出了问题，到期不能清还，只好延长抵押。当初王某表示如果有需要延长抵押期时，可以延长抵押期，而今王某急于拿回现款，张某一时无法立刻付清，既然有抵押物，就不能说他是赖账。

人与人之间的关系大半如此复杂，你如果不知内幕，就不可信口开河。

2. 为自己定一条戒律

社会上有一种人，专好推波助澜，把别人的是非编得有声有色，夸大其词地逢人就说。人世间不知有多少悲剧由此而生。你虽不是这种人，但偶然谈论别人的短处，也许无意中就为别人种下祸患的幼苗，其不良后果并非你所能预料的。请为你自己定下一条戒律：除了颂扬别人的美德，永不议论别人的隐私，否则你将永远找不到一个愿意和你亲近的朋友。

如果别人向你说某人的隐私，你不可做传声筒，并且不要深信这片面之词，更不必记在心上。和谈论别人的短处一样，不可就表面的观察便在背后批评人家，除非这是好的批评。说一个坏人的好，旁人听了最多认为你无知。把一个好人说坏了，人们就会觉得你存心不良了。

人们好说女人最爱谈论别人是非，其实男人当中也不乏这种人。如果你茶余饭后要找谈资时，天上的星河，地下的花草，无一不是谈话的好题目，真不必一定要说东家长、西家短才能消遣时间。再者，说别人的短处，说不定就是你自己的短处。

信任是最好的听众

大部分懂得倾听的人，都能不着痕迹地配合对方的喜怒哀乐。对方说到伤心处就随着哀痛，对方高兴也随着欣喜，整个人的感情都专注于对方身上，几乎抹杀了自己的个性。

有一位心理医师曾说："我有 A、B 两种个性，而后者足以凌驾前者。"他由于工作上的关系，更需配合患者的情绪变化而变化，如果只是静静倾听，可能无法获得患者的信任，这会影响治疗工作。

环顾四周的人，其中一定有人值得你信赖，而你也愿意向他吐露心事。这些人不仅会分享你的快乐、忧愁，还会为你出主意或纠正你的错误。正因这些人能设身处地为你着想，你才会坦然也将自己的心里话说出来。

的确，在获取对方肯定前，自己必须先肯定对方，多表明站在对方立场的态度，定能听取对方更多的心事。心意是否能传达给对方，同时被对方所接受，完全掌握在你手上。

　　这是杨先生首次生产电插座时所发生的故事。当时对推销产品完全外行的杨先生，不了解自己所生产的插头能卖什么价钱，于是就请教某批发商如何直接定价。

　　他老实说自己不懂得价钱，所以无法决定，而批发商十分热心，帮助他算出零售价，并购买他的插头。如果这批发商心怀不轨，一定会狠狠敲一笔，然而他并未如此做，反而表示："你的产品不错，可卖这种价钱。"

　　杨先生对于批发商的态度十分感激，感到社会仍是温暖的。不过社会上也有黑暗的一面，有很多人因上过当，从而养成处处防范他人的心理，这真令人痛心疾首。

　　不信任人的人，对自己或周围的人均无益处，这是杨先生的看法。他还说过："我相信人间到处有温情，只要以诚待人，一定能获得相同的回馈。"直至今天他仍然感谢那位批发商。由此可见，是"信任别人"这信条奠定了杨先生事业的基石。

这信条也适用于听人说话方面。当对方热衷谈论经验时，你却以怀疑的口吻反问"是吗"，或凭自己的意思判断对方，甚至漫不经心。这种态度当然会影响对方，逐渐的减低谈话兴趣，并很快地结束谈话。

任何人都不会对不信任的人表白真心，顶多是说些无关痛痒的话，这种损失实在难以弥补。所以，我们必须相信对方，没有一丝作假，那么，对方自然会敞开心扉，表露出真正的一面。

第十二章　开口说有利的话

如何运用字眼

说话是将字、词组合成一定意义的句子通过声音传递给对方，但是"话"的实体还是字眼本身，下面将论述运用字眼的几个原则：

1. 越简洁越好

有些人叙述一件事情，为了卖弄才华，极力地修饰他们的语句，用重复的形容词，或学西方语言独有的倒装句法，或穿插些歇后语、俏皮话，甚至引用经典、名人语录，往往使别人摸不清他在说些什么。

费了很大的神，却使别人抓不住你话语中要表达的重点，纵使言词再瑰丽也不足取。

有些人在说话时，东拉西扯，缺少组织和系统，也使别人有不知所云的感觉。如果你犯了这些毛病，只要在说话时记住要说得简洁扼要就行了。在话未说出口时，先打好一个腹稿，然后再有序地说出来。

幽默大师林语堂曾戏称："演讲要像女人的裙子，越短越好。"不仅演讲如此，说话也是一样，简洁的话语常能让人有意犹未尽、余音绕梁之感。冗长索然无味的话，不但无趣，还会让人觉得像懒婆娘的裹脚布，又臭又长，使听者昏昏欲睡。

2. 问句不要重叠使用

有些人会说"为什么、为什么"。答应别人一件事，说一个或最多两个"好"字已经够了，但有些人却说"好好好好……"或是说"再见再见"。其实用重叠句子的时候，除非是在想特别引人注意或加强力量时才用得着。

3. 同样的话不可用得太多

有一个人在解释月球上不可能有生物存在这个问题时，在几分钟内，把"从科学的观点来说"一语运用了二三十次，无论什么新奇可喜的话，多用便会失去它动人的价值。王尔德说："第一次用花来比喻女人是最聪明的人，第二次再用的人便是愚蠢的。"人谁不好新鲜，我们虽不必拘泥于每说一事，都要创新，但把一句话在同一时期中重复使用，就会使人厌倦。

4. 培养自己的语言风格

言如其人，我们每个人说话的方式与风格如同我们的行为一样，都具有明显的个性。你的言谈将成为你个性的一个方面。

在前面，我们已经谈到了许多如何正确表达、如何遵守一定的交流规则，但每一规则之外都有一些特例。这里的特例是指恰当使用一些地方性的表达习惯。如果你能恰当而自然地运用它们，既可以提高你的言辞智商，也可以提高你的语言风格。

善于倾听自己的心声

心灵就像大海上的航标灯，当你驾驶着轮船迷失方向时，只要看到它，就能找到正确的方向。

卡耐基总是提醒他的学员们：当你与别人进行沟通的时候，是否曾经留心过自己的声音呢？

你的声音怎样？这是一个必须注意的问题。但这并非是苛求你的声音要如同电台播音员那样美妙动听。

嗓子的高低、清浊，人人不同，这与人的身体有关系。身体强健的人，多半会有一个清脆嘹亮的声音。不过嗓子的问题，并不是决定你说话清楚与否的关键。决定关键的是下面几点：

1. 说话的速度

我们常见许多人说话很快。有的快而清楚，有的快而不清楚，听了以后也不知所云。你虽有说话很快的本领，但听者不一定有听得快的本事。说话的目的在于使人全部都了解，否则就是费话。训练你自己，说话时声音要清楚，快慢合宜。说一句，人家就听懂一句，不必再问你。你要明白，陌生的人或地位比你低的人是不大敢一再请你重说一遍的。

2. 说话的分贝

在火车里、在嘈杂的公共场所或者在别人放爆竹的时候，提高声音说话是不得已的，但绝不适合于平时。试想在一个柔和的黄昏，或在舒适的室内，高声说话是如何粗俗与煞风景啊！在客厅里，过高的声音会使主人厌恶；在公共场合，更会令你的同伴感到难堪。除非对方重听，否则，你说话时要记着，对方不是聋人。

诚然，说话时绝对不可太快或太响，你要明白的是不可每个句子都太快太响，而是要懂得怎样调节。

抑扬顿挫，这是调节你声音大小强弱的做法。在乐曲里，不是有极快、快、略快、慢、略慢和最慢等快慢符号吗？不是也有极强、强、渐弱等强弱符号吗？如果你想使自己所说的话也像音乐一般动听，不可忘记在应快时要快，应高时要高，应慢时要慢，应低沉时低沉。流水般毫无抑扬顿挫节奏的说话方法，是最易使听者疲倦的。

这是使说话充满感情的方法。常常留心电视上那些演技精湛的演员，他们说话的神态是你最好的榜样。你必须细细揣摩，这对你叙述一件事情的经过，或发表较详细的意见时是很有用的。

3. 学习接"119"的语气

据了解，人的说话速度与年龄成反比。年轻人说话速度快，而年纪越大的人说话越慢。几年前，某报曾发表过一位女明星的文章，文中写道："看自己以前的电影，真教我觉得吃惊。"

原来，她发现过去电影中的对白速度惊人。的确，年龄不但表现在脸上或身体上，也会反应在语调上。我们不妨将自己现在与年轻时期相比，现在的说话速度慢多了。

年轻人不但说话快，口齿也清晰，随着年龄增长，这种能力也在退化。听者应尽量配合对方的年纪与谈话速度，才能与对方轻松自在地谈话。此外，仍需考虑对方声音的大小。

简单地说，面对嗓门大的人，你不妨提高声调；而碰到声音细小的人，你当然得轻声细语了。一位著名广播节目主持人曾说："听的态度很简单，就是冷静观察对方，与对方站在同一条线上，给予对方温馨感。"由此可见，配合对方声音大小，调整自己的音量，已足以表示自己的关怀之心。

接着，我们来谈谈听的方法。当对方说话激动兴奋时，自己缓和的语气，能帮助对方平静。

曾经拨过119电话的人大概都知道，接这电话的人会以缓慢的口吻回话。因为一般打电话报警的人，都显得比较兴奋，说话自然不得要领。然而随着接电话者缓慢的语气，便能逐渐恢复平静，有条理地说明情况。

在一般谈话中，我们不妨学习接119电话的人的应对方法。对方说话速度快，听不十分清楚，可慢条斯理地要求重复，那么，对方的口吻、动作都能在不知不觉中配合自己的节拍。

用提问的方式打开对方的话匣子

卡耐基通过观察得出一个结论：问话，是打开对方话匣子的最好方法。

比如，对方是医生，而你对于医学完全是门外汉，你就可以用"问"的方法来打开局面。

"近来脑炎好像又开始流行，你们大概又忙于替人打预防针了吧?"一句和时令或新闻有关的问题，同时又贴近对方的工作，是最得体的问题，这样一来，对方的口便开了。你可顺利地谈下去，从脑炎谈到环境卫生、谈到DDT、谈到免疫、谈到成药……只要他不厌烦，你可以一直引他谈下去。

碰到房地产经纪人，你可以问他近来房价的起落；碰到电器业的人，则可请教他国产电器和日本电器的不同；碰到教师则问他学校的情形。总之，问话是一个打开对方话匣子的最好方法。

1. 问话要注意什么

对于问话，卡耐基认为必须注意的是：问对方所知道的，问对方最内行的。如果你不确定对方能否回答，那么还是以不问为好。例如问一个医生"去年本省患甲肝的病人有多少"，这是不容易回答的。要是对方的答语是"不大清楚"，不仅使对方有伤体面，而且双方都会感到没趣，这并非说话艺术。

其次，对宗教及政治的观点，除非你的对手是一个专家或权威人物，因为普通人对宗教与政治的看法，各有各的立场和见解，他也不知道你有什么用意，也不知道你有无成见，聪明的人大抵不会开诚布公地答复这种问题，所以不问为好。

有些问题，你得不到圆满的答复时，可以再继续问下去，但有些问题问过以后就不宜再问。比方说，你问对方住在哪里。如果他说"在朝阳区"或者说"在海淀区"，那么你就不宜再问在某街某号。如果他高兴让你知道的，他一定会一次性主动详细说出，而且最后还会补上请你光临的客气话。举一反三，其他诸如此类的问题也是一样，适可而止，以免误事。

此外，在日常交际中还要注意：不可问别人东西的价钱、不可问报纸刊物的销售量（除非知道他的刊物是第一流的，使对方说出而无愧的）、不可问女士的年龄（除非她是 60 岁及以上的时候）、不可问别人的收入多少、不可详问别人的家庭情况、不可问别人用钱的方法、不可问别人工作上的秘密（如化学用品的制造方法）等。

凡对方不知道或不愿让别人知道的事情都应避免发问。问话的目的是引起两方的兴趣，不是使任何一方没趣。要是能使答者起劲，同时也能增加你的见识，那便是问话的最高本领。

有一位西方的学者说："倘若我们不能在任何一个见面的人那里学到一点东西，那就是我们沟通的失败。"这句话非常发人深省，因为虚怀若谷的人，往往是受人欢迎的。记着，问话不仅可以打开谈话的局面，还可以从对方的话里学会许多你不知道的学问。

2. 发问的技巧

"帮我把信寄了"的效果就远不如说"能不能帮忙寄信"使人听

了觉得舒服。

同样，对某件事情不明白，就不妨请教别人，自作聪明是最吃亏的。一个坦白的求教于人的问话，最能博取别人的欢心。

可是怎样问呢？这问题也值得研究。问话的方法有很多种，收效各有高低。高明的问话使人心中喜悦，而愚蠢的问话则会引起对方失笑甚至反感。

问一个女子："你喜欢男人吗？"这真是一个蠢到无以复加的问题。

"这蛋糕新鲜吗？"你是不是也曾经向食品店的店员问过这样的话，而且问过很多次。其实，这也是最蠢的问话之一，等于问你的爱人"你没有欺骗我吗"一样可笑。这种问话，不但得不到真实的回答，还会使对方心里觉得好笑。

你跑到海鲜酒楼里，点菜时问服务员："今天的龙虾好不好？"这等于白说，因为他一定会说"好"，除非你是一个熟客。倘若你这样问："今天有什么好的海鲜？"那么效果就会完全不同，你就可以吃到真正好吃的海鲜了。

为什么说话的效果会不同呢？我们试作心理上的分析。"今天的龙虾好不好"和"今天有什么好的海鲜"两种问法，引起心理上的反应是完全不同的。前者你所问的不过是一种东西，只有"好"或"不好"的两个答案。为顾全饭店招牌，他不能说"不好"，而且一样东西好不好的标准是很难说的。标准既不易定，他则觉得说了个"好"字并不能说是欺骗你，即使今天的龙虾并不很好。其次，你问的只是龙虾，似乎心中除了龙虾别的不爱吃，那么为了讨好你的缘故，更觉得对你说"好"是他的责任。这情形发生的结果，吃亏的只有你，他不过说说，吃下去真的好不好，他并无多大的责任，如上面所说，好坏没一定标准。

至于第二个问题便不同了。第一，你开始便问"今天有什么好吃的海鲜"，表示你胸无成见，不管什么海鲜，只要好便行。第二，这表示你自己谦虚且不自作聪明而请教于他。第三，这问话的定义很广泛，不是"今天的海鲜好不好"，却是"今天有什么好的海鲜"。答者甚至可以说："今天没有什么好的海鲜，但今天的红烧鸡又肥又嫩，值得一试。"所以他回答的范围可以是很广的。

对于那被问者，第一，他见你首先请教于他，他的自尊心得到满足，心中非常愉悦。其次"海鲜"的范围很广，他只要把各种海鲜比较起来，把当天最好的介绍给你便行，这个问题较容易回答。第三，你既然请教他，他不敢不负责，自然会把最好的介绍给你。

由此看来，问话这件小事是值得研究的。

> 美国有些冰果店因为一些客人喜欢在喝可可时放个鸡蛋，所以服务员在客人要可可时必问一句："要不要鸡蛋？"某心理学家应邀到一家冰果店里去研究如何发展生意时，关于问鸡蛋一事，他就说不应问"要不要加鸡蛋"而是"要一个还是两个鸡蛋"。这样问法，多做一个鸡蛋的生意是绝对有把握的。

一般在沟通中运用的问话，最重要的是语气要温和，态度要谦恭。有些问话不可自己先存有成见，与其问"你很讨厌他吗"或"你很喜欢他吗"，不如问"你对他的印象怎样"。但有些不妨先装成有"成见"，比如对一个40岁的女人问"你今年总有30岁了吧"比问"你今年芳龄几许"要好得多。

问话的奥妙，千变万化。这里我们只略举几个例子，其余还待你自己去揣摩，因人、因地、因事进行灵活运用。

用欣赏的眼光赞美与感谢

> 北宋时期，大文学家苏轼有一次与佛印禅师一起打坐。苏轼对佛印开玩笑说："我在打坐时，用我的天眼看到的大师是团牛粪。"佛印说："我在打坐时，用我的法眼看到的你是如来本体。"苏轼回家后得意扬扬地告诉妹妹。苏小妹说："哥哥，你实在输得太惨了。你难道不知道修行的一切外在事物都是内心的投射吗？你的内心是一团牛粪，所以看

到别人也是一团牛粪；人家内心是如来，所以看到的你也是如来。"

这个哲理小故事推而广之，还可以这样看：你喜欢别人，别人也就喜欢你；你欣赏别人，别人也就欣赏你；你帮助别人，也就是帮助自己。与人方便其实就是给自己方便。古语云："欲将取之，必先予之""汝爱人，人恒爱之"，就是这个道理。

有人做过这样的游戏，让每个人写出最有好感的人员名单，同时也写出最讨厌的人员名单。最后统计发现一个规律：你产生好感的那些人，往往是对你有好感的人；而你所讨厌的人，往往也是讨厌你的人。人与人之间的关系往往是相互的，与人为善，也是与自己为善。当你用欣赏的眼光看别人时，别人也会向你投来欣赏的眼光；当你用鄙视的眼光看别人时，别人也会向你投来鄙视的眼光。盛开的鲜花会引来蜜蜂和彩蝶，而发臭的瓜果蔬菜，只能招来苍蝇和蚊子。

卡耐基说："给人一个美名，就像用'灰姑娘'故事的仙棒点在她身上，会使她从头到脚焕然一新。"

卡耐基认为，称赞虽然不需花费一分钱，但给被称赞者带来的喜悦却是难以估量的。一副冷漠的面孔和一张缺乏热情的嘴是最令人失望的。

1. 用欣赏的态度去称赞别人

如何称赞呢？卡耐基首先强调的是热诚的态度。一两句敷衍的话，立刻会被人发觉你的虚伪。所以每当你称赞别人的时候，不可仅从大处着眼，还要从小处发挥，因为，缺乏热诚的人是不会注意到小细节的。

"你的文章写得好极了。"这称赞是不够的，有点敷衍的味道。倘若你加上一句"能够使年轻人读后更加奋发向上"，那么效果就完全不同了。同样，"你的衣服美丽得很"，也是不够的，为要博得对方的更大欢心，你必须再说出这衣服怎样美丽，如进一步说颜色配得很好、图案美妙或式样大方等。

聪明而热诚的人若说一句赞美话，必定善于把自己由衷的欣赏情绪表露出来。"你的琴弹得太动人了，让我想起了我的家乡，那黄昏牧归时微风吹扫落叶时的情景。"要是你听见这样的一句话，你一定会非常感动。诚然，这样的话也许你觉得不容易说，这需要想象力，更需要热情。但如果你能说出口，必使对方留下极深的美好印象。并且，只要对一件事用充分的诚意去欣赏，对于这样一句赞美的话是任何人都会说出来的。

人是喜欢被称赞的，无论是 6 岁的孩子还是 60 岁的老人家都是一样。尤其喜欢将自己和别人比较，要比别人好一点。所以，有比较性的赞美也是我们经常说的，说法也要讲究技巧才行。比方甲和乙两人以不同的价钱买了同样的一件皮衣，而乙所买的价钱却比甲的便宜许多，因此，乙一定会比较得意。当着乙个人面提起这两件皮衣，如果你说"甲是吃亏的，他付出的价钱比你贵得多"就不如说"你买得便宜多了"，为什么呢？因为前者不过是表示甲的愚蠢，不如后者对乙的精明表示赞美更能使他喜悦。所以，下一次当你称赞一个人时，要说"你比某某做得好"，而不要说"某某比你做得坏"。

2. 用欣赏的态度去感谢别人

现在再来讨论感谢方面应该如何运用欣赏的态度。

比如说，有人送你一只花瓶，你称谢是一定要的，但称谢之外还加以对该礼物的赞美，则赠者心里肯定会很高兴。"这花瓶的样式真好。摆在我的客厅里是再适合不过了，太谢谢你了！"在感谢中隐含对对方的选择的欣赏，使对方的自尊心得到极大的满足，说不定下次还有另外的一件东西送给你呢！

"太巧了，这盘 CD 我很久前就想买了，想不到你却送给我。"如果真是你渴望许久的东西，你应该立刻告诉那位赠者。

"这副球拍再适合我不过了，在周末的比赛中我一定用它来创造出好成绩！"直接把你如何运用礼物说出来，是一个很好的赞美方法。

"我从来不曾有过这样精致的钓鱼竿！"把最大的尊荣给予赠者，他一定会感到最大的满足。

感谢和称赞之间有着密切的关系。"你这回帮助我，使我非常感谢"，这是感谢，但如果再接上几句"要不是靠你的力量和智慧，一定不能有如此圆满的结果"的赞语，就完美得多。

有些人接受了别人的帮忙，因为未能十全十美，就表示埋怨，或接受别人的礼物还说些吹毛求疵的批评，这不仅是不懂得说话的艺术的表现，而且是太不近人情了。

会安慰温暖他人

人们大多热衷于锦上添花而忽视雪中送炭。事实上，当别人顺风顺水时，是不大需要也不大看重"锦上添花"的，而当别人在挫折与痛苦当中时，你的"一小块木炭"也能让他感到温暖并且铭记终生。

给处在逆境中的人送去安慰吧！安慰如雪中送炭，能给不幸者带去温暖、光明和力量。我们对这个世界充满了希望，充满了温情，就是因为有温暖。在我们遭遇挫折或不幸时，得到别人给我们的安慰，给我们的温暖，我们才能忘记痛苦，不断努力奋斗。

1. 怎样去安慰别人

我们时常得到别人的安慰。同样，安慰别人是我们应尽的义务，可是怎样安慰呢？

一位朋友生病了，你到医院或他家里去看他。你也许会说："安心休养一阵子吧，你一定会康复的。"你大概以为这是最妥善的安慰别人的话。但按照语言沟通的艺术来看，这句话不过是一种善意的祝福，却不能算是安慰。

那么应该说些什么呢？

如果你的朋友是一位残疾者，不能走路，但却有说话的精力，那么你去探问并不一定要说安慰话，因为那些话他听得太多了。病床上的生活是最枯燥的，说一些外面有趣的新闻，一些幽默的话题，让他从你的探问中得到一点愉快，这就是给他最大的安慰。

绝不要啰唆地直接问病人有关他的病情和治疗方法，他也许已经对别人说过 100 次了，为什么你还要麻烦他呢？关于这些事情，还是问他的家人吧，不要以为直接问病人是表示你的关心，其实这是骚扰他的另一种方式。

假如你一定要说几句安慰的话，那么第一不要装成怜悯他的样子，没有几个人会接受别人的怜悯，因为你越怜悯他，越使他觉得自己的疾病是一种痛苦。所以我们要用相反的方法。

记得我有一次生病，卧在床上不能起来，一个朋友来看我，他一见面就说了这样的话："你多么好啊，我也想生点小病，好让我也能安静地躺在床上休息几天。"听了这些话，我想起每天忙碌而繁重的工作，不觉中就为自己因病能暂时摆脱一切而私下庆幸起来。我的朋友几句话便使我觉得生病是幸福的。

另外有一次，这朋友和我一道去看一个伤寒病者，临走的时候，他对病人说："你的危险期已过。好了之后你永远不会害伤寒，此后你比我们多一重保障了。"我相信这话病人一定爱听。

安慰一个死者的家属，最好的方法是不要提及死者，让他忘记了那些无可挽回的不幸是最妥善的安慰，何必为了表示你的惋惜而重新撩起别人的悲哀呢！

但有些人却在深深的悲痛中似乎不愿，也不能忘记那不幸的事。富兰克林的几句话可供参考："我们的友人和我们像被邀请到一个无限期的欢乐筵席里。因为他较早入席，所以他就比我们先行离席。我们是不会如此凑巧同时离席的。但当我们知道我们迟早也要跟他一样地离开这筵席，并且还一定会知道将在何处可以找到他时，我们对于他的先走一步为什么要感到悲哀呢？"

生死似乎是一个谜。要是能把谜拆穿了，让对方能够"悟"出来，使对方能解脱苦恼，这就是安慰的目的。

在日常的生活里，需要安慰别人的机会很多。一个朋友受不了苦恼的压迫哭起来，你不要立刻去劝他不要哭，这不能解决他的痛苦。让他好好地大哭一场，让他的苦恼找到了宣泄的出口之后，你几句勉励的话胜于千百句劝他不要哭的话。

2. 安慰也是一种同情和鼓励

对别人的不幸表示同情，也是给别人以安慰。"这算得了什么呢？何必为这苦恼呢？"如果你仅能说这两句，而不能进一步解释为什么这算不了什么，那么你还是不说为好。他觉得这个问题使他很苦恼，你不仅没有给他安慰，反而使他不高兴。他心里一定会说："你懂什么！你只会说风凉话，难道我是为了不值得的事情自寻烦恼吗？"

所以安慰的前提条件还是同情。"我明白你的痛苦，不过在人生的过程中，偶然的苦恼是难免的，我们不能希望四时皆春，大自然的规律注定了我们的生活必然会有严冬。今天虽然下雨，明天阳光依旧会照临大地。"这样的话，不是比突然讥笑别人说他为小事烦恼更为得体吗？然而最巧妙的安慰方法还是在安慰中添加鼓励的意思。

有一位作家向一位朋友诉苦，说他 10 年的笔墨生涯，至今还无力去购买一张宽大的书桌，使自己能舒适地工作。他的朋友听了，却平静地说了句比一般的同情更为深挚的话，他说："世界上的伟大杰作皆是从小书桌产生的。"

这寥寥几个字，使这位作家立刻觉得无限的宽慰，使他不再因书桌的狭小而沮丧，又重新找回了自己的自尊心，看到未来的光明。

怎样与陌生人交谈

生活中，每个人都可会碰到下面这种场景：

朋友聚会上，看一姑娘挺有眼缘，走过去问能不能交个朋友，结果姑娘下意识地后撤上身，一脸尴笑，那一刻你意识到，你被嫌弃了；

公司电梯里碰上久未露面的 CEO，问完"某总早"后，空气突然陷入安静，短短的电梯 30 秒，感觉像熬了仨小时；

你只身前往某个活动上，穿梭在陌生人群中，你既不知道该干什么，也没人找你聊天，看着别人侃侃而谈，你只能接着低头玩手机打发时间。

……

在和陌生人的交谈中，由于交谈双方并不相互熟悉，信息量有限，我们常常会碰见聊天终结者：明明已经搭上话，却因为说了不恰当内容，而让交谈陷入无法继续的境地，俗称"把天聊死"。

应该如何与陌生人交谈呢？下面我们将介绍 8 个与陌生人谈话所应掌握的技巧：

1. 不要小看自我介绍

"接近对方"的语言艺术，绝不应该是一种花言巧语，而是以真诚、热心、礼貌、得体为主。

和陌生人见面，第一个步骤便是介绍自己。

可以由第三者出面介绍，也可以自我介绍，不论采用何种介绍方式，都不宜采取太冷淡或太随便的态度。

特别是自我介绍的时候，更要注意自己的言谈举止，做到恰当得体。那么，怎样的介绍才算恰当得体呢？

一般来说，介绍的语言既要简洁明了，又要能使对方从你的介绍中找到继续谈下去的话题；既要使对方通过你的介绍对你有所了解，又不使对方觉得你在自吹自擂。接下来，我们比较以下三种介绍法：

A. 我是张某某，请多多指教。

B. 我是大华实业公司业务部经理张某某，请多指教。

C. 我是大华实业公司业务部经理张某某，是大学经济系毕业生，教授是我的老师，我曾在集团担任过销售顾问。

第一种的介绍过于简单，相信对方在听了介绍后，除了名字以外其他一无所知，很难把话题接续下去，做进一步的交谈；第三种则太过画蛇添足，显得有些啰唆，有自吹自擂之嫌，容易引起对方的反感，而不愿意与你做更深入的交谈；第二种既简洁，又能使对方找到接下去交谈的话题。

如："啊，大华实业公司，我在报上看过介绍你们公司的文章。你们的公司现在经营得怎么样？"

或者是："啊，你是做销售工作的，我对这项工作也很有兴趣。你一定很有经验，可以在这方面指点我一些吗？"

这样，双方就能很自然地找到话题，使气氛热闹起来。

2. 找出最适当的称呼

运用称谓，看来似乎是一件再简单不过的事。其实，这在语言艺术中，却是不可掉以轻心的一个关键。

> 有一次，一位心理学家应邀到一处少年管教所为犯错误的青少年辅导。当他面对年纪轻轻的"罪犯"时，一时间不知道怎样称呼对方。
>
> 如果称他们为"犯人"，必然会让他们产生反抗心理，对辅导教育反而是不利的；称"先生"，显然也不合适，最后他用了"误触国家法律的年轻朋友"这一个特别的称呼。谁知，这一称呼竟收到意想不到的效果，这些青少年在听到这一称呼时都专注地凝视着他，有的还激动得哭了。辅导自然收到了很好的效果。

我认识一位善于演讲的作家，他曾和我分享一个他的心得：针对不同的听众对象（职务上的、性别的、年龄上的等等），选用适当的称呼，要比千篇一律地称"朋友们或听众们"的效果好得多。

如果面对的是青年听众，那么"青年朋友们"的一声称呼，就是把自己和青年置于平等的地位之中；把护士称之为"白衣天使"，尊敬之情溢于言表。

凡此种种，随情适景的称谓，无疑会使双方在感情上更为接近。

3. 巧用"我"这个字

在人际交往中，"我"字是经常会被讲到的。但"我"字怎么用，却大有学问。

"我"字讲得太多，过分强调，就会给人突出自我、标榜自己的印象，这会在对方和你之间筑起一道防线，形成障碍，影响关系的发展。因此，会说话的人，在语言传播中，必须掌握"我"字运用的分寸。

方法之一是少用"我"字，多运用复数或省略主语。譬如：

"我对我们公司的员工最近做过一次调查统计，（我）发现有

40%的员工对公司有不满情绪，（我认为）这些不满情绪来自奖金的分配不公，（我建议）是不是可以……"

第一句用了"我"，主语已经很明确，那么后面几句中的"我"不妨统统省去。这对句子意思的表达毫无影响，且能使句子显得更简洁，避免不必要的重复，还能使"我"不至于太突出。

方法之二是配之以平稳和暖的语调以及自然谦和的表情动作。具体而言，讲"我"时，"我"字不要读成重音，语调不要拖长，目光不要咄咄逼人，表情不要眉飞色舞，神态不要得意扬扬，语气也不要过分渲染。应该把表达的重点放在事件的客观叙述上，而不要突出做这件事的"我"，更不要使听的人觉得你高人一等，是在吹嘘自己。

方法之三是以"我们"一词代替"我"。以复数的第一人称代替单数的第一人称，可拉近双方的心理距离，促进彼此情感的交流。

4. 懂得发问的艺术

在与不熟悉的人交往的过程中，巧妙的提问，不仅能起到投石问路的作用，还能使交谈随着自己希望的方向一层层展开，达到相互沟通的目的。

有的人问话一出，便立即打开了对方的话匣子，双方相见恨晚，成了好朋友；有的人问话一出，却使对方无言以对，使场面变得尴尬；双方只得以"再见"收场。可见，发问也是一种说话的艺术，对"拉近"双方的关系起着很重要的作用。

情况不是很了解又无明确目的的时候，提问的范围宜大不宜小，宜活不宜死，必须给对方的回答留下自由选择的余地。

暗示性提问也是常被采用的一种方式。

如果你住在学生宿舍，别人用了你的洗脸盆，用完后忘了把水倒掉，于是你便很有礼貌地问了一句："请问您……洗脸盆还要用吗？"那效果总要比直接问"你怎么还不把洗脸水倒掉"，或者说"请快点把洗脸水倒掉"好得多。

暗示性提问的特点在于婉转含蓄，不会使对方感到难堪，因此可避免许多误解和矛盾，有时还会使对方觉得你很有礼貌、有教养而对你产生好感，从而使双方的关系更加紧密。

5. 借力使力

在人际交往中，除了上述谈到的投其所好、寻找对方感兴趣的话题以外，与其相类似的还有"借力使力"法。

你可以因人因事因物，就地取材、就近取材，以特定的物和事为媒介，作为引发交谈的"因子"。

比如一个陌生人手里拿着一份报纸，你如果想结识他，便可以以报纸作为媒介，对他说："对不起，打扰一下。请问您手里拿的是什么报纸？有什么重要新闻吗？"这样，你与他的对话就有了开始的可能。

6. 转移话题

在与陌生人打交道的过程中，常常会遇到鸡同鸭讲话的状态，这时就需要灵活应变，另辟蹊径，寻求话题的转机。

> 1984年美国总统里根访华前夕，根据顾问们设计的步骤，他先与一位大学毕业的中国留美学生通过电话，告诉对方他将访华的消息，问对方有什么需要他转告母校的。
>
> 这位学生在毫无心理准备的情况下，突然接到里根总统本人的电话，顿时慌张失措，紧张得说不出话来。
>
> 里根知道"此路不通"，立刻调转话头，亲切地问："你来美国有多长时间了？生活过得习惯吗？"
>
> 对方顺着里根的问话，从这些日常小事谈起，情绪逐渐平静下来。里根接着再趁势自然地把话题转回到原来的话题上。后来，这位学生也很高兴地请总统转告他对祖国人民及母校师生的问候。
>
> 这个电话发展至此才获得了预想的结果。

转换的话题能否起到"山重水复疑无路，柳暗花明又一村"的效果，卡耐基认为其关键在于当事者要善于从第一回合的接触中总结经验，做出正确的判断，弄清楚对方的心理、性格、素养等特点，寻找出能被对方接受、理解，又能为谈话打开出口的话题。

因此，话题的转移不是随心所欲的，也不仅仅是为了无话找话说的，而必须是为展开原来的话题创造有利条件、铺平道路。因此，新话题的切换，必须有的放矢、目标明确，加上通盘考虑，才能达到事半功倍的效果。

7. 消除紧张情绪

一般来说，处于不平等地位的人际往来，在接触的初始，往往会具有一种紧张的心理状态。

这种状态的存在常常成为双方接近的障碍，但是只要通过适当的语言，转移对方的紧张情绪，便能消除这种障碍。

消除对方紧张心理的方法有很多，如前面列举的美国总统改变自己的态度和使用鼓励性的言语，就成功转移了对方的紧张情绪；而幽默风趣的话语只要运用得当，也能在自己和不熟悉的人之间架起一座桥梁，使双方的情感很快接近起来。

转移紧张情绪的方法尽管很多，但如果没有平等和对人的尊重作基础，是很难收到好的效果的。

8. 熟记对方的姓名

人们在日常交往中，如果你遇到一个并不十分熟悉的人能叫出自己的姓名，就会对那个人产生一种亲切感。相反的，如果见了几次面，对方还是叫不出你的名字，便会对他产生一种疏离感、陌生感，增加双方的心理隔阂。

卡耐基认为，在人们的心目中，唯有自己的姓名是最美好、最动听的。许多事实也已经证实，在公关活动中，广记人名，有助于公关活动的展开，获得成功的机会也比较大。

在卡耐基研究的成功案例中，有一个人叫小吉姆·法里。此人从来没有进过中学，但是在他46岁时，已经有4所学院授予他荣誉学位，他也成为民主党全国委员会的主席，美国邮政总局局长。

卡耐基去访问小吉姆·法里，请教他成功的秘诀。他说："工作卖力。"

卡耐基说："别开玩笑啦。"

小吉姆·法里接着反问卡耐基："那你认为理由到底是什么？"

卡耐基回答："我知道你可以叫出一万人的名字。"

"不，你错了，"他说，"我能叫出五万人的名字。"

这项能力，还帮助罗斯福进入了白宫。

如何与不同性格的人交谈

在人际沟通中，如果你稍微留心一下，就可以把人分成三种：爱说话的人、爱听不爱说的人、不爱说也不爱听的人。

下面我们再具体讨论如何应对这三种人：

1. 爱说话的人

这种人最容易应对，你只要用一两句话逗引他，他便会一直说下去。对这种人，你要有足够的忍耐力，不管他说得怎样，你都要耐心地听着，那么他就会非常高兴，哪怕你一句话不说，他也会引你为知音。

2. 爱听不爱说的人

这种人就比较难应对了。他生性虽不爱说话，却十分喜欢听别人说话。本来人是少说话为好，因为听话容易，而说话能讨好别人却不容易。但如今你碰到了对头，你要不说，这局面就难以维持下去，那么你就得小心了。

你可以由头到尾包办说话，但你要牢记，你是说给对方听的，不是说给自己听的。因为，目的不在于只图自己痛快，必须顾全到对方的兴趣。你要为对方着想，第一你要先探出对方有没有兴趣（用几个回合的对答就可以探出来了），然后选择有兴趣的话题谈下去。一般人愿意听你的谈话，大多因为你有某种可值得听的东西：或由于你刚从外地带回来很多消息，或由于你的某些经验值得学习，或由于你知道了一些特殊的新闻，或由于你对某一问题具有独特的见解……所以他才愿意耐心听你说。

但有一点要注意，说一个话题时要适可而止，不可拖长，否则仍会令人疲倦。说完一个话题之后，就要另找新鲜话题，如此才能把对方的兴致维持下去。

另外在交谈当中，你必须时常找机会引导对方说话，比如说到某一部分征求他的见解，或谈到某个问题时请他发表自己的意见等。要使对方不至于"呆听"，才不失为一个善于说话的人。

自己包办了大半的发言机会，是不得已时才偶尔为之的方法，要是以为别人爱听自己讲话，或不管别人爱听与否，便随兴地说下去，那就违背了谈话的艺术之道。

3. 不爱说也不爱听的人

这种人通常坐在客厅的一个角落里，抽着香烟。当偶然听见别的人哄然的笑声时，他也照例地跟着笑，但这笑显然是敷衍的，因为他的笑容会随即收敛，他的眼光已经移到窗外或是墙上的另一张字画上去了。

这是最难应对的一种人。虽然这种人绝对不会单独来看你，但要是在别人的家里遇到，或在宴会里刚巧他坐在你身边，那样你就不能不想个办法了。

首先你要明白，真正不爱听也不爱说的人是没有的，要是真有这种人，他一定终年躲在图书室或实验室里，不会出来交际应酬。为什么这种人如此落落寡合呢？大概有两种原因。

第一，他可能是在一伙人当中年纪较大或较小，或学问兴趣不合，而同时在座的其他人则比较世俗一点。谈天说地，问题无非是饮食男女，可能会言语粗俗，言不及义，使比较有修养的人望而却步，所以他才独自躲在一角。只要你知道症结所在，应对是不难的。你可以从几句问话中探明他的兴趣是什么，然后和他谈论下去。他见你谈吐不俗，在满堂混浊中一定会引你为知己，如此一来，僵局就打开了。

他的思想并非特别高深，不过生来有点怪癖，与人难合，你用几句话探出其原因后，就可以采取另外的一种方法去应对他。

"贝克汉姆近来技术不行了！"如果你知道他对足球颇有兴趣，这一句是很好的激将法，因为十个足球迷有九个拥戴贝克汉姆，如此一来，他必不肯善罢甘休。你当然要在后来表示屈服，不过在战略上你已经胜利了。

这种激将法，同样可以用在应对学问高超，但生性却古怪的学者身上。

在任何场合中，遇到任何人，沟通时都要成竹在胸，以备随机应变。

智听版口才成功必读

修心三不

XIUXIN SANBU

李灿明 编著

华龄出版社
HUALING PRESS

责任编辑：李梦娇

责任印制：李未圻

图书在版编目（CIP）数据

修心三不/李灿明编著.—北京：华龄出版社，
2020.6

（智听版《口才成功必读》）

ISBN 978 – 7 – 5169 – 1673 – 5

Ⅰ.①修… Ⅱ.①李… Ⅲ.①人际关系 – 口才学 – 通俗读物

Ⅳ.①C912.13 – 49

中国版本图书馆 CIP 数据核字（2020）第 075726 号

书　　名：修心三不

作　　者：李灿明

出 版 人：胡福君

出版发行：华龄出版社

地　　址： 北京市东城区安定门外大街甲 57 号　　邮　编：100011

电　　话： 010 – 58122246　　　　　　　　传　真：010 – 58122264

网　　址： http://www.hualingpress.com

印　　刷： 三河市燕春印务有限公司

版　　次： 2020 年 6 月第 1 版　　2020 年 10 月第 2 次印刷

开　　本： 880mm×1230mm　1/32　印　张：15

字　　数： 360 千字

定　　价： 60.00 元（全 3 册）

前　言

当我们的心头布满阴霾时，如何驱云散雾？当我们被各种压力压迫得快要爆炸时，如何适时减压？

——在工作和生活中，别斤斤计较，别常常抱怨，别动不动就生气。如此一来，退可独善其身，进可兼济天下。

不计较，是基于东方传统文化而催生的一种修心智慧。不计较不是没态度，没个性，而是希望少一次锱铢必较的较量，少一场彼此消耗的纠缠。是和不值得的人懒得周旋，是和不稀罕的事儿不屑清算。

不抱怨，就已领先别人一步。不抱怨，才能腾出眼睛和心情，去看世界美好的那一面；不抱怨，才能拥有审视自身的机会，去吸取教训，去成长。生活不易，偶尔发发牢骚，适当倾诉烦恼、宣泄负面情绪是人之常情，也是情感的需要。但若是逢人便抱怨，整天满腹牢骚，不仅会影响自己的身心健康，还会让周围人避之唯恐不及。

不生气，你就能免掉一大半不幸，因为生气是许多不幸的源头。很多时候，你无法改变事实，但你可以改变脾气；你无法控制他人，但你可以控制自己的情绪。当你收敛你的脾气后你会发现，爱人变得体贴了，孩子变得乖巧了，朋友变得真诚了，同事变得和善了，上司变得更加赏识自己了，身心顿时感觉舒畅了很多。

不过想要真正做到不较真、能容人，也不是一件简单的事。这需要有良好的修养和善解人意的思维方式，并且需要从对方的角度设身处地考虑和处理问题，多一些体谅和谅解，这样就会多一些宽容，多一些和谐，多一些友谊。

　　天使之所以能够飞翔，是因为她们有着轻盈的人生态度。如果我们能勤于修心，那么我们会发现其实自己背负的很多东西影响了我们愉悦的心情，让自己变成一个常常连自己都觉得可怜的人。

　　勤于修心，保持心境平和，是一种弹性的生活方式，是一种人生境界，是一枚开心果、一粒解烦丹、一道欢喜禅。

情商测评

注：测评结果非专业结论，仅供读者参考。

Contents 目　录

第三章　让人三尺又何妨

第四章　宽容让你赢得更多

第五章　改变看问题的角度

第六章　以平和之心对待不公平

第七章　生气是一切不幸的源头

第八章　不生气，你就赢了

第九章　自制力给人自由

第十章　给负面情绪找个出口

第十一章　修身养性，轻履远行

第一章　懒得计较，自得其乐

淡泊心性，理性对待得失

俄国文学家托尔斯泰云："不幸的家庭各有各的不幸。"把这句话套用在作为个体的人身上也非常贴切："不幸的个人各有各的不幸。"不过，归纳起来，人的不幸大部分源于"得失"二字：想要得到某些东西，但却得不到，于是愤恨、嫉妒、气急败坏等各种情绪便出现了。抑或是你不想失去什么，却偏偏失去了，于是就变得沮丧、挫折、怨天尤人。一个人既忧心于得不到所要的东西，又悔恨于失去已经拥有的，再加上担心可能将要失去的东西。得失之间，内心忐忑，岂能不苦？

　　2020 年新型冠状病毒肺炎肆虐期间，隔壁有一对夫妻蜗居在家。丈夫是我同学，开了一家湘菜馆，每天忙到半夜才回来。妻子因此跟他吵过不少架。

　　同学本来以为这下好了，两人天天在一起会少吵。谁知道吵得更多了。一些鸡毛蒜皮的事情，两人也能吵一架。

　　有一天，妻子又开口了："还是觉得你以前早出晚归好一些。"

　　"是啊！我也希望如此啊！"同学说。

俗话说："有一好，就没两好。"蜡烛不可能两头烧，甘蔗不可能两头甜。有时间腻在一起，意味着会失去一个人的无拘无束。

有一则故事，说的是精神病院的两个病人。第一个病人手里总握着一张女人的照片，一边哭一边用头撞墙壁。照片上的女人是这个人曾经深爱过的人，但是却嫁给了别人。这人因为打击巨大而精神失常，在精神病院，他不论醒着或睡时，都不肯将照片放下。另一个病人口里老是嘟囔着一个名字，一边哭一边用头撞墙壁。这个人嘟囔着一个女人的名字，声称要杀了她。他嘴里的女人是他的妻子，因为妻子长年累月的刁难、刻薄与讥讽，他精神失常了。

这个故事似乎很平常。不过，如果你知道了后者所念叨的名字就是前者相片中的人的名字，就会感觉出其中的不平常了。其实，任何事物都是一样——有得必有失，有失必有得，得失都是相对的。当你失去某些东西，就会得到另一些东西；当你想要得到某种东西时，你也会失去另一种东西。任何事物皆是"互为因果"的。今天某件看起来"得"的事物，可能已经种下明天另一件事物"失"的因了。相对来说，明日之"失"也可能是后日之"得"。

人一旦想通了，再遇上什么得失就会不放在心了。

民国时期著名的新月派诗人徐志摩曾说："我将于茫茫人海中访我唯一灵魂的伴侣，得之，我幸；不得，我命。如此而已。"这是他在追求陆小曼时说的话。后来他得到了陆小曼，但为了满足陆小曼奢靡的生活，他频繁地往来于南北授课，最后将自己 34 岁的生命献给碧蓝的天空——他死于 1931 年的飞机失事。他终于轻轻地从陆小曼的身边走了，正如他轻轻地来，他轻轻地挥手，没有带走陆小曼身边的一朵云彩。

看了上面这个小故事，我们难道不会糊涂吗？如果徐志摩没有得到陆小曼，他的生命会在风华正茂时凋谢吗？如果他没有在风华正茂时凋谢，在往后苦难深沉、变幻莫测的中国时局中，他的爱情以及他个人的命运，又会面临一种怎样残酷的考验？到底是"得之是我幸"，还是"不得乃我幸"？我们说不出答案，我们糊涂了。在糊涂之中，我们对于答案不再追问，对于得失不再看重。

学会理解别人的缺点

你是不是也认识这样的人——看事情总是抱着负面的想法，喜欢挑别人的毛病，专门注意错处，吹毛求疵，成天抱怨除了自己以外的任何事。

对大都市的人而言，婚姻不是保持幸福感的必要因素，而在2020年初，因为疫情更是加快了彼此磨合的速度。大多夫妻情侣"宅"家享受24小时二人世界的同时，也在十倍百倍放大着彼此的缺点。

小柯和她老公结婚刚满一年，两人都是公司高层，工作很忙，回家基本就洗澡睡个觉。家务活交给清洁阿姨，有时候婆婆也会来帮忙打点一下，家里永远是整洁的。

她一度以为，为家务活而争吵这种事只会发生在"贫贱夫妻百事哀"的故事里。

直到疫情的到来，她才发现不是这样的。婆婆在老家过不来了，清洁阿姨也是，家务活一时间找不到帮手。

疫情紧张，老公觉得应该小柯做饭。小柯做好了饭菜，却被他各种嫌弃。她打扫卫生时，他却像大爷似的往沙发上一躺。停工多久这种状况就持续多久。

她忍不住控诉，老公竟然认真地说"家务活就该女人做啊！"都2020年了，竟还有这种思想，她第一次认识到眼前这工作上很有魄力的男人的另一面。

一开始，为了讨好彼此，恋人都会把真实的自己伪装起来，以迎合、满足对方。可伪装跟收敛经不起长久相处的考验。

而一旦发现对方并不是自己期待那样，人们就会本能地试图将对方塑造成自己理想的模样。

小柯觉得自己从妻子变成了老妈子，每天帮他收拾，还会忍不住各种抱怨，就不断给他灌输"夫妻需要一起承担家务"的思想。他们的争吵越多，牵扯出三观不合的讨论也越多，互相看对方，尽是缺点，导致彼此关系越来越远。

曾在网上看到过一则笑话。

> 某天早上张三还在睡觉，却突然被吵醒，睁眼一看，原来老婆正气呼呼对他叫骂着："你真的好过分，昨晚我梦到你和一个女人眉来眼去，你还牵着人家的手。"
>
> 一脸错愕的张三，白了太太一眼："那只不过是个梦嘛！"
>
> "什么只是个梦！"太太更加气愤，"你在我的梦里都敢这样了，在你的梦里那还得了！"

就像笑话中的太太一样，如果我们想找碴儿，只会越找越多。何况这世界上谁没有瑕疵呢？

"一只满身是泥的狗，总会甩得别人一身泥"，这就是问题所在。

为什么要找出瑕疵呢？原因很简单，我们只要不断证明别人是坏人、是罪人，是别人欺负你、对不起你，每一个人都是错的，那么相较之下，你显然就成了对的、好的，是受委屈的一方。如此一来，你就不需要去改变自己，既然你是"对的"，又何必改变呢？所以才有许多人乐此不疲，一再把注意的焦点放在别人的过失上。

不攀比的人生最自在

> 2019年，浙江杭州的霍先生遭遇了一场麻烦。一次，他开法拉利跑车到学校去送孩子上学，结果在门口的时候

被其他孩子的家长看到了。

于是当天晚上许多家长就在家长群向霍先生发起建议，让他以后不要再开跑车来送孩子上学。理由是：会引起孩子们的攀比心理，不利于教育。

霍先生却反驳说："钱是我不偷不抢赚来的，如果开跑车送孩子上学都能引起学生攀比的心理，那么孩子的心灵也太脆弱了吧。"紧接着，霍先生就引起了家长群的众怒，被踢出了群。

霍先生疑惑，怎么会引起这么大反应，造成这样的局面也是他没想到的。霍先生非常担忧，害怕自己孩子在学校会遭到其他人的孤立和针对。

这个案例到底是孩子之间的攀比，还是家长之间的虚荣心？很多网友纷纷表示支持霍先生。

"幸福的家庭都是相似的，不幸的家庭各有各的不幸。"其实，岂止"不幸的家庭各有各的不幸"，幸福的家庭也同样各有各的幸福。这是因为，幸福是没有标准、无法类比的，真正的幸福更不可能是全然相同的。

现实生活中的人就像夜幕下的星星一样，都在按照自己的轨迹不停地运动。然而，对于许多人来说，他们虽然生活着，却无法找到自己的坐标系，因为他们总是参照别人的标准活着。时常有人赞叹："瞧，那家伙有一辆宝马跑车，多漂亮！"继而想："要是我能拥有一辆那样的跑车有多好！那时我该有多幸福！"住豪华别墅，开高级轿车，穿名牌时装，吃山珍海味……在许多人的心目中，这才是幸福生活的标准。

确实，许多人把上述的这些当成了幸福的标准，并努力追求以达到这个标准。然而，当他们达到这个标准，进而享受自己的"幸福"的时候，却发现自己的标准大有问题。

在我国西部的一个大山中，有两个年龄相仿的男子：

石蛋和柱子。石蛋在22岁就结婚了，很快就有一对儿女。大山中本来就清贫，成家后有了负担的石蛋，尽管日出而作、日落而息，但日子始终过得捉襟见肘。柱子见昔日快乐的单身汉石蛋过着这样的日子，不胜唏嘘。他决定终身不娶，并且远离家乡，在外面潜心做生意。最后，柱子如愿以偿，成了一名富翁。

20多年过去了，当年的年轻人都已经成了霜染双鬓的中年人。经商在外的柱子思念家乡，就衣锦还乡了。一路上，他意气风发，感觉非常良好，心里一直想着如何炫耀自己的成功与幸福。回家以后，柱子经常走东家、串西家，在乡亲们的赞美声中感觉自己是幸福的一个人。直到有一天再次经过石蛋的家门，他才明白自己的幸福在石蛋面前是多么的渺小。

这是一个阳光明媚的午后，柱子依旧在村子里踱步。当他走过石蛋的家门时，听见一阵笑声——是石蛋夫妇俩在笑。好奇的柱子从门缝往里瞧：石蛋的大女儿挺着大肚子回娘家，20岁的小儿子满院抓鸡杀，在鸡飞狗跳中把头上的帽子掉进了院子里的小水塘中。石蛋夫妇坐在藤椅中，一脸的幸福。

柱子忽然怀疑起自己来：我有什么？我除了钱就是钱。没有天伦之乐，没有亲情呵护……

看来，20多年的岁月洗礼，并没有让柱子对幸福的理解有半点长进。无论是20年前还是20年后，他都仅仅根据眼里所见到的表面现象来理解幸福。殊不知，幸福更主要是一种个人的感觉。你觉得你幸福，你就幸福。不要去和别人攀比，因为每一个人对于幸福的理解都不同。拿柱子来说，他一直觉得自己做一个单身富豪比较幸福，那就享受这样的幸福就行了，犯不着再去和别人比这比那。

家家都有本难念的经，每个人都会有不尽如人意的时候，也有不尽如人意的地方。对此，有的人苦恼不已，更有人盲目羡慕别人。这两种人有一个共同的特点，那就是不懂得珍惜自已所拥有的。

一个真正有智慧的人，小事糊涂而大事睿智，为人低调而洞若观火。做人如水，以柔克刚，只有那些以不争为争的人，才能笑到最后，才可能赢得人生。

不争，是一种大度的人格，不争，是一种自信的底气。与人不争，不代表放弃，俗话说："欲为大树，莫与草争；欲为苍鹰，莫与鸟争；欲为强者，与世无争。"与其争，不如让自已身在顶峰。

不与得不到的事情较真

德国悲观主义哲学家叔本华曾说过一句并不悲观的话："我们很少去想已经有了的东西，但却念念不忘得不到的东西。"这句话足以发人深省。

我们当中大多数人似乎都是这样，依循既有的模式活着——

年轻时，希望考上好学校，找到好工作，再结婚生子、买车子、买房子，然后等一切都达到了，又期待有更高的职位，更豪华的房子……满脑子都想着赚更多的钱、过更好的生活、添加更多的行头。

也有一些人每天所面临最大的困扰，居然是该穿哪一件衣服外出。一早起来，就烦心："我到底该穿哪一件衣服呢？黄的、红的、紫的？穿圆领、V字领……"总觉得满满当当的衣柜里似乎永远都欠缺着那么一件"刚好可以"搭配的衣服。

其实，你已经拥有那么多了，而你的心却不在已经拥有的东西上。你的心一直在找寻那些没有的。结果，你越是去想自己所欠缺的，就越发沮丧，而越沮丧就越会去想欠缺的——于是你变得不满，总是抱怨，而没有尽头。

表面上，你是在追求幸福，但其实是在找不幸。追寻幸福最大的障碍，即是期望享受更大的幸福。

做人固然不能玩世不恭，游戏人生，但也不能太较真，认死理。"水至清则无鱼，人至察则无徒"，太认真了，就会对什么都看不惯，连一个朋友都容不下，把自己同社会隔绝开。

镜子很平，但在高倍放大镜下，就成了凹凸不平的山峦；肉眼看着很干净的东西，拿到显微镜下，满目都是细菌。

试想，如果我们"戴"着放大镜、显微镜生活，恐怕连饭都不敢吃了；如果用放大镜去看别人的缺点，恐怕那人也罪不容诛、无可救药了。

孔子带众弟子东游，走累了，肚子又饿，看到一个酒家，孔子吩咐冉有去向老板要点吃的。

冉有走进酒家跟老板说："我是孔子的学生冉有，我们和老师走累了，请给点吃的吧。"

酒家老板听说是孔子的门生，便说："既然你是孔子的弟子，必定有不错的学问吧，那么我写个字，如果你认识的话，店里的饭菜你们随便吃。"

冉有听说竟有这样的便宜事，就连忙答应了。于是酒家老板写了个"真"字，请冉有来辨认。冉有一看这字，哈哈大笑，想都没想就说："我还以为是什么生僻的字呢！这个字太简单了，'真'字谁不认识啊，老板啊，这就是'当真'的那个'真'字。"

孰料酒家老板听了之后大笑："小子，连这么简单的字都不认识，还敢冒充孔子的门生。实在大胆啊！"

说着便吩咐伙计将冉有赶出了酒家。

孔子看到弟子两手空空回来，便询问原委，冉有愤愤不平地将事情一五一十地告诉了孔子。

孔子沉默了一会儿，便亲自去见酒家老板，对老板说："我是孔子，行旅之人，走得累了，肚子里空空的，想向老板您要点吃的。"

酒家老板看了一眼谦恭有礼的孔子说："既然你说你

是孔子，想必不会不认识我写的字吧。"孔子作揖道："正要请教。"酒家老板将写有字的帖子拿了出来，说："若你认对了这个字，你们的饭菜小店全包了，如何？"

孔子作揖道："正要请教。"说着就用手捧定字帖，只见上边果然写着"真"字，孔子端详那字片刻之后，将字帖递还老板，说："这个字当念'直八'，不知可对否？"

老板听了大笑道："果然是孔子，没想到小店今日如此荣幸，竟然有贵客上门。"说完便准备酒菜，为孔子等人洗尘。

这时，冉有心里不舒服了，他问孔子："老师，这明明是个'真'字嘛，为什么念'直八'呢？以前您可不是这么教的啊。"

孔子叹了口气说："现在都什么时候了，你还认'真'，你非要认'真'，哪有饭吃啊。做人处世，要懂得人情世故啊。"

安徒生有一则名为《老头子总是不会错》的童话故事。

有一对清贫的老夫妇，有一天他们想把家中唯一值点钱的马拉到市场上去换点更有用的东西。老头牵着马去赶集了，他先与人换得一头母牛，又用母牛去换了一只羊，再用羊换来一只肥鹅，又把鹅换成了母鸡，最后用母鸡换了别人的一口袋烂苹果。

在每次交换中，他都想着要给老伴一个惊喜。

当他扛着一大袋子烂苹果来到一家小酒店歇息时，遇上两个英国人。闲聊中他谈了自己赶集的经过，两个英国人听后哈哈大笑，说他回去准得挨老婆子一顿揍。老头坚称绝对不会，英国人就用一袋金币打赌，于是，两个英国人和老人一起回到老头的家中。

老太婆见老头回来了，非常高兴，她兴奋地听着老头讲赶集的经过。每听到老头讲到用一种东西换了另一种东西时，她都充满了对老头的钦佩。

她嘴里不时地说着：

"哦，我们有牛奶喝了！"

"羊奶也同样好喝。"

"哦，鹅毛多漂亮！"

"哦，我们有鸡蛋吃了！"

最后听到老头背回一袋有点腐烂的苹果时，她同样不愠不恼，大声说："那我们今晚就可以吃到苹果馅饼了！"

结果，英国人输掉了一袋金币。

从这个故事中我们可以领悟到：不要为失去的一匹马而惋惜或埋怨生活，既然有一袋烂苹果，就做一些苹果馅饼好了。适时调整、降低自己的期望值，生活就会妙趣横生、和美幸福，而且只有这样，你才有可能获得意外的收获。

不要过分在意他人的评价

2020 年疫情期间，在美国南加州的一所中学里，一位亚裔学生被同学打伤，他被学校里的同学指责携带新冠病毒，仅仅因为他是亚裔。据美国《世界日报》报道，新冠肺炎疫情爆发以来，在美国现实社会和网络上有不少歧视亚裔的群体。

"我现在不敢咳嗽，只因为我长着一副亚洲人的面孔。"一位从小在英国长大的华裔中学生对媒体称。由于中国爆发的新冠疫情，亚裔的咳嗽、打喷嚏突然在全世界变成了一种可怕的举动。

"一种病毒激起了古老的偏见"，美国有线电视新闻网（CNN）撰稿人杨致和发文称，随着事件的发展，互联网上所有人都把中国人看作是病毒的"替罪羊"。说到底，这种现象的背后，藏着人们内心深处司空见惯的东西——基于偏见与刻板印象的歧视。

面对他人的评价，我们一定要认识到一点：一个人首先是并确实是寄居于他自身的皮囊中，而不是存在于他人的看法中。因此，有时候不必过分在意他人的评价。

　　张先生因为工作的变动调到了一个新的部门，这个部门似乎没有以前的职位风光，也没有以前的地位显赫。于是他总是担心别人会有什么其他的想法，虽然是正常的工作调动，但还是担心别人会说些什么，于是没事时待在家中好久也没有露面。

　　有一天，他在大街上遇到一个熟人，熟人问："你不做老总啦？调到哪儿去了？"张先生回答："不做了，调到另一个部门去了。"对方说："好呀，祝贺你！"张先生笑了笑："有时间去玩呀。"然后作别。但是心里却有一种淡淡的酸楚感觉，害怕熟人是在笑话他。

　　过了不久，张先生恰巧在某处又碰到了那位熟人，熟人又问："听说你不做老总了，调哪儿去了呢？"他只得将以前的话又重复了一遍："我调到另一个部门去了，有时间去玩。"

　　回到家，张先生心里突然清朗起来，好像是一下子悟出了什么来。是呀，自己整天担心别人说什么，整天把自己当回事，而别人早把自己忘了。于是，照旧同原来一样，同朋友们一起聚会聊天，大家依然是那样的热情，依然是那样的真诚和开心。

其实，很多的人不堪烦恼，只是自己杯弓蛇影的自恋和自虐而已。所有的担心和疑惑，大都是自己心理的原因。在别人的心中，其实并不那么重要。

生活中常常碰到的许多事。比如，说了什么不得体的话，被他人误会了什么，遇到了什么尴尬的事，等等，大可不必耿耿于怀，更不必揪住所有人去做解释，因为事情一旦过去，没有人还有耐心去理会别人曾经说过的一句闲话，一个小的过失和疏忽。你那么念念不忘，说不定别人早已忘记了，不要太把自己当回事了。反过来我们也可以问问自己，别人的一次失误或尴尬，真的会总在自己的心头挥之不去，让自己时时想起吗？你对别人的衣食住行真的就是那么关心，甚至超过关心自己吗？

人生中有那么多的事，每个人连自己的事都处理不完，自然没有多少人还会去关心与自己不太相关的事情。只要你不对别人造成什么伤害，只要不是损害别人的利益，没有什么人会对你的失误或尴尬太在意，也许第二天太阳升起的时候，别人什么事都不记得了，只有你自己还在耿耿于怀。所以你要明白，在别人的心中，你并没有那么重要。

敢于正视和承认不足

2019 年 6 月份，小刘大学毕业后就到银行做柜员。因为办理业务慢，隔三岔五就被客户投诉；下班后结账慢，最晚下班的永远是小刘；考核时业务笔数最少，常被同事们认为在故意偷懒。就这样，办事慢影响了服务质量，浪费了客户的时间，抽屉里的待办业务也越积越多。

很长一段时间，小刘被强烈的无力感包围，感觉到前途无望。但即便如此，她也从没有想过要做点什么，总觉得性格是天生的，改不了。

后来，细心的主管看出了问题，安排小刘在另一位同事后面跟岗学习。于是，小刘开始认真观察同事工作时的细节。

这位同事的专注力很强，办理业务的过程中，眼睛紧盯屏幕，手指飞快地在键盘上跳动，简直就是眼手合一。

他擅长做时间规划，没有客户的时候就完成一些业务的收尾，或者为之后的工作做好准备。他将日常业务以及工前班后的固定动作流程化，这使得他工作起来十分顺畅。

小刘突然意识到，只要他愿意纠正自己的缺点，有意识地多做训练，其实也可以变得像这位同事一样高效。

意识到这一点并开始改正之后，小刘的工作状态很快就有了很大改变。不仅工作效率提升了，更重要的是，她对工作又重新燃起了热情，对未来又充满了希望。

人无完人，每一个人都有缺点。但即使是所谓天生的缺点，也有改进的空间。很多时候，捆住我们的并不是缺点，而是对缺点俯首称臣的习惯性懦弱。

一个希腊穷人到雅典的一家银行应聘门卫工作，人家问他会不会写字，他很不好意思地说："我只会写自己的名字。"他因此没能得到这份工作，无奈之下他借了点钱去另找出路，渡海去了美国。

几年后，他竟然在事业上获得了巨大成功。

一位记者建议他说："您该写本回忆录。"

这位企业家却在众多媒体人物都在场的情况下笑着说："绝不可能，因为我根本不识字。"

记者大吃一惊。

企业家很坦然地说："任何事有得必有失。如果我会写字，也许现在我还只是个看门的。"

这位企业家并没有因为自己是一个有身份的人而认为自己不识字是低人一等或没有品位。他认为，诚实才是做人的灵魂。

当然，不诚实表现在多个方面。有一种不诚实就是不懂装懂。世界这么大，新鲜事物那么多，一个人不可能对所有的事物都了解，对所有的知识都掌握，大千世界中必定有你所不知道或知之甚少的东西，所以说，没有必要不懂装懂。要知道，不懂装懂的做法一旦被别人识破，不但显不出自己的品位，反而更会让人瞧不起，还难免被人故意利用弱点加以愚弄，那滋味恐怕更不好受。

生活中常有这样一些人，到处充当"无所不知先生"。每当人们谈起一个有兴趣的问题时，他就不知从什么地方钻出来，接过话头信口胡说："这个嘛，我知道……"捕风捉影地胡吹一通，虽然驴唇不对马嘴也毫不脸红。

这样做看似有面子，但往往容易弄巧成拙。由于不愿意被轻视而经常隐瞒自己不知道的事情，强把不知以为知，在他人面前冒充有学问的人。但想没想过世上还是谦虚的人多，人家虽然没有像这种人一样夸夸其谈，但并不说明人家不懂。而他们却在班门弄斧，关公门前耍大刀，最后必然会在人前丢丑。

即使是真有学问的人，也不能太"牛"，因为谁也不能什么都懂、都精通，早晚有一天"一失足"，所有原来"吹"出来的"良好印象"都将一扫而光。

其实，本着老老实实的态度做人处世，在与人讨论问题的时候，"知之为知之，不知为不知"，勇于承认自己有不懂的知识，坦率地向内行人请教，反倒是能够留给人们极好的印象。同时自己因谦虚也可以得到不少新的知识，亦不必因自欺欺人而感到内心不安。

听了下这个道理后你可能会说："谁不知道！"或许你说得对。问题是对于有些人来说，道理好懂，做起来却难，光为了"面子"，就会使人难于说"不知道"。

一位研究生回忆说，他曾遇到过这样一件事，由于学位论文在正式答辩前要送交专家审阅，他便把他写的有关宇宙观的哲学论文送交给一位白发斑斑的物理系教授，请他多多指教。但他没有想到的是，这位老前辈第一次约见他的时候就诚恳地对他说：

"实在对不起，你论文中所写到的物理学理论我还不太懂，请你把论文多留在我这里一段时间，让我先学习一下有关的知识后再给你提意见，好吗？"

他当时简直不敢相信自己的耳朵，不是因为相信老教授真的不懂，而是因为这样一位物理学的权威大家，敢于当着一位还没有毕业的研究生的面承认自己在物理学领域还有不懂的东西！

老教授大概看出了他内心的疑惑，爽朗地笑了起来："怎么，奇怪吗？一点都不奇怪！物理学现在的发展日新月异，新知识层出不穷，好多东西我都不了解，而我过去学过的东西有很多现在已经陈旧了，我当务之急是重新学习。"

老教授的这番话使这位研究生佩服得五体投地：这才是真正的学者风度！回想起自己经常碍于面子，在同学面前，不知道的事情也硬着头皮凭着一知半解去发挥，真是十分惭愧！

在他做论文答辩时，有一位外校的教授向他提出了一个他不懂的问题，他虽然觉得心跳加速，脸直发烧，但一看到坐在前面的那位物理系教授，顿时勇敢地说出"我不知道"。他原以为在场的人会发出讥笑，但结果并没有发生这种不利的反应。他还见那位教授满意地点了点头。答辩会一结束，老教授就把他叫到一边，详细告诉了他那个问题的来龙去脉，使他大受感动。

白发斑斑的老教授敢于向青年人承认自己的"不懂"，使研究生对他更加尊敬；研究生深受教育，在答辩时面对难题，也承认了自己知识的不足，同样受到他人的赞赏。可见，承认"不知道"不但可在人们的心目中增加可信度，消除人际关系中的偏执和成见，开阔视野，增长知识，而且还有另外一大益处：使自己更富有想象力和创造力。

相对老教授和他的学生的谦逊，有一些人已成为名人，就是不能坦陈自己的不足，为自己的名声抹了不少黑。

有那么一位中年老师，因为在电视上出现了几次，又出了几本书，名声一时鹊起。他本是讲历史的，结果奥运会他也评论一下，神舟飞船上天，他又一通乱侃，结果在观众中名声大跌，网上留言评价相当负面。倘若电视台邀请出节目，他大可坦陈不足，请其他专家出面，这反倒会提高自己声望。然而，现在，在人们心目中，他不过是一个为了面子（或是为了出镜费）什么都侃的普通人。

错过是人生独特的风景

如果你总是生活在记忆中的昨天，那么你今天绝不会快乐。

人生在世，大抵都会错过些什么。一些人、事都可能与我们擦肩而过。因而，当我们进入垂垂暮年，回首往事，总会发现自己有一些未了的心愿，留下了这样或那样的遗憾。或许正因为如此，宋代大文豪苏东坡面对人的悲欢离合和月的阴晴圆缺时，也曾无可奈何地慨叹过"此事古难全"。

也正是因为如此，人生才显得匆匆而又珍贵。

然而，错过也是人生一道独特的风景，一种缺憾的美丽。

"假如我年少有为不自卑，懂得什么是珍贵，那些美梦，没给你，我，一生有愧……"李荣浩的《年少有为》是 2019 年火爆全国的催泪情歌之一。许多网友表示：初听不知曲中意，弄懂已不再少年。

朋友曾经为了一个女孩独闯北京创业，只为来年能给她一枚闪亮的钻戒，一件漂亮的婚纱，一个体面的婚礼。

后来他一去就 11 年，回来时，当年的姑娘已寻得归宿，结婚生子，生活美满。

那天晚上，他边听这首歌边喝了很多酒，半夜，他在朋友圈里写了这么一段话：

　　"以前有个男孩曾对一个女孩说，等我以后赚到钱，我就给你买大房子、漂亮的车子、大大的钻戒，你喜欢什么我都买给你。后来，他什么都有了，却忘了爱一个人是什么感觉。"

　　仓央嘉措曾说过："好多年了，你一直在我的伤口中幽居，我放下过天地，却从未放下你。"

　　如果在年轻的时候，你爱上了一个人，请你一定一定要温柔地对待这个人。错过以后，你才会知道，在蓦然回首的刹那，心会有多疼痛。

　　其实很多人忽略了一点，爱情，不需要年少有为。

　　错过的是风景，遗憾的是人生。

　　《红楼梦》中的贾宝玉，与林黛玉错失良缘，而后和薛宝钗同结连理。于是便有读者对"宝姐姐"恨得咬牙切齿，骂她是个阴险狡猾的伪君子、女小人，尽管她同样也是封建制度的受害者。其实，如果说"阴险狡猾"应该非曹雪芹莫属。试想，如果曹雪芹让贾宝玉和林黛玉结婚生子，让竹影婆娑的潇湘馆中挂满了尿布片子，让小两口一同经历抄家等变故；然后，老两口过着茅椽蓬牖、瓦灶绳床、举家食粥的生活，让病恹恹的林黛玉一直活到90多岁，满口牙掉光，脸皱得像只核桃，婆婆妈妈唠唠叨叨，似乎没有了遗憾。但这样的《红楼梦》你喜欢吗？宝黛爱情还会让我们荡气回肠吗？所以，从一定意义上说，正因为有了缺憾，才成就了《红楼梦》，成就了曹雪芹，成就了艺术之美。

　　但生活毕竟是生活，不是艺术。因而，我们不能因为缺憾的美丽而去人为地错过，人为地制造出缺憾，去追求人生缺憾的美丽。因为这毕竟是一种虚幻的心灵上的感受，而我们却永远生活在现实之中。

　　有一个人，年轻时与一少女相恋多年。那少女活泼、开朗，能歌善舞，是个人见人爱的"黑牡丹"。可由于阴差阳错，他们分手了，"黑牡丹"远嫁他乡，而那位朋友也早已为人夫、为人父。只是那位朋友觉得自己过得极其"不幸"，他看妻子这也不顺眼，那也不遂心，长相不佳，吃相不佳，睡相不佳，总之妻子没有一样称他的心如他的意，与罗曼蒂克的"黑牡丹"简直不能同日而语。他的妻子常为此而黯然神伤，后来，索性放开他，准许他去异乡看望他的梦中情人"黑牡丹"。那个人如遇大赦般地去了，在三天两夜的火车上，他设计种种重逢的浪漫，于是，他满怀憧憬，心跳过速地敲开了"黑牡丹"的家门。

开门的是一个腰围大于臀围的黑胖妇人，一见面他就兴趣盎然地对他大讲泡酸菜的经验，因为当时她正在泡酸菜，屋子洋溢着一片酸菜的味道。

这就是令他魂牵梦绕、朝思暮想的"黑牡丹"！

回家后，遂觉得妻子几"相"俱佳，妻子也破涕为笑，从此两人过得和和美美。

所以，既然人生注定了要错过，那就让它错过好了，我们尽可以享受这美丽。可我们不能因此而忽视我们眼前的美丽。这才是一种积极的心态。否则，你错过了太阳，还会错过月亮。

到那时我们就大错而特错了！

数一数你拥有的幸福

"数一数你拥有的幸福，"大师说，"这个过程可以让我们重新发现生命的美好。"

有一位先生听了，竟然当面哭了起来，他告诉大师："我钱没了、老婆也跑了，我已一无所有，又哪来的幸福？"

大师柔声地问道："怎么会呢？你一定看得见吧？"

“当然！”他不解地抬起头来。

大师说：“很好！所以你还有眼睛嘛！你也还听得见，也能说话。还有，从这些遭遇中，你有没有得到一些经验？”

“有。”

“所以，你怎么能说你一无所有呢？”

如果你心情沮丧，你可以常问问自己：我有没有一个健全的身体？有没有关心我的父母或伴侣？有没有爱我且需要我的孩子？有没有对未来的期待——一次假期，一场聚会，一次等待的邀约，或是一个梦想？

不要为自己没有的事物去悲伤，要为自己已经拥有的一切去欢喜。多做“数一数我们拥有的幸福”这个练习，想办法让自己沮丧的心情飞扬起来。

“数一数你拥有的幸福”建立在一个很深刻的哲学思考上，即我们的生命价值究竟是什么。对这个问题的回答决定着我们对生活价值的判断和对生活的行动方向，当然也就决定着我们生活的心态。有的人把生命看作是占有，占有金钱，占有权力，占有财富，占有名利，占有……这样的生命，总是把人生的意义定在一个点上，当这个点实现后，就开始追逐下一个点。也许当他到达一个具体的点时，会有一瞬间的快乐，但很快就会被实现下一个点的焦虑所代替。在这样的人生中，人逐渐沦落为一种不断追逐目标的工具，而不是生活本身。所以，这种人的人生总是被忙碌、焦虑、紧张所充斥，争名夺利，患得患失，到死也没能放松地享受一下生命的美好。而有的人则把生命看作是上天给予的礼物，是一个打开、欣赏和分享这个礼物的过程。因此，这样的人坚信生命本身是快乐、是爱，无论处在什么样的环境中，即使是非常恶劣的环境中，他们也能泰然处之，就像是在迪斯尼乐园中那样，兴趣盎然地去寻找、发现、享受生命中的每一个乐趣。对于这样的人来说，重要的不是去拥有什么，而是应该如何去生活，去理解自己生命的价值。

美国心理学专家理查·卡尔森博士就看懂了对待生命不同的态度，要求我们"多去想想自己已拥有什么而不是自己想要什么"。他说："做了十几年的心理学顾问，我所见过的最普通、最具毁灭性的倾向，就是把焦点放在我们想要什么，而非我们拥有什么。不论我们多富有，似乎没有差别，我们还是在不断扩充我们的欲望购物单，但谁都难以确保我们满足的欲望。这种心理可能会说：'当这项欲望得到满足时，我就会快乐起来。'可是，一旦欲望得到满足之后，这种心理作用却又在不断地重复……如果我们得不到自己想要的某一件东西，就会不断想着我们还没有什么，仍然会感到不满足。如果我们如愿以偿地得到我们想要的东西，就会在新的环境中重复我们的想法。所以，尽管如愿以偿了，我们还是不会快乐。"

卡尔森博士针对这个问题，提出了他的解决办法："幸好，还有一个方法可以得到快乐。那就是将我们的想法从我们想要什么转为我们已经拥有了什么。不要奢望你的另一半会改头换面，相反的，多去想想对方的优点；不要抱怨你的薪水太低，要心存感激有一份工作可做；不要期望去国外度假，多想想自家附近有多好玩。可能性是无穷无尽的……当你把焦点放在你已拥有什么，而非你想要什么时，你反而会得到的更多。如果你把焦点放在另一半的优点上，对方就会变得更可爱。如果你对自己的工作心存感激，而非怨声载道，你在工作时就会表现得更好，更有效率，也就有可能获得更多发展的机会。如果你享受了在自家附近的娱乐，就没必要等到去国外旅游时再享乐，你同样会得到很多的乐趣。由于你已经养成自得其乐的习惯，因此，如果你真的没有机会去国外旅游，你也并不会在意，反正你也已经拥有美好的人生了。"

最后，卡尔森博士建议道："给自己写一段话，开始多想想你已经拥有什么，少去想你还要什么。如果你能这么做，你的人生就会开始变得比以前更好。或许这是你这辈子第一次知道真正的满足是什么意思。"

人的幸福，与其说来自生活的厚馈，不如说来自于日常生活中的微利。

享受“苦难”，自得其乐

李叔同，也就是后来的弘一法师。年轻人可能不知此人是谁，但你若是会唱那首脍炙人口的《送别》，“长亭外，古道边，芳草碧连天……”便可知这首大名鼎鼎的《送别》就是李叔同先生的杰作。李叔同是一个传奇，他集诗、词、书画、金石、音乐、戏剧、文学、哲学于一身，是这些领域里的佼佼者。

李叔同在 38 岁那年，从风光八面的文化名流转而皈依佛门，成为弘一法师。从世俗的富贵绚丽归于脱俗的清贫平淡，李叔同没有丝毫“吃苦”的流露。夏丏尊先生在一篇题为《生活的艺术》的散文中，记载了他与李叔同的一段交往佚事，文章不长，内涵却意味深长。现摘录如下：

新近因了某种因缘，和弘一和尚（在家时姓李，字叔同）聚居了好几日。和尚未出家时，曾是国内艺术界的先辈，披剃以后，专心念佛，见人也但劝念佛，不消说，艺术上的话是不谈起了的。可是我在这几日的观察中，却深深地受到了艺术的刺激。

他这次从温州来宁波，原预备到了南京再往安徽九华山去的。因为江浙开战，交通有阻，就在宁波暂止，挂搭于七塔寺。我得知就去望他。云水堂中住着四五十个游方僧。铺有两层，是统舱式的，他住在下层，见了我笑容招呼，和我在廊下板凳上坐了，说：“到宁波三日了。前两日是住在某某旅馆（小旅馆）里的。”

“那家旅馆不十分清爽罢。”我说。

“很好！臭虫也不多，不过两三只。主人待我非常客气呢！”

他又和我说了些轮船统舱中茶房怎样待他和善，在此地挂褡怎样舒服等等的话。

我惘然了。继而邀他明日同往白马湖去小住几日，他初说再看机会，及我坚请，他也就欣然答应。行李很是简单，铺盖竟是用破的席子包的。到了白马湖后，在春社里替他打扫了房间，他将席珍重地铺在床上，摊开了被，再把衣服卷了几件作枕，拿出黑而且破得不堪的毛巾走到湖边洗面去。

"这手巾太破了，替你换一条好吗？"我忍不住了。

"哪里！还好用的，和新的也差不多。"他把那破手巾郑重地张开来给我看，表示还不十分破旧。

他是过午不食了的。第二日未到午，我送了饭和两碗素菜去（他坚说只要一碗的，我勉强再加了一碗），在旁坐了陪他。碗里所有的原只是些菜薹白菜之类，可是在他却几乎是要变色而作的盛馔，满怀喜悦地把饭划入口里，郑重地用筷夹起一块菜薹来的那种了不得的神情，我见了几乎要流下欢喜惭愧之泪了！

第二日，有另一位朋友送了四样菜来斋他，我也同席。其中有一碗咸得非常的，我说："这太咸了！"

"好的！咸的也有咸的滋味，也好的！"

在他，世间竟没有不好的东西，一切都好，小旅馆好，统舱好，挂褡好，破的席子好，破旧的手巾好，白菜好，菜薹好，咸苦的蔬菜好，跑路好，什么都有味，什么都了不得。

这是何等的风光啊！宗教上的话且不说，琐屑的日常生活到此境界，不是所谓生活的艺术化了吗？人家说他在受苦，我却要说他是享乐。当见他吃菜薹白菜时那种愉悦的光景，我想：菜薹白菜的全滋味、真滋味，怕要算他才能如实尝得的了。对于一切事物，不为因袭的成见所缚，都还他一个本来面目，如实观照领略，这才是真解脱，真享乐。

也许，要普通人完全做到"跳出三界外、不在五行中"不太现实，如李叔同般皈依佛门我们更难以学习，但他对于世俗中所谓的"苦"的达观与享受，却是非常值得我们学习的。

　　2020年，新冠肺炎疫情蔓延，许多人深陷于被病魔折磨的苦难之中。有一些人害怕，恐慌，日益悲观，也有一些人深陷"黑暗"，脚踏"光明"，享受生命带来的"苦难"。

　　在雷神山A9病区的走道里，几名这几天要出院的患者正在进行最后的"测试"。

　　一名已出院的患者称，他们A9病区的医护人员大多是辽宁营口医疗队的，他们说的都是东北话。在住院的这段时间里，患者们也都向他们学说东北话，现在很多的武汉患者说话都带着东北味了。

　　临出院时，有患者提议护士长考一考大家，护士长便组织了一场"东北话"出院测试。

　　一名出院患者称，辽宁营口医疗队的医护人员特别尽心尽职，又风趣幽默，他们这个病区的人每天都元气满满，也是最开心的。

　　出院的患者还收到了一份特殊的证明——一张毕业证书。出院的时候，彼此都留了对方的联系方式，患者表示医护人员要是再来武汉，就领着他们去武汉的"犄角旮旯"里去吃好吃的……

第二章　不要被物质左右情绪

敢于平常与平淡

　　在 2020 年疫情期间各个高校延迟开学的情况下，某高校的景老师按照学校的部署，认真地履行了一个正蒙导师职责。

　　当问到景老师是如何看待这场疫情和疫情期间的正蒙工作时，景老师说："要用平常心看待疫情，坚信困难只是暂时的，阶段性的。要认识到正蒙工作是一项长期的工作，在疫情期间，正蒙工作不但不会受到影响，而且会加强。正蒙导师当前的首要工作就是将这场疫情对学校工作的影响降低到最小，具体来说，就是要落实学校的每一项工作部署，让学生和家长了解学校的工作安排，安心等待返校通知。让学生在家做好自身的安全防护，上好每一节网课。"

　　景老师作为正蒙导师，时刻将学校的工作放在第一位，做到了在家上班跟在校上班一样尽心尽责，同时跟部门其他老师一起为学校的发展出谋划策。每周跟部门的张老师、王老师组成正蒙小组一起规划每个周的部门工作，为实验室建设出主意想办法。每天用钉钉考勤严格约束自己，早上打卡以后就进入工作状态，备课、上课、答疑或者联系正蒙学生，或者为部门工作出谋划策，做好数据统计和网站信息发布工作。

　　作为正蒙老师，景老师承担的两个班的在线 PHOTO-

SHOP 图像处理课程，不分时间地为学生答疑，学生即便是晚上 9、10 点在线提问，景老师都会很认真的解答学生的问题，尽量使学生减小在线课程的学习和老师的距离感。通过景老师的努力，学生的学习积极性都很高，达到了很好的教学效果。

景老师做的就如同他说的一样，看淡疫情影响，怀着一颗平常心，认真做好自己的每一件事情，认真履行一个正蒙导师的职责，在平凡的岗位努力工作，为西安外事学院的发展尽自己一份绵薄之力。

面对疫情，我们要如此，面对权力、财富，我们也要有一颗平常心。

让珊珊永远也忘不了的，是她上三年级时学校排戏期间，她被选定扮演剧中的公主。接连几周，妈妈都然费苦心地跟她一道练习台词。可是，无论她在家里表达得多么自如，一站到舞台上，她头脑里的词句全都无影无踪了。

最后，老师只好叫珊珊靠边站。她解释说，她为这出戏补写了一个旁白者的角色，请珊珊来演。虽然老师的话挺亲切婉转，但还是深深地刺痛了珊珊——尤其是看到原先由自己扮演的角色给了另一个女孩的时候。

那天回家吃完午饭后，珊珊没把发生的事情告诉妈妈。不过，细心的妈妈却觉察到了她的不安，没有再提议她们练台词，而是问她是否想到院子里走走。

那是一个明媚的春日，棚架上的蔷薇正泛出亮丽的新绿。珊珊瞥见妈妈在一棵蒲公英前弯下腰。"我想我得把这些杂草统统拔掉，"妈妈说着，用力将它连根拔起，"从现在起，咱们这庭园里就只有蔷薇了。"

"可我喜欢蒲公英，"珊珊抗议道，"所有的花儿都是美丽的，哪怕是蒲公英！"

妈妈表情严肃地打量着她："对呀，每一朵花儿都以自己的风姿给人愉悦，不是吗？"

珊珊点点头，高兴自己战胜了妈妈。

"对人来说也是如此，"妈妈又补充道，"不可能人人都当公主，但那并不值得羞愧。"

珊珊想妈妈猜到了自己的痛苦，她一边告诉妈妈发生了什么事，一边失声哭泣起来。妈妈听后释然一笑："但是，你将成为一个出色的旁白。"妈妈说，并提醒珊珊自己是如何爱听她朗读故事的。"旁白的角色跟公主的角色一样重要。"

一定要站在舞台的中央，一定要在镁光灯的聚焦中，才算一个"成功人士"吗？世界的舞台很大，中心的位置却很小，大多数人任凭怎么削尖脑袋也挤不进去，不甘心、不服气、不平衡……种种负面情绪如杂草般从心中长出，想不开，放不下，因此焦虑不堪、痛苦异常。

这些焦虑不堪的人，缺少的就是一种对"平凡"的承认与尊重。他们不能忍受平凡的工作，他们以为做人就应该活得轰轰烈烈，却不知道平凡中孕育着伟大，伟大存在于平凡之中。

钱、权、名声是财富，快乐与身心健康同样是财富，而世俗的成功，往往过于注重前者而忽略了后者。我们为世俗的成功付出太多了，足可以列出一个长长的清单：精力、体力、时间、健康、亲情、爱情……

我们生活中很多有关幸福的元素，在"成功"的借口中被我们忽视、漠视、摒弃。《史记》中云："利令智昏"，一个人为了"利"，最容易丧失自己的理智而做出蠢事，把自己推进泥潭。而世俗的成功，无一不与"利"有关，就这样，所谓的"成功"变成了一味毒药毒害幸福的肌理，而我们却欲罢不能。

系有黄金的鸟不能自由地飞翔，物化的成功最容易成为你心灵的负累。我们应该拒绝的是平庸，却应当允许自己平凡。拥有一颗平常心，我们就可以看清很多人和事的本来面目，使我们不再急功近利，不再忧心忡忡。这样，做起事来必然沉得住气，耐得住心。有条不紊地一步一个脚印，反而更容易走向成功。

当然，这里所说的平常心，并非就是拒绝成长，拒绝奋斗。过分地淡泊名利、克制欲望并不值得提倡。《菜根谭》中有云："淡泊是高风，太枯则无以济人利物。"大意是说，把功名利禄都看得淡本是一种高尚的情操，但是过分清心寡欲而冷漠，对社会大众也就不会有什么贡献了。可以这样说，人类正是因为有了雄心壮志，才学会直立行走，才从昔日的刀耕火种发展到今天的九天揽月。

那么，如何做到既有雄心又不被这种雄心所累？——"以出世的态度做人，以入世的态度做事。"这句话是从著名的美学家朱光潜的一篇文章中提炼出来的。朱光潜在一篇文章中提到了两种人生态度："绝世而不绝我"和"绝我而不绝世"。他指出理想的人生态度应是"以出世的精神做入世的事业"。朱先生的文章写于 80 多年前，但历史的灰尘终掩盖不住其深邃的思想。

人生之旅，难免坎坷重重，这时我们要以超然的态度去对待，这就是所谓的出世。生而为人，要做事谋生，积极主动地用有限的人生去造就更大的辉煌，这就是所谓的入世。将出世与入世的态度聚于一身，看似矛盾，其实却是一种矛盾的统一，是一种互补，一种和谐的关系。"以出世的态度做人"主要指的是人的心态，是一种做事之外的超然的态度。"以入世的态度做事"是指人的行动。二者不可偏废，更不能颠倒。

别人的成功不见得适合你

我们小镇中有一家人开了一个加油站，生意特别好。第二家人就在旁边开了一个餐厅，紧接着，第三家人就在旁边开了一个超市，很快这片地区就繁华了。

与此同时，我们隔壁镇上也有一家人，开了一个加油站，生意特别好，但不同的是，这家加油站旁边，出现了第二个、第三个加油站。最后，恶性竞争导致大家都没得玩。

这个案例告诉我们，一味走别人的路，必将堵死自己的路。传说中的成功人士，锦衣玉食不必多谈，香车宝马应有尽有，拥香揽玉快活似仙。事情真的是这样吗？

在莱茵河畔，一位青年正垂头丧气地来回走动着，他心烦意乱，真想跳进河里一死了之。正在这时，一位牧师经过他的身边，停下来问道："小伙子，你有心事吗？"

青年深深地叹了口气说："我叫莱恩，但上帝从来没给我带来恩赐，我年近三十，仍然一事无成，一文不名，家里还有个叫人看了就别扭的黄脸婆，这样的日子我真受够了。"牧师听了微笑着问道："莱恩先生，那么你的理想是什么呢？说出来，看看我能不能帮你实现。"莱恩说："我曾经有三个理想，做像怀特那样的超级大富豪，做像斯皮尔那样的高官，如果这两个不能实现，那么我想娶布蕾丝那样的漂亮女人做妻子。"牧师笑着说："莱恩，这很容易，你跟我来吧！"说罢，转身就走。青年大喜过望，紧跟其后。

牧师先领着莱恩来到世界超级富翁怀特的豪宅。这位富翁因为不惜牺牲自己的健康追求财富，最终病倒了，此时正躺在床上大声地咳嗽，脸色蜡黄，面前的金盆里是他刚吐过的带血丝的痰。莱恩看了十分恶心，不由掉转了身子。牧师对莱恩说："我们再去拜访一下议长斯皮尔吧！"

两人又来到斯皮尔的官邸，只见他身边围着几个人，显然是保镖。斯皮尔吃饭，保镖先尝；斯皮尔睡觉，保镖都瞪大了眼睛盯着他；就是斯皮尔上厕所，他们也在马桶旁蹲着。政敌很多，稍不注意就要惨遭黑手。莱恩叹了口气，失望地说："那他和蹲监狱有什么两样？"牧师无奈地摇摇头说："我们再去看看当代最红、最性感的女明星布蕾丝吧。"说着，他领着莱恩来到了布蕾丝的家里。

布蕾丝正冲一位菲佣大发脾气，她甚至拿起手里燃着的烟头朝佣人身上烫，佣人的皮肤很快就起了泡。布蕾丝折磨完佣人，要回房睡觉了，这时一个女佣走进来对她说："小姐，伯格先生求见。"布蕾丝眼皮抬也不抬地吩咐道："叫他给我滚出去，我已经和他离婚了，与他什么关系也没有了。"佣人小心地答应着要退出去，布蕾丝又说："顺便带个信儿给他，明天我就要和我的第12任丈夫结婚了，他有兴趣的话，可以来参加我们的婚礼。"说完，"啪"的一声关上了房门。莱恩看得目瞪口呆。

从布蕾丝家出来后，牧师问莱恩："小伙子，三个理想，你随便挑一个，我都可以帮你实现。"莱恩想了一会儿，说："不，牧师，其实我什么也不缺，与怀特先生相比，我有着他用所有金钱都买不来的健康；与斯皮尔先生相比，我有他没有的自由；至于布蕾丝嘛，我老婆可比她贤淑善良多了……"牧师满意地伸出手来和莱恩相握，莱恩满脸笑意，一抹温暖的阳光洒在他的身上。

如果说以上的故事还不足以说明所谓的"成功"与幸福无关的话，那么我们只要看曾经一度在"成功"舞台上大放异彩的人士有多少死于自杀，就知道"成功"与"幸福"的无关了。影星、歌星、企业家、高官……他们自杀的新闻还少吗？他们在世人的眼里可都是"成功人士"呀！但毫无疑问，他们并没有因为成功而幸福，否则，他们的自杀也就无法解释了。

尽管玛丽莲·梦露已经去世40多年了，但一提起她的大名，在全球至今仍是妇孺皆知。梦露在20世纪50年代至60年代初，红透了整个好莱坞。1962年8月，36岁的梦露离开了人世。梦露之死震惊全球，官方给的死因是"因不堪忍受演艺圈的压力而自杀身亡"。民间的版本还有

"他杀说"和"猝死说",但不论是哪种版本更接近真相,梦露这个在孤儿院长大的女人,并没有因为成名而过上幸福的日子。梦露的闺中好友曾这样回忆她。

有一次梦露和我去海边度假,在起床时,因看到梦露在窗前看日出的美妙身影,我情不自禁地说:"我愿意牺牲一切变成你。"梦露转过身,惶恐地说:"不,不,我愿意牺牲一切变成你。"

我们一直以为,只要成功就幸福了,而在没有成功之前,所有的汗水与泪水,都是为了成功那天的欢乐而必须付出的代价。而真的等我们在历经千辛万苦到达成功彼岸时,我们还能抓到幸福的臂膀吗?

看看,连声名显赫、日进斗金且拥有美貌的梦露,也有她难以排解的哀愁与烦恼。当然,在此列举了种种成功人士的烦恼甚至不幸,并不是想证明"成功"是不幸的制造商,而是想指出"成功"不一定都能够带来幸福。家家有本难念的经,不要指望世俗的"成功"能给你带来幸福,帮你解决一切烦恼。没有世俗的"成功",你照样可以幸福。

不可让心情被金钱主宰

退休了的拉齐奥在乡间买下一座宅院,打算安度晚年。不幸的是,在这宅院的庭院里,有一株果实累累的大苹果树。邻近的顽童,几乎是夜以继日地来拜访这株苹果树,顺手带来的礼物则不外乎是石头或棍棒。

想安静的拉齐奥常在玻璃被击破或不堪喧闹之扰时,走到庭院中驱赶树上或园中的顽童,而顽童回报拉齐奥的,则是无数的嘲弄及辱骂。

拉齐奥在不堪其扰之余,想出一条妙计。

有一天,当他如往常一样,面对满园的顽童时,他告诉孩子们,从明天起,他欢迎孩子们来玩,同时在他们要离去前，还可以到屋子里向拉齐奥领取 1 美元的零用钱。

孩子们大乐，如往常一样地砸苹果，戏弄拉齐奥，同时又多了一笔小小的零用钱收入，天天在园中玩得乐不思蜀。

一个星期过去后，拉齐奥告诉孩子们，以后每天只有 0.5 美元的零用钱，顽童们虽然有些不悦，但仍能接受，还是每天都来玩耍。

又过了一个星期，拉齐奥将零用钱改成每天只有 0.1 美元。

孩子们愤愤不平，群起抗议："哪有这种工作，钱越领越少，我们不干了，以后再也不来了。"

从此拉齐奥的庭院恢复了往日的幽静，苹果树依然果实累累，不再遭受摧残。

同样是恶作剧，在没有任何酬劳时，小孩子们一个个玩得兴高采烈。而一旦涉及报酬，小孩们的心理就发生了微妙的变化：从"我要做"到"要我做"。于是，在报酬由多变少之后，孩子们终于不愿意"帮别人做事"了。故事中的老人，真是一个深知人性的大师。

人一掉进钱眼里，就会丧失原本的爽朗心情。其实，钱并非万能（当然没有钱万万不能）。

下面是网上流传很广的一些箴言，摘录下来与大家一起分享：

钱可以买到"房屋"，但买不到"家"；钱可以买到"性"，但买不到"爱情"；钱可以买到"药物"，但买不到"健康"；钱可以买到"美食"，但买不到"食欲"；钱可以买到"床"，但买不到"睡眠"；钱可以买到"珍贵首饰"，但买不到"美"；钱可以买到"娱乐"，但买不到"快乐"；钱可以买到"伙伴"，但买不到"朋友"；钱可以买到"书籍"，但买不到"文化"；钱可以买到"服从"，但买不到"忠诚"。

看了以上对于"钱"的认识与感悟，读者朋友，你能否对"钱"想开一点，放下一些呢？

有钱没钱，不要跟自己怄气。有钱，把日子过好；没钱，把心情过好。

鞋子再漂亮，不合脚也别要，勉强穿上，只会伤了自己。生活，只有适合自己的，才是最好的。

选择适合自己的方向，四两亦能拨千斤。正是因为生活给了我们很多考验，我们才学会了去接受和宽容。

生活如人饮水，冷暖自知。每个人有每个人的生活，别只看他人的风光，也要想想他人背后的辛酸。

选择没有优劣，适合即可

2019 年 8 月份，一名网友发文表示自己脱离了自己一直以来厌恶的科研行业。

他说："科研之路于我而言，可谓是平淡无奇，也颇为苦不堪言。按部就班完成学业，并无大成就，可谓平淡无奇。身心备受折磨，此为苦不堪言。喜的是收获了各路好友的不吝喜爱，也有些许知己能接受我的随时叨扰。"

离开了科研后，他进入了体制内当临床药师，可仍然逃避不了科研。因为现如今的体制，不管是科研单位还是医院，SCI 和基金似乎是唯一的评判标准，手握高分 SCI 和国家项目的人即为牛人。而并非牛人的他，最终选择坚决地离开。

跌跌撞撞，他最后进入了企业的医学部，这次真是彻底地离开科研了。

他表示："无悔的选择，只要适合自己即可。脱离了 SCI 和基金的枷锁，仿佛释放了自我，不断发现这个世界更多有趣的事情和有趣的人，现在的我也想努力活成那个有趣的灵魂!"

一个商人去海边度假。太阳刚刚升起不久,商人在码头上看到一个渔夫划着一艘小船靠岸,小船上有好几尾大黄鳍鲔鱼。这个商人好奇地问渔夫什么时候出海的,渔夫回答:"天蒙蒙亮的时候。"

商人原本以为渔夫是一个归来的夜渔人,听到渔夫的回答后,更加好奇了。他看了看表,问:"你才出海两个小时,为什么不工作时间长点,好多捕一些鱼?"渔夫回答:"这些鱼已经足够我一家人生活所需啦!"商人又问:"那么你一天剩下那么多时间都在干什么?"

渔夫说:"我要做的事情可多了,要和村头的老张他们打麻将,要跟自家孩子们玩一玩,中午还要睡个午觉,傍晚要和老鲁喝点小酒,还要听古老大侃大山,我很忙呢!"

在渔夫眼里,连睡觉、玩都成为事情了。商人听了,不以为然:"我是一个成功的商人,我建议你每天多花一些时间去捕鱼,到时候你就有钱去买条大一点的船。自然就可以捕更多鱼,再买更多的渔船,然后你就可以拥有一个渔船队。到时候你就不必把鱼卖给鱼贩子,而是直接卖给加工厂,或者你可以自己开一家罐头工厂。如此你就可以控制整个生产、加工处理和销售。然后你可以离开这个小渔村,搬到大城市,在那里经营你不断扩充的企业。"

渔夫问:"这要花多少时间呢?"

商人回答:"十五到二十年。"

渔夫问:"然后呢?"

商人大笑着说:"然后你就可以好好休闲啦!"

渔夫追问:"然后呢?"

商人说:"到那个时候你就可以退休了!你可以搬到海边的小渔村去住。每天过着悠闲的日子。"

渔夫莫明其妙地望着商人："贵那么多力气干啥？我还不如坐下来喝一杯茶。你看我现在，不正是过着你说的那种悠闲的日子吗？"

其实，商人和渔夫的选择本身并没有优劣之分，只有合适与否之别。静下心来想一想，人们忙忙碌碌到底追求的是什么呢？如果你追求的是一种波澜壮阔的生活，你完全可以按照商人的建议去做；但如果你追求的是一种清静淡泊的生活，为什么要付出那么多努力？

两个人在书店同时发现了一本书，他们为这本书归谁所有的问题争吵了起来。

第三个人偶然路过，问道："你们俩谁认识字？"

"我们俩都不会。"

"那么，你们要这本书干啥？你们的争吵使我想起一个寓言：两个秃子为了一把梳子而打起架来，可是他们俩头上都没有头发。"

静下心来，想一想：忙忙碌碌的自己究竟是在追求什么？是不是也有点像那两个争吵的人，不认识字却想拥有一本书？——如果像他们一样，还不如坐下来喝杯茶。

珍视自我，工作不分贵贱

人们惯于以工作的性质来区分"成功"与否。北大才子陆步轩卖猪肉的事，曾一度被人所讥讽。照人们的理解，北大才子再不怎么样，至少要到中关村卖电脑才符合身份，名校大学生当屠夫卖猪肉，实在是大煞风景。

其实，所有的正当合法的工作，都是神圣的，没有高低贵贱之分。除非你自己看不起自己，因为没有人能够看不起你。

有一个爱丁堡的新牧师出门探访会友，他来到一个补鞋匠的店铺。

牧师高谈阔论，补鞋匠对牧师的言语颇不以为然，适时插了几句话。

牧师感到有点恼怒，无不讥讽地说："你实在不应该修鞋了，凭你思想的层次、反应的敏锐，不应当从事这种低贱的工作。"

补鞋匠说："先生，请收回你的话。"

"为什么？"

"我绝不是从事低贱的工作，你看见边上那双鞋子了吗？"

"我看到了。"

"那是寡妇史密斯的儿子的鞋子。她丈夫在夏天去世，她也几乎随他死去。但她为这个儿子而活。她的儿子找到送报的差事，勉强维持家计。

"然而坏天气不久就要来临，上帝问我说：'你愿意为寡妇史密斯的儿子修补鞋子吗？免得他在严冬感染肺炎而死。'我回答：'我愿意。'"

"牧师先生，你在上帝的指引下传道，而我却在上帝的指引下为人补鞋。当我们都到了天堂时，我相信，你和我都会听到相同的嘉许：'你这又忠心又善良的仆人……'"

相信人们依然会记得夏洛蒂·勃朗特的长篇小说中那个平凡的女教师简·爱——一如平凡的我们。她所追求的就是人与人之间的平等。实际上是从事各种行业的人都应该有的一种自我感，如果对自我都不珍视，那我们还会珍视什么？又能珍视什么？

值得指出的是：这里说工作没有高低贵贱之分，并不是鼓励你不用上进。只是，你上进的动力不要定位在"我的工作太低贱"。如果以此为理由，你将可能永远活在"低贱"的阴影之中，即使你获得了梦寐以求的"高尚"工作，很快你就会发现还有更"高尚"的，而你仍然处在"卑贱、低微"中。

第三章　让人三尺又何妨

要有主动让道的精神

清代康熙年间，籍贯安徽安庆的当朝宰相张英的老家与一个姓叶的侍郎毗邻而居。某年，张家扩大府第，与邻居叶家为了三尺的地基发生了争执，一起到安庆找知县裁判。张家为了争得这三尺地，暗地修书一封给京城的张英，希望他能给地方知县打个招呼。张英接到家信，回信一封，内附诗一首："千里家书只为墙，让他三尺又何妨？万里长城今犹在，不见当年秦始皇。"张家接到回信，当即决定退后三尺筑墙。而叶家见到张家的举动后，也将自家院墙退后三尺重新筑造，以表敬意。这样，两家原本紧挨的墙，变成了一条六尺宽的巷道。这个巷子，名为"三尺巷"，至今为人所津津乐道。

是啊，万里长城是何等雄伟，但秦始皇又在哪里呢？人争来争去，到底争到了什么？退一步海阔天空，做人要有主动"让道"的精神。人们常说这样一句话："谁若想在困厄时得到援助，就应在平时礼让他人。"也就是说，相容接纳、团结更多的人，在平常的时候共奋斗，在困难的时候共患难，进而能增加成功的力量，创造更多成功的机会。反之，相容度低，则会使人疏远，减少合作的力量，人为地为自己增加阻力。

主动让道，要求人首先要学会宽以待人。宽以待人，就要将心比心，推己及人。孔子早就告诫人们："己欲立而立人，己欲达而达人；己所不欲，勿施于人。"意思是自己不愿做，不能接受的事情一定不能推给他人，而要将心比心。

主动让道的精神，还可以贯彻到爱情与婚姻当中。我们不应用苛刻的标准去要求别人，要尊重别人的自由权利。爱情之所以可以成为催人上进的力量，不是由于严厉，而是由于宽容。爱情使人原谅了爱人的种种缺点、毛病，恰恰能使爱人"旧貌换新颜"。因此，做一个肯理解、容纳他人的优点和缺点的人，才会受到他人的欢迎。而对人吹毛求疵，又批评又说教没完没了的人，是不会有自己亲密的朋友的，别人对他只有敬而远之。

有这样一件事。一个年轻人抱怨妻子近来变得忧郁、沮丧，常为一些鸡毛蒜皮的小事对他嚷嚷，甚至会对孩子无缘无故地发脾气，这都是以前不曾发生的现象。他无可奈何，开始找借口躲在办公室，不愿回家。一位经验丰富的长者问他最近是否争吵过，年轻人回答说，为了装饰房间发生过争吵。他说："我爱好艺术，远比妻子更懂得色彩，我们为了每个房间的颜色大吵了一场，特别是卧室的颜色。我想漆这种颜色，她却想漆另一种颜色，我不肯让步，因为我对颜色的判断能力比她要强得多。"长者问："如果她把你办公室重新布置一遍，并且说原来的布置不好，你会怎么想呢？""我绝不能容忍这样的事。"年轻人答道。于是长者解释："你的办公室是你的权力范围，而家庭及家里的东西则是你妻子的权力范围。如果按照你的想法去布置'她的'厨房，那她就会有你刚才的感觉，好像受到侵犯似的。当然，在住房布置问题上，最好双方能意见一致，但是要记住，在做决定时也要尊重你妻子的意见。"年轻人恍然大悟，回家对妻子说："你喜欢怎么布置房间就怎么布置吧，这是你的权力，随你的便吧！"妻子大为吃惊，几乎不相信。年轻人解释说是一个长者开导了他，他确实错了。妻子非常感动，后来两人言归于好。夫妻生活和其他许多人际关系一样，会有这样或那样不尽如人意的地方，针锋相对永远也不是解决的好方法，主动让道则能使对方更多感受到人格的力量，只有以宽容态度面对问题，才可能很好地解决。

在人生旅途中，能够主动让道，将会省却很多的麻烦，也会减少我们的烦恼。礼让他人的习惯与作风，不仅增加了我们的人格魅力，也会给我们带来意想不到的收获。

不必争一时之得失

孟子认为，君子之所以异于常人，便是在于其能时时自我反省。即使受到他人的不合理的对待，也必定先躬省自身，自问是否做到仁的境界？是否欠缺礼？否则别人为何如此对待自己呢？等到自我反省的结果合乎仁也合乎礼了，而对方强横的态度却仍然未改，那么，君子又必须反观自己："我一定还有不够真诚的地方"，再反省的结果是自己没有不够真诚的地方，而对方强横的态度依然故我，君子这时才感慨地说："他不过是个荒诞的人罢了。这种人和禽兽又有何差别呢？对于禽兽根本不需要斤斤计较。"

每个人都生活在社会中，有人的地方自然会有矛盾。有了分歧不知怎么办，很多人就喜欢争吵，非论个是非曲直不可。其实这种做法很不明智，吵架既伤和气又伤感情，不值。不如大事化小，小事化了。俗话说"家和万事兴"，推而广之，人和也万事兴。人际交往中切不可太认死理，装装糊涂于己于人都有利。

事实上，按照一般常情，任何人都不会把过去的记忆像流水一般地抛掉。就某些方面来讲，人们有时会对影响很深的事件有执念，甚至会终生不忘，当然，这仍然属于正常之举。谁都知道，怨恨会随时随地有所回报，所以，为了避免招致别人的怨愤或者少得罪人，一个人行事须小心谨慎。《老子》中据此提出了"报怨以德"的思想，孔子也曾提出类似的观点来教育弟子，其目的均是教人处事时心胸要豁达，以君子般的坦然姿态应付一切。

　　《庄子》中对如何不与别人发生冲突也做过阐述。有一次，有一个人去拜访老子。到了老子家中，看到室内凌乱不堪，心中感到很吃惊，于是，他大声咒骂了一通便扬长而去。翌日，又回来向老子道歉。老子淡然地说："你好像很在意'智者'的概念，其实对我来讲，这是毫无意义的。所以，如果昨天你说我是马的话我也会承认的。因为别人既然这么认为，一定有他的根据，假如我顶撞回去，他一定会骂得更厉害。这就是我从来不去反驳别人的缘故。"

　　从这则故事中可以得到如下启示：在现实生活中，当双方发生矛盾或冲突时，对于别人的批评，除了虚心接受之外，还要养成毫不在意的心态。人与人之间发生矛盾的时候太多了，因此，一定要心胸豁达，有涵养，不要为了不值得的小事去得罪别人。而且生活中常有一些人喜欢在背后论人短长，说三道四，如果听到有人这样谈论自己，完全不必理睬这种人。只要自己能自由自在地按自己的方式生活，又何必在意别人说些什么呢？

　　从前，有一对圣人兄弟他们分别是伯夷、叔齐，二人互相推让王位退隐到山林里，最后饿死了。还有一位商朝的宰相伊尹，也很著名。孟子把孔子、伯夷和伊尹三人的人生观加以比较后说："不同道。非莫君不事，非其民不使；治则进，乱则退，伯夷也。何使非君？何使非民？治亦进，乱亦进，伊尹也。可以仕则仕，可以止则止，可以速则速，孔子也。皆古圣人也。吾未能有行焉。及所愿，则学孔子也。"

　　孔子、伯夷、伊尹三人，各有不同的人生观，却都能坚守仁、义，所以孟子认为他们都是圣人。换言之，只要能够忠实地坚守原则，那么采取什么手段、方法都无关紧要。

　　这种处世态度对现代人仍有借鉴意义。人们往往因为别人的生活方式以及应对态度与己不同，因而排斥对方，认为唯有自己才正确。其实，这种想法是很幼稚的，只要能够遵守做人的原则，那么采取什么生活方式都无所谓。我们不可能要求别人在生活中的各个方面都和自己一样，或是事事如己愿，这是极不现实的。

如何做到礼让三分

史书上记载了"泰伯奔吴"的故事。

当时周部落的首领叫作古公亶父，后来被称为周太王。他有三个儿子，分别是泰伯、仲雍和季历（季历是周文王的父亲）。相传古公亶父的这三个儿子都很优秀，在大家眼里他们三个将来都可以承担起部落首领的重任。可是在古公亶父心里却想让三儿子季历继承首领的位置。

当时的社会习俗是父亲将位子传给嫡长子，再往下推，庶出的子孙是没有地位的。作为父亲，古公亶父很为难，也说不出口。

久而久之泰伯明白了父亲的心思，父亲的苦衷让泰伯看在眼里痛在心里。于是泰伯做出了一个大胆的决定，决定放弃继承父亲的位置，问题是只有他放弃继承还不行，他还有二弟仲雍呢。于是泰伯将这个决定也告诉了二弟仲雍，也希望仲雍也不要继承父亲的位置。

仲雍也是个孝顺的儿子，他毫不犹豫地答应了。他们把这个决定告诉了父亲，父亲不同意他们的决定，他们找父亲谈了三次，父亲还是不答应。于是他们以外出采药为名离开了周部落、自己的家和自己的亲人。但是能去哪里呢？走的离周部落太近，父亲会找到他们，父亲怎么会忍心让自己的孩子流浪在外呢？于是他们一直奔向遥远的、前途未知的东方而去。最终他们来到了太湖之滨，当时被称作荆蛮的地方。

当地湖泽密布、荆棘遍地，人民还未开化，于是他们也学着当地人的样子披发文身，也学着当地人说话。经过长期的努力与交流，他们逐渐与当地人融合在了一起，当地人也逐渐开化。于是在我国的东方太湖之滨，形成了一个新的族群，我们叫他吴。

春秋时期，吴人建立了强大的吴国，打败了越国。想必一提起春秋时期的吴王夫差、吴王阖闾大家不会陌生，这就是吴太伯、仲雍的后人。泰伯三次让国让出了——800 年的中国最悠久的王朝。

后人为了纪念泰伯，为了纪念泰伯三让的至德高风，在泰伯的家乡陕西岐山北郭乡叩村、千河河谷、凤翔县陈村镇南吴头村以及吴山等地都建有泰伯庙。

礼让是什么？礼让就是按传统的文明礼数来谦让。70 岁的老太太给 20 岁的小伙子让座，这种让不是礼让；只有 20 岁的小伙子给 70 岁的老太太让座，这才是礼让。

不会礼让的人不懂礼的重要性，更不懂礼让的深奥。

其实，讲究礼让，并非我国的"特产"。社会的文明发展到了一定的程度，它就必然会出现。从某种意义上说，礼让是一个国家或社会文明程度的标志。

然而，在现实生活中，礼让却成了一个不大不小的问题，生活中也有许多人不懂礼让，不会礼让。

譬如，因为不会礼让，每当人们的利益重新调整或分配时，一个个都争得脸红脖子粗，不仅要将属于自己的一块蛋糕尽快地切到自己的盘子中来，还想将他人的蛋糕切到自己的盘中，合法的手段用之，不合法甚至是违法的手段也用之。于是，公开大吵大闹的有之，背后暗算他人、下绊子的有之。为了个人的利益，人性都变得赤裸裸的，人际矛盾和冲突也就因此而扩大、激化。对这些人来说，什么礼不礼的，更无所谓这个"让"字，只要个人利益能到手，什么都不会顾忌，文明礼貌被这些人抛到垃圾堆里去了。

他们因为不会礼让，当然也就不会讲文明、讲公德。譬如，在公共汽车上，"老弱病残孕专座"这几个大字写得又大又黑，然而现实是：尽管七八十岁的老人在一旁站着，一些年轻人仍然佯装看不见地坐在那里，甚至有的假装睡觉，一副爱莫能助的样子。

我们国家的人口众多，但经济发展并不很平衡，因而处处显得拥挤、嘈杂，在这时如果人们都能忍让一点，礼貌一点，相互关照一点，人们在精神上的紧张程度是可以得到减轻的。

他们因为不会礼让，所以只要心中有怒气，有不满，有牢骚，有不平，有烦恼……都要找一切可能、寻一切机会将它宣泄出来，而不去管以什么方式。更有意思的是，有不少人还相信这样的歪理："人善被人欺，马善被人骑。"

因此工作成了一些人的出气筒、宣泄口，他们一个个表现得蛮横得很，一个个将脸都拉得长长的，一个个说起话来都没有好声好气，还动不动将他人挖苦讽刺一下，好像人家都欠了他们多年的债不还似的。为何现在有些服务行业的名声不佳？为何一些政府机关的"门难进"，其工作人员的"脸难看"？一个重要的原因就是，有不少工作人员不仅不懂礼让、不讲礼节、没有礼貌，而且将自己的工作岗位作为宣泄自己心中不平的地方。

他们因为不会礼让，当然不愿意做一个正直、高雅的人、文质彬彬、有修养的人，总之，他们不敢堂堂正正、老老实实地做人，而是被"逼"着"入乡随俗"：说粗话，做粗事，办俗事。他们所认同的是一种粗俗、庸俗、媚俗和恶俗的姿态。在这些陈俗陋习中，其实质是赤裸裸的人欲、物欲、金钱欲，是一种人性的放纵。譬如，明明是一个"如花似玉的林妹妹"，有人硬是将自己装扮为"女妖精"；明明前一天在骂咧咧，表现出异常愤世嫉俗的样子，第二天却又情不自禁地去做那些"俗不可耐"的事……

一般来说，以下这些人是决不会礼让的：

（1）私心太强的人。这些人一天到晚考虑的尽是自己的利益，怎能对他人礼让？

（2）愚昧无知的人。这类人不懂规矩，自然也就不懂方圆，也就不会有什么文明修养了。

（3）缺乏同情心的人。这类人对什么都很冷淡，要让他们待人热情，比登天还难。

（4）骄傲狂妄的人。这类人目空一切，什么人都不在他的眼中，怎么能以礼待人？

（5）好报复的人。这类人心胸狭窄，吃了一点亏就想报复，根本不可能以德报怨。

总之，这些人文明修养程度极差，是决不会礼让的。

礼让说起来容易，做起来却有一定的难度。那么，应该怎样做到礼让呢？有以下几条建议可参考：

（1）从一点一滴的事情做起，不要空谈；

（2）在个人的利益上要强调谦让，不要斤斤计较；

（3）要注意个人的文明和修养；

（4）要用制度来保证礼让的实施；

（5）生活环境中的每个人要积极创造一种礼让的氛围，使其中的每个人感到不这样做就有一种压力，不礼让就不行。

（6）礼让要注意从小培养，从小事中逐渐养成。

把吃亏当成你的福气

在中国传统思想中，有"吃亏是福"一说。这是哲人们所总结出来的一种人生观——它包括了愚笨者的智慧、柔弱者的力量。与这样貌似消极的哲学相比，一切所谓积极的哲学都会显得幼稚、不够稳重，以及不够圆熟。

"吃亏是福"的信奉者，同时也一定是一个"和平主义"的信仰者。

10年前，小王刚工作步入职场，一位老领导也是长辈，看好小王的工作态度和能力，语重心长地告诉了小王四个字的工作诀窍：吃亏是福。这是他工作一辈子、即将退休卸任处级单位一把手之前感受最深的话。

那时的小王，还完全无法理解"吃亏是福"的含义。理工科出身的他，善于精打细算，任何事情的得失都想考虑在前，不想因为不经大脑思考或是自身判断失误，而将本来能够到手的利益拱手相让。从小的教育似乎都在告诉我们，任何事情要多个心眼，不要吃亏上当。

是啊，吃亏怎么可能是福呢？吃亏上当是"傻"事，好处和利益是争来的，有钱不赚，有好处不要，简直是不可理喻！

10年后，时间来到2019年。小王和一位相识多年的老友，过年期间相聚聊天。他说他36岁了，第三个本命年，苦尽甘来，终于升任公司副总。在过去的五六年中，他始终和同事、领导保持着良好的人际关系，尽力为身边的人着想，帮力所能及的忙，有时宁肯自己放弃些个人时间做多一点工作，或是主动花点钱请大家吃吃饭，也不愿占大家的便宜，白白受人恩惠。

同期和他竞争副总的还有两人，业务能力基本相近，业绩他也不算最高，最终他从三个人中脱颖而出，靠的是什么呢？或许，真的是吃亏让他收获了福气。

其实，"精打细算"和"精明"在一定程度上是褒义词。但换个角度想，如果一个人特别精明，处处算得精细不留一点余地，一心为自己谋求利益占好处，即使这个人没有不择手段，没有阴谋诡计，你会愿意和他做真正的朋友吗？和这样的人长久相处下去，迟早会让你招架不住，因为他"精算"后占的好处，有一部分是本来属于你的利益。

对于这类人，其实谈不上"坏"，为自己争取利益无可厚非。但是就是会给人一种太精明、太较真、太算计的感觉，长此以往，会让人留下一种"一心为自己"的自私印象，身边的人自然避而远之，因此人缘越来越差，机会越来越少，接下来能走的路也越来越窄。

而那些所谓吃亏的老实人，或是主动为他人着想、吃小亏经营人际关系的人，身边的人更容易从他们身上得到一些好处，因此他们更容易获得大家的好感，交往的人脉也会越来越广。因为他们不会和身边的人算得失、争利益，甚至可能会主动放弃当前的小利，看重长远相处。因此一旦有了晋升、合作或是生意的机会，身边的人就会主动想到他们，找到他们，这样他们的机会会越来越多，路会越来越宽，成功也就离他们越来越近。

林语堂在《生活的艺术》中对所谓"和平主义者"提出了这样的观点："中国和平主义的根源，就是能忍耐暂时的失败，静待时机，相信在万物的体系中，在大自然动力和反动力的规律运行之上，没有一个人能永远占着便宜，也没有一个人永远做'傻子'。"

大智者，其行为常常是若愚的。而且，唯有其"若愚"，才显其"大智"本色。其中"若"这个字在这里很重要，它是"像"的意思，而不是"是"的意义。

以下是唐代的寒山与拾得（他们二人实际上是一种开启人的解脱智慧的象征）两个人的对话。

> 一日，寒山对拾得说："今有人侮我、笑我、蔑视我、毁我伤我、嫌恶恨我、诡谲欺我，则奈何？"
>
> 拾得回答说："但忍受之，依他、让他、敬他、避他、苦苦耐他、不要理他。且过几年，你再看他。"

那种高傲的人的结局一定是够尴尬的了，而我们也一定可以想象得出拾得胜利的微笑——尽管这可能是一种超脱圆滑的微笑。

"扑满"，就是我们常常说的用瓷或泥做的硬币储蓄盒。在小的候，我们常将父母给的一些零用钱放进去，当这个储蓄盒满的时候，我们就将这储蓄盒打破，将其中的钱取出来。然而，当它是空的时候，它却可以保全自身。

我们知道，福祸常常是并行不悖的，而且福尽则祸亦至，而祸退则福亦来。因此，我们应该采取"愚""让""怯""谦"这样的态度来避祸趋福。所以，像"愚""让""怯""谦"这样道气十足的话，即使不是出于孔子之口，也必定是哲人之言，同样是中国传统思想中的一部分。

"吃亏"往往是指物质上的损失，但是一个人的幸福与否，往往取决于他的心境如何。如果我们用外在的东西换来了心灵上的平和，无疑是获得了人生的幸福，这便是值得的。

若一个人处处不肯吃亏，处处都想占便宜，因此骄心日盛。而一个人一旦有了骄狂的态势，难免会侵害别人的利益，于是便会起纷争，在四面楚歌之下，焉有不败之理？

因此，人最难做到的就是在"吃亏是福"的前提下，认识到两点，一个是"知足"，另一个就是"安分"。"知足"则会对一切都感到满意，对所得到的一切，内心充满感激之情；"安分"则使人从来不奢望那些根本就不可能得到的或根本就不存在的东西。没有妄想，也就不会有邪念。所以，表面上看来"吃亏是福"以及"知足""安分"等心态会让人有不思进取之嫌，但是，这些心态也是在教导人们能成为一个对自己有清醒认识的人，做一个清醒的人。因为，一个非常明白的常识——即不需要任何理论就可以证明的是，一切的祸患不都是在于人们的"不知足"与"不安分"，或者说是不肯吃亏而引起的吗？

"吃亏"有两种：一种是主动的吃亏，一种是被动的吃亏。

"主动的吃亏"指的是主动去争取"吃亏"的机会，这种机会是指没有人愿意做的、困难的或报酬少的事。这种事因为无物质便宜可占，因此大部分的人对此不是拒绝就是不情愿。如果你主动争取，老板当然对你另眼相看，必会记在心上，日后无论你是升迁或是自行创业，他都有可能成为帮助你的人。最重要的是，做这些事，正可以磨炼你的做事能力和耐力，不但会让你懂得比别人多，也进步得比别人快。这是你的无形资产，绝不是用钱能买得到的。

"被动的吃亏"是指在未被提前告知的情形下，突然被分派了一个你并不十分愿意做的工作，或是工作量突然增加。碰到这种情形，除非健康因素或家庭因素不允许，否则就应接下来；如果冷眼旁观周围环境，发现也没有你抗拒的余地，那就更应该"愉快"地接下来。也许你不太情愿，但事情已成定局，也只好用"吃亏就是占便宜"来自我宽慰，要不然怎么办呢？至于究竟有没有"便宜"可占，那是很难说的，因为那些"亏"的出现有可能是对你的心志和能力的考验。

"吃亏"可以磨炼出了你的耐性，这对你日后做事绝对是有帮助的。

对于做事而言"吃亏就是占便宜"，对于做人何尝不是如此。

做人比做事难，但如果也持"吃亏就是占便宜"的心态，那么做人其实也不难；因为人都喜欢占人便宜，你吃一点亏，让人占一点便宜，那么你就不会得罪人，人人当你是好朋友！何况拿人手短，吃人嘴软，今天别人占你一点便宜，心里多少也会过意不去，会想着在恰当时候回报你，这就是你"吃亏"之后所"占"到的"便宜"！

小舍小得，大舍大得

电影《卧虎藏龙》里有一句话："当你握紧拳头，手中什么也没有，你松开十指，却能拥有整个世界。"

得中有失，失中有得。人生就像盖一栋不许返工的大楼，如何把握舍得是一种大智慧。

> 某个村子里有个习俗，每当柿子成熟的季节，村民不会把柿子全都摘光，总会留下几颗柿子在树上，这是为什么呢？
>
> 原来，这是村里约定俗成的习俗，一来可以给路上过往的行人需要时享用，二来可以留给鸟儿过冬吃，让鸟儿

不至于在严寒的冬天饿死。

万物有灵，来年开春的时候，鸟儿就会捉树上的虫子，这样，下一年的柿子才会丰收。

留几颗柿子在树上，既是一种善行，也是一种互惠互利。"舍"并不都是失去，终有一天也会变成一种"得"。

贾平凹曾说过："会活的人或者取得成功的人，其实都懂得两个字，那就是'舍得'。不舍不得，小舍小得，大舍大得。"

从最功利的目的而言，吃亏的目的在于以小搏大，不计较眼前的得失而着眼于大目标。正如人们在钓鱼时使用鱼饵是为了诱鱼上钩，人们要得到的是鱼，而不是无偿地拿鱼饵去填饱鱼肚。鱼要吃到食物，就得付出生命的代价。

唐代有个叫窦公的商人，很善于经营家业，但财力上很困难。他在京城里有一块宝地，与某宦官的地段相邻。某宦官也看中这块地，想得到它。这块地值五六百缗（古代一千文为一缗），窦公便把这块地献给了那位大宦官，却根本没有提价钱。在讨得宦官十分欢喜之后，他就借故说自己打算去江淮，希望得到两三封给神策军中护军信，那宦官便替他写了信。窦公借这些信总共获利三千缗。从此，他的事业便发达起来。

长安城东郊有一片空地，地势低洼有积水，窦公就用低廉的价钱买到手，然后让女佣人带着蒸饼盘在那块空地上吸引儿童：哪个孩子如果扔砖瓦击中空地上的一个目标，就奖给他一个蒸饼。小孩们都跑来争相扔砖瓦石块，这样那片洼地就被填平了十分之六七。接着窦公又命人用好土垫在上面，在这块地上盖起了一个客店，专门留波斯的客商居住，每月能获利数百缗。

南朝的宋孝武帝刘骏，酷爱赌博，每次赌博时都下大赌注。人们因惧怕他的权势，赌博时都要让他几分。在赢了很多钱的时候后，刘骏便以赌为聚财手段。

朝廷中有个叫颜师伯的大臣，在做官期间贪污受贿，聚敛了大量金钱。刘骏知道后十分眼红，想狠狠地搜刮他一下，于是派人请颜师伯来赌博。

谁知颜师伯狡猾无比，心中明白刘骏的打算，便想借此机会在官位上得到升迁。为了讨得刘骏欢心，他有意连输两局，果然使刘骏十分高兴，兴趣越发浓厚。

有一次，刘骏和颜师伯又赌了起来。刘骏先掷骰子，一下掷了个"雉"点，立刻高兴不已，以为这一局稳操胜券。因为"雉"点为上乘，不容易掷到。然而顷刻之间，局势急转直下。颜师伯轻轻一掷，得到一个最佳点"卢"点，级别在"雉"点之上。

刘骏见状大惊失色，暗忖输钱已成定局。然而，早有预谋的颜师伯却镇定自若，装作不知道，迅速抓过骰子，平静地说："我差点得个'卢'点。"这一来，颜师伯当场输给刘骏一百万钱。

自幼机敏的刘骏，对颜师伯的"作弊"心领神会，但依然乐不可支地收下赢钱。不久之后，他提拔颜师伯当了宰相。

官位一到手，颜师伯就更加肆无忌惮地搜刮民脂民膏，财物滚滚而来，把输给刘骏的钱成十倍百倍地赚了回来。

刘骏只顾与颜师伯赌得高兴，对他更加放任，颜师伯的权势因此显赫一时。人们背地里议论说，颜师伯以钱钓官，赚了大头。

尽管颜师伯的做法不可取，但从某种意义上说，这场赌博的游戏还算得上是一次"公平"的交易。一方急不可耐地想赢钱，另一方为了更大的目的有意输钱；一个愿打，一个愿挨，各取所需，各得其乐，互不相怨。

大智若愚，大得若失。总而言之，"吃小亏赚大便宜"这一大智若愚术在于以小本赚大利。在人际关系中，很多东西都是相互联系，相互依存的。人与人之间难免有些明争暗斗，有些摩擦。因此，在适当时候恰当地舍小求大，往往会收到奇效。

忍一时气，免百日忧

不错，越是竞争的时代，这"忍"字经就越难念；但越是竞争的时代，"忍"字经越得念，而且还得常念，方能确保竞争状态始终旺盛不衰。今天，如果一个人只懂得竞争、进取、冲击，却不懂得忍耐、克制，甚至退让，那他就只能算一个没有头脑的"勇夫"。处在这个彰显自我的时代浪潮之中，人人都有一种强烈的紧迫感、危机感，拼搏、进取、竞争都是正常的。不堪寂寞、焦躁不安、跃跃欲试，成为一种"传染病"。于是，改行的、跳槽的、下海经商的、出国"洋插队"的，干什么的都有；人心思变，人心思动，人心思钱，大家都想趁此良机，干大事，挣大钱，成大器，体现自己的人生价值，寻找自己的社会位置。然而时代只提供了机遇，却无法保证每一个人都能获得成功，甚至一举成功。凡事均有有利有弊、有胜有败，何况人生，从生命的孕育期就充满了矛盾，遍布坎坷和曲折。要想经受人生的种种磨难和时代的考验，每一个人都应该具备承受挫折、失败和痛苦的心理素质，"忍"字经在这期间将是你胜不骄，败不馁，能进能退，能屈能伸的"良师益友"。"忍一时之气，免百日之忧，一切诸烦恼，皆从不忍生。莫之大祸，起于斯须之不忍。"王安石之语，可谓真知灼见。

韦文军第一次应聘时，忐忑不安地走进总经理办公室："你好，我叫韦文军，今年刚毕业……"话还没说完，老板头都没抬一下："出去！出去！我们不要才毕业的！"韦文军顿时感觉喉咙好像被石块堵住了一样，但他仍小心翼翼地说："虽然我刚毕业，但是我挺有天分的……"罗老板粗暴地打断了他，高声说："出去！出去！我们员工个个都有天分！出去……"

韦文军马上拿出作品放到桌面上，罗老板扫了两眼，感觉还有点意思，耐着性子对韦文军说："我们这里是无纸化办公，要求熟练操作电脑。"韦文军连连说："我会，我会电脑！"软磨硬泡之下，罗老板答应试用他几天。没过几天，罗老板又走过来请韦文军走人，原来罗老板看出他只是会点皮毛。

如此三番五次的"摧残"，换了别人早就打退堂鼓了，偏偏韦文军是个天性倔强的孩子，他决心"赖"在这家公司不走了。在他百般说服之下，罗老板答应让他继续留在公司。

这家装修公司从此多了一个忙碌的身影。韦文军每天要把近700平方米的办公场所里里外外打扫个遍。从清晨一直干到中午，其间只是简单地扒了口饭，然后接着打扫厕所。等全面清洁工作做完后，大半天时间也就过去了：余下时间韦文军便坐在别人电脑前，看别人操作。等大部分人下班后，韦文军再收拾一遍众人留下的垃圾。匆匆吃过晚饭，趁着夜深人静看各种专业书籍，并且上机练习操作。

后来，韦文军觉着自己太缺乏建筑常识，想到总工程师那里去"偷艺"。一次，他瞄准空子给"总工"端上一杯热茶，总工头都没抬一下说："你刷完马桶洗手没有啊？"这种打扫卫生，端茶倒水的日子过了很久，期间他从未停止过学习专业技能和知识。后来公司任命韦文军正式上岗做设计师，每月底薪1000元。时间一长，罗老板发现韦文军的3D装修效果图画得很好，中标率非常高。经过反复研究，他发现韦文军色彩感觉也特别好。马上就提拔韦文军做设计总管，月薪加到6000元。并放手分给韦文军一些大项目做。

后来，公司接到了一个大单——一处别墅群规划，设计费为200万元人民币，全部由韦文军一个人来完成。这时的韦文军已经很老到了，上学时他的风景水粉画功底此时此刻派上了大用场。短短两个月内光3D效果图就画了37张！客户看了图纸后赞不绝口，痛痛快快地将尾款全部划到公司账上。

此后韦文军又被提升为艺术总监，专门负责为3D图纸的艺术效果把关。他的月薪被加到两万，还另有年终提成。

回想起自己三年前还在替公司刷马桶，韦文军感慨万千。

两年之后，韦文军带着积攒的50万元开了一家属于自己的装饰公司。与以往"惯例"不同的是，打工仔同昔日的老板成了铁哥们儿，韦文军与罗老板成了感情深厚的朋友。

重提过去那段往事，韦文军称刷马桶的经历实属上天"负面的恩典"，他会抱着感恩的心去看待这个故事。

这个故事也告诉我们一个成功的"秘密"——所谓能耐，就是能够忍耐！

有时，我们之所以需要"忍"，倒不在于单单是为积蓄力量、掌握主动权。为了真正地在某一事件中弄清真相，了解实情，而不莽撞贸然地凭着一时的冲动和义气办事，也需要"忍"。

记得有这样一位小伙子，干事的确有一股子闯劲。敢说敢做，而且，也敢于承担责任。然而，这样一种本来非常好的性格却被一些别有用心的人所利用。

一次，他的一位同事在厂外与人打架，衣服被撕破了，身上也被打出了血。跑到车间上晚班时，整个人简直就不像个样子。这位小伙子一见，也吃了一惊。这位同事本来吃了亏就心里不服气，想报复，捞回面子。见小伙子问起此事，便添油加醋地讲述了一番，并且还把这位小伙子也扯了进来，说是对方也要"治他"，叫他"别神气"。这位小伙子不听则罢，一听便火冒三丈，当即便抄起一根木棍，跑去找人算账。结果，不分青红皂白地将那人打了一顿。后来，他为此受到了十分严厉的批评，赔偿了对方的医疗费和营养费。

　　事后，据调查，对方根本就未曾提起他。尽管两人彼此也认识，但与那位同事打架仅仅是他们两人之间的私事。这位小伙子懊恼不迭，直埋怨自己太冲动，头脑简单，以致犯下了大错。

　　显然，在自己受到攻击、侮辱、谩骂等等之后，首先"忍"下来，认真地、仔细地了解事情的来龙去脉，然后再做判断，无疑是一种强者的风格和心态。有能力回击自己的对手，又何必一朝一夕呢？只有充分相信自己能力的人，才能够处变不惊。先"忍"住，把事情搞清楚，再做决断不迟。

　　在实际生活中，我们经常遇到这一类事：它既可能是一种平白无故的批评，也可能是一种莫名其妙的指责；它可能来自同事和朋友们的误解，也可能是出于某些不安好心的人的唆使和阴谋。在这种情况下，如果我们不明察事理，则很容易把事情弄坏，甚至把好事办成坏事。而"忍"则有助于我们推迟判断，获得时间和机会去把事情弄清楚。一旦了解了事情的真相，掌握了充分的证据和理由，岂不是更有力量去应付人生的种种挑战，解决存在于生活中扑面而来的困难吗？这样的人难道不是强者吗？相反，毛躁轻率，感情用事，必然会在无理的情况下落败而逃。尽管威武有力，又怎么能对付得了人世间的扑朔迷离，纷繁复杂呢？

　　具体到我们的日常生活和工作中，"忍"功的修炼可以从以下几点着手：

第一，吃亏而不慌。人们通常总是非常害怕吃亏，把这看成是人生的一种倒霉事。究竟什么是"吃亏"呢？究其根底，无非是个人的某些利益受到了损害。于是，有些人一旦发现自己吃了亏，便慌张起来，赶紧采取一些补救措施，力求把受损的利益补回来。而这样一慌，便非常容易出乱；一出乱，灾难随之来矣。因此，"吃亏而不慌"，也是"忍"的一种表现。

在这种表现中，非常重要的一个特点便是"不慌"。吃亏是经常的事，而且它本身也会有各种各样的形式。就一般人而言，吃了亏，心里总是不好受的，会自然而然地产生一种失落感。这并不奇怪，在心里也不必一定要阿Q式地自我解脱。关键在于不能为此而慌张起来，急于要把损失夺回来、补上去。"忍"就是"忍"在这里。必须明白，自己吃了亏，实际上也是自己得了一个教训，学聪明了一些，为人生交了一次"学费"，以后，便可以在生活中更机警、更聪明一些。如果急于想要去做补救，可能会略有微薄的效益，但却常常是"丢了西瓜，捡了芝麻"。

其实，在生活中有很多事情自己认为是吃了亏了，但实际上并非如此。切不可事事过于功利，"塞翁失马，焉知非福"。多想一想，先别慌，"忍"下来，总归是有好处的。

第二，"上当"就"上当"。在日常生活中，通常把误信了某人的话、某件事、某个消息，而采取了错误的决策，做出了错误的判断，实施了错误的行动，而导致某种不利的结果，称之为"上当"。很多人发现自己"上当"之后，往往恼羞成怒，一味地指责那些促成自己上当的当事者。这显然是不理智的。"上当"就"上当"，"上当"是"忍"的另一种形式。既然已经上了当，又能怎么办呢？你接受不接受这一事实都无法改变。会"忍"的人则往往采取某种比较机智的做法，既然已经上当了，就心平气和地接受它，并加以幽默地化解，用某种调侃般的语言进行自我解嘲。

在这种"忍"的形式中，"就"这一思路是非常重要的。它表明了人们接受某种已经发生的客观事实的坦然心态。有了这样一种心态，便很容易把这种上当的事看成不足挂齿的琐事，以至于将它作为一种笑料丰富自己的生活。很显然，在已经上当的情况下，你就是把有关的当事人大骂一通，对自己也无济于事。既然如此，又何必呢？

第三，容人之过。所谓"容人之过"，就是容许别人犯错误，也容许别人改正错误。这也是一种"忍"的形式。不要因为某人犯了某种过失，便看不起他，或"一棍子打死"，或从此以某种眼光去看待对方，"一过定终身"。

由此可见，"容人之过"的这种"忍"的形式主要反映了人们的一种宽厚、宽恕的人格。很显然，能够"容人之过"的人，往往能够建立起和谐的人际关系，良好的群众基础。同时，也能够得到人们的赞许和认可。

第四，戒迁怒。有些人可能在某一特定场合中出于一定的原因暂时地"忍"了下来。可是，他们往往还是压不住心头之火。于是，便随意地找一个对象加以发泄。这就是"迁怒"。而"戒迁怒"也是"忍"的一种表现。

能否真正做到"戒迁怒"，是衡量一个人是真"忍"，还是假"忍"的重要方式。有些人受了上司的批评，回来后对着自己的下属发脾气；有些人在工作中不顺、受了委屈、出了纰漏，便回家找自己的太太、孩子撒气。这样，无疑是缺乏修养的表现，而且是害人又害己。"戒迁怒"则正是要防止和杜绝这一类现象。

有人可能这样认为，有气憋在肚子里，对身心健康不利。此话当然是有道理的。有气可以向一些适当的对象排遣，但是，绝不能随便地发泄。从心理学上讲，这种迁怒的主要原因常常是由于自己心里一时拐不过弯来，又无法转移自己的内在注意力所致。"戒迁怒"便是希望人们在心里堵着一团火的时候，尽快地转移自己的注意力和兴奋点。这样，便可以通过其他的途径解脱自己。值得注意的是，当这样一种"气"使用在有价值的事情上时，或者说被用于某种有益的工作时，它往往会产生一种更好的效果。例如，某个人物在某件事情上受了委屈、窝了火。于是，回到家里，便拿起斧子，拼命地劈柴，一下子满院子的大木柴都给劈好了。这岂不是反而做了好事吗？

不难知道，如果人们不能够真正地"忍"，而总是迁怒别人去发泄自己的愤恨，会让人们对自己更加蔑视，人们会认为你没有本事，只能拿好欺负的人出气。而一旦做到"戒迁怒"，反而会受到人们的尊敬，人们会认为你是一位拿得起、放得下的好汉。由此还可以获得人们的信任。

能忍让者成大事

日本前首相竹下登，在他的整个政治生涯中，无时无刻不得益于他的忍耐精神。竹下登在谈到他的经验时说，"忍耐和沉默"是他在协助老师佐滕荣作首相时所学到的政治风度。

在我国，"忍"字更成了众多有志之士的成功秘诀。越王勾践也罢，韩信也罢，都曾忍受过别人所不能忍之辱，但最终渡过了难关，成就了大业。清代金兰生的《格言联璧·存养》中说："必能忍人不能忍之触忤，斯能为人不能为之事攻。"

战国时期，出生于魏国的范雎因家境贫穷，开始时只在魏国大夫须贾手下当门客。有一次，须贾奉命出使齐国，范雎作为随从前往。到了齐国，齐襄王迟迟不接见须贾，却因仰慕范雎的辩才，叫人赏给范雎十斤黄金和酒，但范雎辞谢了。须贾却由此产生了怀疑，认为范雎是把秘密情报告诉齐国，才得了赠送礼物。回国后，须贾将自己的疑心告诉了魏国宰相魏齐。魏齐下令把范雎传来，用竹板责打他，打折了他的肋骨，打落了他的牙齿。范雎装死后，被人用箔卷起来，丢在厕所里。魏齐设宴喝酒，喝醉了，大臣们轮流朝范雎身上小便。后来，范雎设法逃出魏国，改换姓名，辗转到了秦国，当了秦国的宰相。

谁不想功成名就，谁不想轰轰烈烈干一番惊天动地的大事业。可是这世界上能干事的人不少，成大业的却不多，究其原因，方方面面的主客观因素都有。比如要有良好的社会背景，要有千载难逢的机遇，也要有智商、有文化、有修养等。其中，"忍"也是欲成就大业者必备心理素质。

　　孔子曰："小不忍则乱大谋。"也就是说要想成大业、干大事，就得忍住那些小欲望或一人一事的干扰。说白了，就是"放长线钓大鱼"。实际上，此言本来就有其鲜明的积极意义。对于有理想、有抱负，想为国家、为民族干一番大业的人而言，这完全是对的，应该加以鼓励。就算个人想要成就一番事业，也是应该"忍一时所不能"，忍一时风平浪静，退一步海阔天空。忍能使自己进退自如。

　　成语"负荆请罪"的故事传为千古美谈：蔺相如身为宰相，位高权重，而不与廉颇计较，处处礼让，何以如此？为国家社稷也。"将相和"，则全国团结；国无嫌隙，则敌必不敢乘。蔺相如的忍让，正是为了国家安定之"大谋"。忍让成大事；相反，不忍让而"乱大谋"的事也不鲜见。

　　　楚汉相争时，项羽吩咐大将曹咎坚守城皋，切勿出战，只要能阻住刘邦15日，便是有功。不想项羽走后，刘邦、张良使了个骂城计，指名辱骂，甚至画了画污辱曹咎。这下子，惹得曹咎怒从心起，早将项羽的嘱咐忘到九霄云外，立即带领人马，杀出城门。真是，"冲冠将军不知计，一怒失却众貔貅"。汉军早已埋伏停当，只等项军出城入瓮。霎时地动山摇，杀得曹咎全军覆没。

　　君子之所以取远者，则必有所恃，所就者大，则必有所忍。

第四章　宽容让你赢得更多

仇恨伤人，也伤己

2019 年，由姚晨、郭京飞等人主演的电视剧《都挺好》在荧幕前大火了一把，该剧反映社会现实的剧情引起了广大观众的热议，我们能清晰地看到苏家的原生家庭对三个孩子的性格造成了多么深远的影响。

主角苏明玉，这个从小就一直被忽视的女孩，在重男轻女的家庭环境下，她练就了一身"铠甲"。早早就独立的她，事业有成，却逃不开她母亲的阴影。

剧中的苏明玉从小就成绩优异，按理说应该备受宠爱，可是有强烈"厌女"情结的苏母却一直打击她，忽视她。其实这也是苏母不断地在向自己证明：女性就是低人一等。因为苏母也是重男轻女这一观念的受害者。

成年后的苏明玉能够完全挣脱母亲的阴影吗？事实上，很难完全改变。在剧末，患了老年痴呆的苏大强竟对苏明玉产生了幻觉，以为女儿是苏母，因为此时的苏明玉和当年的苏母一样，严厉地斥责苏大强是个没出息且懦弱的人。

即使苏母对她的影响已经很深刻了，但是，苏明玉脱离原生家庭后依然可以去建立新的亲密关系。而已经独立生活的她也将不断地疗愈内心那个受伤的小孩，做到真正地接纳自己。

《都挺好》这个名字本就耐人寻味，人生没有那么多的"最好"，大部分的事情都会包含着残缺。可是这个"都"字不就体现了我们笑对生活豁达的心境吗？在成为更好的自己之前，我们先放下仇恨，告诉自己"都挺好"。

《百喻经》中有一则故事。

> 有一个人心中总是很不快乐，因为他非常仇恨另外一个人，所以每天都以愤怒的心想尽办法欲置对方于死地。
>
> 为了一解心头之恨，他向巫师请教："大师，怎样才能解我的心头之恨？如果催符念咒可以伤害仇恨的人，我愿意不惜一切代价学会它！"
>
> 巫师告诉他："这个咒语会很灵，你想要伤害什么人，念着它你就可以伤到他；但是在伤害别人之前，首先伤害到的会是你自己。你还愿意学吗？"
>
> 尽管巫师这么说，一腔仇恨的他还是十分乐意，他说："只要对方能受尽折磨，不管我受到什么报应都没有关系，大不了大家同归于尽！"

为了伤害别人，不惜先伤害自己，这该是怎样的愚蠢？然而在现实生活中，这样无价值的仇恨天天在上演，随处可见这种"此恨绵绵无绝期"的自缚心结。仇恨就像债务一样，你恨一个人，就等于自己欠下了一笔债务；如果心里的仇恨越多，活在这世上的你就永远不会再有快乐的一天。

一念嗔心起仇恨，就会让人陷入愚痴，如同自己拿着绳子捆住自己，不得自由，而且会越勒越紧。冤仇宜解不宜结，只有发自内心的慈悲，才能彻底解除冤结，这是脱离仇恨炼狱最有效的方法。

《把敌人变成人》一书中曾转述了1944年苏联妇女们对待德国战俘的场景。

> 这些妇女中的每一个人都是战争的受害者，她们的亲人，或者是父亲，或者是丈夫，或者是兄弟，或者是儿子

在战争中被德军杀害了。

战争结束后在押送德国战俘时，苏联士兵和警察们竭尽全力阻挡着她们，生怕她们控制不住自己的冲动，找这些战俘报仇。然而当一个老妇人把一块黑面包不好意思地塞到一个疲惫不堪的、两条腿勉强支撑得住的俘虏的衣袋里时，整个气氛改变了，妇女们从四面八方一齐拥向俘虏，把面包、香烟等等各种东西塞给这些战俘……

叙述这个故事的叶夫图申科说了一句令人深思的话："这些人已经不是敌人了，这些人已经是人了……"

这句话道出了人类面对苦难时所能表现出来的最善良、最伟大的生命关怀与慈悲，这让人们挣脱了仇恨的禁锢。

古希腊神话中有一位大英雄叫海格里斯。一天他走在坎坷不平的山路上，发现脚边有个袋子似的东西很碍脚，海格里斯踩了那东西一脚，谁知那东西不但没被踩破，反而膨胀起来，加倍地增大。海格里斯恼羞成怒，操起一根碗口粗的木棒砸它，那东西竟然膨胀到把路都堵死了。正在这时，山中走出一位圣人，对海格里斯说："朋友，快别动它，忘了它，离开它远去吧！它叫仇恨袋，你不犯它，它便小如当初；你侵犯它，它就会膨胀起来，挡住你的路，与你敌对到底！"

我们在社会上行走，难免与别人产生摩擦、误会甚至仇恨，但别忘了在自己的仇恨袋里装满宽容，这样就会少一分阻碍，多一分成功的机遇。否则，我们将会永远被挡在通往成功的道路上，直至被打倒。

如果一个人的心中时时怀着仇恨，这仇恨就会像海格利斯遇到的仇恨袋一样，一次次地放大，一次次地膨胀，终有一天它会影响你内心的宁静，搅乱你稳健的步伐。所以，请记住这个原则：相信命运的人应当在生活中坚持自己的信仰，而不信命运的人则应本着爱与正义的原则而活着。只有这样，我们才能超越仇恨、远离仇恨！

不肯原谅的结果，受到伤害最大的还是自己。唯有宽容，才能从那些伤害你的人身上夺回属于自己的东西。一位大师说得好："假如你想提一袋垃圾给对方，那么是谁一路上闻着垃圾的臭味？是你，不是吗？而紧握着愤恨不放，就像是自己扛着臭垃圾，却期望熏死别人一样，这不是很可笑的吗？"

将悲痛与怨恨留在身后

曼德拉因为领导反对白人种族隔离的政策而入狱，白人统治者把他关在荒凉的大西洋小岛罗本岛上27年。当时曼德拉年事已高，但白人统治者依然像对待年轻犯人一样对他进行残酷的虐待。

罗本岛上布满岩石，到处是海豹、蛇和其他动物。曼德拉被关在集中营里的一个"锌皮房"内，白天打石头，将采石场的大石块碎成石料。他有时要下到冰冷的海水里捞海带，有时干采石的活儿——每天早晨排队到采石场，然后被解开脚镣，在一个很大的石灰石场里，用尖镐和铁锹挖石灰石。因为曼德拉是要犯，看管他的看守就有3个。他们对他并不友好，总是寻找各种理由虐待他。

谁也没有想到，1991年曼德拉出狱当选南非总统以后，他在就职典礼上的一个举动震惊了整个世界。

总统就职仪式开始后，曼德拉起身致辞，欢迎来宾。他依次介绍了来自世界各国的政要，然后他表示，能接待这么多尊贵的客人，他深感荣幸，但他更高兴的是，当初在罗本岛监狱看守他的3名狱警也能到场。随即他邀请他们起身，并把他们介绍给大家。

曼德拉的博大胸襟和宽容精神，令那些残酷虐待了他

27 年的白人汗颜，也让所有到场的人肃然起敬。看着年迈的曼德拉缓缓站起，恭敬地向 3 个曾关押他的看守致敬，在场的所有来宾以至整个世界，都静下来了。

后来，曼德拉向朋友们解释说，自己年轻时性子很急，脾气暴躁，正是狱中的生活使他学会了控制情绪，因此才活了下来。牢狱岁月给了他时间与激励，也使他学会了如何处理自己遭遇的痛苦。他说，感恩与宽容常常源自痛苦与磨难，必须通过极强的毅力来训练。

获释当天，他平静地说："当我迈过通往自由的监狱大门时，我已经清楚，自己若不能把悲痛与怨恨留在身后，那么我仍在狱中。"

人生在世，要做的事情很多，如果因为自己受到一点伤害而仇恨别人，不但会伤害自己，而且会妨碍自己的事业。因为，不肯原谅别人的人远比迁怒的对象受到的伤害更深。当你满怀仇恨时，你就等于给了对方力量，你的仇恨不但会影响你的血压、食欲、睡眠，也会影响你的健康和快乐，甚至扭曲你的个性和人格。

把仇恨的空间留给爱

阿拉伯著名作家阿里，有一次与吉伯和马沙这两位朋友一同出外旅行。三个人行经一处山崖时，马沙失足滑落，眼看就要丧命，机灵的吉伯拼上老命拉住了他的衣襟，将他救起。为了永远记住这一恩德，马沙在附近的大石头上用力刻下了这样一行字："某年某月某日，吉伯救了马沙一命。"

于是三人继续前进，不几日来到一处河边。可能因为长途旅行的疲劳，吉伯跟马沙为了一件小事吵起来了，吉伯一气之下打了马沙一耳光。马沙被打得眼冒金星，然而他没有还手，却一口气跑到沙滩上，仍然用很大的力气在沙滩上写下一行字："某年某月某日，吉伯打了马沙一记耳光，"

旅行很快结束了。回到家乡，阿里怀着好奇心问马沙："你为什么要把吉伯救你的事刻在石头上，而把打你耳光的事写在沙滩上？"

马沙平静地回答："我将永远感激并永远记住吉伯救过我的命，至于他打我的事，我想让它随着沙子被吹散而忘记得一干二净。"

忘记是人的天性。一生中，我们要经历许多事情，要相识、相交许多人。而心灵像一个筛子，在世事沧桑、颠沛变换之中，会遗漏许多人。不过，对于智者来说，他们忘记的是别人的不足和过错，他们不会刻意去记恨一个人，只会记住别人的好和善，并时时让它们充盈着自己那颗感恩的心。

让我们忘记仇恨和不公，记住给予和幸福，把仇恨的空间留给爱，保持心灵永远清澈透明，让生命的里程碑永远记载感动和感恩。学会去爱别人，学会给别人机会，因为宽大的胸怀能让我们的路越走越宽。

寸步不让，赢了又如何

因为屋子刚刚油漆完，戴维到附近一家很清静的小旅馆去避居几日。他带的行李只有一个装着两双袜子的雪茄烟盒，另有一份用旧报纸包着的一瓶酒，以备不时之需。

午夜时分，戴维忽然听到浴室中有一种奇怪的声音。过了一会儿，出来了一只小老鼠，它跳上镜台，嗅嗅他带来的那些东西。然后又跳下地，在地板上做了些怪异的"老鼠体操"，后来它又跑回浴室，不知忙些什么，一夜未停。

第二天早晨，戴维对打扫房间的女服务员说："这间房里有老鼠，胆子很大，吵了我一夜。"

女服务员说："那是您的幻觉。这旅馆里没有老鼠。这是头等旅馆，而且所有的房间都刚刚装修过。"

戴维下楼时对电梯司机说："你们的女服务员倒真忠心。我告诉她说昨天晚上有只老鼠吵了我一夜。她说那是我的幻觉。"

电梯司机说："她说得对。这里绝对没有老鼠！"

戴维的话一定被他们传开了。柜台服务员和门卫在戴维走过时都用怪异的眼光看他：此人只带了两双袜子和一瓶酒就来住旅馆，偏又在绝对不会有老鼠的旅馆里看见了老鼠！

无疑，戴维的行为替他博得了近乎荒诞的评语，那是娇惯任性的孩子或是孤傲固执的病人所常得到的评语。

第二天晚上，那只小老鼠又出来了，照旧跳来跳去，活动一番。戴维决定采取行动。

第三天早晨，戴维到店里买了几只老鼠笼和一小包咸肉。他把这两件东西包好，偷偷带进旅馆，不让当时值班的员工看见。第二天早上他起身时，看见老鼠在笼里，活的，也没有受伤。戴维不准备对任何人说什么，只打算把装有老鼠的笼子提到楼下，放在柜台上，证明自己不是无中生有。但在准备走出房门时，他忽然想道："我这样做，岂不是太无聊，而且很讨厌。是的！我要做的是证明在这个所谓绝对没有老鼠的旅馆里确实有只老鼠，从而一举消灭它。我以雪茄烟盒装两双袜子，外带一瓶酒（现在只剩空瓶了）来住旅馆而博得怪人畸形的光彩。我这样做，是自贬身价，使我成为一个不惜以任何手段证明我没有错的气量狭窄、迂腐无聊的人……"

想到这，戴维赶快轻轻走回房间，把老鼠放出，让它从窗外宽阔的窗台跑到邻屋的屋顶上去。

半小时后，他下楼退掉房间，离开旅馆。出门时把空老鼠笼递给侍者。厅中的人都向戴维微笑点头，看着他推门而去。

即使是一个非常宽容的人，在面对别人给予自己的错误评价时可能也会无法忍受。但在给别人让步的同时，自己也获得了更大的空间，睚眦必报只会逼得自己无力招架。

同样的道理，在婚姻生活中也一样，家不是一个讲理的地方，有些事情，不是非得争个对错，辩个输赢。有些事情，你退让一步，不仅会让对方感激你的宽容大度，同时也会向内审视自己的错误。有时候你寸步不让，争得个面红耳赤，赢了面子，却输掉了爱情，丢掉了那个爱你的人。

2019 年，刘妮妮过了一个终生难忘的年，夫妻两人在大年初一，吵得个天翻地覆。

过完年，两人就去婚姻登记处把婚离了，连离婚登记所的人都惊讶有人会在正月里离婚。

大年初一要出门拜年，刘妮妮说自己好几年没有回家陪爸妈过年了，丈夫则说："你进了我们家的门，就是我们家的人，应该先去我们家拜年。"

这就让刘妮妮非常的不开心，一方面觉得心下委屈，另一方面觉得凭什么结婚了之后，就什么都得顺着丈夫。

"我是嫁到你们家，又不是卖给你们家，怎么就不能先去我家拜年呢？"刘妮妮说的话，句句在理，让丈夫一时语结。没有办法，只能顺着她，去她家拜年。

争强好胜在工作学习中或许是一件好品质，督促着人寻找更高的目标。但是在婚姻中，争强好胜是致命的，凡事都想要争对错，最后争赢的人洋洋得意，争输的人颜面尽失。

两人出门前收拾了一阵，就准备带着拜年的礼品到刘妮妮的家里去拜年。

　　但是刘妮妮看见丈夫将其中的一件营养品拿了下来，一时间心里就不舒服了，这补品是我给我爸买的，你拿出干吗？嫌贵舍不得了？"

　　丈夫一时间火气郁结，他不过是看见东西太多，袋子里快装不下了，就随手拿出来一件最小的，甚至连是什么都没有看。

　　妻子硬说他舍不得钱，不愿意去自己家拜年，他百口莫辩。最后两人都青着脸去拜年。

有时候听听对方的解释也是有必要的，不是所有的事情都是表面上看到的样子，不要给双方造成不必要的误会。

给对方留余地是一项很重要的相处准则。太过于刚性的爱情，容易折断，不得善终。因为没有人会一直为对方妥协，有些事情没有必要一定去争论对错、输赢。争一时走投无路，退一步海阔天空。

得饶人处且饶人

知恩不报非君子，对别人给予的恩惠要努力报答。对别人给予的伤害，是否也要努力"报答"呢？"有仇不报非君子"是对的吗？

在对待"报恩"与"报仇"上，普遍的看法是"以其人之道，还其人之身"。也就是说，你怎样对待我，我就以同样的方式回敬你，公平、合理，两不相欠。而具体到"报仇"上，可以概括为"人不犯我，我不犯人；人若犯我，我必犯人"，干净利落，不留余地。

上面所说的对待"报仇"的态度，即使放在天平上经过精密的衡量，也是"公平"的。你打我一拳，我给你一腿，两厢抵消。但生活中真的有那么多的"仇"和"怨"值得你去回报吗？

有人会回答：值得。为什么不值得呢？他给我造成了伤害，让我备受煎熬，我也要让他尝尝痛苦的滋味，这叫报应！这下好了，原本是一个人痛苦，现在是两个人了，报复者心里确实平衡了很多。但你也应该听到过"仇人相见，分外眼红"这句话，你们之间的梁子结得更大了，恐怕以后还会"斗法"。

有位贵妇带着她年幼的儿子到纽约旅行，母子两人坐上一辆的士，当的士经过一个街口时，儿子的眼光被街头几位浓妆艳抹，不时对男人抛媚眼的女郎吸引住了。

"这些女士在做什么？"男孩问。

他的母亲面红耳赤，说："我想她们迷路了，正在问路。"

的士司机听了，一脸不屑地说："明明是妓女，你为什么不说实话呢？"

贵妇对司机的无理十分愤怒。儿子接着又问："妓女是什么？她们跟一般的女人有什么不同？她们有孩子吗？"

"当然！"母亲回答，"不然纽约的这些的士司机是谁生的？"

我们时常听到冲突的双方说：
"是'他'先开始的！"
"没错，但我那么做是因为之前你所说的话！"
"可是我那么说，还不是因为你先……"
结果就没完没了。
也许当初只是一件极为简单的小事，最后却演变成严重的闹剧。

两辆的士狭路相遇，司机互不相让。

一阵争吵后，一个司机郑重其事地打开报纸，靠在椅背上看报。

另一个司机也不甘示弱，大声喊道："喂！等你看完后能否把报纸借给我？"

一对父子，脾气都很犟，凡事都不愿认输，也不肯低头让步。一天，有位朋友来访，所以父亲就叫儿子赶快去市场买些菜回来。

儿子买完菜在回家的途中，却在狭窄的巷口与一个人迎面相对，两人竟然互不相让，就这样一直僵持下去。

父亲觉得很奇怪，为什么儿子买个菜去了那么久，于是前去察看发生了什么事。当这个父亲见到儿子与另一个人在巷口对峙时，就气愤地对儿子说："你先把菜拿回去，陪客人吃饭，这里让我来跟他耗，看谁厉害！"

想解开缠绕在一起的丝线时，是不能用力去拉的，因为你愈用力去拉，缠绕在一起的丝线必定会缠绕得更紧。人与人的交往也一样，很多人只知道"得理不饶人"，却不晓得"见好就收"的道理，结果闹到两败俱伤的地步。

用宽恕去化解仇恨

生活中很少有什么不共戴天的大仇非报不可，真的到了"大仇"的份儿上，会有法律的武器来制裁他，就算不是这样，至少也有道德的力量来惩罚他。面对一般的怨恨，还是以德报怨更好。子曰："为政以德，譬如北辰，居其所而众星共之。"可见"德"的力量之大。

一天下午，当库克驾驶着蓝色的宝马回到公寓的地下车库时，又发现那辆黄色的法拉利停靠在离他的泊位很近的地方。"为什么老不给我留些地方？"库克心中愤愤地想。

这天，库克比那辆黄色法拉利先回来。当他正想关掉发动机时，那辆法拉利开了进来，驾车人像以往那样把她的车紧紧地贴着库克的车停下。库克实在无法忍受，加上他当时正患感冒，头疼得厉害，而且还刚收到税务所的催款单。于是，库克怒目瞪着黄色法拉利的主人大声喊道："你离我远些!"

那位黄色法拉利的主人也瞪圆双眼回敬库克："和谁说话呢?"她边尖着嗓门大叫边离开车子，"你以为你是谁，是总统?"说完不屑一顾地扭身走了。

库克咬咬牙心想："我会让你尝尝我的厉害。"第二天，库克回家时，黄色的法拉利正好还未回车库，库克把车子紧挨着她的车位停下，这下她会因为水泥柱子而打不开车门的。

接着的几天，那辆黄色的法拉利每天都先于库克回到车库，逼得库克好苦。

"老这样下去能行吗? 该怎么办呢?"很快，库克有了一个好主意。第二天早晨，黄色法拉利的女主人一坐进她的车子，就发现挡风玻璃上放着一个信封。

亲爱的黄色法拉利:

很抱歉我家的男主人那天向你家女主人大喊大叫，他并不是有意针对哪个人的，这也不是他惯有的作风，只是那天他从信箱里拿到了一封带来坏消息的信件，我希望您和您家的女主人能够原谅他。

您的邻居蓝色宝马

第三天早晨，当库克走进车库，一眼就发现了挡风玻璃上的信封，他迫不及待地抽出信纸。

亲爱的蓝色宝马:

我家的女主人这些日子也一直心烦意乱，因为她刚学会驾驶汽车，因此还停不好车子，我家女主人很高兴看到您写的便条，她也会成为你们的好朋友的。

您的邻居黄色法拉利

从那以后，每当蓝色的宝马和黄色的法拉利再相见时，他们的驾车人都会愉快地微笑着打招呼。

2020 年，因为新冠肺炎疫情，小周一家都蜗居在家，小周夫妇的儿子过两岁生日，他们计划在家庆祝。于是，他们打算去超市买些材料回来。

一家三口开车到了超市，发现没有停车位，妻子随口说："反正就去一楼，用不了多长时间，就近停了吧。"

但是，超市门口停了一排车，他们见缝插针。可没想到，二十分钟后等他们买完东西出来，大老远就看见车上被贴了罚单。

妻子气愤地说："总共才几分钟啊，交警速度也太快了吧！"

但是丈夫一边走向车子，一边对妻子说："还不是你，刚才非说要停在这儿！"

平地起雷，妻子立马炸了，他什么意思？想推卸责任吗？

接着，妻子把东西摔在后座上，坐进车里，火力全开地问丈夫："你什么意思，方向盘在你手里，我逼你停了吗？"

丈夫前一秒还漫不经心，后一秒也变了脸色："干什么啊，不就是两百块钱的事儿吗？你至于么！"

丈夫这么一说，妻子更生气了："是因为钱吗？你什么态度啊，凭什么把责任都推我身上啊？"

针尖对麦芒，夫妻两人在车上大吵了一架。直到后座的儿子怯生生地叫了妻子一句"妈妈"。他们才后知后觉，来这儿的目的不是为了吵架的。

三言两语，让自己的情绪破功，大发雷霆，寸步不让，吵赢了架，也吵远了心。好好的庆祝活动被败了兴，夫妇二人怎么都觉得对不起儿子，也辜负了难得的双休。

事后两人后悔了很久，当时要是多些理解和宽恕，这该是多有意义的一天。

古人说："耳目宽则天地窄，争务短则日月长。"这意思是说，如果总是根据自己听到的、看到的而去管得太宽，那么"天地"也会变窄小的；如果把张家长李家短的纷争处理得当，那么"人生的日子"就会变得有意义，就像是延长了寿命。

友善可以化敌为友

卡尔是一位卖砖的商人，由于另一位对手的恶性竞争而使他陷入困难之中。

对方在他的经销区域内定期走访建筑师与承包商，告诉他们：卡尔的公司不可靠，他的砖不好，生意也面临即将停业的境地。

卡尔并不认为对手会严重影响到他的生意，但是这件麻烦事使他心中生出无名之火，真想"用一块砖头敲碎那人肥胖的脑袋"作为发泄。

在一个星期天的早晨，卡尔听了一位牧师的讲道。主题是"要施恩给那些故意跟你为难的人"。卡尔把每一个字都默默地记了下来。卡尔告诉牧师，就在上个星期五，他的竞争者使他失去了一份25万元的订单。但是，牧师却教他要以德报怨、化敌为友，而且举了很多例子来证明自己的理论。

当天下午，当卡尔在安排下周的日程表时，发现住在弗吉尼亚州的一位顾客要为新盖一间办公大楼而购买一批砖。可是他所指定的砖却不是卡尔他们公司所能制造、供应的那种型号，而与卡尔的竞争对手出售的产品很相似，同时卡尔也确信那位满嘴胡言的竞争对手完全不知道有这个生意机会。

　　这使卡尔感到为难。如果遵从牧师的忠告，自己就应该告诉对手这项生意的机会，并且祝他好运。但是，如果按照自己的本意，他宁愿对手永远也得不到这笔生意。

　　卡尔在内心挣扎了一段时间，牧师的忠告一直盘踞在他的心田。最后，也许是因为很想证实牧师是错的，卡尔拿起电话拨到竞争对手的家里。

　　当时，那位对手难堪得说不出一句话来。卡尔就很有礼貌地直接告诉他，有关弗吉尼亚州的那笔生意机会。

　　好一阵子那位对手结结巴巴地说不出话来，但是很明显，他很感激卡尔的帮忙。卡尔又答应打电话给那位住在弗吉尼亚州的承包商，并且推荐由对手来承揽这笔订单。

　　后来，卡尔的对手不但停止散布有关他的谣言，而且甚至还把他无法处理的一些生意转给卡尔做。现在，他们之间的一些误会已经获得澄清，卡尔心里也比以前好受多了。

　　把敌人变成朋友，远比简单的宽恕敌人要高明得多。减少一个敌人，我们会放下一袋仇恨的垃圾，减少一分敌对的阻力；增加一个朋友，我们就能收获一份友谊，得到更多的帮助。而化敌为友，无疑是一种双赢。

　　战国时，梁国与楚国相接，两国在边界上各设界亭，亭卒们也都在各自的地界里种了西瓜。梁亭的亭卒勤劳，瓜秧长势极好，而楚亭的亭卒懒惰，瓜秧又瘦又弱，与对面瓜田的长势简直不能相比。楚亭的人觉得失了面子，有一天夜里偷跑过去把梁亭的瓜秧全给扯断了。

　　梁亭的人在次日面对满目狼藉的瓜田，气愤难平，连忙报告给边县的县令宋就，请求县令组织人力去扯楚亭的瓜秧。宋就说："他们这样做真的太卑鄙了！不过，既然我们不愿他们扯我们的瓜秧，为什么我们要反过去扯他们的瓜秧呢？别人做得不对，我们再跟着学，那就太狭隘了。你们听我的话，从今天起，每天晚上去给他们的瓜秧浇水，让他们的瓜秧长得好。而且，你们这样做，一定不可以让他们知道。"

梁亭的人听了宋就的话后，勉强地答应了并照办。楚亭的人在不久后，发现自己的瓜秧长势一天好似一天。他们感到奇怪，便暗中观察，发现居然是梁亭的人在黑夜里悄悄为他们浇水。楚亭人羞愧难当，将此事报告楚国边县的县令。楚县令听后感到十分惭愧又十分敬佩，又把这件事报告了楚王。

楚王听说后，也感于梁国人修睦边邻的诚心，特备重礼送给梁王，既示自责，亦以示酬谢。

何必要多树立仇敌呢？友善从一开始就会使你显得大度、姿态高雅，会使你生活的天地无比辽阔。如果别人对不住你，你还以友善待他，他自会对你有负疚感，说不定以后还会加倍补偿给你，这正是聪明人的做法。大多数敌人正是你自己立的，而友善会使你的朋友遍天下，使你的品格得以升华，生命充满欢乐。

第五章　改变看问题的角度

困境有两面性

《菜根谭》中说："横逆困穷，是锻炼豪杰的一副炉锤，能受其锻炼者则身心交益；不受锻炼者则身心交损。"这说明，人们驾驭生活的技巧和主宰生活的能力，是从现实生活中磨砺出来的。

和世间任何事件一样，困境也具有两重性。一方面它是障碍，要排除它必须花费更多的精力和时间；另一方面它又是一种养料，在解决它的过程中能使人得到锻炼和提高。我国古人对此早就有所认识，所以有"生于忧患，死于安乐"的说法。

《人人都能成功》的作者拿破仑·希尔很喜欢讲一个有关他祖父的故事。

他的祖父过去是北卡罗来纳州的马车制造师傅。这位老人在清理耕种的土地时，总会在田地的中央留下几株橡树，它们不像森林中的橡树那样可以相互依存，并且有良好的养分。因此他的祖父就用这些树制造马车的车轮。正因为这些田野中的橡树要在强风烈日下百般挣扎，才能对抗大自然狂风暴雨的考验，茁壮成长，所以它们才足以承受最沉重的负荷。

困境同样可以强化人们的意志。大多数的人们希望一生平坦顺利，然而，未经困境考验的人，往往会庸庸碌碌过一生。

美国犹他州的艾特·博格曾是一位体育健将，有着远大的前程。但是，在他 20 岁那年的圣诞之夜，因为在去未婚妻家的路上遭遇车祸而全身瘫痪。医生告诉他，他不但不能再驾车了，余生得完全依靠他人吃饭、穿衣，而且最好也不要提结婚的事了。

他顿时感到世界充满黑暗，既担心又害怕。但是，他的母亲给予了他及时的鼓励和帮助，说："艾特，当困苦姗姗而来时，超越它会使生活更余味悠长。"母亲的话使那间黑暗恐怖的病房被希望和热诚的光芒所照耀。

他不再只盯着没有知觉的四肢，而是开始考虑现在他可以做什么。

他首先学会了在新的条件下驾车，自理生活，他又可以到想到的地方干想干的事了。在这个过程中，奇迹发生了：他能重新活动右臂了。一年半后，他仍然和他美丽的未婚妻结了婚。之后的 1992 年，他的妻子黛丽丝作为犹他州小姐，又参评美国小姐，并获季军。他们还有了一双儿女，女儿瑞纳和儿子亚瑟。生活的欢乐也不断鼓舞着他向一个又一个的人生课题挑战。他学会了独臂游泳、潜水，甚至成为第一个参加滑翔跳伞的四肢瘫痪者。

1994 年美国的《成功》杂志称他为该年度"最伟大的身残志坚者"。回顾一切，他说："为什么我能有所成就，因为多年来，我一直铭记母亲的话语，而不是听信周围人等（包括医学专家）的丧气之辞。我深知我的境遇并不意味着可以轻易放弃梦想。我的心头再次燃起希望之火。……因为当困苦姗姗而来之时，超越它们会更余味悠长。"

2020 年初，新冠肺炎疫情肆虐，很多人被困在家，有人觉得痛苦，有人却觉得是"享受"。

有许多人被隔离在医院；有许多人被隔离在路上；有许多人被隔离在救灾一线；但更多人，实实在在的感受了一把长时间和家人在一起的时光。

如果不是有这次疫情，也许很多人在年后早就已经开始了工作，甚至有人为了春节多挣一点钱，索性放弃回家团聚的念头。

有个30左右的单身男子，为了假期能够让父母心安，租了一个女友回家过年，结果因封闭管理，村里不让进出。相处一段时间，发现还挺适合，最后假戏成真了。陪伴永远是最能培养出情感的，两个陌生人能如此，更何况家人。

从危难中看到机会

有一对双胞胎，外表酷似，禀性却迥然不同。

若一个觉得太热，另一个会觉得太冷；若一个说某个音乐很好听，另一个则会说像鬼哭狼嚎；一个是极端的乐观主义者，而另一个则是不可救药的悲观主义者。

为了试探双胞胎儿子们的反应，父亲在他们生日那天，在悲观的儿子的房间里堆满了各种新奇的玩具及电子游戏机，而在乐观的儿子房间里则堆满了马粪。

晚上，父亲走过悲观的儿子的房间，发现他正坐在一大堆新玩具中间伤心地哭泣。

"儿子啊，你为什么哭呢？"父亲问道。

"因为我的朋友们都会因此而妒忌我，我还要读那么多的使用说明才能够玩。另外，这些玩具需要不停地换电池，而且最后全都会坏掉的！"

走过乐观的儿子的房间，父亲发现他正在马粪堆里快活地手舞足蹈。

"咦，你高兴什么呢？"父亲问道。

乐观的儿子答道："我能不高兴吗？附近肯定有一匹小马！"

人活在世上总会遇到各种各样的事情，或忧或喜。但最重要的是当个人的生理需要与客观事物发生矛盾冲突而产生种种恶劣情绪时，如果能通过自己的认知活动，及时调整好自己的情绪，处理好各种事情，对自己的身心健康都大有裨益。

有一个国王想从两个儿子中选择一个作为王位继承人，于是就给了他们每人一枚金币，让他们骑马到远处的一个小镇上，随便购买一件东西。而在这之前，国王命人偷偷地把他们的衣兜剪了一个洞。中午，兄弟俩回来了，大儿子闷闷不乐，小儿子却兴高采烈。国王先问大儿子发生了什么事，大儿子沮丧地说："金币丢了！"国王又问小儿子为什么兴高采烈，小儿子说他用那枚金币买到了一笔无形的财富，足以让他受益一辈子，这个财富就是一个很好的教训：在把贵重的东西放进衣袋之前，要先检查一下衣兜有没有洞。

同样是丢失了金币，悲观者用它换来了烦恼，乐观者却用它买来了教训。乐观者与悲观者的差别是很有趣的：乐观者在每次危难中都看到了机会，而悲观者在每个机会中都看到了危难。

苏联作家巴乌斯托夫斯基曾经讲过这样一个故事：在某处的海岛上，渔夫们在一块巨大的圆花岗石上刻上了一行题词——纪念所有死在海上和将要死在海上的人们。这题词使巴乌斯托夫斯基感到忧伤。而另一位作家却认为这是一行非常雄壮的题词，他是这样理解那句题词的：纪念那些征服了海洋和即将征服海洋的人。

悲观者的眼光总是专注在不可能做到的事情上，到最后他们只看到了什么是没有可能的；乐观者所想的都是可能做到的事情，由于把注意力集中在可能做到的事情上，所以往往能够心想事成。

每个人都有缺陷

　　杰克·韦尔奇，一个全球企业界大名鼎鼎的人物。出生于 1935 年的韦尔奇，外貌非常平凡，使人很难把他与杰出的企业家联系在一起，他看起来更像一位普通的汽车司机。

　　韦尔奇曾是美国通用电气公司（GE）的董事长兼CEO。在短短20年间（2001 年退休），这位商界的传奇人物使 GE 的市场资本增长 30 多倍，达到了 4500 亿美元，排名从世界第十提升到第一。韦尔奇曾被誉为"最受尊敬的 CEO""全球第一 CEO""美国当代最成功的企业家"。

　　韦尔奇在其自传《杰克·韦尔奇如是说》中，透露了他从小口吃的秘密。他是这样写的：

　　"我从小就得了口吃症，而且似乎根除不掉，有时候我的口吃会引来不少笑话。在大学的星期五，天主教徒是不准吃肉的，所以我经常点一份烤面包夹金枪鱼。而由于我的口吃，女服务员准会给我端来双份而不是一份三明治，因为她听我说的是两份金枪鱼三明治。我的母亲总是为我的口吃找一些完美的理由，她会对我说：'这是因为你太聪明了，没有任何一个人的舌头可以跟得上你这样聪明的脑袋瓜。'

　　"事实上这么多年来我从未对自己的口吃有过丝毫的忧虑。我充分相信母亲对我说的话：我的大脑比我的嘴动得快。"

　　"在我们的生活中，经常可以见到有人因为口吃或其他小的缺陷而自卑。其实，有点小缺陷并没有什么，有一句名言说得好：'世界上每个人都是被上帝咬过一口的苹果，都是有缺陷的，只是有的人缺陷特别大，因为上帝特别喜欢他的芬芳！'"

有点"阿Q心态"是吗？阿Q就阿Q，只要别把这种自我安慰发展到自我炫耀与自恋的地步就行。韦尔奇因为相信母亲的话，并没有怎么把自己的缺陷放在心上，也没有影响自己的自信。后来，当他取得了辉煌的成就后，全美广播公司新闻总裁迈克尔甚至用无限羡慕的口吻说："韦尔奇真棒，我恨不得自己也口吃！"

生活的压力太大，自我安慰一把又何妨？

朋友小段便是一个"精神胜利法"的高手。都是大小差不多、学历不相上下的人，人家是几室几厅，小段只有陋室一间。有人为小段伤感，小段却说："我是懒人，房子一多，天天打扫起来岂不累人？"买不起高档的时装，小段却说："还是穿不起眼的便装好，出门不怕弄脏，小偷也绝不会将手塞进我的口袋里。"

经过美食街，想尝尝鲜，踏进餐馆，一看价钱，吓得掉头就跑。刚要叹气，忽又想起，生猛海鲜的卫生很难保证，自己的肠胃不太好，还是吃碗面条最牢靠。

下班回家，在寒风中候了多时，也不见公共汽车来，刚想"打的"，一摸口袋很惭愧。牙一咬，干脆走路好了，并安慰自己，现在抓住时机锻炼，将来老了拐杖可免。

偶尔学一学狐狸吃不到葡萄就说葡萄酸的思维方法，化不愉快为愉快，何乐而不为？也许会有人笑太"阿Q"的思考方式不怎么样，但阿Q也好，狐狸也罢，能给自己一个好心情才是最重要的。

多从自身找原因

先讲一个笑话。

一个男人近期发现妻子的耳朵越来越聋，经常是问了好几遍都没有回应。

于是，他就去问医生："我该怎么办？"

医生告诉他："你可以试着多喊几次，比如先站远点发问，然后站近点发问，最后站在她身后发问。"

男人回到家，进门的时候问了一句："亲爱的，今晚吃什么？"没有听到回应。

男人就往前迈了几大步，接着问："亲爱的，今晚吃什么？"依然没有听到回应。

男人失望地走到妻子身后，又一次问道："亲爱的，今晚吃什么？"

这时候，他听到妻子说："吃鱼啊！我都回答你三遍了！"

在人生的旅途上，人们往往背着两个包袱，一个包袱里面装着他人的过失，另一个包袱里面装着自己的过失。然而很多人却往往把里面装着他人过失的包袱放到胸前，而把里面装着自己过失的包袱放在了背后。所以这类人无论怎么样也看不到自己的过失，但是一低头，却很容易看到别人的过失。

他们总能理直气壮地说"我没问题，都是你的问题"，又或者说"这个事情和我无关，你去找谁谁谁""如果我有问题，也都是你造成的"，等等，诸如此类。少时怨父母，成人后怨社会，年老后怨子女，却从来没有在自己身上找原因。

"反求诸己"典出于我国典籍《孟子·公孙丑上》："仁者如射。射者正己而后发，发而不中，不怨胜己者，反求诸己而已矣。"意思是说，追求仁德的人好比射箭，如果射出的箭没有中靶，不会去责怪那些射中了目标而比自己强的人，而只会反躬自省自己的不足。"反求诸己"强调的是人的自省，提醒人要学会反过来从自己身上找出问题的症结。

"反求诸己"是我国儒家思想的一个要点。我们在"与时俱进"中，似乎淡忘了这些来自古代圣贤的告诫了。

生活中，我们常常会遇到类似的情景：你和朋友约好一起去看电影（或做其他的事），由于他忘了带东西又回去取。结果你们迟到了，你也许会埋怨朋友说："都是你的错，要不咱们就不会迟到了。"就算你不说，心里也很可能会这样想。当然，你并没有恶意，只是习惯性地埋怨罢了。然而，正是这种"习惯性"地埋怨他人，却是我们最大的问题所在。为什么不反思自己是否错了呢？

曾在论坛上看到一个年轻父亲的求助帖，因为出差，他将5岁的儿子从县城送到乡下，托付给孩子的爷爷奶奶照看，结果小孩在井边独自玩耍时不幸掉进井里溺水身亡。悲剧酿成后，年轻的父亲陷入了深深的痛苦之中，同时也怨恨照料不周的老父老母。两年过去了，至今他还生活在对儿子的思念与对自己父母的怨恨当中。他说他无法原谅自己的父母，因此两年中没有见过父母，也没有通过电话，就是给父母的生活费也是通过自己的兄弟转交。在他的话语中，除了"控诉"父母的疏忽外，没有一个字提到自己是否有错误。

他真的没有错误了吗？一定是有的，比如是否对5岁的儿子做过安全教育，是否考虑到顽皮的孩子被送到遍布池塘水井的乡下由年老的父母照料本身就是一种危险，是否还有其他更好的方式。

可以说，埋怨别人已成为很多人的弊病，"都是你的错"也成了人们掩饰自己错误的习惯性借口。当我们遇到困难时，我们首先想到的是埋怨别人，而不是从自己身上找原因。仿佛所有的错误都与自己毫不相干。或许当"都是我的错"成为我们经常挂在嘴边的话时，当我们学会反求诸己时，我们会发现自己变得更加谦卑与平和了，外界的很多事情很难让我们冲动得失去理智。

可以说，反求诸己是一种智慧，也是我们每个人应该具备的美德。我相信，倘若每个人都学会了反求诸己，人与人之间的硝烟会少一些，爱心会多一些。

我们正在建设的和谐社会，既包括人与自然的和谐，更包括人与人的和谐、人与集体的和谐、人与社会的和谐。要实现这些和谐，固然要靠法律的保障，政策的引导，也要靠每个人的自我道德修养，靠每个人的克己自律。在面临矛盾与冲突时，靠反求诸己，自我反思，自我审察，不是通向和谐的一条捷径吗？

胜者王侯败者寇。由古鉴今，谁学会了反求诸己，谁就能立于不败之地。曹操和袁绍的一大区别也在于此。当战争失败时，袁绍只知道指责他的部下，将失败的原因归于他的士兵、他的将领、他的门客，而不知道从自己身上找错误。相反，曹操则会当着众多门客、将领的面，检讨自己的错误，即使真正失败的原因并不在于自己。这就直接使得袁绍的许多部下投奔曹操，而袁绍最终也败给曹操。

愿人们多一些自我反省与检讨，少一些指责、愤怒与怨恨。记住，当你将食指指向他人时，中指、无名指与小拇指正指着自己。

松开绑住自己手

有一位年轻人，对大学毕业之后何去何从感到彷徨，他去找心理学的教授，向教授倾诉自己诸多的烦恼：没有考上研究生，不知道自己未来的发展；女朋友将去一个人才云集的大公司，很可能会移情别恋……

教授让他把烦恼一个个写在纸上，并判断其是否真实，然后一并将结果也记在旁边。

经过实际分析，年轻人发现其实自己真正的困扰很少，他看看自己那张"困扰记录"，不禁说："无病呻吟！"教授注视着这一切，微微对他点头。接着又说："有一只章鱼，在大海中本来可以自由自在地游动，寻找食物，欣赏海底世界的景致，享受生命的丰富情趣。但它却来到了一片珊瑚礁中，然后动弹不得，呐喊着说自己陷入绝境。"教授是在用故事的方式引导他思考。他沉默了一下说："您是说我像那只章鱼?"年轻人自己接着又说："真的很像。"

于是，教授提醒他："绑住章鱼的是它的手臂，而不是珊瑚礁的枝丫。当你陷入坏心情中无法走出时，记住，你就好比那只章鱼，要松开绑住自己的八只手，让它们自由游动。"

人的心很容易被种种烦恼和物欲所捆绑。但大多都是自己把自己关进去的，是自投罗网的结果，就像蚕作茧自缚。大多数人的坏心情，都是因为自己想不开、放不下而造成的。人的心好比房子，里面若是装满了坏心情，自然没有好心情的立足之地。坏心情犹如人心灵中的垃圾，是一种无形的烦恼，由怨恨烦恼等组成。清洁工每天把街道上的垃圾带走，街道便变得宽敞、干净。假如你也每天清理一下内心的垃圾，那么你的心情就会变得愉悦快乐了。

现在开始，请赶走自己心中的坏心情，以迎接好心情的入驻。

第六章　以平和之心对待不公平

心平则事平

惠能大师在法性寺，看到两个和尚在飘动着法幡的旗杆下面争吵不休。

一个和尚大声叫道："明明就是旗子在动嘛！这有什么好争论的？"

另一个和尚反驳道："没有风，旗子怎么会动？明明就是风在动嘛！"

两人争论不休，谁也不服谁，周围很快聚了一堆看热闹的人。大家都议论纷纷，莫衷一是。

惠能大师摇头叹气，走上前对众人说："既不是风动，也不是旗动，而是你们大家的心在动啊！"

不管旗动还是风动都是外在的，不是我们能主导的，只有心动才是自己能掌控的。就像人们在看待公平不公平这件事上，很多时候根本就不是事情不平，而是自己的心不平。这也像太阳下本来就是亮堂的，而某人戴着一副墨镜却拼命埋怨世界太阴暗一样可笑。

人是万物的尺度。有的人睡不着觉，会从自身找原因；而有的人却喜欢抱怨床太不舒适了。每个人都有自己的一套评判标准，然后根据这套标准来定义外界。

　　陆冰在进入公司三年后，突然发现自己的日子难过起来了。按说，在公司里的同一个职位上经过三年的历练，他应该在工作中"混"得如鱼得水才对。可他最近两个月感觉很吃力——因为公司老板总是分派一些额外的、不属于他本职工作范围里的事情让他去做。为了完成手边额外的工作，他不得不经常加班。原先悠闲的生活节奏完全被打乱了，陆冰心理不太舒服，感觉老板这样子对待自己不公平。公司那么多的人，为什么偏偏老是把所有的事情让自己来扛啊？

不过郁闷归郁闷，他既然端了人家的饭碗，在职业道德的约束下，他还是努力地做好所有的事情，只在回家后倒倒苦水。一次，在加班后回到家里，正赶上岳父大人来看望他们。陆冰一通苦水还没有倒完，就听到岳父高兴地祝贺他："恭喜你，你要升职了！"原来，岳父根据他几十年的企业管理经验，推断出这是陆冰升职的讯号。

陆冰听了岳父的说法，心里顿时亮堂起来，原先"不公平"的阴霾一扫而空。

可见，人们心中所谓的"不公平"，常常只是一个很自我的评判。后来陆冰是否升职其实并不重要，即使他没有升职，他不也通过额外的工作获得了更多的职业技能、拓展了更宽的职业发展道路，何况他通过加班还赚得了一些加班费。从这一个角度来看，无论结果如何，都不存在"不公平"。

心一平了，气就消了，"不公平"的也"公平"了。能想到这一层的人，还会有什么想不开的呢？

不去计较一时得失

一棵苹果树终于开花结果了，它非常兴奋。

第一年，它结了10个苹果，9个被动物摘走，自己得到1个。对此，苹果树愤愤不平，于是自断经脉，拒绝成长。

　　第二年，它结了 5 个苹果，4 个被动物摘走，自己得到 1 个。"哈哈，去年我得到了 10%，今年得到 20%！翻了一番。"这棵苹果树心理平衡了。

　　而它旁边的梨子树，第一年也结了 10 个果子，9 个被摘走，自己得到 1 个。它继续成长，第二年结了 100 个果子。因为长高大了一些，所以动物们没那么好采摘了，它被摘走 80 个，自己得到 20 个。与苹果树同样是从 10% 到 20%，但果子的数目却相差 20 倍。

　　第三年，梨子树很可能结 1000 个果子……

　　其实，在成长过程中得到多少果子不是最重要的，最重要的是果树仍在成长！等果树长成参天大树的时候，自然就会得到更多。

　　人生在世，难免会遇到不如意的人和事，如果事事都斤斤计较，未免会身心疲惫。放开胸襟，不去计较，你的人生才能豁达开朗。

　　我们在工作中，也如同一株成长中的果树。刚开始参加工作的时候，你才华横溢，意气风发，相信"天生我材必有用"。但现实很快敲了你几个闷棍，或许你为单位做了大贡献却没什么人重视；或许只得到口头重视；或许……总之，你觉得自己就像那棵苹果树，结出了果子，自己只享受到很小一部分，看起来很不公平。

　　为什么付出没有回报？为什么？为什么？为什么……你愤怒、你懊恼、你牢骚满腹。最终，你决定不再那么努力，让自己所付出的匹配自己所得到的。

　　不久之后，你发现自己这样做真的很聪明，自己图安逸省事了很多，得到的并不比以前少；你不再愤愤不平了，与此同时，曾经的激情也在慢慢消退。但是，你已经停止成长了，而停止成长的人还有什么前途可言呢？

　　这样令人惋惜的故事，在我们身边比比皆是。之所以演变成这样，是因为那些人忘记生命是一个历程，是一个整体，总觉得自己已经成长了，现在是到该收获的时候了。他们因太过于在乎一时的得失，而忘记了成长才是最重要的。

有一位年轻人在一家外贸公司工作了一年，而且苦活累活都是他干，工资却最低。他曾试探性地与老板谈了待遇问题，但老板没有任何给他涨工资的迹象。

这个年轻人本来想混日子算了，同时骑驴找马另寻他路。当年轻人把自己的想法告诉了一位年长的朋友时，他的朋友建议他："出去试试也不错，不过，你最好利用现在这个公司作为锻炼自己的平台，从现在就开始更加努力工作与学习，把有关外贸的大小事务尽快熟悉与掌握。等你成为一个多面手之后，跳槽时不就有了和新公司讨价还价的本钱了吗？"

年轻人认为朋友的建议也有道理。利用现在这样一个有工资的学习条件，自然是不错的。

又是一年后，朋友再次见到了这位昔日不得志的年轻人。一阵寒暄过后，问年轻人："现在学得怎么样？可以跳槽了吧？"年轻人兴奋中夹杂着一丝不好意思，回答道："自从听了你的建议后，我一直在更加努力地学习和工作，只是现在我不想离开公司了。因为最近半年来，老板给我又是升职，又是加薪，还经常表扬我。"

看看，这就是一个"成长"的人的收获。你越成长越强大，别人就越不敢怠慢你。退一步说，即使被怠慢了，你一身好技能，何愁没前途？

换位思考是一种智慧

2020 年的疫情是一面镜子，照出了人间百态。

疫情之下，有一触即发的崩溃，有无处安放的恐慌，有利欲熏心的冲动，有苦口婆心的劝解，有心向暖阳的希望，更有猝不及防的感动。

有一句话说得好：病毒要隔离，人心不能疏离。

　　在网上看到一个视频，真暖心啊。在河南平顶山，家住6楼的一位老太太用18米长的绳子，给楼下参加疫情防控执勤的民警送饭，纸条上写着："你们太不容易了，看着心疼，因为你们有家不能回，感谢你们的坚守，保重。"

　　从2月4日开始，这位热心的老太太每天都会给这些执勤民警送饭，看他们像自己的孩子一样拿到饭并顺利开吃，老人才十分放心地将窗户关上。

　　感人的字句和可口的饭菜令民警感动不已。

　　此事一出，引发了网友的热议，大家纷纷为老人的善良点赞。正是因为老太太能设身处地地理解防疫人员的辛苦，体贴他们的不易，所以才会发自内心地感恩他们、关爱他们。

这种将心比心的善良，难能可贵，令人感动。然而令人遗憾的是，疫情期间，却有一些人不配合防控工作，对工作人员指责、辱骂、耍赖、威胁，甚至殴打，造成了极坏的社会影响。

究其原因，很重要一点就是这些人太自私，缺少一种换位思考的善良。

所谓换位思考，指的是换个位置，设身处地站在对方的立场来看事情。处于不同位置的人们，对事情都有着不同的看法。员工有员工的立场，老板有老板的立场；丈夫有丈夫的立场，妻子有妻子的立场。立场不同，对同一事物的感受就会不同。例如丈夫不做家务，对于妻子来说也许不公平，但假设站在丈夫的立场，丈夫工作一天累了，回家不想动，似乎也不算是什么大的错误。而唠叨啰唆的妻子固然惹丈夫烦，但只要想想妻子在家一天都没有多少人陪她说话，好不容易等丈夫下班了有机会多说几句，似乎也在情理之中。

有一句话是这样说的："看一个人的智力是不是上乘的，就看他会不会经常进行换位思考。"实际上，在进行换位思考的同时，我们也正逐步靠近真理。从社会的角度来讲，相互理解、换位思考是建立和谐社会的基础；从个人的角度来说，换位思考是保障自身利益的明智选择。生活在这个社会中的每一个人，都有一个公开的、对外的身份，这就决定了人们往往习惯于站在自己的立场上为人处世和思考问题。

明白了这些，下次我们再感觉受到不公平的对待时，再为获得所谓的公平而不依不饶时，不妨先问问自己："如果我是对方会怎么样？"也许你的行为会因为你立场的变化而改变。海尔公司的总裁曾亲自砸烂未能通过质检的不合格冰箱，因为他知道如果他是消费者，一定会因新买来的冰箱出现故障而烦恼。松下公司对一位犯了重大事故的员工并未做出开除或是降薪的处罚，因为公司领导知道，如果他们是那位员工，一定会对自己的失误给公司造成的巨大经济损失心存懊悔。这样的换位思考，使海尔电器畅销全球；这样的换位思考，使松下公司凝聚力大大提高。

当我们学会并做到换位思考的时候，我们会发现原来生活其实很美好，每一天的心情都是很好的。如果你在生活或工作中遇到了什么不开心的事情，先试着换位思考一下，这时候心里就不会觉得特别别扭了。

换位思考是一种闪耀的智慧，是一种理性的牵引。换位思考能产生一种巨大的人格力量，一种强大的凝聚力和感染力。它如一泓清泉，可以浇灭嫉妒的焦虑之火，可以化冲突为祥和，化干戈为玉帛。其实，换位思考并不是什么深奥的义理，它存在于生活中的每个角落。我们少一点计较，别人就多一些轻松；我们少一些刻薄，别人就多一些宽容。

感恩让生活不再荒芜

村上春树说："要永远感恩你生命中的一些人，是这些人组成你生命中一点一滴的温暖，是这些温暖使你远离阴霾，是这些温暖使你成为一个善良的人。"

说到"感恩"，常人一般首先想到的是"投桃报李"式的报恩。其实，"感恩"的内容绝不仅限于此。残酷的命运，阴险的敌人，朋友的陷害……如果你换一个角度思考，这些遭遇都值得感恩。

也许，很多人会对于上面的说法感到不解。因此我们常常听到身边的人不断抱怨与诅咒，然后仰首大呼：老天不公平！

老天真的不公平吗？天生万物以养你，珍贵的阳光、空气、鸟语、花香，何曾疏忽与慢待过你？而所有你成长路上的磨难，换一个角度来说，也是上天助你成器的一种磨炼。铁不经冶炼与锻打，如何成钢？

一个有感恩之心的人，看待问题不会偏激，想事情不会只顾自己。这样的人，优雅而又成熟。带着感恩上路，你要——

感恩养育你的人，因为他给予了你的生命；

感恩教育你的人，因为他丰富了你的心灵；

感恩关爱你的人，因为他教会了你的付出；

感恩鼓励你的人，因为他调动了你的激情；

感恩重用你的人，因为他挖掘了你的潜力；

感恩信任你的人，因为他认可了你的人格；

感恩表扬你的人，因为他肯定了你的实力；

感恩纠正你的人，因为他加速了你的成熟；

感恩欣赏你的人，因为他增加了你的自信；

感恩启迪你的人，因为他提升了你的智慧；

感恩伤害你的人，因为他磨砺了你的意志；

感恩欺骗你的人，因为他唤醒了你的良知；

感恩折磨你的人，因为他锻炼了你的毅力；

感恩放弃你的人，因为他磨炼了你的心志；

感恩打击你的人，因为他强化了你的能力；

感恩批评你的人，因为他拓宽了你的心胸；

感恩诋毁你的人，因为他培养了你的虚心；

感恩陷害你的人，因为他擦亮了你的双眼；

感恩拒绝你的人，因为他加强了你的思考；

感恩诅咒你的人，因为他唤起了你的善良。

只有心怀感恩的人；才能真正体会到什么是幸福；只有心怀感恩的人才能真正了解什么是伟大；也只有心怀感恩的人才会拥有海洋般的胸怀和至纯至善的爱——出自对一切的关爱和感激。

生活在给予我们挫折的同时，也给予了我们坚强。酸甜苦辣不会都是你人生的追求，但一定是你人生的全部。人生的风风雨雨，若用一颗感恩的心去体会，你会发现不一样的人生。不要因为冬天的寒冷而失去对春天的希望。我们要学会感恩，感恩四季的轮回给了我们不一样的体验，让我们能够春种秋收。拥有了一颗感恩的心，你就没有了埋怨，没有了嫉妒，没有了愤愤不平，你就有了一颗从容淡然的心！

用家乡味传递家长情，某学校某班级的小伙伴用自己特有的方式表达对家人的爱。2020 年，因为疫情的特殊时期，不少同学都掌握了"新技能"，小伙伴纷纷化身"小厨师"。相比起父母们的"气定神闲"，同学们刚开始会显得有些"手忙脚乱"，但是谁也没有轻言放弃。

经过不懈地努力，看一道道色香味俱全的美食被端上饭桌，父母流露出开心的笑容，同学们用相机定格这幸福时刻。这些美食里包含的不仅是食材与调味品，同时也包含了同学们的用心和对父母的感恩，用美食传递彼此的情感。同学们深深地感受到父母们为了我们的一日三餐付出的许多辛苦与汗水。

让我们一起带着感恩上路！

感恩是一种应有的心态。常怀感恩之心的人，才能以积极的心态处事；常怀感恩之心的人，才能不怨天尤人；常怀感恩之心的人，才能坦然面对一切。面对人生中的那一点不顺，不必抱怨。不要抱怨上天的不公；不要抱怨人情的淡薄和人性黑暗；不要抱怨命运的多舛和时运不济……不论身处何种境地，只要常怀感恩之心，就会感受到身边的温暖，觉察到在你的身边还有许多人在默默地支持你、祝福你。常怀感恩之心的人，必将拥有自信、自尊和超越自我的力量。当你失败时，感恩的力量会助你前行；当你成功时，感恩的力量会让你不骄不躁。

生命之河因感恩而不再干涸，感恩让生活不再荒芜。

带着感恩上路，我们且歌且行。

用争气代替生气

人生难免或多或少会受到一些不公平的对待。许多人在这个时候常常会生气：生怨气、生闷气、生闲气、生怒气……殊不知，生气不但无助于问题的解决，反而会伤害感情，弄僵关系，使本来不如意的事变得更加不如意，犹如雪上加霜。更严重的是，生气极有害于自己的身心健康，简直是在"摧残"自己。

古希腊学者伊索说："人需要平和，不要过度地生气，因为愤怒常会针对易怒的人，使其生活产生重大灾祸。"俄国作家托尔斯泰说："愤怒使别人遭殃，但受伤害最大的却是自己。"清末文人阎景铭先生写过一首《不气歌》，颇为幽默风趣：

他人气我我不气，我本无心他来气。
倘若生气中他计，气出病来无人替。
请来医生将病治，反说气病治非易。
气之为害太可惧，诚恐因气将命废。
我今尝过气中味，不气不气真不气！

美国生理学家爱尔马，为研究生气对人健康的影响，进行了一个很简单的实验：把一支玻璃试管插在有水的容器里，然后收集人们在不同情绪状态下的"气水"，结果发现：对于同一个人，当他心平气和时，所呼出的气变成水后，澄清透明，一无杂色；悲痛时的"气水"有白色沉淀；悔恨时有淡绿色沉淀；生气时的"气水"则有紫色沉淀。爱尔马把人生气时的"气水"注射在大白鼠的身上，不料只过了几分钟，大白鼠就死了。这位专家进而分析：如果一个人生气10分钟，其所耗费的精力不亚于参加一次3000米的赛跑；人在生气时，体内会合成一些有毒性的物质。经常生气的人无法保持心理平衡，自然难以健康长寿，被活活气死者并不罕见。另一位美国心理学家斯通博士，经过实验研究表明：如果一个人遇上高兴的事，其后两天内，他的免疫能力会明显增强；如果一个人遇到了生气的事，其免疫能力则会明显降低。

杜绝生气的另一种可行办法是：变生气为争气。

美国酒店经营企业家希尔顿在年轻时比较贫穷。有一次他进饭店吃饭，因为衣着寒酸，被服务员冷落了好久。等到服务员终于上来服务时，也是一副打发叫花子的模样。希尔顿顺手翻了翻菜谱，服务员就不耐烦了，说："后面的你就别看了，你要的都在前面这一页。为什么这么说呢？因为后面的菜都是比较贵的。"希尔顿被服务员的话给气得不行，心想来的都是客，这样子对我也太不公平了吧？但他还是压制住自己的怒火，点了一样他消费得起的便宜菜。

饭吃完后，希尔顿的火气也慢慢消了。他心中有了一个念头：将来一定要买下这家酒店！当然，他后来不仅买下了这家酒店，而且在全世界拥有了最著名的饭店管理集团。这就叫变生气为争气。

每个人都希望被人重视、受人尊重、受人欢迎，但有时又难免被人嘲弄、受人侮辱、被人排挤。生活给了我们快乐的同时，也给了我们痛苦的体验。而这就是生活，这就是我们需要面对的人生。

有的人能够很坦然地面对一切，痛并快乐着；有的人却成天为一点小事火上心头，或者悲观丧气，怨天尤人。其实，很多时候不过是自己小肚鸡肠，去斤斤计较那些虚无的名利，而把所有的责任都推到别人的身上。我们为什么不想想，如果我们自己足够优秀，别人还会对你冷眼嘲讽吗？所以，让自己快乐的最好办法就是自己去争气，去做得更好，在人格上、在知识上、在智慧上、在实力上使自己加倍成长，变得更加强大，使许多问题迎刃而解。这就是所谓"生气不如争气"的精髓。

人活着就是争一口气，这口气不是生气而是争气。不过，要争气就得有志气。人最大的敌人就是自己，能战胜自己的才算强大，而战胜别人的人只不过是有力量而已。不仅如此，一个人的成功不在于有多高的天赋，也不在于有多好的环境，而在于是否具有坚定的意志、坚强的决心和明确的目标。整体实力才是唯一的通行证。也是最可靠和有效的通行证，认识到这一点，你才能畅行无阻。

在读小学时，我们学过一篇课文：《一定要争气》。文章讲述的是我国著名生物科学家童第周的故事。童第周28岁那年到比利时去留学，跟一位在欧洲很有名气的生物学教授学习。一起学习的还有别的国家的学生。由于旧中国贫穷落后，在世界上没有地位，外国学生非常瞧不起中国来的学生，经常讥笑与蔑视童第周。童第周暗暗立下志向：一定要为中国人争气。

几年来，童第周的教授一直在做一项难度很大的实验，但做了几年也没有成功。童第周不声不响地刻苦钻研，反复实践，终于成功了。那位教授兴奋地说："童第周真行！"这件事震动了欧洲的生物学界，也为中国人争了气。

人人生而平等，为什么你外国人要瞧不起我中国人？这种不公平的待遇，似乎真的值得童第周生气。但光干生气有什么用？生气仅仅是一种情绪化的表现而已，仅仅停留在情绪之上。但争气却是一种实实在在的行动反击。争气不是说有就有的，要靠努力才可以实现。争气值得喝彩，争气值得鼓励，争气是最值得人人都学习的。总之，生气是一种消极的发泄，而争气才是一种积极的作为。

争气不是争一时之意气，而是应该考虑到整体的情况。不利于己时就忍一忍、让一让，百忍方可成金。不看情况就去争斗的人，只不过是逞匹夫之勇罢了。能忍住眼前之气，同样是一种可贵的心性，更是一种难得的智慧，忍小气才可以得大益；忍在大处，才能赢在大处。

生于战国末年的张良本来名叫姬良，他是韩国的名门之后，其祖父和父亲相继为韩相国，侍奉过五代君王。在公元前230年，韩首当其冲遭秦歼灭。从贵胄公子沦落为亡国之奴，20岁出头的姬良一度压不住他对秦王的怒火，冲动地想学荆轲去刺杀秦王。在公元前218年，他孤注一掷地发动了行刺，结果事情未成反而险些让自己丧命。侥幸逃脱后，姬良改叫张良，幸遇圯上老人。圯上老人故意侮辱张良，让张良明白自己身上的使命是灭暴秦而非杀秦王。一个身负重大使命的人，看事物的眼光骤然开阔，心胸也不再狭窄。后来，张良以他坚毅的忍耐力、冷静的思考力，辅助刘邦灭秦诛楚，建立了一番伟大的功业。

德国哲学家康德说得好："生气是拿别人的错误来惩罚自己。"睿智的话从来就不深奥，康德的话很好理解。一个人若生气，大抵是受了不公平的待遇，挨老板错骂，被恋人背叛……凡此种种，似乎皆不是你的错。那你为什么还要拿别人的错误来惩罚自己，让自己第二次受到伤害？如果一定要说你也有错的话，应该是你做得还不够优秀。再努力一点，做老板不可或缺的臂膀，他不光会减少错骂你的次数，甚至连正常的批评也许都会斟字酌句。再优秀一些，活出一个精彩的你，让背叛的人后悔去吧!

　　"生气"与"争气"虽然只是一字之差，态度却是大不相同：生气是做人上的失败，争气是做事上的成功。所以，碰上容易让你生气的事时，抱怨少一点，担心少一点；平静多一点，稳重多一点。生活就是这样，你看得开便满眼鲜花；看不开就是满眼荆棘。

第七章　生气是一切不幸的源头

愤怒是滋生恶果的土壤

佛家说："愤怒是不能得到佛法的根本原因，是堕入恶道的缘故，与超脱之后产生的喜悦是冤家。愤怒是偷走我们善心的大强盗，是种种恶言的仓库。"从这句话可以看出佛家对于愤怒是持何等的否定态度了。所以，不要轻易就动怒，也不要在愤怒的情况下做出任何决定。

动怒的人往往缺乏理智，做出决定时，往往也很是鲁莽，会给自己带来无穷的后患。很多人就是因为愤怒而使自己身临险境或是落得遭人耻笑的下场。

历史上最著名的就是吴三桂冲冠一怒为红颜的典故，为了爱妾陈圆圆，他竟然打开山海关的大门。在清兵冲入大门的那一刹那，就注定了他成为世人笑柄的命运。

吴三桂的父亲吴襄、舅父祖大寿是辽东一带屈指可数的名将。明朝开武科考，选拔武将。出生于官宦之家的吴三桂夺得武生高魁，授为游巡使。父辈将振兴家业的重任寄托在他的身上。吴三桂少年得志，还注意结交有名望的达官贵人。在田宏遇府上，他结识了名歌妓陈圆圆。在田宏遇的撮合下，吴三桂和陈圆圆结成眷属。

吴三桂自从得到陈圆圆后，忘记了镇守边地的重要任务，向朝廷请了病假，回京与圆圆终日厮守。身为武将，吴三桂心存儿女情长。他可以不要官爵，不惜生命，来维系同陈圆圆的婚姻，可见他对陈圆圆的确一片真心。后来吴三桂因犯事被送入刑部，董其昌为吴三桂四处奔走，托宰相李建泰向皇上求情。崇祯终接受了李建泰的建议，从牢中放出吴三桂，令其远赴山海关，戴罪立功。就在吴三桂进抵山海关的第二天，李自成开始攻打北京，两天后城破，崇祯帝上吊自杀，明王朝垮台。李自成领农民军开进北京的第二日，吴三桂进抵丰润，听到京城陷落、崇祯自杀的消息后，下令停止西进，撤回山海关。

形势发生如此急剧的变化，是吴三桂未能料到的。父亲吴襄在北京成为农民军的俘虏，舅父已投降清兵，他自己则处于农民军与清军两支强大而又敌对的势力之间。何去何从呢？

吴三桂作为明朝将领、大官僚地主阶级的代表人物，不会与农民军联手的，他曾扬言"为复大仇、歼大寇"，与农民军势不两立。但凭借自己的力量又难与强大的农民军匹敌。李自成则希望吴三桂归降自己，以减轻军事压力，就派人带着四万两犒师银和吴襄的亲笔信去招降吴三桂，并提出另派2万农民军代他守关。吴三桂收下犒师银，表示愿意谈判罢兵，于是率军离开了山海关。

关外的满族政权看到明朝已亡，夺取中央政权的主要障碍已变为李自成，于是就把矛头指向了农民军。当时，皇太极已于去年病死，由6岁的儿子福临即位，摄政王多尔衮掌握实权。多尔衮为达到消灭农民军的目的，采取拉拢、招降包括吴三桂在内的明王朝残余势力的策略，扬言"为崇祯报仇"。这一招，对于汉族大官僚地主来说，颇具吸引力，因为他们与清统治者有着共同的敌人——李自成农民军。多尔衮断然决定，清军自盛京西进，准备南下入关。

吴三桂行至滦州时，听到从北京传出的消息，爱妾陈圆圆被李自成的大将刘宗敏掳占。吴三桂很是震怒，这种夺妻之恨让他铁定了心思同清军联合，于是引兵杀回山海关，赶走了李自成的守关部队。1644年五月，吴三桂派人致书多尔衮，答应以"财帛"和"裂土"为代价，乞求清兵迅速全力攻打北京，共同消灭农民军。

多尔衮大喜，马上回书称：在攻占北京后，清军要实行对全国的统一，对吴三桂"必封以故土，晋为藩王"。多尔衮以封土为王作诱饵，希望吴三桂彻底降清。吴三桂答应了清方的条件。在镇压农民起义这一共同目标之下，满汉贵族的地主势力就这样联合了起来。

北京的农民政权对于吴三桂与清军勾结，缺乏足够的思想准备，等发觉形势严重，为时已晚。急速南下的清军到达距山海关十里之外，击溃了唐通指挥的农民军，吴三桂则突出包围，直达清军大营，拜见多尔衮，剃发称臣，正式投降。五月二十七日，清军开至山海关，吴三桂开关出迎，多尔衮命吴军以白布系肩，作为先导，随后清军浩浩荡荡开进了山海关。至此，中国历史翻开了新的一页。

明末清初的诗人吴梅村就这一历史事件在他的《圆圆曲》中曾经写道："恸哭六军皆缟素，冲冠一怒为红颜。"言辞中充满了对吴三桂冲冠一怒的责备和深深的叹息。

人常说"冲动是魔鬼"，尤其是在怒气十足的情况下，人往往是不理智的，做出的事情也不妥当。而且这愤怒之气就像一把双刃剑，不仅会伤到别人，也会刺伤自己。所以，切不可对一时的情绪宣泄不加控制，导致事后追悔莫及。

不斗气，多争气

容易动怒、喜欢抱怨的人，往往都是生活中的懦夫。他们不满现状，但又不敢直面现实，于是只好通过生气和抱怨来发泄心中的焦虑和不满。可越是这样，生活便越是乌烟瘴气一团糟。

在生活中，难免会与他人磕磕碰碰，但如果一味地不理智，活得不开心不说，也会影响自己的工作或生活。要想活得开心，就要能够很坦然地面对发生的一切，不要为一点小事就火上心头。很多时候，脾气不好的人往往都是因为自己小肚鸡肠，为小事斤斤计较，于是在他们身边便经常发生一些你死我活的激烈斗争。当然，有的是为争官位的高低，也有的是争金钱的多少，还有的是为争风吃醋……不论是哪一种，胜利者往往都是洋洋得意而自持其高，而失败者在垂头丧气的同时，在心里又埋下了复仇的种子。生气，是对自己生活质量的一种摧残，它会使人一味地生活在抱怨和苦恼中。有的人还会因此大声地哭诉着生活对他的不公，长期沉溺其中不能自拔，终日被泪水和无奈的情绪包围着。其实，这样的人是在与自己斗气中生活的。

仔细想来，生气往往就是用抱怨、折磨的方式对待自己，这只能徒增自己的痛苦，只会让自己坠落到更深更惨的深渊去罢了。因此，要心平气和地面对一切不顺的事，并积极地使自己做得更好，用自己的乐观和智慧化解烦恼。也只有这样，一个人才能积极进步，每一天都过得充足而快乐，富有激情。

在生活中，我们常常会看到这样一些人，他们经常会因一时之气，说出这样的话：

"我不为五斗米折腰，我不干了！"

"这个破工作，我不干了！"

"这是不公平，我不干了。"

可是，一句"我不干了"不能保全你已丧失的人格，不能换回他人对你的尊敬，不会为你带来更高的收入和更多的财富……所以，我们在不顺心的时候，就要把那些偏气、脾气和傲气这些令自己斗气的因素都收敛起来，鼓足力气去争气，这样，你的生活会是另外一个样子。

面对对手，最好的办法就是不去斗气，而是自己争气，想办法去做好一天中该做的事。这样，在知识、智慧和实力上，使自己每一天都能有所成长，自己的实力会在每一天的激励中逐渐强大。所谓斗气不如争气，以发展自身来强大自己，完成自我的修炼，这在客观上就已经击败了"对手"。

一个人要是不理智的话，付出的代价往往是沉重的。因为一个人如果不理智，常常就会产生错误的判断，气之将错乃至命运之错。西楚霸王项羽本来完全可以东山再起，却因为"不肯过江东"的不理智而自刎乌江，给我们留下的仅仅是一曲"虞姬，虞姬奈若何"的壮烈悲歌。

俗话说："人争一口气，佛争一炷香。"只有争气才不会被人看淡看扁，命运掌握在你自己手里，强大自己是对对手最好的打击。一个人如果把精力总是用在互相攻讦和排挤上，最后只会两败俱伤。所以英文中生气是 anger，危险是 danger。生气与危险只有一字之差，若一味沉溺于生气中，即是站立在危险的边缘，稍有不慎便会坠入无底深渊而万劫不复。将生气化为动力，即是将缺陷曝于人前，只要用顽强的心、昂扬的斗志激励自己上进，就会在苦难中逐渐成长。

生气只是对无奈生活的无用的发泄，争气却是一剂良药；生气伤身，丑化灵魂；而争气补益，健全心智。与其时刻生气，不如时刻争气。

不生气的人生才有福气

人世间就像是一个大舞台，我们生活在其中的每个人都是一名演员，演绎着自己的故事，演绎着自己的人生，悲欢离合、世事沉浮、功名利禄等等，都在其中得到体现。无论你在其中扮演的是喜剧演员，还是悲剧演员，当人生的大幕落下的那一刻，作为演员的你都要退出这个舞台。无论你对这个舞台是留恋，还是厌倦。总之，世上没有不落幕的舞台。正因为如此，才要我们"人生在世，要放开胸怀"。也就是劝诫我们，不要因为一些鸡毛蒜皮的小事而生气，眼界要开阔一些，心胸要豁达一些，为人做事要大度、大气一些。

以人生如戏的态度去面对人生，不失为一种洒脱。把生活中悲欢离合等看作上苍对你的特意安排，你的人生就会轻松许多。就像下面这个故事中的宰相，从容地看待每一件事，都把事情朝好的方面去想，结果坏事也会变为好事。

从前，有一个国王，他最喜欢的事情是打猎。他的宰相最喜欢说的话就是"一切都是最好的安排"。

有一天，国王兴高采烈地到大草原打猎。在追逐一只花豹时，不小心被花豹咬断了手指。回宫以后，国王越想越不痛快，就找来宰相饮酒解愁。宰相知道了这事后，一边举酒敬国王，一边微笑说："大王啊！少了一小块肉总比少了一条命来得好吧！想开一点，一切都是最好的安排！"国王一听，闷了半天的不快终于找到宣泄的机会。他凝视宰相说："嘿！你真是大胆！你真的认为一切都是最好的安排吗？"

宰相发觉国王十分愤怒，却也毫不在意："大王，真的，如果我们能够超越自我一时的得失成败，确确实实，一切都是最好的安排。"

国王说："如果我把你关进监狱，这也是最好的安排？"

宰相微笑说："如果是这样，我也深信这是最好的安排。"

国王说："如果我吩咐侍卫把你拖出去砍了，这也是最好的安排？"

宰相依然微笑，仿佛国王在说一件与他毫不相干的事。"如果是这样，我也深信这是最好的安排。"

国王勃然大怒，大手用力一拍，两名侍卫立刻近前，国王说："你们马上把宰相抓出去斩了！"侍卫愣住，一时不知如何是好。国王说："还不快点，等什么？"侍卫如梦初醒，上前架起宰相就往门外走。国王忽然有点后悔，他大喊一声说："慢着，先抓去关起来！"宰相回头对他一笑，说："这也是最好的安排！"

国王大手一挥，两名侍卫就架着宰相走出去了。

过了一个月，国王养好了伤，打算像以前一样找宰相一块儿微服私巡，可是想到自己已经下令把他关入监狱里，一时也放不下架子释放宰相，叹了口气，就自己独自出游了。

走着走着，来到一处偏远的山林，忽然从山上冲下一队脸上涂着红黄油彩的蛮人，三两下就把他五花大绑，带回高山上。国王这时才想到今天正是满月，这一带有一支原始部落每逢月圆之日就会下山寻找祭祀满月女神的牺牲品。他哀叹一声，这下子真的是没救了。其实心里却很想跟蛮人说："我乃这里的国王，放了我，我就赏赐你们金山银海！"无奈他嘴巴被破布塞住，连话都说不出来。

当他看见自己被带到一口比人还高的大锅炉旁，柴火正熊熊燃烧，更是脸色惨白。大祭司现身，当众脱光国王的衣服，露出他细皮嫩肉的身体，大祭司啧啧称奇，想不到现在还能找到这么完美无瑕的祭品！

原来，今天要祭祀的满月女神正是"完美"的象征，所以，祭祀的牺牲品丑一点、黑一点、矮一点都没有关系，就是不能残缺。就在这时，大祭司突然发现国王的左手的小指头少了小半截，他忍不住咬牙切齿地咒骂了半天，忍痛下令说："把这个废物赶走，另外再找一个！"脱困的国王大喜若狂，飞奔回宫。他立刻叫人释放宰相，在御花园设宴，为自己保住一命，也为宰相重获自由而庆祝。

国王一边向宰相敬酒说："宰相，你说的真是一点也不错，果然，一切都是最好的安排！如果不是被花豹咬一口，今天连命都没了。"宰相回敬国王，微笑说："贺喜大王对人生的体验又更上一层楼了。"过了一会儿，国王忽然问宰相说："我侥幸逃回一命，固然是'一切都是最好的安排'，可是你无缘无故在监狱里蹲了一个月，这又怎么说呢？"

宰相慢条斯理地喝下一口酒，才说："大王！您将我关在监狱里，确实也是最好的安排啊！您想想看，如果我不是在监狱里，那么陪伴您微服私巡的人不是我还会有谁呢？等到蛮人发现国王不适合拿来祭祀满月女神时，谁会被丢进大锅炉中烹煮呢？不是我还有谁呢？所以，我要为大王将我关进监狱而向您敬酒，您也救了我一命啊！"

"一切都是最好的安排"，表明了宰相的一种人生态度，无论面对何种际遇，总能够做到心胸豁达，超然脱俗。每个人都应该有这种生活态度，因为这样的人生才会快乐。

人生有高潮，也有低谷；人生有悲欢离合，也有阴晴圆缺。面对生活，认为一切皆有天注定，这样就能够保持一种超凡脱俗的生活态度，也就少了许多的烦恼。这样，福气就来啦。

有时候，你必须咽下那口气

假如你想引起一场令人至死难忘的怨恨，或许只要发表一点尖刻的批评即可。

人与人之间经常会产生矛盾。有的是因为认识的水平不同；有的是因为对对方不了解；有的是原本就有某些偏见和误解。如果你有较大的度量，以谅解的态度对待别人，忍住最容易爆发的激动情绪，这样你就可能赢得时间，矛盾也可能得到缓和。

爱因斯坦是全世界都尊敬的人，他是全球数学、物理方面无可争议的专家。然而，这位创造相对论和原子理论的人，竟然也咽下过一口"气"。有一天，他上汽车后，因为正在想一个问题而数错了钱。售票员大声讽刺他："你这么大个人，会不会算数呀！"爱因斯坦一笑置之："不会就不会吧！"

社交过程中，由于偏见和误解常常会伤害另一方。假设另一方耿耿于怀，那关系就无法融洽。如果受伤害的一方有很大的度量，不念旧恶，那将会使原先持偏见者受到感动。

度量问题不是一个无关紧要的小问题。度量如海还是度量如杯，在重要关头关系到事业的成败。为一点小事斤斤计较，争吵不休，既伤害了感情，影响了友谊，也无益于你成大事，结果不是双赢而是两败。因此，放弃个人成见，不要在社交场合为区区小利争斗，不要为炫耀自己而去贬低他人。发扬一点忍让的精神，对许多事情进行"冷处理"，摆脱互相之间无原则的纠缠和不必要的争执，不去计较那些无关大局的小事……那么，在社交场合中你的风度将会获得众人的青睐，你的事业也会如虎添翼，收到双赢的效果。

有一个爱尔兰人名叫欧·哈里，曾上过卡耐基的课。他受的教育不多，可是很爱抬杠。他当过汽车司机，后来做了推销员。因为推销卡车不顺利，来求助于卡耐基。听了几个简单的问题后，卡耐基就发现他老是跟顾客争辩。如果对方挑剔他的车子，他立刻会涨红脸大声强辩。欧·哈里承认，他在口头上赢得了不少的辩论，但没能赢得顾客。他对卡耐基说："在走出人家的办公室时我总是对自己说：'我总算整了那混蛋一次。'我的确整了他一次，可是我什么都没能卖给他。"

所以，卡耐基的难题是如何训练欧·哈里自制，避免争强好胜。欧·哈里后来成了纽约怀德汽车公司的明星推销员。他是怎么成大事的？

这是他的说法："如果我现在走进顾客的办公室，而对方说：'什么？怀德卡车？不好！你就是送我我都不要，

我要的是何赛的卡车。'我会说：'老兄，何赛的货色的确不错，买他们的卡车绝错不了，何赛的车是优良产品。'

"这样他就无话可说了，没有了抬杠的余地，他只有住嘴了。他总不能在我同意他的看法后，还说一下午的何赛车子最好。我们接着不再谈何赛，我就开始介绍怀德的优点。当年若是听到他那种话，我早就气得脸一阵红、一阵白了——我就会挑何赛的错，而我越挑剔别的车子不好，对方就越说它好。争辩越激烈，对方就越喜欢我竞争对手的产品。"

"现在回忆起来，真不知道过去是怎么干推销的！以往我花了不少时间在抬杠上，现在我守口如瓶了，果然有效。"

正如明智的本杰明·富兰克林所说的："如果你老是抬杠、反驳，也许偶尔能获胜，但那只是空洞的胜利，因为你永远都得不到对方的好感。"

因此，你自己要衡量一下，你是宁愿要一种表面上的胜利，还是要别人对你的好感？你可能有理，但要想在争论中改变别人的主意，一切都是徒劳。那就不妨试试先咽下一口气再说。

适当妥协，你才能气顺

人的一生，其实就是一个不断妥协的过程。从生到死，我们不断地妥协。向时间妥协，向生活妥协，向命运妥协，向生命妥协。因为在很多时候，是妥协成就了社会的和谐和人生的幸福。国家之间学会妥协，就能给世界带来和平与发展；企业之间学会妥协，就能给双方带来双赢；同事之间学会妥协，就能给团队带来合力；家人之间学会妥协，就能使家庭免于破裂、促进和睦、维护亲情和家庭的温馨氛围！不管在哪个集体，哪个角落，妥协都会让人获得幸福。

在一期《朗读者》中，汪明荃和罗家英夫妇被邀请成为朗读嘉宾。

主持人董卿问他们结婚后到底是谁听谁的，罗家英毫不犹豫地说："当然是听老婆的。"

他还不忘自嘲说："因为她是房东啊。"汪明荃是一个事业有成、在生活上有自己目标的大女人，而罗家英也是一个性格强悍、遇事有主见的大男人。

这对年过花甲的夫妻，婚后面临的难题就是：到底谁听谁的？到底谁搬到谁家？

汪明荃家里有3条狗，换地方住它们会不习惯，罗家英为了照顾妻子的感受，主动搬到了汪明荃的家里，罗家英戏谑说因为汪明荃的房子大。但其实我们都很清楚，任何人都更习惯住自己的房子，更何况是62岁的罗家英？

当年他们登记结婚的消息公布后，很多网友都为这对年过半百的夫妻捏把汗。毕竟爱情和婚姻是两回事，两个性格如此"硬"的人生活在一起，真的能够携手度过后半生吗？

而当罗家英当着全国观众的面说汪明荃是房东，他要听她的，要不然就会被赶出去的时候，我们都知道，他们一定会幸福，因为罗家英懂得在婚姻中生活中做适当妥协。

心理学上有一个观点，妥协不是软弱，而是强大背后的成熟与包容，有技巧地坚持自我，淡定且从容。罗家英熟谙夫妻之间妥协的重要性，面对一件事情当两个人持不同意见时，懂得适时退一个台阶。

有一位大姐虽然泼辣能干、不拘小节，但就是不喜欢做家务。一次，她丈夫出差，她就邀请自己的女友到家里做客。吃过晚饭，女友在看电视，她就去邻家打牌了。

守着满桌狼藉看电视让女友觉得很难受，于是她就收了碗筷送往厨房。一进厨房门，女友愣了：在饭橱上的水池里，堆满了未洗刷的锅碗瓢盆，足足有二十多个。

看来，自丈夫走后，朋友就没有洗过碗筷！女友知道这位大姐不爱干家务，可没想到她竟懒到这种程度。女友实在是看不下去了，用了整整三个小时将厨房打扫得干干净净。

事后，女友问她："这样你的丈夫不会跟你吵闹吗？"大姐听后，竟然显出一脸的幸福和得意："不会，他走的时候，还特意去买了些新碗，告诉我说'只管用，留着我回来再刷'，他知道我不喜欢刷碗。在这个问题上，这么些年他从来没有和我恼过。"

大姐说，因为自己不干家务，婆婆有些不满，可老公认为，人无完人，妻子聪明能干、豁达开朗，不喜欢进厨房，这不算什么毛病，他不会计较这些。所以，结婚三十年来，两人一直恩爱如初。

女友看大姐如此幸福，就问有秘诀没有。大姐笑笑说："哪有什么秘诀，只不过是彼此多一些包容和妥协而已。"

台湾著名诗人余光中说："婚姻是一种妥协的艺术。"在现实生活中，很多人就为了一点鸡毛蒜皮的小事而怒目相向。如果，双方能多一些包容和妥协，那么将会给人生增添多少幸福啊。

人生的幸福同样需要妥协。事实证明，在人生中，有时试图用脾气改变对方的努力往往是徒劳的，唯有忍让、求同存异，不断使自己向对方靠拢，适应对方，才能拥抱和谐与幸福。

小事不争，大事不愁

你可能因为一件小事而争论，影响了原本极为美妙的气氛，瞬间让你享受的快乐荡然无存。然而人生短暂，聪明的人不会浪费时间和精力去为小事生气。为小事生气不仅不值得，还会损害健康。

生活的每一天并不会时时为那些繁杂的琐事所困扰，但一定会经常因一些烦琐的小事而生气，甚至影响到一天的心情。轻易击垮人们的并不是那些看似灭顶之灾的挑战，而往往是那些微不足道的极细微的小事左右了人们的思想，改变了原来的意志，最终让大部分人一生一事无成。生活是忙忙碌碌的，所以我们不要为那些小事而生气，遇到那些让我们生气的小事时，别去理它，去做你应该做的事。

一个不会生气的人是庸人，一个只会生气的人是蠢人，一个能够控制自己情绪且做到尽量不为小事生气的人是聪明人。聪明人的聪明之处，是善于利用理智，将情绪引入正确的表现渠道，使自己按理智的原则控制情绪，用理智驾驭情感。

> 某媒体就报道过一则"为300元钱生气，生病老汉拔掉针头，拒绝进食竟饿死"的标题新闻。2002年10月5日上午，如皋市的六旬马老汉因旧病复发，被送至镇医院抢救。马老汉在昏迷中大小便失禁，儿子将其脏裤子脱下，顺手扔到病房的角落里。老汉病体恢复后，被儿子接回家中调养。一日，老汉突然向儿子要那条脏裤子，说里面有300多元钱。儿子好不容易在医院垃圾堆里找到那条裤子，但没钱。老汉认为这钱被儿子和媳妇偷走了，一气之下，拔掉手上的针头，拒绝进食，任凭他人如何劝解也无济于事，每日只靠喝点井水维持。10月19日，马老汉终于被饥饿活活折磨而死。

喜欢生气、为小事抓狂的人，总是让别人有机可乘。生气当然不会是件好事，至少对健康就是不利的因素，若能训练自己，在生活中减少对外在环境的过度反应，也许有助于内心的平和。

人们喜欢为了一些鸡毛蒜皮的事物，争执不休，徒然浪费有限的生命，而一无是处。人与人之间为小事争吵、诈欺、迫害，都是浪费精力又无意义的事情。

遇到别人的伤害、打击或不公平、不如意的事情的时候，尽量想开一点，少生闹气，少生闷气，以免气大伤身。"人生一世，草木一春"，短短的几十年人生，何不让自己活的快活一点，潇洒一点，何必整天为一些鸡毛蒜皮的小事生气呢？

学会宣泄你的怒气

在很多时候，人们在为自己找借口：生气是一种宣泄，而人的情绪需要适当地宣泄。因此，对别人的伤害是不可避免的。我们的社会尊重你渴望被别人理解的需要，也会允许你这么做。换句话说，社会允许你在一定的范围内宣泄你的怒气。但是，得有个底线。

俄罗斯第一任沙皇伊凡四世被后人称为"恐怖的伊凡"，他因喜欢使用极其残酷的手段来剪除政治上的反对者而著名。他同样把这种手段施之于平民身上。

诺夫格罗德是一座被他的军队征服的城市，那里的居民过去可以随意同立陶宛人、瑞典人进行贸易，他们仍留恋自由和开明的独立时代。在禁卫军入侵该地之后，珍惜最后自由的居民们惊恐不安，反抗、逃亡和袭击禁卫军的事件屡屡发生。一时间这一地区人心浮动。没想到在自己眼中毫不足惧的小民居然敢袭击自己的军队，敢和自己的王权对着干！这不是挑衅吗？伊凡在宫廷里来回不停地踱着步，大声咒骂着，狂呼着发布了征讨的命令。还有什么比反对他的统治更令他愤怒的呢？

伊凡统领禁卫军和 1500 名特种常备军的弓箭手离开莫斯科，于 1570 年 1 月 2 日来到诺夫格罗德城下。士兵们先在城市周围筑起栅栏，防止有人逃跑。给教堂上锁，任何人不准入内避难。

审判开始了。每天，大约一千市民，包括贵族、商人或普通百姓，被带到伊凡所在的广场上。不搞审讯，无须听取证言，不用辩护，没有判决，是诺夫格罗德城的人就有罪。当着妻子的面对丈夫用刑，当着孩子的面对母亲用刑。鞭打、裂肢、割舌头、削鼻子、去生殖器、文火烧身，最后用雪橇拉着这些尸体飞速驶向沃尔霍河。在这里，丈夫与妻子，母亲与孩子，整家整户地被抛进冰凉的水里。浮出水面的人都被船上的禁卫军士用长矛、木棒或斧头打死。这样的屠杀整整进行了5个星期。据说，诺夫格罗德的死难者达两万余人，沃尔霍河被尸体拥塞。这些残酷的手段和场面在世界上是罕见的。

人们有时候以极端的方式表现出负面的生气情绪，是想要造成破坏，伤害别人，以达到惩罚别人的目的。例如父母会殴打小孩，让小孩感觉到身体的疼痛，以补偿大人心里的痛苦，他们同时也想要强迫小孩能对他们的权威和控制有立即而明显的反应，从而改变不当的行为。

但是，殴打小孩会造成孩子身体的痛苦和心理的怨恨，特别是当父母只是为了发泄自己的怒气和挫败感，而不是为了使小孩受教育时；随着小孩渐渐长大，父母可能必须改用其他方式控制他们的小孩了。正如一个海洋动物学家所说的："我们不能让一只一万两千吨的杀人鲸躺在我们的膝上，殴打它，在它们做得不对时，我们只好改用其他方式训练它们。"

同样的，人们极端的宣泄行为通常只会增加双方的紧张压力和彼此的憎恨，把更大的反作用力加到自己身上。

生气只会让你生活更糟糕

当你心中充满幸福，很高兴的时候，那是你自己；当你沮丧，感到不幸时，那也是你自己。心态对于一个人来说是非常重要的，无论你是"想愉快的事情，而感很幸福"的人，还是"满面愁苦，而感到很不幸"的人，全都是你自己的心态决定的。每一个人都在寻找快乐，然而，快乐的存在并不依赖于外界，在一定程度上只依赖于我们的内心——你必须经常调整自己的心态。

快乐与否并不在于拥有多少，而在于你感受到了什么。林肯说过："所有人的喜怒哀乐都取决于他们内心的想法。"而对生活，就如面对镜子。你微笑，它就微笑；你懊恼，它就懊恼。

著名的麦当劳公司的一家纽约分店的人事部门经理表示，她宁愿雇用小学没毕业但是面带真诚的微笑的人，也不愿意雇用苦瓜脸的心理学博士。

李总对公司的状况不太满意。在一次办公会议上，他责怪下属不能按时上下班，缺乏工作责任感，他要求每个人都努力工作，以使公司更有前途，并当众保证自己将以身作则，每天做到早到迟退，力图率领大家扭转公司目前的颓势。

谁知几天后的一个早晨，由于李总看报太入迷了，以致忘记了时间，当他忽然想起看表时，离上班时间只有十分钟了。他急忙冲向停车场，开车急驰，结果闯了两个红灯，被警察扣了驾驶执照。

李总感到十分沮丧和愤怒。他抱怨说："今天活该有事，我向来遵纪守法，该死的警察不抓小偷，却来找我的麻烦，真是可恨！"

回到办公室时，正好碰到销售经理来向他汇报工作。他便不带好气地问销售经理，上周那笔销售生意是否已经敲定了。销售经理说："李总，我不知在哪儿出了什么差错，我们丢掉了这笔生意。"

现在，李总已经控制不住内心的烦躁了，他冲销售经理吼道："我已经付给你七年的薪水了。现在我们终于有一次机会做笔大生意，你却把它弄吹了。如果你不把这笔生意争回来，我就解雇你！"

销售经理被李总疾言厉色地批了一通后，内心十分不满，走出总经理办公室时，他愤愤不平地抱怨道："真是没事找事。我为公司卖了七年力，公司少了我会停业，李总不过是个傀儡。现在，仅因为我丢掉了一笔生意，他就恐吓要解雇我，岂有此理！"

销售经理嘴里嘀咕个不停地回到自己的办公室，他把秘书叫进来问道："今天早上我给你的那五份文件打好了没有？"她回答说："没有，我……"销售经理冒起火来，指责说："不要找任何借口，我要你赶快打好这些文件。如果你办不到，我就交给别人。虽然你在这干了三年，并不表示你将终生受雇！"瞧！他也变得烦乱了。

再看这位秘书，她用力关上门出来，抱怨说："真是烦透了。三年来，我一直尽力做好这份工作，经常地超时加班，现在就因为我无法同时做两件事，就恐吓要辞退我。岂有此理！"她回家后仍在发怒。进了屋，看到8岁的孩子正躺着看电视，短裤上破了一个大洞，在极愤怒之下，她嚷道："我告诉你多少次，放学回家后不要去瞎疯，你就是不听。现在你给我回到房里去，晚饭也别吃了。以后三个星期不准看电视。"啊！她也变得太烦乱了。

再看看她那8岁的儿子吧。他边走出客厅边说："真是莫名其妙！妈妈不给我机会解释到底发生了什么事，就冲我发火。"就在这时，他的猫走到面前，小孩狠狠地踢了它一脚，骂道："给我滚出去！你这臭猫！"

李总的消极情绪产生了一连串的"踢猫式"的连锁反应，这无疑破坏了人与人之间的和谐气氛，导致人际关系的恶化。在现实生活中，人人都有一本难念的经，都不可避免地会遇到逆境、挫折和失败，也必然会产生某些消极情绪，有些人可能会受这些消极情绪的左右，无法控制住自己的冲动，成为一个"踢猫者"。而对有些人来说，则全然不同，他们在自己受了刺激或不公正对待时，虽然也会产生不快，但是他们能够克制自己，努力使自己不把气发泄到旁人身上去；纵使他们内心烦躁不安、愤愤不已，他们也能对那些与引起自己心情不佳的事毫不相关的人表现出积极的态度反应。而且，当他们察觉出别人冒犯自己只不过是被另外的人踢了"猫"时，他们更不会被对方传递过来的情绪所感染，而是以大度宽容的态度容纳各种不快，并设法帮助对方摆脱消极情绪的困扰，因此，他们更容易赢得他人的尊重，获得良好的人际关系，从而为事业的成功和生活的美满奠定有利的基础。

第八章　不生气，你就赢了

斗气会使人的眼界变小

斗气会使人的眼界变窄，让人忘记了生气之外还有更重要的事情与更广大的天地。与人对抗，千万不可发怒，你一怒，就会头脑发热，失去理智，使事情变得不可收拾。

在现实生活中，我们几乎时时可以碰到斗气的情形。

近日有一则新闻，小两口拌嘴后斗气，竟然发展到比赛吃安眠药斗狠的地步，结果把刚配的药片全部吃光后被进了医院。

吵架的这对夫妻都还很年轻，老公姓陈，妻子姓刘，结婚还不到一年。

一年来，两人经常发生口角，小吵一三五，不过都是点到即止，床前吵架床后和，还没有闹到一发不可收拾的地步。

为啥经常吵呢？小刘说，因为一个字——钱。

其实也并不是缺钱过不下去，而是丈夫爱拿钱穷折腾。

原来，丈夫小陈喜欢玩投资，平常股票、基金、彩票什么都敢涉及，却一样也不精通，这不，半个月内美股连续熔断四次。为此，妻子小刘有一肚子的怨火。

"有什么办法，股市赔钱的又不是只我一个人，赚钱的时候你就高兴了。"小陈这样呛小刘。小刘也是干着急，没办法。

前两天，小陈向妻子讨要一笔钱，却又支支吾吾说不出明确的理由，只说有用，拿来就行，女人家有什么好管的。

一听这话，小刘的犟脾气就上来了。她觉得，钱多钱少都没关系，只要用得正当就可以给，可恨的是，丈夫却瞒着不说！

于是，小刘当场又发起火来，也不肯给钱。

丈夫见状，也不提要钱的事了，可小刘依旧不依不饶，接着质问小陈，是不是拿钱又去炒股？

"现在这形势，谁还炒股！傻呀！"

"说不定就有你这种傻子，愿意送钱给别人花！"

听了这话，小陈的火气也上来了，他觉得老婆是在侮辱他的智商，好强的他可受不了这口气。

于是，俩人你一言我一语，战火从晚上9点一直燃烧到12点。

12点过后，小刘觉得该出的气也出了，准备"偃旗息鼓"。可小陈的气头正盛，不肯善罢甘休，小刘几度抽身而不得。

眼见战火愈烧愈烈，小刘觉得不能再恋战了，再吵下去夫妻感情真的要坏了。于是，想出一辙，想吓唬一下老公，让他退出战斗。

她从床头柜里取出一个药瓶，跟老公说，这是安眠药，要是再吵，她就把药吃下去。

小陈不信老婆会来真的，也不信这瓶里的就是安眠药。

妻子见丈夫没有停下来的意思，就真的从药瓶里倒出药来，吃了一颗。

丈夫小陈见状，也不示弱，一把夺过小刘手中的药瓶，往自己嘴里也塞了一颗。

吃安眠药比赛就此开始。

只见妻子又夺回药瓶，吞下一颗。

老公毕竟是老公，见老婆再次抢在他前面吃，自己落了后，显得不够男人，就来了一个饿虎扑食，一把飞夺药瓶，把余下的药片一股脑儿地倒在手心，全扔进嘴里一口吞了下去。

此轮比赛，老公完胜。

看官可能正在疑惑：这些药是不是真的是安眠药呢？

这点，妻子小刘最清楚。装在瓶中的，确实是安眠药安定片，是小刘前一段时间因为失眠，在当地诊所配的，共 10 颗。

小刘虽然吃了两颗安眠药，但数学概念还是不错，她很快就算出，丈夫应该吞了 8 颗药。但她只会数学，不懂医学，搞不清楚 8 颗药吞下后会不会出人命。

很快，安眠药的药力就发作了，比赛中取得完胜的丈夫赛后的表现并不怎么男人，要不然，怎么整个人都瘫在床上，眼神迷离，叫也叫不应了呢？

好在后来送医及时，小陈经过洗胃被抢救了回来。

人类是一种高级动物，和其他动物的不同点之一便是：人会斗气，其他动物虽然也会相斗，但不会斗气。斗气是人类很自然的反应，可是斗气只能带给人一时的激情与满足，本身并没有什么积极的结果，甚至可以说，斗气的破坏性大于建设性。原因是：斗气会使你应追求的目标变得模糊。例如夫妻斗气会妨碍家庭幸福；两人斗气，会荒废事业；两个公司斗气，会互相毁灭；两个国家为斗气而发生战争，会导致民不聊生。为斗气而投入大量的时间、精力和金钱，不是智者所为。

"气"是一种空虚和漂浮的东西，因此也是不能长久的。

很多人的失败都是因为自己故意斗气，只有到了年纪大了之后，他们才了解斗气的荒谬可笑。"志"却是一种稳定实在、充满力量的东西，因此当"志"与"气"相对时，"气"绝无胜算之机。须知，一条线，你不能把它变短，只有画一条比它更长的线，才能让它看起来是短的，此谓"斗志""斗智"。一个问题，你不能快速地解决，那么你可以放弃与对手硬拼，转而与对手合作。

一位搏击高手参加锦标赛，自以为稳操胜券，一定可以夺得冠军。出乎意料的是，在最后的决赛中，他遇到了一位实力相当的对手，双方竭尽全力出招攻击。比赛中途，搏击高手意识到，自己竟然找不到对方招式中的破绽，而对方的攻击却往往能够突破自己防守中的漏洞，有选择地打中自己。

比赛的结果可想而知，搏击高手惨败在对方手下，也失去了冠军的奖杯。

他愤愤不平地找到自己的师父，一招一式地将对方和他搏击的过程再次演练给师父看，并请求师父帮他找出对方招式中的破绽。他决心根据这些破绽，苦练出足以攻克对方的新招，决心在下次比赛时，打倒对方，夺回冠军的奖杯。

师父笑而不语，在地上画了一道线，要他在不能擦掉这道线的情况下，设法让这条线变短。

搏击高手百思不得其解，怎么会有像师父所说的办法，能使地上的线变短呢？最后，他无可奈何地放弃了思考，转向师父请教。

师父在原先那道线的旁边，又画了一道更长的线。两者相比较，原先的那道线看来变短了许多。

师父开口道："夺得冠军的关键，不仅仅在于如何攻击对方的弱点，正如地上的长短线一样，如果你不能在要求的情况下使这条线变短，你就要懂得放弃在这条线上做文章，寻找另一条更长的线。只有你自己变得更强，对方就在相比之下变得较弱了。如何使自己更强，才是你需要苦练的根本。"

徒弟恍然大悟。

师父笑道："搏击要用脑，要学会选择，攻击其弱点，同时要懂得放弃，不跟对方硬拼，以己之强攻其弱，你就是冠军。"

"魔高一尺，道高一丈。"学会选择攻击对手的薄弱环节，学会斗智，正如故事中的那位搏击高手，找出对方的破绽，给予致命的一击，用最直接、最精准的技术或技巧，快速解决问题。

懂得放弃，不跟对方硬拼，全面增强自身的实力。更注重在人格、知识、智慧、实力上使自己加倍地成长，变得更加成熟，变得更加强大，以己之强攻彼之弱，许多问题便能迎刃而解。

四招教你改掉坏脾气

一提到"脾气"，许多人都会认为是"脾"之"气"，是与生俱来且无法改变的。因此，那些脾气不好的人，大抵是一贯如此，直至老死仍无任何改变。

脾气不好的人，会伤害到身边的人，并且有的伤害是无法弥补的。

从前，有一个脾气极坏的男孩，到处树敌，人人见到他都唯恐避之不及。男孩也为自己的脾气而苦恼，但他就是控制不住自己。

一天，父亲给了他一包钉子，要求他每发一次脾气，都必须用铁锤在他家后院的栅栏上钉一个钉子。

第一天，小男孩一共在栅栏上钉了37个钉子。过了一段时间，由于学会了控制自己的愤怒，小男孩每天在栅栏上钉钉子的次数逐渐减少了。他发现控制自己的脾气比往栅栏上钉钉子更容易，小男孩变得不爱发脾气了。

他把自己的转变告诉了父亲。父亲建议说："如果你能坚持一整天不发脾气，就从栅栏上拔掉一个钉子。"经过一段时间，小男孩终于把栅栏上的所有钉子都拔掉了。

　　父亲拉着他的手来到栅栏边，对小男孩说："儿子，你做得很好。可是，现在你看一看，那些钉子在栅栏上留下了小孔，它们不会消失，栅栏再也不是原来的样子了。当你向别人发脾气之后，你的那些伤人的话就像这些钉子一样，会在别人的心中留下伤痕。就好比用刀子刺向某人的身体，然后再拔出来。无论你说多少次对不起，那伤口都会永远存在。其实，口头对人造成的伤害与伤害人们的肉体没什么两样。"

还有一个关于脾气的故事。

　　有一个脾气暴躁的弟子向大师请教："我的脾气一向不好，不知您有没有办法帮我改善？"

　　大师说："好，现在你就把'脾气'取出来给我看看，我检查一下就能帮你改掉。"

　　弟子说："我身上没有一个叫'脾气'的东西啊。"

　　大师说："那你就对我发发脾气吧。"

　　弟子说："不行啊！现在我发不起来。"

　　"是啊！"大师微笑说，"你现在没办法生气，可见你暴躁的个性不是天生的，既然不是天生的，哪有改不掉的道理呢？"

如果你觉得情绪失控，怒火上升，试着延缓 10 秒钟或数到 10 之后再以你一贯的方式爆发。因为，最初的 10 秒钟往往是最关键的，一旦过了，怒火常常可消弭一半以上。

　　下一次，试着延缓 1 分钟，之后，不断加长这个时间，1 天、10 天，甚至 1 个月才生一次气。一旦我们能延缓发怒，也就学会了控制。自我控制能力是一个人的内在本质。

记住，虽然把怒气发出来比闷在肚子里好，但根本没有怒气才是上上策。不把生气视为理所当然，内心就会有动机去消除它。

以下是四招教你改掉坏脾气的好方法：

（1）降低标准法。经常发脾气可能和你对人对事要求过高过苛刻有关，也可能和你喜欢以自我为中心、心胸狭窄不善宽容有关。因此，通过认真反省，改变自己的思维方式和处事习惯，降低对别人要求，学会理解和宽容忍让，是改掉坏脾气的根本途径。

（2）体化转移法。怒气上来时，要克制自己不要对别人发作，同时通过使劲咬牙、握拳、击掌心等动作，使情绪转由动作宣泄出来。

（3）逃离现场法。发火多由特定的情景引起，因此当怒气上来时，让自己养成条件反射般立即离开现场的习惯，暂时回避一下，待冷静下来再处理事情。

（4）精神胜利法。一说到精神胜利法，大家可能自然而然地想到阿Q，并不屑为之。但偶尔精神胜利一下也未尝不可。

> 相传，某禅师偕弟子外出化缘，途中遇一恶人左右刁难，百般辱骂，禅师不搭理，该人竟穷追数里不肯罢休。禅师面无愠色，和弟子谈笑自如。恶人无奈，只得退后罢休。事后，弟子不解，问禅师："师傅你遭此不公平为何不生气，不反击？"师傅答道："若你路遇野狗朝你狂吠，你会放下身段与之对吠吗？若弄不好惹它咬了你，难道你也去咬它？"禅师面对挑衅与侮辱的态度难道不是一种大智吗？

控制情绪的三个原则

自制是一种美德，在一个人成就事业的过程中，自制的美德也可助其一臂之力。

有所得必有所失，这是定律。因此说，要想取得并非是唾手可得的成功，就必须付出努力。而自制可以说是努力的同义语。

自制，就要克服欲望。人有七情六欲，此乃人之常情。古语有云："食色美味，高屋亮堂，凡人即所想得，但得之有度，远景之事，不可操之过急，欲速则不达也，故必控制自己。否则，举自身全力，力竭精衰，事不能成，耗费枉然。又有些奢华之事，如着华衣，娱耳目，实乃人生之琐事，但又非凡人所能自克，沉溺其中而不能自拔，就不是力竭精衰的小事了，人必然会颓废不振，空耗一生。"

人最难战胜的是自己。换句话说，一个人成功的最大障碍不在于外界，而在于自身。除了力所不能及的事情做不好之外，自身能做的事不做或做不好，那就是自身的问题，是自制力的问题。

一个成功的人，当大家都在做情理上不能做的事，他却自制而不去做；当大家都不做情理上应做的事，而他却强制自己去做。做与不做，克制与强制，这就是取得成功的因素。

控制自己的情绪和行为，是一个人有教养和成熟的表现。可是在生活和工作中，常常会有这样的人，他们总是为一点小事而大动干戈、发脾气，闹得鸡犬不宁，既破坏了和谐的工作环境，也破坏了同志间的团结。心理学家认为，冲动是一种行为缺陷，它是指由外界刺激引起，突然爆发，缺乏理智而带有盲目性，对后果缺乏清醒认识的行为。

有关研究发现，冲动是靠激情推动的，带有强烈的情感色彩，其行为缺乏意识的能动调节作用，因而常表现为感情用事、鲁莽行事，既不会对行为的目的做清醒的思考，也不会对实施行为的可能性作实事求是的分析，更不会对行为的不良后果做理性的评估和认识，而是一厢情愿、忘乎所以。其结果往往是追悔莫及，甚至铸成大错，遗憾终生。

增强自制力，可以使我们有更多的机会获得成功的体验，使自己更加理智，遇事更为冷静。从而进入良性循环，使自我得到健康积极的发展。

有了较强的自制力，可以使人具有良好的人格魅力，增强自己的亲和力，更容易得到别人的认同，拥有更多的朋友和知己，使自己的交际范围更为广泛，在与朋友的交往中学习别人的优点，吸取别人的教训，进一步完善自我。

自制力可以使我们激励自我，从而提高学习效率；也可以使自己战胜弱点和消极情绪，从而实现自己的理想。怎样培养和增强自己的自制力呢？从理论上讲可以从以下几个方面进行：

1. 认识自我，了解自我，深入自己的内心

人最大的敌人不是别人，而是自己。只有认识自我，在取得成绩时，才能保持平常的心态，不会因此而骄傲自满，丧失自我，对自己的能力进行过高的估计；只有认识自我，在遇到挫折和失败时，才不会被其击倒，一如既往地为着自己既定的目标而努力，不会对自己进行过低的评价。任何人都不可能一帆风顺地就成功了，也没有任何事情是不需要付出任何一点努力就能完成的。当我们遇到挫折时，当我们因为各种原因而后退时，我们就必须重新认识自我，只有在正确认识自我的基础上，我们才能重新找回自己的航行坐标，朝胜利方向前进。

在大街上随便找几个人问他了解不了解自己，得到的回答一般说来都是肯定的。很多时候，人们总是认为自己对自己最为了解，其实，你真的了解了自己吗？不，其实很多人根本不了解自己，根本不能正确地认识自己。

很多时候，我们总认为自己是对的，但当事情有了结果之后，我们才发现自己的错误。我们常常以为自己完全了解自己，其实我们是被自己蒙蔽了，或者说我们自己不愿意去正确地认识自己，我们情愿被自己的表象所迷惑。

怎样才算是认识自己呢？认识自我，就是对自己的性格、特点、长处、短处、理想、生存目的、价值观、兴趣、爱好、憎恶、心理状态、身体状态、生活规律、家庭背景、社会地位、交际圈、朋友圈、现在处于人生的高峰还是低谷、长期或短期目标是什么、最想做的事是什么、自己的苦恼是什么、自己能够做什么、自己不能做成什么等方面做出正确且全面的综合评估。

2. 学会控制自己的思想，而不是任由思想支配

人的具体活动，都是由思想进行先导，每个行为都受着思想的控制，有的是无意的，有的是有意的。但是，思想是构建在肢体之上的，它必须起源于我们的身体。在思想控制活动之前，我们就一定要先主动积极地对其进行正确地引导或者控制，修正其中的错误，发出正确的行动指令。这样，我们的行为才会减少冲动因素，使我们的情绪更为稳定，更能理性地看待问题。

要想控制思想，让其受我们自身的驾驭，就要知道自己想做什么，能做什么，不能做什么。当明确了这些之后，我们在思想上就可以为自己的行为定下一个准则，利用这个准则来指导自己该做什么，不该做什么。

要想掌控自己的思想不是件容易的事情。在活动进行的过程中，我们原先为自己定下的准则会时不时地受到各种因素的影响，使得我们所坚持的准则开始动摇甚至坍塌。所以，在活动进行的过程中，我们要时常检讨自己的行为，思考自己的得失，减少冲动、激进的心理，这样才能重新夺回思想的控制权，使自己的行为更为理性。

3. 树立远大的目标

一个有远大目标的人，不会受身边的嘈杂之声影响而专注前行；一个想去麦加朝圣的行者，不会轻易在路途中听别人的话而改变路线，也不会轻易因别人的挑衅而拔刀相向。

因为有了努力的方向，所以不会盲目行动；因为身负重任，所以会心无旁骛地前行。有了自己最想完成的目标，在一定程度上可以矫正我们的思想和行为，对我们自制力的增强将会起到积极的作用。

从小事做起养成自制力

在某期的《新闻1+1》中，白岩松对话湖北孝感中学校长。

由于当时受疫情的影响，主要靠类似于孝感中学这样的重点学校拉动升学率的学校，教学严重受到影响。而为了保证考生有序备考，学校也开启了"停课不停学"的线上课程。

孝感中学校长说："线上课程的效果需要具备两个条件：第一，硬件设施，如家里的网络，听课设备等。第二，软件设施，家长的配合及孩子本身的自制力。"

所谓自制力，是指一个人在意志行动中善于控制自己的情绪，约束自己的言行。而通俗地说，自制力指的就是自我控制的能力。

因此，在疫情结束后，不能避免地会出现成绩上的两极分化。但时间对于每个人都是公平的，一天都只有24小时，在于你如何利用它。也就是你是否有自制力。

自制力代表着一个人的意志力，以及他控制自己和事情的能力。与之相反的则是任性，一个人会对自己持一种完全放纵的态度。前者的生活是理性的，后者的生活则是失控的。

如果你今天早上计划做某件事，但因昨晚休息得太晚而困倦，你是否会义无反顾地披衣下床？

如果你要远行，但身体乏力，你是否要停止远行的计划？

如果你正在做的一件事，但中途遇到了极大的、难以克服的困难，你是继续做呢，还是停下来等等看？

对诸如此类的问题，若在纸面上回答，答案一目了然，但若放在现实中，自己去拷问自己，恐怕就不会回答得这么利索了。事实是，有很多的人在生活、工作中遇到了难题，都会被打趴下。他们不是不会简单地回答这些问题，而是缺乏自制力，难以控制自己。

要拥有非凡的自制力，并非看几本书，发几个誓就能立刻见效。九层之台，起于垒土。通过一件又一件的小事来锻炼自己的自制力，是提升自己自制力的一个切实可行的方法。

1976年，曾连续20年保持美国首富地位的"石油大王"保罗·盖蒂去世，留下巨额遗产，按照他的遗嘱，将20多亿的遗产中的13亿美元交"保罗·盖蒂基金会"。

保罗·盖蒂曾不止一次地对他的子女们说：一个人能否掌握自己的命运，完全依赖于自我控制力。如果一个人能够控制自己，就不必总是按喜欢的方式做事，就可以按需要的方式做事。这正是成功的秘诀。

保罗·盖蒂是一个富家子弟，年轻时不爱读书爱浪荡。有一次，他开着车在法国的乡村疾驰，直到夜深了，天下起大雨，他才在一个小城镇找一家旅馆住下来。

他倒在床上准备睡觉时，忽然想抽一支烟。取出烟盒，不料里面却是空的。由于没有烟，他就更想抽烟了。他索性从床上爬起来，在衣服里、旅行包里仔细搜寻，希望能找到一支不小心遗漏的烟。但他什么也没有找到。

他决定出去买烟。在这个小城镇，居民没有过夜生活的习惯，商店早就关门了。他唯一能买到烟的地方是远在几公里之外的火车站。当他穿上雨鞋、披上雨衣，准备出门时，心里忽然冒出一个念头："难道我疯了吗？居然想在半夜三更，离开舒适的被窝，冒着倾盆大雨，走好几公里路，目的只是为了抽一支烟，真是太荒唐了！"

他站在门口，默默思考着这个近乎失去理智的举动。他想，如果自己如此缺少自制力，能干什么大事？

他决定不去买烟，重新换上睡衣，躺回被窝里。

这天晚上，他睡得特别香甜。早上醒来时，他浑身轻松，心情很愉快。因为他彻底摆脱了一个坏习惯的控制。从这天开始，他再也没有抽过烟。

对于保罗·盖蒂来说，戒烟的真正意义不在于戒烟本身，而在于戒烟成功后对自己意志与自制力的磨炼与提升。因此，对于本节前面所提的点滴小事，若能有所警醒，努力克制自己并最终取胜，对于自己自制力的提升会有莫大的帮助。

第九章　自制力给人自由

如果我们将冲动比作一匹脱缰撒野的烈马，那么自制力就是能够有效制服这匹烈马的缰绳。

一个人自制力的高低，主要体现在两个方面：一方面能够在日常生活与工作中克服自己的恐惧、犹豫、懒惰等；另一方面应善于在实际行动中抑制冲动行为。这两个方面相辅相成。也就是说，一个能够克服自己的恐惧、犹豫、懒惰的人，相对来说也更善于在实际行动中抑制自己的冲动行为。

自制力对人走向成功起着十分重要的作用。自古代百科全书式科学家亚里士多德，到近代的哲学家们都注意到："美好的人生建立在自我控制的基础上。"自制力是实现自我价值的重要因素，是人生转折和飞跃的保险绳。有了较强的自制力，我们在前进的道路上便不会迷失方向，不会被各种外物所诱惑，不会因为其他事情而影响自己的判断。

先自制再制人

有一次，小江和办公大楼的管理员发生了一场误会，这场误会导致了他们两人之间彼此憎恨，甚至演变成激烈的敌对态势。这位管理员为了显示他对小江的不满，在一次整栋大楼只剩小江一个人时，他就立即把整栋大楼的电闸关掉。这种情况发生了几次，小江决定进行反击。

一个周末的下午，机会来了。小江刚在桌前坐下，电灯灭了。小江跳了起来，奔到楼下锅炉房。管理员正若无其事地边吹口哨边铲煤添煤。小江恼羞成怒，以异常难听的话辱骂对方，而出人意料的是，管理员却站直身体，转过头来，脸上露出开心的微笑，他以一种充满镇静与自制力的柔和声调说道："呀，你今天晚上有点儿激动吧？"

完全可以想象当时的小江是一种什么感觉，面前的这个人是一个文盲，有这样那样的缺点，但他却在这场战斗中打败了小江这样一位高层管理人员。况且这场战斗的场合以及武器都是小江挑选的。

小江非常沮丧，他恨这位管理员恨得咬牙切齿，但是没用。回到办公室后，他好好反省了一下，觉得唯一的办法就是向那个人道歉。

小江又回到锅炉房，轮到那位管理员吃惊了："你有什么事？"

小江说："我来向你道歉，不管怎么说，我不该开口骂你。"

这话显然起了作用，那位管理员不好意思起来："不用向我道歉，刚才并没人听见你讲的话，况且我这么做，只是泄泄私愤，对你这个人我并无恶感。"

你听，他居然说出对小江并无恶感这样的话来。小江非常感动，两人就那么站着，居然还聊了一个多小时。

从那以后，两人成了好朋友。小江也从此下定决心，以后不管发生什么事，绝不再失去自制。

一旦失去自制，另一个人——不管是一名目不识丁的管理员还是一名知识渊博的人——都能轻易将他打败。

这件事告诉我们：一个人必须先控制住自己，才能控制别人。

自制的人生更自由

没有自由的人如同笼里的鸟，即使是黄金做的笼子，也断无快乐幸福可言。但在追求自由的路人，别忘了"自制"这个词。没有自制，必受他制。自由来源于自制。

　　2020 年初，很多人居家办公或学习。这对个人的自制力提出了更高的要求。自制力不够强，居家工作和学习的时候就容易分神、拖延。

　　期间，中国青年报社社会调查中心联合问卷，对 2002 名受访者进行的一项调查显示，只有 31.7% 的受访者觉得自己的自制力好，35.0% 的受访者表示一般，33.4% 的受访者坦言不好。交叉分析显示，受访的"00 后"认为自己自制力好的比例最低（13.7%）。

　　受访者中，男性占 45.7%，女性占 54.3%。"00 后"占 5.4%，"90 后"占 35.2%，"80 后"占 44.6%，"70 后"占 11.3%，"60 后"占 3.1%。

　　在河南某高校就读的梁帆（化名）最近在上网课，她发现在家学习需要很强的自制力，"在家里学习受环境影响比较大，如果比较懒惰，看上去轻松的网课，也会变得很难"。

　　在青岛某私企从事文案工作的柳倩是个"90 后"，她坦言自己自制力不太强，"居家办公非常考验我的自制力。如果没有必须上午完成的工作，我就不会早起，醒了还是会躺在床上，半个上午就这样过去了"。

　　现在在北京某互联网公司做公关的张艺，曾经兼职做过翻译，"这份工作需要线上完成，要求个人有较强的时间观念，这让我的自制力得以提高"。

　　张艺每天在家工作，除了参加线上会议，还要写策划书。她觉得自己工作时间安排得还不错，很有效率。

　　控制自己不是一件容易的事情，因为我们每个人心中永远存在着理智与情感的斗争。自我控制、自我约束也就是要求一个人按理智判断行事，克服追求一时情感满足的本能愿望。一个真正具有自我约束能力的人，即使在情绪非常激动时，也是能够做到这一点的。

自我约束表现为一种自我控制的感情。自由并非来自"做自己高兴做的事",或者采取一种不顾一切的态度。如果任凭感情支配自己的行动,那便使自己成了感情的奴隶。一个人,没有比被自己的感情所奴役而更不自由的了。

无法自制的人难以取得卓越的成就,而所有的自由背后都有严格的自制作保证。人一旦无法控制自己的情绪、惰性、时间、金钱……那他将不得不为这短暂的自由付出长远的、备受束缚的代价。

无法自制定被他制。如果不希望成为被他人约束的人,你就得好好管住自己。

从小事做起养成自制习惯

在互联网信息时代养成自制的习惯,也许需要解决的问题只有一个,即如何打败手机的诱惑。下面有几个小建议,可以帮助你提高自身自制力。

1. 关闭微信和 QQ 的新消息提醒

相信我,微信和 QQ 的即时消息大多都是闲聊或者不需要立即回复的信息。如果真有谁有重要的事情找你,他们一定会有办法联系到你!

2. 打开群消息的免打扰功能

很多人都会有各种各样的群,有的群十分活跃,每天消息不断。

建议大家:对你所拥有的群进行一次精简整理,退出无意义纯闲聊的群,开启消息免打扰功能。学习时间可以直接关闭微信或 QQ。

3. 取消朋友圈照片更新提醒

很多人打开微信看见朋友圈有更新的小红点,都会抑制不住地非要点开来查看一番，生怕错过了什么大事，跟不上朋友们的节奏。

但当你习惯不看朋友圈之后你会发现：其实你错过的都是无关紧要的消息。人与人之间，彼此眼神的交流，面对面地分享日常的喜乐，不比在朋友圈的点赞更能增进感情么？

4. **降低更新朋友圈的频率**

克制自己发朋友圈求点赞的心理。

幸福是生活中实实在在的感受，喜怒哀乐都可以直接地与身边人分享，并不需要通过刻意的"晒"来刷存在感，也不用依靠别人的认同获得自我满足。

5. **清理手机里的电子书**

看时政新闻是一种很好的了解社会、积累素材的方式，但是如果你只是沉迷于各种娱乐性质的虚构类小说，那就劝你不要看手机了。

6. **早起和睡前不要碰手机**

睡前和早上醒来，是我们的手机依赖症最容易病发的时段，所以在这里我想提醒大家：这两个时段不要玩手机！不要玩手机！不要玩手机！我们可以培养在睡前看一会儿书的习惯，建议大家休息时间好好休息，这样才能获得高质量的睡眠。

学会平息怒气

人生难免遇到不如意的事情。许多人遇到不如意的事时常常会生气：生怨气、生闷气、生闲气、生怒气。殊不知，生气会使本来不如意的事更加不如意。更严重的是，生气极有害于身心健康，简直是自己"摧残"自己。

生气既然不利于建立和谐的人际关系，也极有害于自己的身心健康，那么，我们就应当学会控制自己，尽量做到不生气，万一碰上生气的事，要提高心理承受能力，自己给自己"消气"。要学会息怒，要"提醒"和"警告"自己："万万不可生气""这事不值得生气""生气是自己惩罚自己",使情绪得到缓解,心理得到放松。

把生气消灭在萌芽状态。要认识到容易生气是自己很大的不足和弱点,千万不可认为生气是"正直""坦率"的表现,甚至是值得炫耀的"豪放"。那样就会放纵自己,有生不完的气,害人害己,遗患无穷。

最后,我们再附上《莫恼歌》,请读者朋友熟读默记,定能对平和身性有潜移默化之疗效。

> 莫要恼,莫要恼,烦恼之人容易老。
> 世间万事怎能全,可叹痴人愁不了。
> 任你富贵与王侯,年年处处理荒草。
> 放着快活不会享,何苦自己寻烦恼。
> 莫要恼,莫要恼,明月阴晴尚难保。
> 双亲膝下俱承欢,一家大小都和好。
> 粗布衣,菜饭饱,这个快活哪里讨?
> 富贵荣华眼前花,何苦自己讨烦恼。

第十章　给负面情绪找个出口

　　当水壶中的水沸腾时，蒸汽会由壶盖的孔不断冒出。压力锅盖上也有一个小孔，在气压达到一定程度时，蒸汽也由此孔泄出。泡茶的小茶壶盖上也有个小孔，热气亦由此排出。如果没有孔的话，热气就无法散出，里面的压力就会累积，水就会不断地由壶内向外溢出，而压力锅则有爆炸的可能。总而言之，热气与压力都必须找到出口释放才可以。

　　这个原理其实与人的情绪一样。人的不良情绪一旦累积压抑得太久，一旦爆发，其后果可能是无法挽回的。人的不少冲动，正是由于不良情绪的累积太多，结果因为一件小事，一点就着。因此，学会给自己的情绪减压是减少冲动的办法之一。

　　那种刻意压制自己情绪的人是非常危险的。他们不会发牢骚，总是面带微笑。对人和善，为他人着想，工作认真，经常为帮助他人而留下来加班。当别人问他体力是否可以时，他总是以笑脸回答"不用担心"。这其实是非常危险的，这种人就像盖上没有孔的热水壶一样，不爆则已，一爆发则"惊天动地"。

　　如果你认为自己的压力在不断累积，那就试着将不满、牢骚发泄出来吧。给自己的不良情绪找个出口，让身心更健康，让行为更理智。

怎样转移自己的注意力

　　很多人都有过这种体验：当身体的某个部位疼痛时，如果我们越是将注意力聚集在疼痛部位，这种疼痛感会越强；而当我们将注意力移开，或与人聊天，或下棋，或读书，这种疼痛感就会减弱许多。

　　由于受 2020 年疫情的影响，教育部"停学不停课"一声令下，大家只能在家里开学。在没开学之前，大家总喊着"快点开学吧，在家里待不下去了"，但当真正要开学的时候，又开始焦虑。怎样来缓解这种情绪呢？民以食为天，许多学生来通过美食转移注意力，放松自己的心情。

　　疫情期间，好多餐饮店没法开门，我们可以通过制作美食来转移自己的注意力。一则可以满足我们的食欲；二则可以增进我们的亲情关系。

当你进入紧张状态的时候怎么办？一个根本的方法就是要分散自己的注意力。

当你把注意力集中在一些具体的事情上的时候，新的紧张替代原来的紧张，原来的焦点没有了，紧张就会迅速缓解下来。

人的情绪之所以坏，绝大多数情况下是有原因的，比如升迁受挫、失恋等。如果我们不将自己的注意力从这些引人不快的事件中转移出来，我们就容易在坏情绪中徘徊、深陷。

当我们因不愉快的事而情绪不佳时，我们不妨试着转移自己的注意力。

1. 积极参加社会性的交往活动，培养社交兴趣

人是社会的一员，必须生活在社会群体之中，逐渐学会理解和关心别人。一旦主动关爱别人的能力提高了，就会感觉自己生活在充满爱的世界里。如果一个人有许多知心朋友，就可以取得更多的社会支持；更重要的是可以充分地感受到社会的安全感、信任感和激励感，从而增强生活、学习和工作的信心和力量，最大限度地减少心理的紧张感和危机感。

一个离群索居、孤芳自赏、生活在社会群体之外的人，是不可能获得心理健康的。随着独门独户家庭的增多，使得家庭与社会的交流日渐减少，因此走出家庭，扩大社会交往显得更有实际意义。

如在工作中，管理者在处理事情时可以多找下属征求意见，同事之间也可互相讨论，集思广益，最终拿出一个有效可行的方案。这个方案因为已纳入所有工作者的智慧，每个人都会感受到自己存在的价值，因而可减少不必要的失落。

2. 多找朋友倾诉，以疏泄郁闷情绪

在日常生活和工作中，我们难免会遇到令人不愉快和烦闷的事情，如果找个好友诉诉苦，那么压抑的心境就可能得到缓解，失去平衡的心理亦可得以恢复正常，并且能得到来自朋友的情感支持和理解，可获得新的思考，增强战胜困难的信心。

还可以通过郊游、爬山、游泳或在无人处高声叫喊、痛骂等办法消除不良情绪，或者去听听歌、跳跳舞，在引吭高歌和轻快旋转的舞步中忘却一切烦恼。

3. 重视家庭生活，营造一个温馨和谐的家

家庭可以说是整个生活的基础，温暖和谐的家是家庭成员快乐的源泉、事业成功的保证。孩子在幸福和睦的家庭中成长，有利于其人格的发展。

如果夫妻不和、经常吵架，将会极大地破坏家庭气氛，影响夫妻的感情及各自的心理健康，而且也会使孩子幼小的心灵受到伤害。可以说，不和谐的家庭经常制造心灵的不安与污染，对孩子的教育很不利。

理想的健康家庭模式，应该是所有成员都能轻松表达意见，相互讨论和协商，共同处理问题，相互提供情感上的支持，团结一致地应付困难。每个人都应注重建立和维持一个和谐健全的家庭。社会可以说是一个大家庭，一个人如果能很好地适应家庭中的人际关系，也就可以很好地在社会中生存。

适当宣泄自己的情绪

怒气是千万不能长期积压的。从心理学角度来讲，适度宣泄能够减轻或消除心理或精神上的疲劳，把怒气发泄出来比让它积郁在心里要好得多。这样做能够使你变得更加轻松愉快。

适度的情绪发泄就像夏天的暴风雨一样，能净化周围的空气，倾吐胸中的抑郁和苦衷；能缓解紧张情绪，降低冲动的可能性。发泄的方法有很多，例如可以通过各种对话、民主生活会等发表意见，也可找知己谈心，或找心理医生咨询，或通过写文章、写信来表达情感。

如不能奏效，干脆痛哭一场，因为哭是宣泄情绪的一个好方法。孩子遇到了伤心事，常常一哭了事。成年人，特别是男子，多以"男儿有泪不轻弹"自居，强忍悲痛而不流出眼泪。据有关资料表明，这种悲而不哭的情绪同男子患冠心病、胃溃疡、癌症的比例比女子的高有一定的关系。因为悲伤与恐惧等消极情绪会使体内某种有害激素含量过高而危害健康，而眼泪能帮助排泄一部分对健康有害的化学物质。

和被动的"发泄"不同，人如果有怨气，可以通过某种手段去解压，这就是将自己不良的情绪"宣泄"出来。如何"宣泄"，可谓是一门学问。这里介绍一些适度"宣泄"的方法，你不妨一试：

在生气之后，可利用你手中的笔，把这件事的发展经过全部记下来，尽情地一"书"而就，或者写一封言辞尖锐的书信，将对方痛骂一顿。然而你必须要记住，"信"可随意书写，但不可以寄发出去。林肯就经常用此种方法来宣泄心中的怒气，他在外边受了别人的气，回到家里之后就写一封痛骂对方的信。家人在第二天要为他寄发这封"信"时，他却不让寄出去，其原因是："写信时，我已经出了气，又何必把它寄出去，从而惹是生非呢！"

还可以采取痛哭的方式宣泄。心理学家已经指出：痛哭也是一种自我心理的救护措施，能使不良情绪得以宣泄和分流，痛哭之后心情自然会比原来畅快许多。

利用"道具"宣泄也是一个有效的办法。这里所说的"道具"，指的是能够被用来排泄心中怒气之物。

日本有一家大公司的总裁很会让职员尽情地"发泄"，他定做了一个与他身材同样大小的橡胶塑像，让对自己有意见的职员可以对这个形态逼真的塑像尽情拳打脚踢，等"宣泄"够了，职员也消了气，恢复了心理平衡。

生活中我们也可以借鉴此种方法，然而要切记的是不可随意而发，要掌握好时间、场合和对象，否则将成为不正当的方法。

另外，体育锻炼能增加人对外界的适应力与抵抗力，在运动的过程中，心理也会逐步地得到调节，在不知不觉中慢慢就疏导了内心的不愉快。

21 条实用的减压法则

对于每个人来说，压力是避免不了的，但情绪和态度是可以改变的。在各种压力中，情绪压力的"杀伤力"最大。情绪压力除了会导致各种疾病产生外，还是造成人思维短路的祸首之一。

下面介绍国外心理专家提出的一些消除情绪压力的方法：

（1）当你感到有情绪压力时，邀几个亲朋好友去聚餐一次，或去观赏一部电影。

（2）寻找最近自己在生活中处理成功的一件小事，给自己奖励，买一件礼物送给自己。

（3）分析压力产生的原因，找出排除它的方法。

（4）找一个自己信任的人，与之开怀倾谈一次。

（5）将情绪压力演变的结果，在心里预想一下达到这一结果的全过程，做好充分的心理准备。

（6）如果是欲望或动机过高，每周要有一天用完全不同的兴趣点（例如打高尔夫球、画画、下棋、种花等）来调节。

（7）不要极端地消耗自我的能力和精力，有时要懂得保存体力，否则只会背负一个"苦干家"的名声。

（8）要懂得创造性的休息方法，休息的种类、方式要丰富多样，不要单调。

（9）如压力已造成身体的不适（如心脏作痛、大量出汗、不眠、肠胃消化功能下降等），要认真对待，及早进行健康检查。

（10）在休闲时，进行体育活动，但一次活动的时间不宜过长，运动不要过猛，做到"细水长流"。

（11）将家庭生活、工作、社会交往等方面遭到压力的原因用一张小纸条写出，然后对每个压力想出三个不同的点子来对付它。可以与友人和信赖的人商量。

（12）把自己所遭遇的压力，用日记、自传体的方式记录下来，自己保存，供以后参考。

（13）对自己要求不要过高，记住一首赞美诗中的七个字："只要一步就够好。"

（14）不要将所有重担和责任背负在自己一个人身上，要信赖他人，做到责任分担，学会同他人合作。

（15）勇于决断。错误的决断比不决断或犹豫不决要好。决断错误可以修正，不决断或犹豫不决会导致压力的产生，有损身心健康。

（16）不要为小事垂头丧气，不拘泥于琐碎之事。对琐碎之事过分担心，往往会被压力压垮。要有全局着眼、大处着手的气魄。

（17）要防止过于孤独，设法结识一些新朋友，认识一些新鲜事物，以保持精神上的平衡。

（18）有时候要自我吹嘘、自我陶醉、自我赞美一番，保持良好的自我感觉才能振奋精神。

（19）要有充分的睡眠时间，损失的睡眠时间要补足。

（20）不过分拘泥于成功。失败是成功之母，有意义、有经验的失败要比"简单的成功"获益更大。

（21）运用幽默、微笑来调节情绪，用自我催眠和深呼吸等方法来放松身心。任何时候都不要失去自信心。

要给自己心理补偿

2020 年疫情暴发期间，人们长时间接受冲击性的、负面的消息，难免会出现"压力应激反应"使心理受到影响，严重者甚至可能患上焦虑症。

在这一场疫情面前，我们还看到了一种"情绪的瘟疫"。比新型肺炎更容易传播的，是新型肺炎"恐慌症"！

当前，我们除了防控疫情，心理健康的守护也不能忽视。当你身处一个压力性环境（新型肺炎疫情流行期间），就会在我们的大脑中牵引出一系列的身体反应，比如：失眠、记忆力下降、头晕胸闷等。

照顾好自己的情绪是第一免疫力，为打好这场心理战，下面一起来看看小李是怎么做的：

（1）不总关注负面的消息，要有意识地注意资讯中的正面信息。

（2）留意数据，判断自己的担忧是否合理。而不要被别人的观点牵着走。

（3）当消息中出现"可能""暂时"，不要直接把它们理解成"肯定"。

心理失衡的现象在现代竞争日益激烈的生活中时有发生。大凡遇到成绩不如意、高考落榜、竞聘落选、与家人争吵、被人误解讥讽等情况时，各种消极情绪就会在内心积累，从而使心理失去平衡。消极情绪占据内心的一部分，而由于惯性的作用会使其越来越沉重、越来越狭窄；而未被占据的那部分却越来越空、越变越轻。因而心理会明显分裂成两个部分，沉者压抑，轻者浮躁，使人出现暴戾、轻率、偏颇和愚蠢等难以自抑的冲动行为。这虽然是心理积累的能量在自然宣泄，但是它的行为却具有破坏性。

这时我们需要的是"心理补偿"。纵观古今中外的强者，其成功之秘诀就包括善于调节心理的失衡状态，通过心理补偿逐渐恢复平衡，直至增加建设性的心理能量。

有人打了一个颇为形象的比方：人好似一架天平，左边是心理补偿功能，右边是消极情绪和心理压力。你能在多大程度上加重补偿功能的砝码而达到心理平衡，你就能在多大程度上拥有了时间和精力，信心百倍地去从事那些有待你完成的任务，并有充分的乐趣去享受人生。

那么，应该如何加重自己心理补偿的砝码呢？

首先，要有正确的自我评价。情绪是伴随着人的自我评价与需求的满足状态而变化的。所以，人要学会随时正确评价自己。有的青少年就是由于自我评价得不到肯定，某些需求得不到满足，此时未能进行必要的反思，调整自我与客观之间的距离，因而心境始终处于郁闷或怨恨状态，甚至悲观厌世，最后走上绝路。由此可见，青年人一定要学会正确估量自己，对事情的期望值不能过分高于现实值。当某些期望不能得到满足时，要善于劝慰和说服自己。生活中处处有遗憾，然而处处又有希望，希望安慰着遗憾，而遗憾又充实了希望。遗憾是生活中的"添加剂"，它为生活增添了发愤改变与追求的动力，使人不安于现状，永远有进步和发展的余地。正如法国作家大仲马所说："人生是一串由无数小烦恼组成的念珠，达观的人是笑着数完这串念珠的。"没有遗憾的生活才是人生最大的遗憾。

为了能有自知之明，常常需要正确地对待他人的评价。因此，经常与别人交流思想，依靠友人的帮助，是求得心理补偿的有效手段。

其次，必须意识到你所遇到的烦恼是生活中难免的。心理补偿是建立在理智基础之上的。人都有七情六欲及各种感情，遇到不痛快的事自然不会麻木不仁。没有理智的人喜欢抱屈、发牢骚，到处辩解、诉苦，好像这样就能摆脱痛苦。其实这样做往往是白费时间，现实还是现实。明智的人勇于承认现实，既不幻想挫折和苦恼会突然消失，也不追悔当初该如何如何，而是想到不顺心的事别人也常遇到，并非是老天跟你过不去。这样你就会减少心理压力，使自己尽快平静下来，客观地对事情做个分析，总结经验教训，积极寻求解决的办法。

再次，在挫折面前要适当用点"精神胜利法"，即所谓"阿Q精神"，这有助于我们在逆境中进行心理补偿。例如，实验失败了，要想到失败乃是成功之母；若被人误解或诽谤，不妨想想"在骂声中成长"的道理。

最后，在做心理补偿时也要注意，自我宽慰不等于放任自流和为错误辩解。一个真正的达观者，往往是对自己的缺点和错误最无情的批判者，是敢于严格要求自己的进取者，是乐于向自我挑战的人。

记住雨果的话吧，"笑就是阳光，它能驱逐人们脸上的冬日。"

第十一章　修身养性，轻履远行

如何调节烦躁的心

2020 年，一场疫情，医护成了战士；全民成了厨子；老师成了主播；机关干部成了门卫；家长成了班主任；最神奇的是，小区门口的保安都成了哲学家，问的都是直击灵魂深处的终极哲学问题：你是谁？你从哪里来？你要到哪里去？然后深情地给你一枪，看你是不是头脑发热了！

南方医科大学心理健康教育与咨询中心赵静波教授表示，疫情之下，这样的调侃，能缓解大家的心理情绪，特别是针对那些长时间宅家里的学生和老年人，那些宅出烦躁和抑郁等情绪的人。

她说："我们所生活的环境其实对于我们的心理影响非常大。虽然现在复工复产了，但还是建议尽量少出门。所以，在目前的状况下，家里就成了我们生活的主要环境了。长宅家中多少会产生烦躁、抑郁等情绪。

她建议，可以尝试"着陆技术"的心理调节方法。你可以随手拿一样东西，如一支笔、鼠标、小夹子等，仔细地去观看，它是什么颜色的？它是什么形状的？摸摸它，给你带来什么感觉？再闻闻，它有什么气味？如果你旁边有一些小零食，你可以把它放在嘴里，慢慢咀嚼，品尝它的味道。

所谓"着陆技术"，其实就是把各种感官，视觉、听觉、味觉、触觉、嗅觉充分调动起来，当这些感官跟我们的周围环境融为一体的时候，也是注意力回到当下的时候。我们就能够去享受此时此刻的环境，常常选择一样东西这样做，你就会不断收获活在当下、非常踏实、舒服的感受。

着陆技术是调节内心烦躁的一个好方法。另外，及时刹车也不失为一个妙招。

> 有一次跟一个朋友吃饭，在饭桌上，他说："我近来真是烦透了。那天一早开车出门，眼看着别人都是绿灯，就只有我是一路红灯，走到哪儿红灯就跟到哪儿，真是够倒霉的！中午出去买自助餐，结果大排长龙，好不容易快轮到我了，这时居然有个人冒出来插队，公理何在？于是我站出来，狠狠修理了他一顿。晚上跟朋友吃饭，吃完后要拿停车券去盖免费章，结果服务员说我们消费少于五十元，因此不能盖章，气得我当场拍桌子大骂。"

> 他说了半天还没说完："晚上回到家，一进门太太就唠叨，小孩又哭又叫，连在家也不能清静。好不容易挨到睡觉时间，终于可以结束这令人难耐的一天，没想到一上床，床头柜的灯怎么也熄不灭，我这下可是受够了，把拖鞋一把抓起，往灯泡那儿重重甩去，这才结束了抓狂的一天。"

> ——听起来的确够惨！

不知道你是不是也觉得，最近比较烦、比较烦、比较烦呢？而且只要一早开始不太顺心的话，往往接下来一天就毁了。

为什么会如此呢？这是因为，负面情绪是有累加效果的。

也就是说，每多一个小挫折，就会让我们的抗压功力多打一个折扣。当我们遭遇不顺心，而心情跟着烦躁起来时，身体内与压力相关的激素也会随之分泌异常，因此会影响到接下来的挫折忍受度，就好像温度直线上升的热水，越烧越接近沸点。

这也就说明了为何一大早出了些状况后，原本可能要到"烦人指数"十分的事才会惹急我们，但这下只要再出现个"烦人指数"

三分的状况，我们就会轰然一声，开始发飙，而无辜的旁人就倒霉啦！

正因情绪有这个特点，所以在生活中我们必须审慎处理每一个压力状况，以免"小不爽，则乱大谋"。

而改变这种状况的有效做法，则是在负面情绪一开始出现时，就能主动地意识到"有状况了"，然后告诉自己，得快快"关火"，以免"越烧越旺"，一发不可收拾。

事实上，当你能够觉察到出现这种状况时，就已经关掉一半的火力了，接下来出现情绪自然不易失控。

为了避免让烦躁的情绪像煮开水那样越煮越热，防患于未然的工作就显得特别重要。

不妨准备一些调整情绪的口头禅，在自己情绪快要沸腾时，赶快把这些自制的情绪口诀拿出来提醒自己。跟你分享我自己的情绪口诀："心情最重要，别的死不了。"

"心情最重要，别的死不了。"如果今天碰到了有些怪怪的人，或发生了令人不快的事，就赶紧在心里暗念这句口诀，重复几次之后，烦躁不安的情绪就能得到缓解。此外，研究也发现，重复想着同一念头，会让意念集中，从而减少焦虑不安。

过分贪婪是罪恶

见到利益就想得到，而且得到越多越好，这是许多人共同的心理。看到别人赚钱，自己也想发财，这也是正常的现象。但是君子爱财，取之有道，不能贪心不足。作为一个官员如果太贪婪，那么离自取灭亡的日子就不远了；作为一个青年人，如果贪无止境，那么他的前途也将要丧失；作为一个商人如果贪心十足，那么他在商战中很快就会败下阵来。有的人由于贪欲不止，往往只见利而不见害，结果是利也没有得到，害反而先来临了。

贪欲是众恶之本。人一旦产生过多的贪欲，就会方寸大乱，行事无法度、没分寸。贪欲一多，心术就不正，就会被贪欲所困。离开事物本来之理去行事，就必定导致将事做坏、做绝，大祸也就将要临头了。

据说上帝在创造万物时，并没有为蜈蚣造脚，但是它仍可以爬得和蛇一样快速。有一天，它看到羚羊、梅花鹿和其他有脚的动物都跑得比它还快，心里很不高兴："哼！脚越多，当然跑得越快。"

于是，它向上帝祷告说："上帝啊！我希望拥有比其他动物更多的脚。"

上帝答应了蜈蚣的请求。他把好多好多的脚放在蜈蚣面前，任凭它自由取用。

蜈蚣迫不及待地拿起这些脚，一只一只地往身上贴，从头一直贴到尾，直到再也没有地方可贴了，它才依依不舍地停止。

它兴奋地看着满身是脚的自己，心中暗暗窃喜："现在我可以像箭一样地飞出去了！"

但是，等它开始要跑步时，才发觉自己根本无法控制这些脚。这些脚噼里啪啦地各走各的，它非得全神贯注，才能使一大堆脚不致互相绊跌而顺利地往前走。

结果，它走得比以前更慢了。

其实，世间许多人又何尝不是如此？金钱、名声、美色……他们追逐贪恋，永不知足。

古时候有一首《十不足诗》，十分形象地描画了贪心者的欲望：

终日奔忙为了饥，才得饮食又思衣。
冬穿绫罗夏穿衫，堂前缺少美貌妻。
娶下三妻并四妾，又怕无官受人欺。
四品三品嫌官小，又想面南做皇帝。
一朝登了金銮殿，却慕神仙下象棋。

洞宾与他把棋下，又问哪有上天梯。

若非此人大限到，上到九天还嫌低。

物欲太盛造成的灵魂病态，就是永不知足，精神上永无宁静，永无快乐。其病因多是权力、地位、金钱之类引发的。这种病态如果发展下去，就是贪得无厌、利令智昏，其结局是自我毁灭。怎么办?

——知足者常乐。知足便不做非分之想，知足便不好高骛远，知足便安若止水、气静心平，知足便不贪婪、不奢求、不豪夺巧取。知足者温饱不虑便是幸事，知足者无病无灾便是福泽。

所谓修身养性，参禅悟道，在我理解，无非就是散淡随缘，乐天知命。"知份心自足，委顺常自安"，这其中的玄机，就靠自己去参悟了。过分的贪婪、无理的要求，只是徒然带给自己烦恼而已，在日日夜夜的焦虑企盼中，还没有尝到快乐之前，已饱受痛苦煎熬了。因此古人说："养心莫善于寡欲。"我们如果能够把握住自己的心，驾驭好自己的欲望，不贪得、不觊觎，做到寡欲无求，役物而不为物役，生活上自然能够知足常乐，随遇而安。

杭州西子湖畔虎跑寺内一个不很起眼的地方，有一副对联："事能知足心常惬，人到无求品自高。"这是已故弘一法师李叔同先生的遗墨。凡是了解李叔同先生的人都知道，无论从家境、才学、阅历上看，还是拿爱国之情、志向之取、进取心来比，李叔同先生都不会亚于当时或现代的大多数人。然而恰恰是这位自豪"魂魄化成精卫鸟，血花溅作红心草"的热血男儿，认认真真地写下了这样一副对联留诸后世，这便使人不得不冷静下来认真想一想这副对联的深刻内涵。

愤怒的身后是冲动

愤怒是快乐的反面，也是一种典型的坏情绪。毋庸置疑，很多时候我们的冲动是在愤怒的支配下发生的。人有七情六欲，愤怒是客观存在的，但是如果任其发展，不加节制，把握不住维系它的绳索，也会酿成悲剧。

我们生活的这个时代，的确是个"愤青"时代。尽管没有具体的统计资料，但只要看看周围的人们为了一件交通事故争吵，在买东西时因一句话而互相叫骂。更糟的是，这种过分的怒气甚至会导致凶杀案的发生。现今类似的犯罪案例多得令人咋舌。争吵打架应该说是社会生活中的常见现象，但今天的这种现象却比以往更多且广泛。归咎原因大概是人们因逼仄的世界将彼此包围得透不过气来，每个人都缺乏安全感，但又对此在一定程度上感到无能为力，并开始怀疑是否有人能解决这些问题。于是，人们就气愤起来。在这种坏情绪中，怒气就常常自然而然地爆发了。

此外，由于现代化工业的日益发展，高节奏的工作频率使人们相互之间的接触与交流日益减少。生活不再让人感到明朗透彻，而是令人感到茫然而无所适从。新思想、新观念给人们的行为模式带来种种变化，不论是道德的或是政治的，让人们一下子难以全盘消化及接受。值得注意的是，用来指导人们约束自己伦理的机构，如家庭、学校、社会等，也失去了昔日的权威地位，相反的，在许多家庭里，电视或网络成了青年人行为准则的导师，他们从电视经常播出的恐怖、暴力影片中得到了一种荒谬而危险的观念，以为解决问题的唯一办法就是愤怒相向。

我们应该尽力抵制这种倾向，教导自己如何去处理问题，如何耐心地把话讲完，如何控制自己的冲动。如果我们为人父母，那我们在教导孩子们自由地表现自己的同时，也一定要进行责任感的养成。千万不能让坏情绪引发悲剧。

愤怒是人们正常的心理情绪，在某种场合和某些时候，适当地把它表露出来是有好处的。不然的话，愤怒郁积在心里就会导致心理失调。我们要控制的是过度的愤怒，因为它是有害的。人生来就有一种对外来干扰进行野性反应的本能，如果你阻碍一个两岁孩子的行为，他就会抓你、咬你。当然，成人的忍耐力也是有限的。比如，一个个性比较沉稳的人，但有一次由于航班的延误，致使他和他的家人分隔两地，在候机大厅里，他对管理人员大发脾气。由于他的强硬态度，问题多少得到了一些解决。这使我想起，有时候当你有理的时候，适时地发脾气倒是蛮有效的。

哪一类人最容易发怒呢？答案是青少年。因为他们思想还没有完全成熟，他们还不明确自己的未来，所以容易轻浮躁动。

面对这些令人心烦意乱及怒气冲天的琐事，我们怎样才能控制自己的愤怒呢？以妥善的办法来解决问题可以避免愤怒和难堪的产生。许多人由于没有将自己的生活安排周全而遇到了麻烦。例如，你在去火车站搭乘火车时，至少应给自己预留一个小时的缓冲时间，而不是在最后几分钟内气喘如牛地跑进候车大厅。这样，你就不会在半路上因塞车而大发脾气，这是你控制自己发怒的第一步。

另外，你应该知道，有时候自己对问题的反应是不恰当的，这时，你就要采取其他方式去控制局势。我们在大动肝火中抑制住自己，然后以做其他事情的方法来转移注意力，使自己的心理恢复平衡，为郁积的愤怒寻找恰当的宣泄途径，这是非常重要的。例如散步或打网球就是消愁解闷的好办法，在你散步一会儿后，原来许多使你头痛的问题，就会变得不再重要。

这些途径同时适宜于那些较长久的关系，诸如婚姻等。如果你是天生稳重的人，并且在你引起争吵后不让对方难堪，那么继续保持你的沉默是很有效的。从长远的观点来看，如果夫妻之间能加强相互之间的对话和共同解决问题的沟通管道，那是很有益处的。最好能事先设计好解决意见分歧的方式，而不要在事端发生时失去控制，造成彼此的隔阂。用同样的方法也可以避免家长与子女之间的纠纷。

同时，在家庭之外，我们亦可采取相关的措施来减少因过度愤怒而导致的冲动。除了前面介绍的以外，最有效的方法之一，就是每个人都不要把生活中追求的目标定得过高。我们不应该保持这样的观念：拼命做，你就会爬到顶点。新的观念应该是：你尽最大的努力工作，也不一定就能实现你所追求的最高目标，更何况我们的一切还受到各种现实条件和机制的制约。只有当自己的生命走到尽头，回过头来总结自己的一生时，自己不会因虚度年华而悔恨，不因碌碌无为而痛悔，只要你做了自己应做的一切，尽了自己应尽的那份绵薄之力，你的一生就是非常有意义且快乐而充实的。那种认为一定要作出一番轰轰烈烈大事业才算不枉此生的想法，是不正确的。依我的浅见，社会精神道德水准不再是、相对地也永远不会是一个不断扩展的社会了，我们应该调整对现实的价值观念——承认一切善良朴实、努力工作的妇女和百万富翁及领袖人物一样，都是生活中成功的佼佼者。

看到那么多使社会骚动不安、不合理的事情，任谁都会感到愤怒。但是，心中总是充满这样的情绪也有问题。随着愤怒的念头增加，变成负面的情绪输入潜意识中，那么这个人的冲动就难以避免了。

跳出抑郁的枷锁

一代巨星张国荣在 2003 年愚人节夜的自杀事件，让许多年轻的朋友至今扼腕叹息。关于张国荣自杀的原因众说纷纭，但有一个不容置疑的原因，就是张国荣在 1987 年的自传中写的："记得早几年的我，每逢遇上一班朋友聊天叙旧，他们都会问我为什么不开心。脸上总见不到欢颜。我想自己可能患上忧郁症，至于病源则是对自己不满，对别人不满，对世界更加不满。"这是一个典型的抑郁症患者的告白。其中的抑郁心结竟然一结就是 20 年，结局则是不堪忍受折磨而断然撒手人间。

抑郁症竟能致人非命。调查结果显示，患了抑郁症若不及时进行治疗就可造成自杀，抑郁症患者有一半以上曾有自杀的想法，其中有 20% 最终以自杀结束生命。在人生的旅途中，抑郁袭来是不可避免的，可以避免的是抑郁症，但患上抑郁症的人大多数却"身在病中不知病"，只有25%的患者知道身患此病。世界卫生组织的最新资料显示，到了2020年，抑郁症将成为仅次于癌症的人类第二大杀手。

这也从另一个角度告诉人们，如果不加以重视，抑郁症的最终结果很可能就是自杀。

忧郁情绪是人在失意时出现的不高兴的反应。现代生活节奏的加快、压力的增大、环境的恶化、自然灾害及交通事故的频发、下岗失业的威胁，这些都是人们经常面对的精神刺激，这说明失意几乎不可避免，忧郁情绪随时都会发生。短时间轻度忧郁会使人的内脏神经和内分泌功能发生一定程度的紊乱，造成人体生理损害；长期的忧郁情绪会使人体免疫功能总是处于低下水平，会诱发许多躯体疾病，如心脏病、高血压、偏头疼、胃溃疡、糖尿病等，最严重的是患癌症的可能性明显增加。忧郁情绪也使这些疾病的治疗难度加大，病死率增加。

当人们遇到精神压力、生活挫折、痛苦的境遇或生老病死等情况，理所当然地会产生忧郁情绪。但抑郁症则是一种病理性的忧郁障碍，它和正常人的情绪是不同的。正常人的情绪忧郁是以一定客观事物为背景的，即"事出有因"；而病理情绪忧郁障碍通常无缘无故地产生，缺乏客观精神应激的条件。或者虽有不良因素，但是"小题大做"，不足以真正解释病理性忧郁征象。一般人情绪变化有一定的时限性，通常是短期性的，通过自我调适、充分发挥自我心理防卫功能，即可重新保持心理平稳。而病理性忧郁症状常持续存在，甚至不经治疗难以自行缓解，症状还会逐渐加重恶化。心理医学规定一般忧郁不应超过两周，如果超过一个月，甚至数月或半年以上，则肯定是病理性忧郁症状。前者忧郁程度较轻，后者忧郁程度严重，并且会影响患者的工作、学习和生活，使之无法适应社会，影响其社会功能的发挥，更有甚者可出现自杀行为。抑郁症可以反复发作，每次发作的基本症状大致相似，有既往史可查。

抑郁症首先产生于一定的心理情结，这些解不开的心结最终导致抑郁症愈来愈重。患抑郁症的人，盘绕他们心灵的往往是这些念头——无论我表现得如何善良美好，我确实是坏的、恶的、无价值的、一无是处的、为自己和别人所不容的；我害怕其他人，我恨他们，妒忌他们；生活是可怕的，而死亡却更糟；过去我碰上的都是坏事，将来降临到我头上的也只有坏事；我不能原谅任何人，而最不能原谅的还是我自己……

其实，生活中焦虑、抑郁、迷惘……充满了人们日常生活及学习工作中的每一个角落，委屈、烦恼、嫉妒也时常伴随左右。要想走出抑郁的包围，面对正面的人生，就必须先给自己制定出现实可行的目标，以及逐渐建立自信心，让阳光充满你快乐的人生。

如果你能做那些自然而来的事情，而你对这些事情又有天然的才能，你就能很容易找到令你满意的地方。而当你违反了自我意志，你可能要经受心理或情绪上的挫折。其实，这是对自己有过高期望的心理在作祟，同时，也因自己缺乏信心而更加不安，并造成表现更不理想。相反的，只要我们能平心静气地顺其自然，抑郁就会消失。

当人感到心神不宁，精神抑郁时，不妨让心灵小憩，松弛一下。

淋浴或浸浴除了可缓和紧张的情绪外，还有消除疲劳之功效。把浴室的灯光调暗一点，然后在温热的水里浸上一二十分钟，静静地感受疲倦的身体被温水抚慰。在闭目养神之余，若播放一曲轻音乐，点燃一支有香味的蜡烛，更可加强轻松的情调。浸泡完后，用一条大软毛巾把自己包裹起来，然后躺在床上，垫高双腿休息。不论是古典音乐、民族音乐，还是流行音乐，都有助于缓解抑郁的情绪。

如果你会弹钢琴、吉他或其他乐器，不妨以此来对付心绪不宁。你不需正襟危坐地练习，随便弹奏即可，也不用太注意拍子和音准。

运动被列为最有效的松弛方法之一。你用不着从事爬山等剧烈运动，只需躺在运动垫上，花 10 分钟做做伸展运动，让四肢有舒展的机会。

你一定有久未联系的亲人，不妨给他写一封信，不仅可吐露、发泄一下自己的感受，同时也能让对方在收信时惊喜一番。把信寄出后，你一定能体验到那美妙的感觉。

种花栽草不仅给你提供了呼吸新鲜空气的机会，也能有效地松弛紧张的心情。如没有多余的精力，仅给花草浇水也能收到松弛身心之效果。假如没有草地花园，可在室内养殖小盆花卉。

阅读书报可以说是最简单、消费最低的轻松消遣方式，不仅有助于和缓抑郁情绪，还可使人增加知识和乐趣。

如果被一个问题烦扰了一整天，仍然没有显著的进展，最好不要去想它，暂时不作任何决定，让这个问题在睡眠中自然地解决。